GABRIEL HANOTAUX
de l'Académie Française

HISTOIRE ILLUSTRÉE
DE LA
GUERRE DE 1914

24 PAGES DE TEXTE ET D'ILLUSTRATIONS

FASCICULE
No 27

L'ÉDITION FRANÇAISE ILLUSTRÉE
(GOUNOUILHOU, Éditeur)
3, Boulevard des Capucines, Paris

PRIX NET
1 franc

A NOS SOUSCRIPTEURS

Nous prions nos souscripteurs de vouloir bien nous adresser *immédiatement* leur souscription à la 2ᵉ série (fascicules 27 à 52). Nous les mettons en garde contre l'encombrement des derniers jours, leur renouvellement *immédiat* devant les assurer contre toute interruption de leur service.

Les conditions de souscription à la 2ᵉ série sont ainsi fixées :

Pour la France : 25 francs les 26 fascicules (au lieu de 26 francs).

Pour les pays étrangers faisant partie de l'Union postale, 27 fr. 60.

Adresser les souscriptions accompagnées d'un mandat-poste à : *L'Édition française illustrée*, Gounouilhou, éditeur, 8, boulevard des Capucines, Paris.

☞**AVIS IMPORTANT :** A la suite de très nombreuses demandes de nos souscripteurs, nous avons décidé de faire désormais l'envoi des fascicules *sous tubes forts qui garantiront au souscripteur l'arrivée du fascicule en parfait état*. Ceci, sans augmentation, malgré le surcroît de dépense que cette mesure nous impose.

Ceux de nos lecteurs qui désireraient continuer à recevoir l'exemplaire à plat sous enveloppe devront nous en aviser.

VOLUME RELIÉ

Les quatorze premiers fascicules de l'*Histoire Illustrée de la Guerre de 1914*, par Gabriel HANOTAUX, constituent le Tome premier de l'ouvrage.

Ces quatorze premiers fascicules, contenant trois cents pages, dont cent quatre-vingt d'illustrations, forment un superbe volume grand in-quarto qui est mis en vente au prix de :

18 francs, relié (franco)
Étranger, port en plus

Reliure demi-chagrin grenat, plats toile, fers spéciaux du Maître graveur Auguste LEPÈRE, tête dorée, les autres tranches ébarbées.

Nous pouvons fournir également aux personnes qui préféreraient faire exécuter elles-mêmes la reliure des fascicules, des emboîtages avec les fers spéciaux de LEPÈRE, au prix de **3 fr. 50.**

Les frais de port et d'emballage sont à ajouter au prix ci-dessus; soit o fr. 75 pour l'envoi par colis postal, livrable en gare, et 1 franc pour la livraison à domicile.

Le Tome premier relié, ainsi que l'emboîtage de ce Tome, sont en vente dans toutes les Librairies.

Pour les recevoir franco, adresser les demandes, accompagnées d'un mandat-poste représentant le prix du volume désiré ou de l'emboîtage et des frais de port indiqués ci-dessus, à : *L'Édition française illustrée*, Gounouilhou, éditeur, 8, boulevard des Capucines, à Paris.

HISTOIRE ILLUSTRÉE

DE LA

GUERRE DE 1914

GABRIEL HANOTAUX

de l'Académie Française

HISTOIRE ILLUSTRÉE

DE LA

GUERRE DE 1914

TOME TROISIÈME

GOUNOUILHOU, EDITEUR

PARIS, 30, RUE DE PROVENCE. — BORDEAUX, 8, RUE DE CHEVERUS

1916

DEUXIÈME PARTIE

CHAPITRE PREMIER

LA CONCEPTION DE LA GUERRE MODERNE LES PLANS DES ÉTATS-MAJORS

Caractères de la Guerre moderne. — Les " Nations armées ". — Les grands espaces. La frontière de l'Est. — Le plan de l'état-major allemand.

Dans les chapitres qui précèdent, j'ai essayé d'exposer les origines du grand conflit européen, d'indiquer ses raisons profondes : l'Allemagne jouant des coudes pour se faire place, préparant de longue main, à partir de 1897, l'ambitieux dessein de la *Weltpolitik* par le militarisme, se décidant d'avance à porter atteinte aux situations légitimes et aux indépendances respectables, scellant son union avec l'Autriche pour peser à la fois sur la péninsule des Balkans et sur le reste du monde.

J'ai rappelé la portée lointaine de la devise impériale : « Notre avenir est sur les eaux », les ambitions coloniales, les interventions multipliées, et, finalement, la pression s'exerçant sur le point de moindre résistance, par l'annexion de la Bosnie et Herzégovine qui déclanche la crise des Balkans et le conflit universel.

Maintenant, c'est la guerre !

Un an écoulé, il est possible de mesurer la grandeur du conflit ; on découvre ses surprises longuement méditées, le machinisme prodigieux de la préparation allemande, les improvisations hâtives des puissances alliées, les entrées successives de nouveaux combattants, les fronts multipliés, le va-et-vient des masses, l'ampleur des combats, la vigueur des résolutions, la scélératesse des exécutions, le chantage par la terreur, la hauteur des courages, la fermeté des âmes sociales, le visage impassible du Destin.

Aux champs de bataille couvrant trois mille kilomètres, des millions de soldats sont tombés, et le carnage continue. Sur la terre et dans la terre, sur la mer et dans la mer, dans l'air et par l'air, toutes les forces de la nature et de la science sont conjurées pour la destruction de la race humaine : ce que l'homme, instrument des lois éternelles, peut faire de bien et de mal, il le fait, sans souci du Ciel et de l'Enfer. Il était réservé à notre siècle de voir cette conclusion du travail des siècles, ce résultat de la *Civilisation*.

L'Histoire s'étonne ; elle note ; elle commémore et se remémore ; elle médite... Dans quel sens l'avenir conclura-t-il le drame, dégagera-t-il la leçon ?

Si quelque chose a manqué à ceux qui ont voulu cette guerre, ce n'est ni la volonté ni l'intelligence. Jamais peut-être, un grand événement historique n'a été prévu et voulu aussi pleinement. On attendait cette guerre ; on la savait inévitable ; on la désirait (1). Quarante-cinq ans se sont épuisés à la préparer. Il est probable que le plan selon lequel elle se réalise a été dicté par Moltke (2).

Et c'est pourquoi, cette guerre étant surtout un fait d'organisation, il ne peut être question d'en aborder le récit comme celui des anciennes guerres. Nous n'allons pas mettre aux prises des avant-gardes ; car, ce ne sont pas seulement des troupes qui se heurtent, des chefs qui se disputent le terrain : les intelligences et les forces nationales sont aux prises ; elles se sont assuré d'avance les éléments déterminants : armes, transports, alliances, finances, ravitaillement, propagande, publicité. Chaque jour, elles inventent, elles imaginent, elles pourvoient. L'hypothèse prépare la synthèse ; le champ de bataille est un champ d'expérience. Le grand-œuvre humain s'y accomplit tel que la prescience humaine l'a combiné. Il faut donc faire la part, d'abord, dans le récit de cette guerre, à la pensée directrice, au génie constructif, à l'art des préparations. On ne la comprendra que si l'on sait comment elle a été comprise.

La guerre est le choc violent produit par la concurrence vitale entre les peuples : elle met en œuvre toutes les activités et toutes les ressources des sociétés, selon l'état de civilisation où elles sont arrivées.

On a dit avec raison que la stratégie, la tactique, le commandement sont le résultat de la tension énergétique maxima chez chaque peuple.

La guerre, mettant en jeu toutes les facultés humaines, est à la fois un art et une science : comme art, elle traduit les sentiments collectifs ; comme science, elle réalise l'éducation collective. Tout ce que l'homme est, tout ce qu'il a appris aboutit là.

Achille était fils d'une déesse et d'un mortel. Comme l'observe Napoléon, « c'est l'image du génie de la guerre : une partie divine, une partie terrestre. »

L'homme supérieur désigné comme chef de guerre doit résumer en lui les facultés principales du peuple, puisque chaque citoyen consent à lui obéir et, sur son ordre, vole à la mort. Le général est la synthèse vivante de tout ce que le peuple veut, sait et peut : comme le mot l'indique, le général *généralise.*

Je ne veux pas dire que la guerre représente toute la civilisation : elle trouve sa faiblesse dans sa grandeur même, puisque, si son but est d'assurer la vie et la prospérité du genre humain, son moyen est la destruction et la mort.

Il y aura toujours deux doctrines sur la guerre : l'une qui ne voit que sa nécessité, sa fatalité, et qui, dès lors, l'accepte, la vante, la proclame *divine* ; c'est la thèse de Joseph de Maistre. « La guerre est, comme dit Renan, une condition du progrès. » L'homme n'est soutenu que par l'effort et la lutte. La société des hommes se distingue des sociétés animales en ce qu'elle travaille à accroître sans cesse sa puissance par une organisation du présent et de l'avenir et par le sacrifice de l'individu à l'espèce : cet idéal ne se réalise réellement ici-bas que par la guerre. Les nations s'amollissent et se dégradent dans une paix prolongée : l'homme n'est jamais plus grand que quand il connaît sa petitesse et qu'il sait regarder en face la mort.

L'autre thèse ne veut connaître de la guerre que ses horreurs, son cruel illogisme, sa barbare régression... elle plaint les malheureux humains livrés à cette fureur diabolique.

Voltaire dit, avec sa profondeur légère : « On voit à la fois cinq ou six puissances belligérantes, tantôt trois contre trois, tantôt deux contre quatre, tantôt une contre cinq, se détestant également les unes les autres, s'unissant et s'attaquant tour à tour ; toutes d'ac-

---

(1) Un texte, parmi cent autres, antérieur à 1890. Il s'agit d'un projet de camp retranché près de Trèves à Conz. L'auteur écrit : « C'est de là que nous sortirons pour marcher à la rencontre de nos ennemis irréconciliables, *et puisque cette guerre est inévitable, le plus tôt possible sera le meilleur. » (Étude sur la défense de l'Allemagne occidentale,* cité par le capitaine Gélinet p. 65.)

(2) V. Général Maitrot. *Nos frontières de l'Est et du Nord.* P. 75.

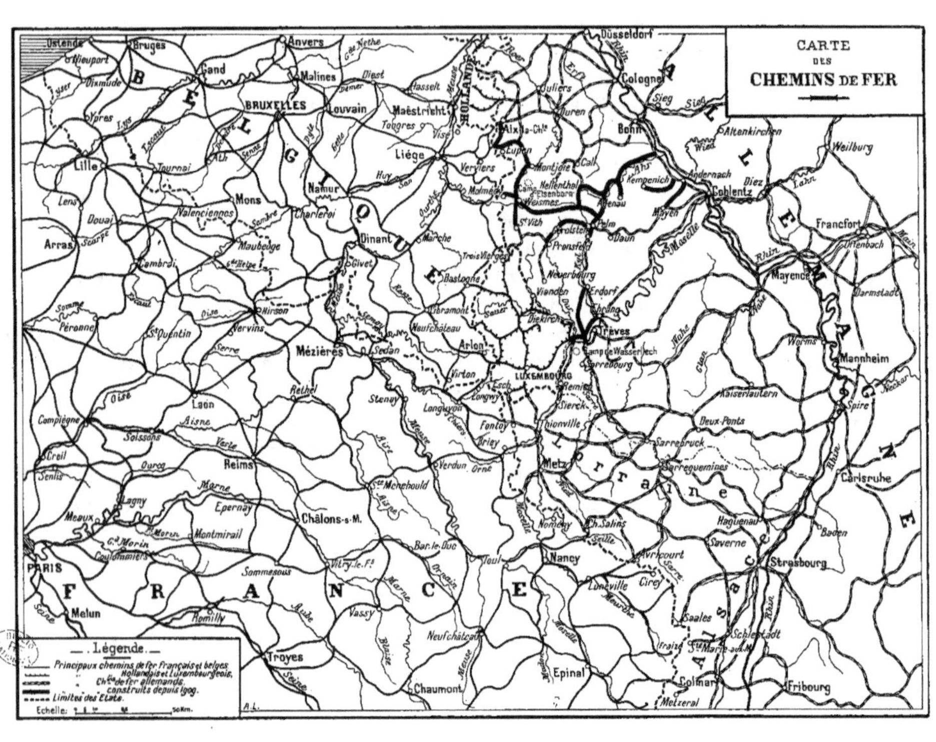

CARTE
DES
CHEMINS DE FER

Ostende
Nieuport
Dixmude
Ypres
Lille
Lens
Douai
Arras
Cambrai
Péronne
St Quentin
Bruges
Gand
Anvers
Malines
BRUXELLES
Louvain
BELGIQUE
Tournai
Mons
Valenciennes
Maubeuge
Namur
Charleroi
Dinant
Givet
Hirson
Vervins
Mézières
Sedan
Laon
Soissons
Compiègne
Creil
Senlis
Lagny
Meaux
Coulommiers
PARIS
FRANCE
Melun
Romilly
Troyes
Chaumont
Neufchâteau
Épinal
Colmar
Metzeral
Fribourg
Schlestadt
Ste Marie-aux-M.
Saales
Baden
Strasbourg
Haguenau
Saverne
Carlsruhe
Spire
Mannheim
Worms
Neckar
Kaiserslautern
Deux-Ponts
Sarrebruck
Sarreguemines
Lorraine
Metz
Thionville
Sierck
Remich
Luxembourg
Esch
Longwy
Longuyon
Fontoy
Briey
Verdun
Ornl
Ste Menehould
Châlons-s-M
Épernay
Montmirail
Vitry-le-F.
Bar-le-Duc
Toul
Nancy
Lunéville
Cirey
Avricourt
Blâmont
Mörchingen
Château-Salins
Saarburg
Nomeny
Vic
Dieuze
Sarrebourg
Camp de Wasserlech
Arlon
Virton
Stenay
Rethel
Reims
Marne
Aisne
Oise
Serre
Meuse
Bastogne
Marche
Trois-Vierges
Neufchâteau
St Hubert
Libramont
Vielsalm
Malmédy
Verviers
Liége
Huy
Tongres
Hasselt
Diest
Maëstricht
HOLLANDE
Vise
Aix-la-Ch le
Eupen
Montjoie
St Vith
Prüm
Neuerbourg
Vianden
Diekirch
Erdorf
Bitburg
Trèves
Gerolstein
Daun
Prensfeld
Hellenthal
Eisenborn
Weismes
Call
Düren
Juliers
Cologne
Düsseldorf
Bonn
Sieg
Sieß
Altenkirchen
Weilburg
Diez
Coblentz
Andernach
Wied
Mayen
Ahr
Kempenich
ALLEMAGNE
Moselle
Rhin
Mayence
Darmstadt
Francfort
Offenbach
Main
Lahn
ALSACE
Murthe
Meurthe
Saales
Légende
Principaux chemins de fer français et belges.
Hollandais et Luxembourgeois.
Ch. de fer allemands.
construits depuis 1909.
Limites des États.
Echelle: 50 Km.
A.L.

cord sur un seul point, celui de se faire le plus de mal possible. Le merveilleux de cette entreprise infernale, c'est que chaque chef des meurtriers fait bénir ses drapeaux et invoque Dieu solennellement avant d'aller exterminer son prochain... Philosophes moralistes, brûlez tous vos livres... Que deviennent et que m'importent l'humanité, la bienfaisance, la modestie, la tempérance, la douceur, la sagesse, la piété, tandis qu'une demi-livre de plomb tirée à six cents pas me fracasse le corps... tandis que mes yeux, qui s'ouvrent pour la dernière fois, voient la ville où je suis né détruite par le fer et par la flamme, et que les derniers sons qu'entendent mes oreilles sont les cris des femmes et des enfants expirants sous des ruines ? »

Voici donc en présence l'éternelle exaltation et l'éternelle déploration de la guerre ! Concluons avec le pacifiste Voltaire : « Ce qu'il y a de pis, c'est que la guerre est un fléau inévitable.»

Puisqu'il en est ainsi et que notre siècle en fait la cruelle épreuve, suivons, dans la réalité présente, les conditions de la guerre si fortement inhérentes à la nature humaine.

Le fait que la guerre a pu éclater entre des nations qui se considèrent à juste titre comme civilisées, prouve que les peuples ne sont dignes du premier rang devant l'histoire que s'ils réalisent, en eux, cette double formule : détester la guerre et être constamment prêts à la soutenir ; ils répondent ainsi au double devoir que la nature leur impose : justes, puisqu'ils ne veulent pas la guerre; forts, puisqu'ils ne la craignent pas. Capables à la fois de prévision et de sacrifices, ils sont dignes de vaincre.

La guerre ne se fait pas seulement quand la lutte est engagée ; elle suppose un long entraînement, entraînement moral, intellectuel, matériel. Son issue sera décidée souvent par des mesures prises longtemps d'avance et dont le bienfait ne sera compris qu'à l'heure où il se dévoilera.

Le moment où la guerre éclate voit exploser soudain ces longues préparations antérieures,

le produit de ces énergies accumulées. M. Antonin Dubost, dans son discours au Sénat, le 4 août 1914, revendiquait, pour la France, le bénéfice de ces heureuses et persévérantes volontés : « Les votes que vous allez émettre sont des actes, *les derniers de ceux par lesquels, depuis quarante ans, vous vous efforcez de mettre la France et son armée en état de repousser l'envahisseur et d'assurer l'intégrité du territoire.* Vous avez fait votre devoir : l'armée, ou plutôt la *nation armée*, va faire le sien... »

La France ne voulait pas la guerre : quarante-cinq ans de patience le prouvent ; mais la France était décidée à se défendre : c'est ce qui résulte de ces mêmes quarante-cinq années de préparation soutenue. Ainsi, elle avait acquis le double bénéfice de la justice et de la force. Ces épargnes se retrouveront au jour de la déclaration de la guerre.

Au point de vue moral, intellectuel et matériel, elles se traduisent en fait, et d'abord, par l'espèce de confiance, de sérénité, d'allégresse que le peuple manifeste dès qu'il apprend que l'heure est sonnée. Il n'y avait qu'une voix pour réclamer la paix; il n'y a qu'une voix pour accepter la guerre. La démocratie pacifique devient, sans transition, puissance militaire : justice, résolution, union, confiance, tels sont les différents éléments de victoire qui se rapprochent et se combinent instantanément.

De cette longue préparation voulue, il était résulté un acquis dont l'importance se révèle dès le premier jour des hostilités. La France s'était assurée pour cette heure, et presque sans qu'elle s'en doutât, une sorte de maîtrise sur les opérations de l'adversaire.

Voici comment :

LES LOIS MILITAIRES FRANÇAISES ET LA STRATÉGIE ALLEMANDE Aussitôt après la signature de la paix de Francfort, la France avait accepté, de ses vainqueurs, le principe de la « nation armée ».

Ayant subi la loi des gros bataillons, elle s'était prononcée résolument pour un système

BELFORT. — VUE PRISE DE LA FORTERESSE

qui paraissait, de prime abord, irréalisable, celui de l'incorporation totale du contingent et de l'utilisation entière des réserves. En un mot, elle avait fait ce rêve dont l'on peut retrouver l'expression comme un leitmotiv, au cours de toutes les discussions sur les lois militaires : pas un homme valide en France qui ne soit *appelé* et *instruit* pour servir à la défense du pays.

Tel était le sens profond de ces retouches constamment apportées à l'organisation militaire : loi de trois ans, loi de deux ans, retour à la loi de trois ans.

Sans revenir sur les discussions infinies que provoquèrent ces mises au point successives, j'insiste sur ceci, qu'elles avaient un objectif unique : *tout le monde soldat.*

Or, la France, en ne laissant rien perdre de ses forces valides, arrivait à mettre en ligne, en vue du choc définitif, un nombre d'hommes si considérable qu'elle manœuvrait, pour ainsi dire, les lois militaires de ses adversaires et les forçait de se modeler sur cet effort ; et comme la double alliance évoquait l'appréhension d'un péril double, l'Allemagne était obligée de s'engager, de plus en plus largement, dans les voies qu'elle avait ouvertes ; mais l'accroissement énorme de sa population la mettait dans l'alternative ou d'écraser ses budgets ou de dégarnir ses cadres. Elle hésita longtemps entre les deux périls. A la fin, prise à la fois de panique et de folie orgueilleuse, n'ayant ni confiance, ni modération, elle se résolut à mettre sur pied, elle aussi, toutes ses forces valides. Mais elle entendait s'en servir : faire sonner son sabre, pour réduire les autres nations à l'obéissance ou le tirer, pour les abattre.

La question était de savoir si elle pouvait prolonger longtemps cette course au clocher de la « nation armée » dont elle était l'initiatrice. Le monde slave levait et éduquait, à son tour, ses recrues innombrables. L'Allemagne avait décidé d'opprimer le monde par la force : l'univers se préparait à la contenir par la force, si c'était nécessaire.

Cette concurrence du nombre devait avoir naturellement ses conséquences sur les opérations militaires.

En cas de guerre, l'Allemagne disposant de bataillons infiniment nombreux, ne pouvait échapper à la tentation de les utiliser soudainement et de frapper, par leur masse, un coup décisif. Enivré de l'orgueil du nombre, son état-major suivait l'inspiration de cet orgueil, dans la manière dont il arrêtait ses plans et ses premières dispositions stratégiques. N'oublions pas la maxime : le commandement a la mentalité du peuple qui lui obéit.

De ce qui précède, il suit que l'Allemagne, en raison de la puissance formidable de ses nouvelles armées, devait chercher d'abord les larges espaces, pour pousser simultanément et brutalement ses forces sur l'ennemi.

Ainsi s'impose à son état-major le système qu'il applique à l'établissement de ses bases et de ses lignes d'opération.

Où l'état-major allemand va-t-il porter ses troupes ? Comment doit-il s'en servir ? La réponse à ces deux questions sera donc forte-

LE GÉNÉRAL BELGE JUNGBLUTH

ment influencée par le parti qu'a pris la démocratie française d'utiliser elle-même toutes les ressources nationales, d'enrôler pour ainsi dire tout le contingent et de préparer, dans la plus large mesure possible, l'incorporation des réserves.

LA FRONTIÈRE DE L'EST ET LA STRATÉGIE ALLEMANDE

Ce premier point une fois bien établi, en voici un autre : les plans de l'état-major allemand se subordonnent encore à d'autres dispositions prises préventivement par la France : ce sont celles par lesquelles elle a protégé de longue date, par des fortifications permanentes, sa frontière de l'Est.

La question de l'utilité des places fortes a été souvent discutée; elle l'est encore. On sait maintenant que Vauban lui-même était très opposé à la multiplication indéfinie des villes fortifiées. Jomini formulait une doctrine définitive en cette matière, quand il écrivait : « Les places fortes sont un appui essentiel, mais l'abus en serait nuisible, puisqu'au lieu d'ajouter à la force de l'armée active, il l'énerverait en la divisant. » Les places fortes, par les garnisons qu'elles exigent, sont de *terribles*

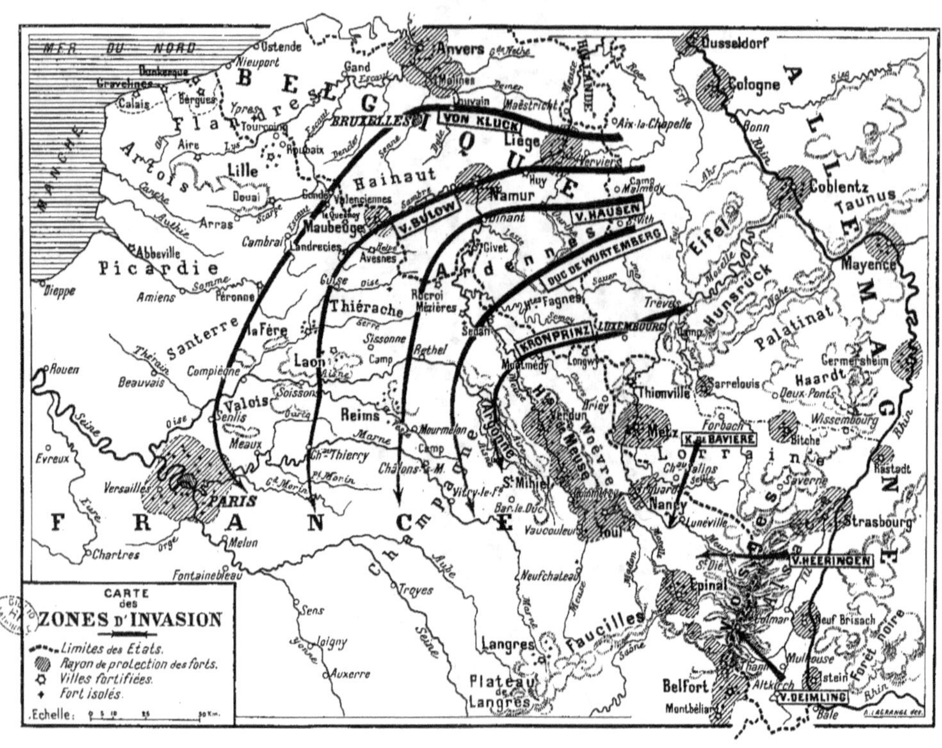

CARTE
des
ZONES D'INVASION

- Limites des États.
- Rayon de protection des forts.
- Villes fortifiées.
- Fort isolés.

Echelle: 0 5 10 25   50 Km.

mangeuses d'hommes. Goltz déclare que l'usage des fortifications révèle, chez un peuple, la faiblesse morale et une sorte d'infériorité avouée. La puissance de l'artillerie moderne ajoute encore à la valeur de ces observations. On avait des raisons de croire qu'aucune construction, si puissante fût-elle, ne résisterait à l'ouragan de fer dont elle serait accablée.

Cette doctrine étant courante, il n'en est que plus intéressant de constater que les plans de l'état-major allemand ont été subordonnés, depuis de longues années, à la création, sur notre frontière de l'Est, d'un puissant système fortifié, celui qui fut élevé sous l'impulsion du Comité dont le général Séré de Rivière fut le rapporteur. C'est que, si les places fortes, considérées isolément, n'offrent qu'une barrière insuffisante et qui peut toujours être tournée ou masquée, il n'en est pas de même d'un système de places fortes, capables de servir de soutien à des armées de manœuvre agissant indépendamment.

Moltke avait dégagé cet autre principe dans les termes suivants : « Les forteresses n'acquièrent toute leur valeur que lorsqu'elles sont en liaison avec les armées d'opérations » et le règlement français, « sur la conduite des grandes unités » prouve que notre propre état-major était imbu de la même doctrine. Il déclare, en effet, dans son art. 143 : « Les places fortes n'ont de valeur que dans la mesure où elles peuvent faciliter les opérations des armées en campagne. »

Or, c'est le service ainsi défini que les fortifications de la frontière de l'Est étaient appelées à rendre à la France, en lui permettant d'organiser sa défensive-offensive ; si bien que les grands chefs allemands durent, dans leurs propres projets, tenir le plus grand compte des dispositions prises par nous, méthodiquement, depuis de longues années.

Sans entrer dans un trop long détail, il suffit de rappeler que le système de fortification exécuté par le général Séré de Rivière s'était inspiré du programme suivant : non pas élever une muraille de Chine sur la nouvelle frontière

que le traité de Francfort laisse à la France, mais établir, le long de cette frontière, une barrière assez forte pour protéger le pays, pendant la période de mobilisation générale et disposée de telle sorte qu'elle ne laisse, à l'invasion, que des couloirs parfaitement déterminés et le long desquels elle sera contrainte de s'engager. Il s'agit, en un mot, de canaliser l'invasion par le territoire français, en admettant que la neutralité du Luxembourg et de la Belgique serait respectée.

C'est suivant cette pensée que l'on a créé : 1° au sud, la barrière fortifiée des monts Faucilles, pour fermer la trouée de Belfort en fortifiant le Lomont, Montbéliard, Belfort, Epinal, sauf à laisser ouverte la trouée de la Moselle; 2° au nord de la trouée de la Moselle, on constitue une seconde ligne de fortifications de Toul à Verdun, en laissant ouverte la trouée de la Meuse. Pour la trouée de l'Oise, on se contentait du fort d'Hirson et quant à la trouée de la Sambre, on fortifiait Maubeuge. C'est qu'on admettait comme existant le rempart de la neutralité belge.

Que l'on discute sur la valeur de ce système : En fait, on ne peut nier que l'état-major allemand s'est incliné devant sa puissance, puisque la stratégie et la politique militaire de l'empire allemand modifièrent de bonne heure leur direction maîtresse, du fait que cet obstacle était considéré comme infranchissable.

C'est cette opinion, ancrée dans les esprits allemands, qu'expriment presque dans les mêmes termes le chancelier Bethmann-Hollweg et le ministre Jagow, dans leur entretien fameux du 3 et 4 août 1914, soit avec le baron Beyens, soit avec l'ambassadeur d'Angleterre :

Croyez bien que c'est la mort dans l'âme que l'Allemagne se résout à violer la neutralité de la Belgique et, personnellement, j'en éprouve les plus poignants regrets. Que voulez-vous? C'est une question de vie ou de mort pour l'Empire. Si les armées allemandes ne veulent pas être prises entre l'enclume et le marteau, elles doivent frapper un grand coup du côté de la France, pour pouvoir ensuite se retourner contre la Russie. — Mais, dit le baron Beyens, les frontière

TOUL. — PORTE FORTIFIÉE

de la France sont assez étendues pour que l'on puisse éviter de passer par la Belgique. — Elles sont trop fortifiées... etc., etc.

Donc, l'Allemagne le reconnaît elle-même, son agression, prévue de longue date, subit la loi que les mesures de précaution prises par la France lui imposent.

Les déclarations des deux ministres responsables ne faisaient que se conformer évidemment à la solution apportée, après de longues hésitations, par l'état-major allemand à l'angoissant problème qui s'était posé devant lui. Quelle voie prendre pour envahir la France en cas de guerre : quelle ligne suivre, quelle frontière aborder ?

Nous avons vu que, pour des raisons de nombre, elle cherche les vastes espaces ; nous voyons, maintenant, qu'en raison de la force du système des fortifications lorraines, appuyant des armées de manœuvres, elle craint de s'engager dans une attaque de front par les trouées de la Meuse ou de la Moselle.

Nous avons suivi ainsi la série des raisonnements et des déductions, par lesquels ses états-majors en sont venus de bonne heure à rechercher d'autres champs d'opération et ont envisagé froidement l'hypothèse de violer, soit la neutralité suisse, soit la neutralité belge.

Pour la Suisse, des raisons qui ont été souvent développées ont décidé l'état-major allemand à ne pas diviser ses forces en les portant à la fois vers un double but, Paris et Lyon.

Le général Maitrot dit :

Les Allemands ne pénétreront pas en Suisse pour, de là, à travers le Jura, tourner Belfort et l'aile droite de l'armée française ; car, pour tenter un pareil mouvement, il faudrait enlever à la masse principale quatre ou cinq corps ; ce serait l'affaiblir au point de rendre impossible la seule manœuvre ayant chance de succès. Les Allemands ne s'y résoudront pas.

Il faut ajouter qu'une armée allemande essayant de pénétrer en Suisse eût eu sur les bras les 200.000 hommes parfaitement exercés de l'armée helvétique.

Restait une solution comportant à la fois de grands avantages et de graves aléas, celle qui supposait d'abord la violation de la neutralité du Luxembourg et de la neutralité de la Belgique.

Mais ici, non plus, il ne s'agissait pas d'une table rase, car, de ce côté également, des précautions avaient été prises.

Dès 1882, un génie véritablement divinateur, le général belge Brialmont, avait admis comme probable la violation de la neutralité belge par les armées allemandes.

Renseigné sans doute sur certaines intentions de l'état-major impérial, il estimait que trois ou quatre corps et deux divisions de cavalerie passeraient la Meuse entre Liége et Maëstricht et marcheraient vers la Sambre ; un corps de liaison s'avancerait à travers l'Ardenne belge. Le dixième jour, la concentration se ferait sur Aix-la-Chapelle et, en sept jours de marche, l'armée allemande aurait franchi les 180 kilomètres qui séparent Aix de Maubeuge.

Le gouvernement belge (non sans de grandes hésitations), finit par adopter les vues du général Brialmont. C'est pour parer au péril que se réalisèrent ces admirables conceptions organisant la défense de la Belgique par la création des camps retranchés de la Meuse (Liége et Namur) et le réduit d'Anvers. Ces mesures témoignent du peu de foi que l'on avait, déjà, dans la fidélité de l'Allemagne à la parole jurée.

Cependant, le problème agitait l'âme allemande. La question de loyauté n'était pas au premier rang, mais les esprits réfléchis pesaient les conséquences. L'auteur de l'ouvrage « Défense de la frontière allemande » écrivait, dès lors, à propos de la violation de la neutralité belge : « L'Allemagne est *trop consciencieuse* pour agir ainsi et elle est trop prudente pour s'exposer de la sorte à s'*attirer de nouveaux adversaires* (1). »

Nous retrouverons ces deux objections :

Préjudice moral résultant de l'atteinte à la foi jurée ; certitude de s'attirer de nouveaux adversaires. Une difficulté de fait s'ajoute à celles-ci : Brialmont a élevé les forteresses de la Meuse.

Prolongeant, en quelque sorte, la ligne commencée sur la Sambre par Maubeuge, les villes de Namur et de Liége forment désormais un barrage transversal, protégeant les provinces flamandes et destiné à arrêter le grand mouvement tournant des Allemands par la Belgique vers le Nord.

Si on envisage, dans son ensemble, en France et en Belgique, la ligne des frontières fortifiées (autant que valent des fortifications), elle forme un triangle ayant un de ses côtés orienté sud-est, nord-ouest de Belfort à Maubeuge, un autre côté orienté d'ouest en est de Maubeuge à Liége, sa pointe extrême vers Hirson, menaçant Paris par la trouée de l'Oise et son troisième côté ouvert aux armées allemandes par Aix-la-Chapelle, Luxembourg (neutralisé), Thionville, Metz et les Vosges.

La question est de savoir si ces armées s'engouffreront dans cet entonnoir et essaieront de s'écouler, soit par la trouée de la Moselle, entre Epinal et Toul, soit par la trouée de la Meuse entre Verdun et Montmédy, soit par la trouée de l'Oise, par Givet et Hirson, ou si elles se dégageront de l'entonnoir et s'efforceront de le déborder en se portant par la rive gauche de la Meuse jusqu'à Louvain et Bruxelles, pour se rabattre, par Mons et Saint-Quentin, de façon à pouvoir marcher de front de Mons à Luxembourg sur Paris.

Dans cette hypothèse, les armées allemandes rencontrent sur leur route une deuxième ligne de fortifications : Lille, Condé, La Fère, Laon, Reims, Langres; mais on sait que la plupart de ces places sont en médiocre état; pour ainsi dire désaffectées, elles ne peuvent se défendre que si elles sont elles-mêmes protégées par des armées formant défense mobile et décidées à livrer bataille soit sur l'Oise, soit sur l'Aisne, soit sur la Marne, pour couvrir la France et sauver Paris.

---

(1) *Défense de la frontière allemande*. Cité par le capitaine Gélinet (p. 8.).

TOUL. — LE MONT ET LE FORT SAINT-MICHEL

LA FRANCE IGNORAIT-ELLE LE PROJET D'INVASION PAR LA BELGIQUE? Il est intéressant de savoir comment ces différentes hypothèses furent envisagées par les écrivains militaires et les états-majors français, belges, allemands, durant les longs débats qu'elles soulevèrent dans la période préparatoire : nous verrons ensuite comment elles se modifièrent, au dernier moment, par suite de l'apparition d'éléments nouveaux et comment elles finirent par être appliquées.

Tenant compte des fortifications élevées par le général Brialmont, un écrivain militaire français, un des plus anciens en date et des plus avertis, le colonel Robert conclut, que l'état de choses nouveau peut pousser les Allemands à une manœuvre de très grande envergure à travers la Belgique, par la rive gauche de la Meuse :

Plusieurs indices me confirment dans l'opinion que l'axe d'attaque de l'Allemagne contre nous tend à s'élever vers le Nord... Je suppose, qu'en présence des défenses de notre frontière entre Toul et Epinal, ils hésitent à prendre, de ce côté, une défensive énergique et que leur projet est peut-être de prononcer leur attaque *principale* entre Verdun et la Meuse ou, même, entre Verdun et la Sambre. On annonce la création à Malmédy, à quelques kilomètres seulement d'Aix-la-Chapelle et de Liége, d'un grand camp d'instruction qui serait, au moment d'une mobilisation, une grande place de rassemblement permettant *d'occuper sans coup férir Liége et Namur*. Ajoutons que le nombre considérable de corps d'armée actifs, *de réserve et de landwehr* dont dispose l'Allemagne aujourd'hui, la pousse *vers l'extension de son front d'opérations*. Il faut donc que notre attention vigilante se porte aussi *sur notre frontière du Nord*, entre Verdun, Mézières, Hirson et Maubeuge, que là, comme ailleurs, nous puissions repousser énergiquement l'invasion.

Ces paroles sont prophétiques. Ce qui leur donne leur pleine valeur, c'est que, pour la première fois, elles embrassent le problème dans toute son ampleur et substituent à l'idée d'un simple mouvement tournant, l'éventualité d'une attaque *principale* par le nord.

En 1895, le capitaine Gélinet, dans une remarquable étude, s'applique à démontrer que la ligne d'invasion sera la trouée de la Meuse et le grand duché du Luxembourg :

Les grands travaux de défense que la Prusse a fait exécuter en Alsace-Lorraine, le matériel et les troupes considérables qu'elle y a rassemblés, les grandes voies stratégiques qu'elle a fait aboutir, près de notre frontière, démontrent assez que le plan des Allemands n'est pas d'abandonner leur magnifique base de concentration Strasbourg-Sarrebourg-Thionville. A l'utilisation de cette base, se rattache si intimement l'hypothèse d'une offensive contre notre frontière du Nord-Est, combinée avec une agression par la vallée de l'Alzette (Luxembourg) que nous ne saurions prêter à l'état-major allemand l'intention de diriger l'axe de ses opérations principales contre notre frontière du nord.

On s'habituait à l'idée que les neutralités n'étaient pas une garantie suffisante contre l'intérêt évident qu'avait l'Allemagne à les violer : mais la diversité des voies possibles et la force incontestable de la base de concentration allemande en Lorraine n'en laissait pas moins au problème toute sa complexité.

En 1898, même après la construction des camps retranchés de Liége et de Namur, le général Brialmont, lui-même, maintenait son idée d'une invasion par la Belgique, alléguant que le terrain difficile et la pauvreté du sol rendaient impossible l'invasion allemande par le Luxembourg et l'Ardenne belge ; le passage de l'armée allemande s'opérerait entre Visé et Maëstricht et sa directive serait Tongres, Avennes, Gembloux, Maubeuge ; les places de Liége et de Namur seraient masquées par des forces d'observation.

En 1900, le général Ducarne critiqua cette solution, estimant l'attaque par la rive gauche de la Meuse *trop excentrique* et la valeur défensive des places de Liége, Namur, Givet et Maubeuge assez importante pour nécessiter un long siège en règle. L'attaque allemande, ne pouvant partir ni d'Aix-Eupen, parce que les routes, quoique bonnes, sont trop proches des places fortes de la Meuse, ni de Malmédy-Saint-Vith, à cause des mauvaises routes d'un pays aride, partira de la base Trèves-Bitburg-Saint-Vith, pour aboutir sur la Meuse, par un parcours facile, sur le front Sedan-Mouzon-

Stenay, en évitant Montmédy. Elle comportera trois ou quatre corps et une division de cavalerie, atteignant la Chiers, sur Carignan, vers le seizième ou dix-septième jour. Une autre armée de deux à trois corps et une division de cavalerie resterait en observation contre l'armée belge sur Malmédy-Saint-Vith-Eupen. Les forces totales allemandes lancées en Belgique comprendraient donc cinq à sept corps et deux divisions de cavalerie, soit 200.000 hommes dont 80.000 feraient face aux Belges.

En 1905, le général Dujardin, reprenant l'idée du général Brialmont, estime que *la rive gauche de la Meuse seule est un pays propre aux grandes opérations stratégiques.* L'attaque sur Sedan-Stenay se souderait trop à l'attaque sur Verdun-Toul et les forces françaises feraient bloc. Les Allemands laisseront celles-ci indécises, s'ils attaquent par la rive gauche. Donc, l'armée allemande, partie d'Aix-la-Chapelle, passera la Meuse au nord de Liége et, par Saint-Trond, Tirlemont, Charleroi, Philippeville et Hirson, pénétrera en France en tournant Maubeuge.

Le général Langlois écrit à son tour :

Dans un conflit armé entre la France et l'Allemagne, cette dernière a le plus grand intérêt à ne pas venir se buter contre les places et forts d'arrêt qui garnissent le front de Belfort à Verdun. Elle cherchera donc vraisemblablement à attaquer l'aile gauche française par la trouée de Stenay et à la déborder par la Belgique, que ce mouvement débordant s'exécute seulement par la partie méridionale de la Belgique, aujourd'hui fort bien pourvue de routes, ou qu'il emprunte la vallée de la Meuse sans toucher au territoire hollandais.

Il affirme, d'ailleurs, que « l'armée belge est absolument insuffisante pour gêner, en quoi que ce soit, la marche des armées allemandes ».

Un écrivain dont l'enseignement et la doctrine ont eu une influence parfois excessive sur celles de notre état-major, le général Bonnal, envisage un front d'attaque large de 60 à 80 kilomètres, en Lorraine allemande, présenté par une masse centrale de dix corps. Les douze autres corps amenés sur la frontière formeraient : 1° une armée d'aile gauche de trois

LA FRONTIÈRE AU COL DE LA SCHLUCHT

à quatre corps en échelon, à cheval sur les Vosges ; 2° une armée d'aile droite de sept à huit corps avec huit divisions de cavalerie, chargée de l'attaque décisive par le Grand-Duché de Luxembourg, et le Luxembourg belge (1).

C'est à peu près l'hypothèse émise antérieurement par le capitaine Gélinet.

Le lieutenant-colonel Boucher critique cette opinion et croit au maintien du principe des forces massées qui prédomina en 1870. La double base de débarquement du front lorrain Metz-Sarrebourg indique la concentration de vingt-deux corps (dix-huit corps plus quatre corps de couverture) sur la frontière de Lorraine et d'Alsace, surtout entre Metz et Schirmeck.

Pourtant, dit-il, le mouvement enveloppant par la Belgique pourrait être caractérisé par le maintien sur place des unités du 8e corps ou leur rassemblement probable au camp d'Elsenborn, par le débarquement de troupes à Aix-la-Chapelle, Montjoie, Pronsfeld et Trèves.

(1) Général Bonnal. *Questions militaires d'actualité.*

Mais les renseignements nous donnant la preuve de l'exécution de ce mouvement, ajoute fort justement le colonel Boucher, *ne doivent modifier en rien les dispositions générales de notre plan.* La masse de nos corps actifs est maintenue entre Epinal et Verdun ; nos divisions de réserve continuent à se concentrer dans l'Argonne pour occuper les mêmes positions. Enfin, nous disposons des mêmes troupes pour retarder le mouvement enveloppant et l'empêcher finalement d'atteindre notre flanc gauche.

Cet écrivain n'envisage d'ailleurs l'invasion allemande par la Belgique que par sept corps au maximum, dont deux immobilisés contre les Belges

En novembre 1905, un journal nullement technique, la *Vie Illustrée*, publie un article intitulé « la Guerre franco-allemande », signé général Langeroy.

Cet article, qui semble inspiré par le général Langlois, est un tableau remarquable de ce que devait être la prochaine guerre. En voici le résumé :

Les Allemands attaquent les passages de la Meuse au sud de Verdun, mais les attaques ne présentent pas ce caractère de décision tant prôné par leurs tacticiens : lenteur incompréhensible des gros rassemblements, les parcs et convois semblent collés au Rhin. Le généralissime, suivant le mot de Napoléon : « on reconnaît une armée avec une armée, » va pousser les corps d'avant-garde et cinq divisions de cavalerie au-delà de la Meuse, à Verdun. Les Anglais nous apportent l'aide de 100.000 hommes.

Nos forces principales sont massées entre Vouziers-Vitry-Château-Thierry-La Fère.

Un dirigeable en reconnaissance ne voit que de faibles détachements ; rien aux carrefours Etain, Conflans, Thiaucourt, Beaumont. *La masse ennemie s'est donc dérobée vers le Nord.* En effet, coup sur coup, dépêches successives : cavalerie allemande vers les Hautes Fagnes et les voies ferrées Luxembourg-Namur ; circulation intense de trains entre Namur et Liége ; commencement d'offensive allemande sur Mézières.

Alors notre groupe principal (quatre armées) *s'élève vers le nord-est.*

Les Belges se replient sur Anvers. « Les Allemands avaient endormi leurs méfiances : le camp de Malmédy, était donné comme un simple terrain d'exercices pour les tirs, dans une région déserte, afin d'éviter les accidents. Or, à diverses reprises, les Allemands ont expérimenté là des concentrations invisibles. »

Maubeuge succombe. Il aurait fallu à Maubeuge, non pas un camp retranché, mais une place d'approvisionnement, une base d'opérations qui eût permis à une armée de se porter à trois marches de là, sur la Sambre et la Meuse. Alors, d'un seul coup, toute notre frontière du Nord eût été couverte; avant de la violer, il eût fallu passer sur le ventre de cette armée de couverture offensive.

Heureusement, l'ennemi avait compté sans *la marche foudroyante vers le nord* de notre groupe principal d'armées. Après cinq jours et cinq nuits, 120 kilomètres ont été parcourus de l'est à l'ouest par les troupes françaises, pour atteindre la ligne Avesnes-Givet et tomber dans le flanc gauche des colonnes ennemies qui sont entre Namur et Landrecies sur 100 kilomètres de profondeur.

Succès de cette marche admirable, grâce à l'art avec lequel le généralissime a su *articuler* sa concentration primitive ; le système largement compris s'est prêté à un changement de front immédiat vers la direction menacée.

Une division de cavalerie ennemie occupe Bruxelles. Par contre, un raid français nous rend maîtres de Thionville.

Mouvement de recul des colonnes allemandes. Maubeuge est repris. Combat entre Erquelines et Busigny.

Une de nos armées passe la Meuse à Dinant et s'établit solidement en barrant la boucle de la Meuse au sud-est de Namur. Le grand quartier général français est à Fosse.

L'armée anglo-belge réoccupe Bruxelles.

Victoire sous Namur. Deux corps allemands sur six écrasés et jetés à la Meuse. Une partie de l'armée allemande capitule.

Une armée d'Alsace est alors constituée... C'est la victoire.

Nous avions conjuré un danger effroyable, etc.

Cette exquisse à larges traits répondait certainement à une connaissance exacte de la vérité ; elle nous aide à pénétrer les intentions de notre état-major et ce qu'il croyait savoir lui-même des intentions de l'ennemi.

Le général Maitrot a eu deux opinions distinctes sur la question. En 1911, il estime que « l'éventualité d'une attaque par la rive gauche de la Meuse, c'est-à-dire d'un grand mouvement par Bruxelles, doit être définitivement écartée » et il ajoute : « Nous pourrions invoquer en faveur de notre opinion un facteur tout puissant, le danger pour les Allemands de provoquer l'intervention anglaise ».

Mais le général Maitrot ne s'en tint pas à ce premier système. Cherchant ce qu'il appelait « la solution de l'avenir », il étudie la modification des plans de concentration allemand et français et il se livre à une analyse très serrée de ces modifications et de leurs résultats :

Le général Séré de Rivière, disait-il, avait laissé largement ouverte la porte d'une souricière, dans laquelle il comptait que l'ennemi s'engagerait (trouées de Stenay et de Charmes) : nous avons inconsidérément fermé cette porte par un emploi abusif de la fortification.

D'où il s'ensuit que « la masse allemande, pressée contre notre muraille de Chine, sans issue de front, va se dérober et glisser vers une aile, vers l'aile droite, vers les pays rhénans et la Belgique ». L'armée de Lorraine ne serait plus qu'une armée d'observation. Dans trois ou quatre ans (le général Maitrot écrit en 1911), les travaux de défense entrepris par les Allemands auront fermé aux Français les deux couloirs de Morhange et de Sarrebourg et c'est alors que le gros des forces allemandes se fixera dans la région Cologne-Aix-Trèves-Coblentz. Nous suivrons le mouvement forcément et la nouvelle concentration s'opérera sur le front Verdun-Lille, avec une armée d'observation en Lorraine et sur les Vosges (1).

En 1912, le général Maitrot reprend cette question au sujet du déclassement de Lille. Il

(1) Le général Maitrot résumait ainsi sa pensée dans son étude sur l'éventualité d'une attaque allemande par la Suisse : « Les Allemands disposeront de 21 corps actifs contre la France : 4, les XVe XVIe XXIe et XIVe feront la *diversion* en Lorraine, 17 seront chargés de l'attaque principale par la Belgique. » *Nos frontières du Nord et de l'Est*, (p. 91).

AIX-LA-CHAPELLE. — VUE GÉNÉRALE

constate que l'attaque par la rive droite de la Meuse est admise par la plupart des écrivains militaires, les généraux Langlois, Cherfils, de Bernhardi, Ducarne et que l'hypothèse d'une offensive par la rive gauche de la Meuse sur Hirson, Maubeuge ou Lille, est à peu près abandonnée, *parce que trop excentrique et, partant, trop dangereuse*. Il insiste, au contraire, sur cette hypothèse, sur le déplacement du centre de gravité de la concentration allemande vers le nord et il écrit : « Si la place de Lille n'existait pas, il faudrait la créer. » Il évoluait donc très nettement vers les idées des généraux Brialmont et Dujardin, du colonel Robert et du « général Langeroy ».

En présence d'un tel exposé, il est impossible de soutenir que l'idée d'une invasion, d'un mouvement d'aile droite par la Belgique et la rive gauche de la Meuse n'ait pas été envisagée par notre état-major. Certainement, il avait admis cette éventualité. Mais il avait à faire face à une situation d'ensemble qui n'en laissait pas moins une *inconnue*, à savoir la décision qui serait prise, au dernier moment, par l'état-major allemand.

Celui-ci était visiblement poussé vers une grande manœuvre par la Belgique et le Luxembourg, mais il restait maître de son choix, selon les circonstances politiques et diplomatiques de la rupture, selon qu'il aurait à faire à la France seule ou qu'il aurait à prendre en considération la résistance belge, l'intervention de l'Angleterre, de la Hollande, etc., etc. L'état-major allemand avait à considérer aussi la méthode de son action, selon que la Russie interviendrait ou n'interviendrait pas, selon qu'elle serait prête ou non à agir en Pologne, en Galicie, en Prusse orientale.

Il avait à prendre en considération, enfin, l'attitude de l'Italie, selon que cette puissance, fidèle ou non à la Triple-Alliance, agirait ou non sur la frontière des Alpes et sur les côtes de Provence.

Les données, *modifiables jusqu'au dernier moment*, étant infiniment variées, il fallait être en mesure de parer aux combinaisons diverses qu'elles pourraient suggérer au grand état-major allemand.

Là était, pour notre propre état-major, le véritable problème.

LE PLAN DE L'ÉTAT-MAJOR ALLEMAND

Mettons-nous, maintenant, par la pensée, dans la situation du grand état-major allemand et voyons, d'après ce qu'il avait laissé entrevoir, quelles étaient les solutions et résolutions que la nature des choses et le cours des événements pouvaient lui suggérer.

Dans l'impossibilité d'étudier ici l'immense littérature publiée en Allemagne sur ce sujet, on peut accepter comme un résumé suffisant des idées courantes l'ouvrage de Bernhardi, *La Guerre d'aujourd'hui*, écrit en 1911.

Dans une page qu'il faut citer en entier, (tome II, p. 336), il révèle, comme le dernier plan adopté par l'état-major allemand, une offensive par la Belgique et même par la Hollande d'une très vaste envergure :

Quand il s'agit de l'armée d'une grande puissance, qui doit agir comme un tout animé d'une pensée unique, il faut absolument renoncer à une pure opération de flanc. Au contraire, on pourrait très bien donner à l'idée fondamentale de l'attaque de flanc une forme stratégique conforme aux conditions modernes, la forme, par exemple, de l'attaque stratégique avec aile refusée. Elle est comparable à l'ordre oblique. Ce qui se passe en petit au point de vue tactique se retrouve là dans le domaine stratégique et dans les plus vastes proportions... Quand on néglige toutes les conditions politiques, (c'est-à-dire quand on ne tient pas compte de la neutralité belge) on peut se représenter une guerre offensive de l'Allemagne contre la France, telle que l'aile nord de l'armée allemande avancerait avec des armées échelonnées à travers la Hollande et la Belgique, *l'extrême aile droite marchant le long de la mer*, tandis que dans le sud, les forces allemandes esquiveraient le choc de l'adversaire et se déroberaient par l'Alsace et la Lorraine vers le nord, pour laisser à l'adversaire la route libre sur l'Allemagne du Sud. La marche par échelons de l'aile marchante allemande contraindrait l'aile gauche de l'armée adverse à un grand changement de front et la mettrait par cela seul dans une situation désavantageuse ; et au sud, les Français seraient obligés de faire aussi une conversion à gauche qui les placerait dans une situation désavantageuse par rapport à leur base. On aurait donc gagné, au point de vue stratégique, ce que le grand Fré-

ÉPINAL. — VUE GÉNÉRALE

déric obtint à Leuthen au moyen de son attaque éche-lonnée. Un succès des Allemands, au Nord, *les amènerait immédiatement à Paris et troublerait les organes vitaux de l'armée française,* bien avant qu'elle eût obtenu, dans l'Allemagne du Sud, des succès décisifs... Il faudrait aussi maintenir énergiquement le pivot du mouvement qui se trouverait dans le nord de la Lorraine et dans le Luxem-bourg. On a pensé souvent à faire de Trèves une forteresse d'armée et l'idée de fortifier Luxembourg repose sur des hypothèses analogues.

Ce plan ne faisait, en somme, que reprendre et développer une conception de Moltke re-montant à 1867 et rappelée en septembre 1913 par le général Maitrot : « Une offensive *sur Paris* par la Belgique, au cours de laquelle *l'armée française serait l'objectif des opéra-tions.* »

Par l'importance qu'il donne à l'aptitude opérative, on sent que Bernhardi, disciple fi-dèle du grand maréchal, désire des marches stratégiques avant la bataille, ce qui implique l'attaque par la Belgique centrale, puisqu'en Lorraine, ou même dans le Luxembourg, la zone d'opérations, trop étroite, déterminerait un contact immédiat. A ce sujet, il dit (tome II, p. 328) :

La nécessité d'avoir devant soi un certain espace pour les opérations ressort de l'exposé que le général von Fal-kenhausen a fait dans son livre : *Flankenbewegung und Massenheer.* Tant qu'on n'aura pas assez de place, il sera impossible de modifier le groupement des forces.

Par l'examen des conditions dans lesquelles s'est livrée la grande bataille de Belgique, les phrases suivantes de Bernhardi s'éclairent soudain.

La capacité opérative et tactique des troupes a gagné en importance, à cause des masses plus lourdes et plus mal instruites des armées modernes. L'attaque, forme la plus sûre de la conduite de la guerre, a gagné en supé-riorité ; *l'assaillant,* grâce à son initiative, possède dans le temps et dans l'espace une avance que l'adversaire, même aussi mobile, ne parvient pas à compenser, et d'au-tant plus grande qu'il a des troupes meilleures et plus aptes aux opérations.

Il faut s'efforcer, dit encore Bernhardi, *de demeurer maître des lignes extérieures* et de refouler l'adversaire concentriquement.

De cet ensemble, Bernhardi, résumant l'opi-

TRÈVES SUR MOSELLE

nion de la plupart des écrivains militaires allemands, conclut :

Notre patrie allemande n'a pas à frémir devant la supériorité numérique de ses adversaires, mais elle ne peut compter sur le succès que si elle a la ferme volonté de détruire la supériorité de ses ennemis par une victoire partielle sur l'un ou l'autre de ses adversaires, avant que leur supériorité n'entre tout entière en ligne et si elle prépare la guerre dans ce sens ; (tome I, p. 93).

Et plus loin :

Il est donc très important que la première victoire soit aussi complète que possible, afin de paralyser, pour un temps assez long, l'ennemi attaqué le premier. *Toute faute de calcul à cet effet peut être très importante.* (tome II, p. 91).

Il serait désirable, dit-il ailleurs, de porter d'abord un coup aussi foudroyant que possible à la France, « la riche France », selon une de ses expressions familières.

Il écrit encore :

Si nous prenions Paris, l'effet moral serait un effet immense ;

Mais il est convaincu que

l'âme de la nation doit être pliée et vaincue, pour qu'on puisse lui arracher la victoire.

D'où, probablement, la nécessité qui s'imposa au grand état-major allemand, après la victoire incomplète de Charleroi, d'abandonner l'idée d'une marche sur Paris et de courir à la bataille de la Marne. La victoire française jeta les allemands dans un genre de guerre qu'ils avaient sans doute préparé, mais dont leurs théoriciens ne pouvaient admettre la possibilité.

Quant à nous, dit Bernhardi, nous ne nous défendrons sûrement pas *derrière des remparts et des fossés.* Le génie du peuple allemand nous en préservera.

Et ailleurs :

Dans tous les cas, les positions fortifiées se sont montrées incapables de procurer le succès qui est l'objet de toute guerre.

Il jugeait sévèrement l'emploi des tranchées dans la guerre de Mandchourie :

Les tranchées furent le tombeau de la victoire et de l'offensive russes...

Dans cette espèce d'illusionnisme que l'orgueil militaire entretenait chez les meilleurs

esprits, il est une erreur, cependant, à laquelle le général Bernhardi ne se laisse pas entraîner.

La plupart des écrivains militaires allemands soutenaient qu'il faut attendre le salut uniquement du développement des fronts : envelopper l'ennemi étant le seul moyen d'obtenir la victoire. Bernhardi s'élève contre cette théorie et il en signale le péril. Sans succès, d'ailleurs, puisqu'elle est restée la pensée dominante des Allemands, de l'Aisne à la mer. Bernhardi déclarait déjà qu'en Mandchourie, les déploiements étaient démesurés.

Il affirme, quant à lui, que « le succès de l'attaque repose sur deux causes: effet du feu et du choc, voilà le principe de la tactique du feu ».

Seulement, il ajoute un court commentaire que les généraux commandant les troupes allemandes en Flandre auraient dû méditer :

Mais le développement exclusif d'un des facteurs conduit toujours à un échec.

Il y avait, dans ces simples mots, une sorte de prévision inconsciente de la bataille de la Marne.

VALEUR DES PRÉPARATIONS FRANÇAISES Nous reviendrons, à la lumière des faits, sur la valeur comparée des plans de l'état-major allemand et de l'état-major français.

Mais, ce qu'il convient d'établir, dès maintenant, c'est que la France ne s'est pas laissée surprendre, autant qu'on l'a dit, par la préparation allemande, par la supériorité allemande.

Tout au contraire : c'est la France qui, par son énergique volonté d'assurer à tout prix la défense nationale, a dominé en quelque sorte, l'intelligence allemande et lui a imposé un plan général dont cette intelligence ne fut pas assez perspicace pour deviner toutes les difficultés et tous les risques.

En premier lieu, la France s'est portée énergiquement vers le système des grandes armées avec réserves innombrables : l'Allemagne a fait de même ; mais le poids énorme de son organisation militaire l'entraîne en

GABRIEL HANOTAUX

de l'Académie Française

HISTOIRE ILLUSTRÉE

DE LA

GUERRE DE 1914

24 PAGES DE TEXTE ET D'ILLUSTRATIONS

FASCICULE
N° 28

L'ÉDITION FRANÇAISE ILLUSTRÉE
(GOUNOUILHOU, Éditeur)
6, Boulevard des Capucines, Paris

PRIX NET
1 franc
ÉTRANGER, PORT EN PLUS

A NOS SOUSCRIPTEURS

Nous prions nos souscripteurs de vouloir bien nous adresser *immédiatement* leur souscription à la 2ᵉ série (fascicules 27 à 52). Nous les mettons en garde contre l'encombrement des derniers jours, leur renouvellement *immédiat* devant les assurer contre toute interruption de leur service.

Les conditions de souscription à la 2ᵉ série sont ainsi fixées :
Pour la France : 25 francs les 26 fascicules (au lieu de 26 francs).
Pour les pays étrangers faisant partie de l'Union postale, 27 fr. 60.
Adresser les souscriptions accompagnées d'un mandat-poste à : *L'Édition française illustrée*, Gounouilhou, éditeur, 8, boulevard des Capucines, Paris.

☞ **AVIS IMPORTANT :** A la suite de très nombreuses demandes de nos souscripteurs, nous avons décidé de faire désormais l'envoi des fascicules *sous tubes forts qui garantiront au souscripteur l'arrivée du fascicule en parfait état*. Ceci, sans augmentation, malgré le surcroît de dépense que cette mesure nous impose.

Ceux de nos lecteurs qui désireraient continuer a recevoir l'exemplaire à plat sous enveloppe devront nous en aviser.

VOLUME RELIÉ

Les quatorze premiers fascicules de l'*Histoire Illustrée de la Guerre de 1914*, par Gabriel HANOTAUX, constituent le Tome premier de l'ouvrage.

Ces quatorze premiers fascicules, contenant trois cents pages, dont cent quatre-vingt d'illustrations, forment un superbe volume grand in-quarto qui est mis en vente au prix de :

18 francs, relié (franco)
Étranger, port en plus

Reliure demi-chagrin grenat, plats toile, fers spéciaux du Maître graveur Auguste LEPÈRE, tête dorée, les autres tranches ébarbées.

Nous pouvons fournir également aux personnes qui préféreraient faire exécuter elles-mêmes la reliure des fascicules, des emboîtages avec les fers spéciaux de LEPÈRE, au prix de **3 fr. 50.**

Les frais de port et d'emballage sont à ajouter au prix ci-dessus; soit 0 fr. 75 pour l'envoi par colis postal, livrable en gare, et 1 franc pour la livraison à domicile.

Le Tome premier relié, ainsi que l'emboîtage de ce Tome, sont en vente dans toutes les Librairies.

Pour les recevoir franco, adresser les demandes, accompagnées d'un mandat-poste représentant le prix du volume désiré ou de l'emboîtage et des frais de port indiqués ci-dessus, à : *L'Édition française illustrée*, Gounouilhou, éditeur, 8, boulevard des Capucines, à Paris.

DÉPART D'UN RÉGIMENT D'INFANTERIE ALLEMANDE

quelque sorte : il lui faut les larges espaces. D'où ce développement immense par la Belgique et vers la mer qui, contrairement à tous les principes, expose un front trop étendu, d'une part, à l'offensive *intérieure* de l'ennemi qui saura choisir son point d'attaque et, d'autre part, à l'offensive des *lignes extérieures* dont on n'est pas maître.

En outre, la France a su comprendre le véritable rôle des forteresses ; elle a organisé son front de l'Est par une habile jonction de la défense fixe et de la défense mobile, de telle sorte que l'Allemagne a cru devoir renoncer à l'offensive la plus coûteuse peut-être, mais la plus sûre, qui eût consisté à foncer sur nos troupes de l'Est et à *détruire l'armée* avant de viser à l'*occupation du territoire.*

Les armées françaises, comme nous le verrons, ont accompli leur concentration dans le plus grand calme, tandis que les premières armées allemandes, sans même attendre leurs réservistes, se précipitaient sur Liége et la Belgique. L'Allemagne sacrifiait à la folie du nombre, à la folie du « mouvement tournant », à la folie du territoire ; elle voulait à tout prix « prendre la Belgique » ; elle voulait à tout prix dominer Paris. Ainsi, elle se précipitait au devant de la bataille de la Marne et cherchait la défaite que devait lui réserver un jour l'armée qu'elle n'avait pas su ou osé attaquer de front.

Le grand projet allemand avait d'autres inconvénients graves que certains auteurs allemands eux-mêmes avaient signalés, mais que l'orgueil allemand ne voulut pas prendre en considération : attaquer la Belgique et le Luxembourg, c'était donner à l'Allemagne, devant le monde, une attitude de fourberie atroce et, par conséquent, un dessous moral, dont sa forfanterie ne tenait nul compte, mais dont son autorité ne se relèvera jamais.

Que le chancelier allemand ait été obligé, pour couvrir les plans de l'état-major, de prononcer les fameuses phrases : « *C'est contre le droit des gens... On fait ce qu'on peut...*

Nécessité fait loi », c'est une grande preuve de bassesse, non seulement morale mais intellectuelle, à la fois chez l'état-major, chez le chancelier et dans le peuple.

La défaite — et une défaite sans rémission, sans rédemption possible — était incluse dans cette abominable bravade contre les règles consacrées des sociétés humaines. Les Allemands oubliaient le plus assuré de tous les principes au sujet de la guerre que notre Proudhon, après tant d'autres, a exprimé en ces termes : « La guerre, de même que la religion et la justice, est dans l'humanité, un phénomène plutôt interne qu'externe, *un fait de la vie morale* bien plus que de la vie physique et passionnelle. »

Nous verrons plus tard, dans tout le système *préconçu* des « atrocités », que de cet élément moral, les Allemands ont fait litière de parti-pris. C'est une autre faute analogue à la première; et toutes deux sont de même origine et eurent les mêmes conséquences. Les Allemands auront à en répondre devant les hommes et devant Dieu. Vainqueurs, ils n'eussent pu en effacer la trace ; vaincus, ils en subiront, en tant qu'individus et en tant que société, l'éternel châtiment : on ne les croira plus jamais !

Le plan de l'invasion par la Belgique offrait un autre péril qui n'avait nullement échappé à certains chefs allemands : il attirait à l'Allemagne deux ou trois adversaires nouveaux : peut-être la Hollande, et en tous cas, certainement, la Belgique elle-même et l'Angleterre.

Qu'une pareille considération n'ait pas arrêté la décision impie dans les conseils tenus à Potsdam et que, selon le mot de M. de Jagow, les civils aient dû s'incliner devant les militaires, le fait est révélateur de l'imprudence vraiment démente des états-majors.

La Belgique, on l'a bien vu, était loin d'être un élément tout à fait négligeable. Mais l'Angleterre... Comment pouvait-on braver de gaieté de cœur l'hostilité d'une telle puissance ?

On avait des raisons de croire, à Berlin, que l'Angleterre resterait neutre. L'exposé des faits diplomatiques a prouvé que cette opinion reposait sur des données sérieuses. Personne ne peut dire que l'Angleterre fût entrée résolument dans le conflit si la frontière belge eût été respectée : il est probable qu'elle se fût abstenue, du moins au début. En tous cas, il était d'un intérêt capital pour l'Allemagne de tenir, par tous les moyens possibles, l'Angleterre en dehors des hostilités. Et ses chefs adoptent la seule résolution qui pouvait ameuter contre eux l'opinion publique anglaise, auparavant si divisée : ils attaquent la Belgique, marchent sur Anvers, cherchent la mer, compliquent à l'infini leurs plans et leurs objectifs : tout cela pour attirer, dans le champ clos, ces deux ennemis nouveaux, le Belge et l'Anglais, qui, assurément, n'avaient nulle envie, la veille, de participer à une querelle entre Slaves et Allemands, à propos de l'attentat de Serajevo !

Au point de vue stratégique, un autre défaut du « grand plan » sautait aux yeux et avait été signalé également par nombre d'écrivains autorisés : l'attaque par la Belgique était *beaucoup trop excentrique*, du moment où elle devenait l'attaque principale et où on se contentait de faire observer les armées françaises de l'Est par des armées allemandes insuffisantes pour les anéantir. Comme nous l'avons vu dans le texte de Moltke, copié par Bernhardi, l'armée allemande se proposait un double objectif : *Occuper Paris* et *ruiner l'armée française;* c'était courir deux lièvres à la fois. Infailliblement, à une heure donnée, l'armée allemande désaxée perdrait son équilibre; son front infiniment trop étendu ne pourrait pas se garder toutes ses liaisons; un trou, une fissure se produirait quelque part et s'offrirait aux attaques de l'adversaire. Sans compter que, se livrant à l'immense mouvement tournant par les provinces du Nord, l'armée allemande ne resterait pas maîtresse des lignes extérieures et, selon que l'avait prévu Bernhardi lui-même, s'exposerait aux attaques d'une force préparée dans les provinces restées

TYPES DE SOLDATS ALLEMANDS

libres et qui la surprendrait le jour où elle aurait à faire au gros des armées françaises.

Qu'on cesse donc de vanter la supériorité des conceptions allemandes. Le commandement a traduit fidèlement dans ses combinaisons la grossière infatuation de la mentalité nationale. Le « colossal » a éloigné ce peuple et ses chefs de toutes les lois de la mesure et des proportions dans sa stratégie comme dans son art, dans sa vie publique comme dans sa vie privée. Le matérialisme brutal qui avait déchaîné cette guerre en ravalait, dès le début, le caractère.

On eût dit que ces hommes responsables de si grandes choses et qui se préparaient à verser si largement le sang avaient perdu jusqu'à la notion de la limite des forces humaines (1). Après avoir trompé un peuple, fou de confiance et de discipline, ils allaient précipiter aveuglément ses dociles enfants dans une offensive irréfléchie et violente, frappant l'ennemi à coups de bataillons, sans se demander même s'ils avaient des chances sérieuses de le rompre. Ils pensaient que rien ne pouvait leur résister. Le premier obstacle les surprit, les étonna, bouleversa tous leurs plans, les bouscula vers des combinaisons nouvelles destinées également au plus sanglant avortement. La bête enfermée dans la cage finira par mourir de rage en mordant les barreaux ensanglantés.

La France, au contraire, qui avait subi la leçon de 1870, tenait son jeu étroitement serré dans sa main, attendant les événements.

Les chefs, par leur prudence et leur sang-froid, répondaient à cette sage réserve nationale. Ils attendaient l'ennemi à sa première

faute ; malgré les insuffisances d'une préparation tronquée, ils avaient en mains une arme solide ; l'armée et la nation étaient décidées à faire tout leur devoir ; le moral était haut, le jugement droit, le cœur pur. La France ne voulait que libérer ses frères et se libérer elle-même de l'obsession cinquantenaire.

Nous verrons comment la pensée française se réalisa, selon le procédé d'une souple articulation contrastant avec le lourd mécanisme de l'organisation allemande.

Ce parallèle s'imposera à nous dans tous les détails de la guerre qui s'engage : dans la mobilisation, la concentration, la conduite des armées, comme nous venons de le rencontrer dans l'étude des préparations.

Il suffit que nous ayons indiqué comment la France pouvait, malgré la formidable avalanche qui la menaçait, prendre confiance, dès le début, et aborder la lutte avec le ferme espoir du succès, en considérant la justice de sa cause, la sûreté de son sens averti, son courage calme et ses longues patiences.

QUELLE SERA LA DURÉE DE LA GUERRE ? Avant de terminer cet exposé, consacré à une étude de psychologie sociale et militaire, ou, pour employer l'expression de Jomini, de « philosophie de la guerre», il n'est pas inutile de rappeler l'opinion que l'on avait, dans les deux camps, au sujet de la durée probable des hostilités. La tenue des âmes devant les sacrifices doit être, en effet, un des éléments principaux du succès.

En France comme en Allemagne, la plupart des écrivains militaires étaient d'avis que la guerre ne pourrait durer longtemps.

Le général Maitrot ne fut pas, au sujet de la durée éventuelle d'une guerre européenne, aussi bon prophète qu'en ce qui concernait l'invasion par la Belgique. Il écrit :

La campagne sera de courte durée, elle sera menée avec une rapidité foudroyante ; la mise sur pied, de part et d'autre, de près de deux millions d'hommes, l'appel subit et simultané fait à toutes les forces vives de la

---

(1) Un témoignage parmi cent autres : un correspondant de la *Novoïe Vremia* interroge, à Kiew, un officier allemand de l'armée de Mackensen (septembre 1915) et, constatant son état d'épuisement, obtient de lui la déclaration suivante : « Les mêmes soldats combattent sur l'immense ligne de front, c'est-à-dire sur tous les points du théâtre de la guerre oriental. Souvent, à peine une bataille terminée, on nous entasse dans des wagons à bestiaux et on nous transporte sur d'autres champs de combat. C'est pourquoi nous faisons la navette jour et nuit, combattant le matin au nord et le soir au sud. Il n'y a plus de réserves dans nos cantonnements, toutes les troupes ayant été utilisées contre les Russes. Faute de réserves, *nous devons nous-mêmes fournir un effort dépassant considérablement nos forces.* »

<table>
<tr><td>Le général de Moltke</td><td>Le Feld-maréchal comte Haeseler</td><td>Guillaume II</td></tr>
</table>

L'EMPEREUR GUILLAUME II ET QUELQUES HAUTS DIGNITAIRES DE L'ARMÉE ALLEMANDE

nation, amèneront une telle tension dans l'organisme que l'effort ne pourra pas durer.

Le général Foch, dans son livre *Des principes de la Guerre*, dit à peu près la même chose :

Les armées que nous mettons en mouvement sont des armées de civils arrachés à leurs familles. La guerre apporte la gêne ; avec elle, la vie cesse. D'où la conséquence qu'elle ne peut durer longtemps.

Ces écrivains militaires n'appréciaient pas dans toute leur ampleur les ressources d'une guerre «nationale» et la force de résistance des peuples qui allaient jouer leur existence. Peut-être ne prévoyaient-ils pas assez la puissante intervention, non seulement des réserves, mais de la nation armée.

Pourtant, cette haute confiance dans « les impondérables » d'une véritable guerre *nationale* commençait à se lever dans l'âme des jeunes officiers, élèves d'une préparation plus récente. Déjà, le général Langlois avait dit : « LA VICTOIRE AU PLUS TENACE .» Le lieutenant-colonel Mordacq lui emprunte le mot et le développe :

Les gouvernements ont, en temps de paix, un devoir à remplir : c'est de ne pas laisser se répandre dans la nation l'idée que la prochaine guerre se terminera sûrement après la première grande bataille... Bien au contraire, l'on ne devra pas désespérer après une bataille malheureuse. La victoire finale reviendra certainement au peuple le plus tenace, à celui qui saura supporter avec le plus d'énergie, et, surtout, *le plus longtemps*, les épreuves de tous genres qu'entraînera, à sa suite, la guerre du xxᵉ siècle.

Et le colonel Montaigne précise, avec plus d'autorité encore :

Il est bien possible que la grande bataille des nations dégénère en une barbare bataille d'usure où la victoire restera au peuple qui sera le mieux en état d'alimenter le combat, à celui qui, dans la fournaise, pourra jeter le dernier soldat. *La bataille se décidera par épuisement.* De fait, toute la tactique de la guerre de siège, à qui l'on aime à comparer la prochaine guerre de campagne, ne tend-elle pas à réduire l'ennemi à merci *par la ruine progressive et systématique de toutes ses ressources ?*

Les Allemands, prenant leurs désirs pour des réalités, croyaient pouvoir nous anéantir au débouché de la Belgique, à la bataille qui s'est appelée la bataille de Charleroi. Tout au plus, admettaient-ils l'éventualité de deux nouvelles rencontres nécessaires pour en finir, l'une en Santerre, l'autre dans les Flandres. La prise de Paris devait leur assurer, en tout cas, un ascendant irrésistible. Cette confiance inspirait Bernhardi quand il dictait, en ces termes, la « conduite » de la guerre :

Viser toujours au succès le plus élevé » ; d'où découle cette autre règle fondamentale : agir toujours offensivement. Si l'on est forcé de rester sur la défensive, ne le faire qu'avec la réserve de reprendre plus tard l'offensive et ne se laisser contraindre à la défense passive que dans les cas absolument désespérés.

Cette prévision, comme tant d'autres, devait être trompée et les Allemands devaient être réduits très rapidement, sur le front occidental, à cette défense passive, unique ressource, de leur propre aveu, « du cas désespéré. »

Bernhardi voyait-il plus juste, quand il déclarait que la décision morale appartiendrait finalement au côté allemand et quand il supposait que des raisons économiques forceraient les adversaires de l'Allemagne à demander la paix ?

On a prétendu, en se fondant sur des raisons, scientifiques en apparence, que nul État n'était capable de soutenir une guerre où seraient engagées les masses énormes fournies par les levées en masse actuelles. Je tiens cette idée pour très exagérée... Il est vrai que le vaincu se décidera d'autant plus vite à la paix qu'il lui apparaîtra impossible, au point de vue économique, de rétablir ses forces détruites par la défaite. Mais, lorsque les adversaires sont en balance dans une lutte indécise, le niveau du rendement baissera peu à peu des deux côtés, et, finalement, le succès appartiendra à celui qui aura manifesté la plus haute valeur morale et le plus grand esprit de sacrifice, ou si les ressources morales sont égales, à celui qui sera capable de soutenir financièrement la lutte le plus longtemps. Ainsi, les conditions de la guerre s'adapteront d'elles-mêmes, en quelque sorte, aux conditions économiques et nécessairement l'équilibre s'établira *entre ce qu'on veut et ce qu'on peut.*

Eh bien, acceptons l'augure : c'est à celui qui *peut* et à celui qui *veut* qu'appartiendra le dernier mot.

CHAPITRE II

LA MOBILISATION ET LA CONCENTRATION EN FRANCE [1]

Les Troupes de couverture. — La Mobilisation en France, en Afrique, à l'Étranger. La Concentration sur la frontière de l'Est. — Disposition des armées françaises.

ÈS qu'une certaine tension se fut produite dans les relations diplomatiques, le gouvernement, comme c'était son droit et son devoir, prit les premières dispositions pour que l'armée et la nation fussent en état de supporter le choc, s'il se produisait.

Sous le régime de la nation armée, la guerre est préparée par deux actes distincts : la mobilisation et la concentration.

La mobilisation, que nous définirons tout à l'heure plus techniquement, rend l'armée *mobile*, c'est-à-dire qu'elle arrache les hommes aux lieux où ils vivent d'ordinaire et les met en état de se rendre, comme soldats, aux lieux qui leur sont assignés pour la défense du pays.

La concentration masse les troupes mobilisées au point précis où elles doivent agir.

Les deux opérations sont prévues et organisées d'avance par une série de décrets, d'arrêtés et de règlements qui constituent toute une littérature technique ; le mouvement se produit comme celui d'une machine qu'actionne un simple déclic : l'ordre de la mobilisation ; les engrenages mordent aussi-tôt les uns dans les autres et l'effet est produit pour ainsi dire automatiquement.

La préparation et la connaissance de cet organisme sont parmi les parties les plus importantes de l'art de la guerre moderne. Il n'y a plus de bon général dont le *vade mecum* ne soit un horaire et un livret de chemins de fer. La connaissance exacte du temps nécessaire pour qu'une armée, une division, une brigade, un régiment, une compagnie arrivent bien munis et bien ravitaillés aux endroits où ils doivent produire leur action, est la plus indispensable des données permettant de combiner une action offensive et défensive. Pour cela, les anciens calculs, établis d'après la marche de l'homme à pied, sont en partie périmés ; le cheval lui-même n'est plus le principal moyen de transport, les machines de toutes sortes, chemins de fer, automobiles, aéroplanes, dirigeables, sont entrées en ligne. On disait de Napoléon qu'il faisait la guerre avec les jambes de ses soldats : la guerre de 1914 sera surtout une guerre de machines.

Voyons comment les troupes furent rassemblées et concentrées du côté de la France,

(1) Au moment d'aborder l'exposé des opérations militaires, je dois exprimer ici tous mes remerciements à l'affectueuse collaboration de M. Pierre Dauzet, auteur de l'ouvrage *De Liège à la Marne*, qui m'a, pour l'étude des faits de guerre, apporté le concours de ses recherches et de son labeur soutenu.

LE DÉPART DES MOBILISÉS A LA GARE DE L'EST
(1914)

nous dirons ensuite comment elles le furent du côté de l'Allemagne.

Spectacle nouveau dans l'histoire que celui de ces fourmilières de la « nation armée » prenant, de toutes parts, leurs directions prévues pour rejoindre les lignes où elles s'affronteront.

PREMIÈRES PRÉCAUTIONS D'abord, les chemins de fer. En France, l'exploitation des réseaux est restée, en grande partie, aux mains des Compagnies : mais des accords extrêmement précis sont conclus entre elles et l'Etat pour le cas de guerre.

Les Compagnies de chemins de fer et le réseau de l'Etat, avertis dès la première heure, prirent, d'abord, une série de mesures préparatoires.

Les locomotives furent visitées avec soin, l'espionnage allemand pouvant atteindre en elles le moteur essentiel de la mobilisation. Réunies et sous pression dans les dépôts, elles attendirent d'être attelées aux wagons qui de partout affluèrent vers les garages des grandes gares. Grâce au déchargement d'office et par suite du refus d'expédier les marchandises, les quais d'embarquement furent rapidement bordés, plusieurs jours avant le décret de mobilisation, de longues files de wagons disponibles pour les transports éventuels de troupes et de matériel.

Les ponts furent l'objet d'une surveillance particulière de la part des agents de la voie. Les mesures furent prises pour que les régiments qui se trouvaient dans les camps rentrassent en toute hâte dans leurs garnisons ; les permissionnaires, nombreux à cette époque de l'année, rejoignirent leur corps.

Bientôt, la garde des voies de communications, susceptible de fonctionner avant le jour de la mobilisation, si le ministre en donne l'ordre, commença d'être assurée par les hommes appelés à ce rôle dans le plan de protection des voies préparé dès le temps de paix. Etabli par région de corps d'armée, le plan de protection prévoit l'appel des hommes de la réserve de l'armée territoriale en commençant par les classes les plus anciennes et choisis parmi ceux résidant dans les communes les plus voisines des points sur lesquels ils doivent être employés.

Outre ces mesures, en quelque sorte préparatoires et de simple surveillance, des dispositions furent prises visant l'armée elle-même et la mettant en mesure de remplir, le cas échéant, son premier devoir, la protection de la mobilisation, si celle-ci est ordonnée. C'est l'office des troupes de couverture.

Le président de la République, disposant de la force armée, a le devoir et le pouvoir d'ordonner toutes les précautions exigées par les circonstances pour ne pas laisser surprendre la France par une invasion et pour assurer, pendant une période nécessairement critique, la protection et l'existence du pays.

La France, renseignée jour par jour sur les préparatifs secrets de l'Allemagne, y répond coup pour coup. C'est ainsi que les troupes de couverture reçoivent l'ordre de se porter rapidement à la frontière, en observant toutefois la distance de 8 kilomètres. En 36 heures, à partir de l'instant où M. Messimy, ministre de la guerre, fit donner, selon la décision du conseil des ministres, l'ordre de les mettre en marche, les troupes de couverture (2e, 6e, 20e, 21e, 7e corps) s'établirent aux postes assignés par l'état-major général.

Malgré la continuation du trafic commercial, qu'on n'avait pas encore le droit d'interrompre, les trains arrivèrent avec la plus grande régularité.

Pendant une dizaine de jours, notre couverture allait avoir à surveiller l'ennemi et à supporter l'effort éventuel qu'il pourrait tenter.

La France entière, derrière elle, se mobiliserait, si les événements l'exigeaient. D'autre part, le ministre de la guerre, usant des moyens que la loi lui donnait pour la préparation de notre entrée en ligne en cas de rassemblement de forces étrangères sur la

SOLDAT GARDANT UNE VOIE FERRÉE

frontière, rappela sous les drapeaux, avec l'assentiment du Conseil des ministres, et par ordres individuels, les hommes appartenant à la dernière classe libérable. D'ailleurs, la mobilisation pouvait d'abord n'être que partielle, pour un ou plusieurs corps d'armée, pour une ou plusieurs classes.

Outre les troupes de couverture, les divisions de cavalerie se portèrent également sur les emplacements qui lui étaient assignés. Dès la nuit du 31 juillet au 1er août, les régiments de cavalerie du nord gagnèrent la frontière du nord-est. Le matin du 1er août, une animation inusitée transforma les bureaux de télégraphe des moindres stations et les dépêches se succédèrent, annonçant, pour la journée, des passages déjà importants de trains militaires.

LE DÉCRET DE MOBILISATION GÉNÉRALE Tandis que les longs trains de troupes passaient sans arrêt dans la paix ensoleillée des champs, tandis que les trains réguliers enlevaient, dans chaque station, les premiers hommes rappelés, brusquement, dans les bureaux de poste et dans les gares, vers quatre heures et demie du soir, l'ordre de mobilisation générale fut télégraphié. Le voici dans son texte intégral :

ARMÉE DE TERRE ET ARMÉE DE MER
ORDRE DE MOBILISATION GÉNÉRALE

Par décret du président de la République, la mobilisation des armées de terre et de mer est ordonnée, ainsi que la réquisition des animaux, voitures et harnais nécessaires au complément de ces armées.

Le premier jour de la mobilisation est le dimanche 2 août 1914.

Tout Français soumis aux obligations de la loi militaire doit, sous peine d'être puni avec toute la rigueur des lois, obéir aux prescriptions du fascicule de mobilisation (pages coloriées placées dans son livret).

Sont visés par le présent ordre tous les hommes non présents sous les drapeaux et appartenant :

1o A l'armée de terre, y compris les troupes coloniales et les hommes des services auxiliaires ;

2° A l'armée de mer, y compris les inscrits maritimes et les armuriers de la marine.

Les autorités civiles sont responsables de l'exécution du présent décret.

Le ministre de la guerre. Le ministre de la marine.

Lancé à 4 heures du soir de Paris aux commandants de corps d'armée et par ceux-ci aux autorités militaires et civiles, l'ordre de mobilisation générale parvint rapidement dans toutes les communes de France. En quelques minutes, les accusés de réception des grands centres parvenaient au service central des télégraphes. A 7 heures, l'ordre était connu jusque dans les moindres hameaux.

Le dimanche 2 août, à minuit, commençait le premier jour de la mobilisation.

Les affiches, dont le texte était imprimé d'avance, sauf la date, furent immédiatement placardées dans les communes.

La mobilisation générale était ordonnée, ainsi que la réquisition des animaux, voitures et harnais nécessaires aux armées. Tout Français soumis aux obligations de la loi militaire devait, dès lors, obéir à l'ordre de route et aux prescriptions du fascicule de mobilisation inséré dans son livret individuel, de manière à être rendu à son corps à la date fixée. Seuls, les hommes utiles au bon fonctionnement des services publics ou des établissements privés indispensables aux besoins des armées, étaient classés, dès le temps de paix, parmi les non-disponibles ; ils n'avaient à rejoindre leur poste que sur un ordre spécial.

LES TRANSPORTS DE MOBILISATION Le 2 août, le décret d'état de siège concentrait tous les pouvoirs entre les mains de l'autorité militaire, par suite de la mise sur pied de guerre de toutes les forces nationales.

Le décret de mobilisation fut suivi de l'exécution rigoureuse du plan de guerre, comportant deux opérations successives : la mobilisation proprement dite et la concentration.

La *mobilisation* proprement dite, qui fait passer les forces militaires du pays du pied de paix sur le pied de guerre, consiste à constituer activement les unités de tout ordre qui sont appelées à opérer en vue des hostilités. Elle s'effectue sur place, sur le territoire même de chaque région de corps d'armée ; sur ce territoire, les unités du temps de paix qui, en principe, s'y trouvent déjà stationnées, se complètent et s'approvisionnent ; « ce territoire leur servira de réservoir d'alimentation en personnel et en matériel pendant la durée de la guerre » ; en d'autres termes, mobiliser le corps d'armée, c'est le doter de tous les effectifs et de tous les organes que comporte le pied de guerre.

La *concentration* consiste « à transporter en des points déterminés toutes les forces préalablement mobilisées et à les y rassembler ». Les troupes ainsi détachées de leur région territoriale et ainsi concentrées deviennent, des armées d'opération ou, plus simplement, des armées ; elles sont prêtes à entrer en campagne.

L'état-major général doit avoir établi d'avance pour chaque bataillon, escadron ou batterie une fiche indiquant le jour, l'heure et le lieu de son embarquement, la station où seront les vivres, l'heure et le lieu de débarquement. Les stations-magasins, les gares régulatrices et de ravitaillement, les stations-haltes-repas, les stations têtes d'étapes doivent être organisées de telle sorte que le matériel et les approvisionnements correspondent à l'importance des unités à alimenter. Les autorités militaires et les fonctionnaires des Compagnies de chemins de fer qui coopèrent au travail de préparation des transports stratégiques doivent, en tenant d'ailleurs secrets tous les documents et plans qui leur sont confiés, relever avec une exactitude rigoureuse les graphiques de tous les trains qui emprunteront chaque réseau pendant la période de mobilisation et de concentration et, de plus, étudier la composition de chaque train selon l'arme à transporter.

Le moindre changement dans les éléments d'organisation du système amènerait fatalement une refonte générale du travail. Aussi

ARMÉE DE TERRE ET ARMÉE DE MER

ORDRE
DE MOBILISATION GÉNÉRALE

Par décret du Président de la République, la mobilisation des armées de terre et de mer est ordonnée, ainsi que la réquisition des animaux, voitures et harnais nécessaires au complément de ces armées.

Le premier jour de la mobilisation est le *Dimanche deux août 1914*

Tout Français soumis aux obligations militaires doit, sous peine d'être puni avec toute la rigueur des lois, obéir aux prescriptions du **FASCICULE DE MOBILISATION** (pages coloriées placées dans son livret).

Sont visés par le présent ordre **TOUS LES HOMMES** non présents sous les Drapeaux et appartenant :

1° à l'**ARMÉE DE TERRE** y compris les **TROUPES COLONIALES** et les hommes des **SERVICES AUXILIAIRES** ;

2° à l'**ARMÉE DE MER** y compris les **INSCRITS MARITIMES** et les **ARMURIERS** de la **MARINE**.

Les Autorités civiles et militaires sont responsables de l'exécution du présent décret.

Le Ministre de la Guerre.   *Le Ministre de la Marine.*

L'AFFICHE DE MOBILISATION

est-on obligé d'arriver à une certaine fixité des plans, qui ne peut être modifiée, lors de la mobilisation, sans amener un grand trouble.

LES VOIES FERRÉES Les Compagnies de chemins de fer, dès la réception de l'avis du ministre leur enjoignant de mettre tous les moyens de transport à la disposition de l'administration de la guerre, prirent les mesures nécessaires pour assurer la suppression des transports commerciaux. Les trains en cours de route achevèrent leur marche mais, arrivés à destination, se dirigèrent à vide vers les points d'expédition des trains militaires. Les trains de retour devaient circuler jusqu'au 2 août à 6 heures du soir. Les marchandises non encore expédiées furent déchargées.

Aussitôt l'affichage de l'ordre de mobilisation, toutes les voies furent gardées militairement par les territoriaux, les gares occupées. La garde des voies ferrées fut d'ailleurs assurée de la façon la plus rigoureuse. Tous les passages à niveau furent surveillés et la circulation des voitures sur route soumise à un contrôle sévère. Les conducteurs d'automobiles et de tous autres véhicules durent obéir immédiatement à l'ordre d'arrêt des sentinelles. Plusieurs fois, celles-ci ont dû faire feu.

On sait que, dès le décret de mobilisation, le service des chemins de fer relève tout entier de l'autorité militaire et qu'une ligne de démarcation générale, déterminée par le ministre et modifiable selon la marche des événements, sépare le réseau national en deux zones : la zone de l'intérieur, sous les ordres directs du ministre de la guerre et la zone des armées, sous les ordres du commandant en chef des armées. Dans la zone des armées, les transports sont exécutés jusqu'à la limite des opérations, par des commissions de réseau, des commissions régulatrices et des commissions de gare, et dans la zone des opérations par les troupes de chemins de fer comprenant les com-

pagnies de sapeurs de chemins de fer de campagne.

Dès le début de la mobilisation, toutes ces commissions occupèrent les postes qui leur étaient assignés, les commissions de réseau, composées d'un officier supérieur d'état-major membre militaire et d'un représentant de l'administration de chemins de fer membre technique, les commissions de gare comprenant un officier membre militaire et le chef de gare membre technique. Après avoir pris possession de la gare, la commission de gare doit effectuer les aménagements nécessaires.

Le 2 août, les transports de mobilisation prévus commencèrent. Les hommes voyageant isolément pour rejoindre leur corps emportèrent un ou deux jours de vivres, suivant les indications portées sur leur fascicule de mobilisation. Mais ceux qui, en raison de certains longs trajets, avaient consommé leurs vivres, purent trouver dans certaines gares des cantines ou des buffets.

Un des effets de la loi de trois ans fut de diminuer l'importance des transports de mobilisation, par suite du nombre plus restreint de réservistes destinés à porter les compagnies à l'effectif de guerre de 200 hommes. En effet, antérieurement, l'effectif mobilisable d'une compagnie n'était avec la loi de deux ans que de 90 hommes ; avec la loi nouvelle, les compagnies de couverture étaient portées à 190 et celles de l'intérieur à 140 : les deux dernières classes de la réserve suffirent donc pour les compléter à l'effectif de guerre.

Arrivés dans les garnisons, les hommes furent habillés et équipés rapidement. Le 4 août, on annonçait officiellement que les opérations de notre mobilisation se poursuivaient dans le plus grand ordre et le plus grand calme. Les réservistes, dont l'état moral était excellent, avaient achevé de rejoindre pour la plupart. Même, pour certaines régions, des départs anticipés avaient nécessité l'organisation de plusieurs trains.

Le service normal des chemins de fer, suspendu depuis le 2 août, reprenait peu à peu ;

DÉPART D'UN TRAIN DE MOBILISÉS

les relations s'améliorèrent. Des trains journaliers omnibus furent mis en circulation, mais les places devaient être retenues à l'avance.

Ce que l'immense machine transporte, ce ne sont pas des objets matériels, ce sont des hommes. L'ordre de mobilisation cueille sur le territoire national la fleur de la jeunesse française : elle quitte le champ paternel et part pour occuper la place où les risques de la guerre l'attendent. De quel cœur ces jeunes gens se pressent au rendez-vous ! S'est-il jamais présenté, dans l'histoire, une heure où tout un peuple se leva d'un tel élan, avec un pareil soupir de soulagement et de satisfaction unanime ? « Enfin !... »

Tristesse et joie, inquiétude et confiance, mélange de tous les sentiments humains. La confiance l'emportait, avec la conviction que c'était fini et qu'on ne serait plus, plus jamais, le peuple humilié.

Le souffle qui poussait ces jeunes hommes vers la frontière, soutenait les femmes, les vieillards, tous ceux qui se faisaient une double souffrance de voir partir ceux qu'ils aimaient, et de ne pouvoir les suivre.

Des écrivains, dignes de ces heures, les ont racontées :

« Me voici place Vendôme et déjà commence la course des autos filant vers les gares, emportant l'officier ou le simple soldat, en tenue de campagne, bien sanglé, net, équipé de partout. Ils ont le même visage tranquille et ferme, les muscles placés aux joues et aux mâchoires de la même façon, la même teinte de marbre au front, et le même regard bien soutenu, aigu, profond, lointain, un peu dur, un regard qui ne voit plus Paris ni nous-mêmes, qui interroge la frontière, qui cherche les Vosges et se prépare à l'Alsace. Qu'ils soient seuls ou accompagnés, pareille est leur assurance et leur gravité ; et quand il y a près d'eux une femme : mère, épouse, fille ou sœur... le maintien de celle qui reste est toujours à l'altitude de celui qui s'en va. Ainsi, ces couples muets de la séparation observent presque, si l'on peut dire, une héroïque froideur, une chaste et sublime réserve, et rien n'est plus grand, plus rare, plus méritoire et plus tragique, à la secousse et au bouleversement intérieur des adieux, que cette espèce d'holocauste de la sensibilité, ce sacrifice des expansions si douces, des sanglots qui soulagent, faits et consentis à la patrie, à cette patrie pour laquelle on est prêt à donner tout son sang en gardant pour soi seul et cachées toutes ses larmes... » (Lavedan.)

Dès cette heure aussi, une émotion intime arrache les âmes à l'indifférence des jours tranquilles et les exalte vers l'inconnu qui les appelle. Les églises se remplissent.

« A Saint-Pierre de Chaillot, deux messes se disaient ensemble, une au maître-autel, l'autre à la chapelle du Sacré-Cœur... Des soldats en tenue, des officiers de toutes armes. Les femmes se prosternaient. Des genoux d'hommes forts, serrés d'étoffes rouges, se joignaient et faisaient craquer la paille des prie-Dieu. Mes yeux obscurcis, non pas obscurcis, dessillés par les larmes, s'étaient posés sur le tabernacle. J'y lus, gravés dans l'or, ces mots qui me traversèrent comme une lance : *Ego sum. Nolite timere.* Et il n'y avait pas deux façons de traduire cet ordre de Dieu : « JE SUIS LÀ. NE CRAIGNEZ RIEN. » (id.)

Dans les casernes, c'est le branle-bas. De quelle joie crâne la nouvelle est acceptée : il faut laisser parler ceux que la voix du pays appelle :

« Le dimanche 26 juillet, on apprend l'ultimatum de l'Autriche. Toute la semaine qui suit, à l'habillement où je suis employé, on essaye la collection de guerre. Le samedi 1er août, essayage pour la dixième fois. Puis, on vide les chambres, on rassemble la literie ; on fait les ballots d'effets. Avec le chef et le garde-mites, en qualité de secrétaire, je m'appuie l'inventaire du magasin, depuis les capotes jusqu'aux godillots en passant par les bidons !

Ce samedi 1er, nous sommes consignés et à 5 heures du soir, nous apprenions la mobilisation.

Le dimanche 2 août, toujours consignés au quartier. A 10 heures, discours du commandant.

A cinq heures du soir, tout le monde en bas ! Réunion du bataillon en armes. Le commandant fait ses adieux à la population. On apporte le drapeau. Sonnerie au drapeau et à 5 h. 30, départ du bataillon. Embarquement à 6 h. 30. Départ. Nous chantons. Nous crions.

Arrivée à 1 h. 30 du matin, à Z...

Lundi et mardi, préparation. Réception des réservistes, arrivage des munitions, des vivres. Réembarquement à midi et, après un long itinéraire, débarquement à D... sur-Meuse, à 3 heures du matin. Dirigés sur M... nous y cantonnons pendant cinq jours. Puis, départ pour L... où on fait des tranchées et des haies artificielles.

Enfin, le 11 août, départ pour la Belgique... » (1)

Les régiments traversent la ville. On les acclame ; on les couvre de fleurs ; on jetterait des lauriers sous leurs pas :

« Le 2e cuirassiers va traverser la place. Nous sommes une centaine de personnes qui les attendons. Parmi eux, le comte Albert de Mun, empressé à saluer les officiers et les soldats de l'arme dans laquelle il eut l'honneur autrefois de glorieusement servir... Pas de vain bruit, ni d'inutiles gestes. De la grandeur ramassée, sûre et majestueuse. Une certitude d'airain... Dès que les officiers marchant en tête furent à notre hauteur, tout le monde se découvrit,... en silence... et nos yeux allèrent tout droit à leur visage... à ces visages d'officiers que, par en dedans, l'âme rendait purs et lumineux comme des lampes. (Lavedan.) »

A la gare du Nord, à la gare de l'Est, les grilles des cours extérieures sont fermées. Seuls, passent ceux qui ont leur feuille de mobilisation. Un ordre parfait ; les recommandations suprêmes : « Soigne-toi bien, fais ton devoir. Ecris souvent. » Une foule muette, pas de cris, des drapeaux, un dernier embrassement, des larmes furtives, et la séparation résolue avec le grand risque accepté par tous pour le pays.

Dans les trains, les soldats forment troupe, et, déjà, se soumettent, d'eux-mêmes à la discipline volontaire qui sera celle de toute la campagne. Un étranger racontait : « Dans une gare, des réservistes arrivent ; ils sont encore livrés à eux-mêmes ; pas de chefs ; mais il faut traverser la foule pour sortir : d'instinct ils se rangent quatre par quatre, prennent le

(1) Lettres de soldats dans *l'Illustration* du 8 août 1914.

SOLDAT EN FACTION DEVANT UN PONT DE CHEMIN DE FER

UNE BATTERIE D'ARTILLERIE PASSANT DEVANT LE CHATEAU DE VERSAILLES

pas et vont où ils doivent aller, comme s'ils étaient commandés... » Ces tableaux se multiplient à l'infini. Ils chantent, car ils sont jeunes, le cœur ardent et joyeux.

Ils chantent l'hymne national, la *Marseillaise*, dont tout le monde comprend maintenant le sens profond, les paroles graves remuant ce qu'il y a de plus intime au cœur des sociétés humaines : « Mourir pour la patrie ! » Ce n'est plus banal ; on comprend ; on sent.

« A chaque station du parcours, montent des mobilisés, des ouvriers, des paysans avec leur pauvre bagage. Ils s'entassent dans les couloirs, car il y a déjà une quinzaine d'hommes par chaque compartiment de dix. En voici d'autres. Nous leur ouvrons nos compartiments de première ; les braves gens s'installent parmi les officiers, respectueux, disciplinés, confiants, avec une affectueuse déférence. Ils comprennent parfaitement le véritable caractère de la crise. L'un dit : « Il fallait bien que cela arrivât ; il y a quarante-quatre ans qu'ils nous insultent. »

Un trait infiniment juste, parmi cent mille :

« C'est très curieux : on ne peut encore se faire à l'idée que l'on va à la guerre. Nous avons l'impression de rallier la caserne pour une période de manœuvres. Cela ne nous viendra sans doute que lorsque nous chargerons nos cartouchières de cartouches à balle, et même pas encore. Il nous faudra sans doute, aux premières escarmouches, voir tomber des blessés pour nous rendre compte de la réalité de ce qui se passe. Et ce qui est bizarre encore, cette impression se concilie très bien avec la violente impatience qu'on a tous de battre, de chasser, d'écraser les Allemands » (1).

Les officiers expérimentés, ceux qui « ont vu la guerre » au Tonkin, à Madagascar, au Maroc, mordent leurs moustaches. Comment se comporteront-ils au feu, ces jeunes gens ?

MOBILISATION EN ALGÉRIE ET AUX COLONIES Le tableau du mouvement de la mobilisation serait incomplet, si nous ne jetions un coup d'œil au delà des frontières de la métropole et si nous ne rappelions avec quel succès la mobilisation proprement dite eut lieu dans nos colonies, soit les plus anciennes, soit les plus récentes, ou

bien encore parmi les résidants français à l'étranger.

L'Allemagne avait tablé sur des soulèvements dans nos colonies et notamment dans les colonies d'Afrique. Or, le calme parfait qui règne sur tout le territoire colonial à partir de la déclaration de guerre permit, d'abord, au gouvernement, de réunir, soit par des prélèvements sur les troupes d'occupation, soit par la mobilisation, plus de 900 officiers, 1.800 sous-officiers et 16.500 soldats européens sur les contingents affectés aux colonies (nous ne parlons ni de l'Algérie, ni de la Tunisie).

Le gouvernement de la République, en étendant en Afrique notre vaste domaine colonial, savait qu'il y formait un immense réservoir d'hommes pour la défense des colonies elles-mêmes et, le cas échéant, de la mère-patrie. Cet espoir fut réalisé et dépassé.

Il faut noter au premier rang, à ce point de vue, l'admirable effort de l'Afrique occidentale française. Au mois de juillet 1914, il y avait déjà 32.000 Sénégalais sous les armes. Depuis l'ouverture des hostilités jusqu'au milieu de l'année 1915, 36.000 nouveaux tirailleurs indigènes ont été recrutés ; c'est donc un contingent de 68.000 hommes fournis par cette seule colonie. Une partie de ces troupes ont servi dans les guerres africaines, mais la plus grande partie sont venus combattre en France.

L'Algérie, la Tunisie, le Maroc répondirent à l'appel qui leur fut adressé par le gouverneur général Lutaud, par le bey de Tunis et par le sultan du Maroc. Dans les premiers mois de la guerre, le chiffre des tirailleurs indigènes enrôlés volontaires en Algérie, monte à 14.579. Il atteindra en un an le chiffre de 27.164 tant tirailleurs (24.737) que spahis (2.427).

Les sentiments des indigènes algériens se traduisent dans les documents les plus divers, depuis ceux qui émanent des autorités les plus hautes, jusqu'à ceux qui viennent des personnes les plus humbles. Le bey de Tunis écrit : « La France et la Tunisie ne font qu'une ; en défendant la France, les Tunisiens défendent leur mère. » Et voici les

(1) Lettres de soldats dans *l'Illustration* du 8 août 1914.

GABRIEL HANOTAUX
de l'Académie Française

HISTOIRE ILLUSTRÉE
DE LA
GUERRE DE 1914

24 PAGES DE TEXTE ET D'ILLUSTRATIONS

FASCICULE
N° 29

L'ÉDITION FRANÇAISE ILLUSTRÉE
(GOUNOUILHOU, Éditeur)
8, Boulevard des Capucines, Paris

PRIX NET
1 franc
ÉTRANGER, PORT EN PLUS

A NOS SOUSCRIPTEURS

Nous prions nos souscripteurs de vouloir bien nous adresser *immédiatement* leur souscription à la 2ᵉ série (fascicules 27 à 52). Nous les mettons en garde contre l'encombrement des derniers jours, leur renouvellement *immédiat* devant les assurer contre toute interruption de leur service.

Les conditions de souscription à la 2ᵉ série sont ainsi fixées :
Pour la France : 25 francs les 26 fascicules (au lieu de 26 francs).
Pour les pays étrangers faisant partie de l'Union postale, 27 fr. 60.
Adresser les souscriptions accompagnées d'un mandat-poste à : *L'Édition française illustrée*, Gounouilhou, éditeur, 8, boulevard des Capucines, Paris.

☞ AVIS IMPORTANT : A la suite de très nombreuses demandes de nos souscripteurs, nous avons décidé de faire désormais l'envoi des fascicules *sous tubes forts qui garantiront au souscripteur l'arrivée du fascicule en parfait état*. Ceci, sans augmentation, malgré le surcroît de dépense que cette mesure nous impose.

Ceux de nos lecteurs qui désireraient continuer à recevoir l'exemplaire à plat sous enveloppe devront nous en aviser.

VOLUME RELIÉ

Les quatorze premiers fascicules de l'*Histoire Illustrée de la Guerre de 1914*, par Gabriel HANOTAUX, constituent le Tome premier de l'ouvrage.

Ces quatorze premiers fascicules, contenant trois cents pages, dont cent quatre-vingt d'illustrations, forment un superbe volume grand in-quarto qui est mis en vente au prix de :

18 francs, relié (franco)
Étranger, port en plus

Reliure demi-chagrin grenat, plats toile, fers spéciaux du Maître graveur Auguste LEPÈRE, tête dorée, les autres tranches ébarbées.

Nous pouvons fournir également aux personnes qui préféreraient faire exécuter elles-mêmes la reliure des fascicules, des emboîtages avec les fers spéciaux de LEPÈRE, au prix de **3 fr. 50.**

Les frais de port et d'emballage sont à ajouter au prix ci-dessus; soit 0 fr. 75 pour l'envoi par colis postal, livrable en gare, et 1 franc pour la livraison à domicile.

Le Tome premier relié, ainsi que l'emboîtage de ce Tome, sont en vente dans toutes les Librairies.

Pour les recevoir franco, adresser les demandes, accompagnées d'un mandat-poste représentant le prix du volume désiré ou de l'emboîtage et des frais de port indiqués ci-dessus, à : *L'Édition française illustrée*, Gounouilhou, éditeur, 8, boulevard des Capucines, à Paris.

ARRIVÉE DE TROUPES INDIGÈNES A MARSEILLE

termes de la déclaration émanant de la délégation indigène des Cheragas (Algérie) :

Une délégation de notables musulmans conduite par l'adjoint indigène El Hadj Abderrhamane Daman ben Ahmed est allée affirmer au maire de la commune le dévouement absolu des indigènes à la France et leur désir de contribuer à la défendre. Élevés côte à côte avec les Français, ils veulent, ont-ils dit, être fraternellement unis à eux dans la joie comme dans la peine. Il n'y a, dans ce pays, ni Arabes, ni Français, mais seulement des frères.

Les fellahs tunisiens ont fourni 30.000 tirailleurs.

Quant au Maroc, on sait l'étonnant résultat qui fut obtenu. Le recrutement s'opéra volontairement même dans les tribus qui étaient en état de rébellion déclarée. Le sentiment militaire l'emporta et ceux qui se battaient contre nous la veille marchèrent héroïquement sous nos drapeaux, méritant la magnifique citation à l'ordre du jour du généralissime : « Les formations marocaines ont donné des preuves remarquables de leur vaillance, de leur discipline et se sont placées au meilleur rang parmi les troupes indigènes. »

La plus grande partie des meilleures unités du Maroc avait été appelée à partir en France. Or, l'effort fut supérieur à celui que demandait le gouvernement; il permit l'envoi dans la métropole de 39 bataillons, soit plus de 3 divisions d'infanterie, 16 escadrons, 8 batteries montées et 5 compagnies de génie. En dehors des unités territoriales venues de France pour la garde des principales villes, les citoyens français résidant au Maroc, liés ou non par les obligations militaires, formèrent au Maroc occidental 5 bataillons de réservistes, un bataillon de territoriaux, une compagnie de vétérans.

En un mot, l'ensemble des résultats obtenus par la mobilisation dans nos colonies d'Afrique, et quelles que soient les critiques de détail qui se sont produites, (1) justifie et au delà la remarque du docteur allemand Kampfmeyer, dans sa brochure parue en 1914 : l'*Allemagne et l'Islam* : « *Dans la grande lutte actuelle, j'en ai la ferme conviction, l'Allemagne n'a rien à attendre de l'Islam dans l'Afrique du Nord.* »

Il ne peut être question de donner ici un tableau de la mobilisation parmi les résidents français répandus sur toute la face du globe. Partout ce fut le même enthousiasme, le même coup au cœur, le même élan pour rejoindre coûte que coûte.

Un de ces exodes particulièrement intéressant — celui des Français installés en Turquie — a été excellemment décrit par une plume officielle. A titre d'exemple, nous citerons quelques extraits du rapport de M. Bompard : « *Comment les Français de Turquie sont partis pour défendre la France* » :

... Je ne sais si on parviendra facilement à se rendre compte, en France, de l'effet que peut causer une pareille surprise. Je prie le lecteur de faire effort pour s'imaginer quel doit être l'état d'esprit d'un homme qui mène son trantran de vie ordinaire et qui apprend tout à coup qu'il doit tout planter là et sur l'heure se mettre en route pour gagner la côte et s'embarquer sur le premier bateau en partance, afin de s'élancer au combat. Contre qui ? Il s'en doute bien. Mais, dans quelles conditions et pourquoi ? il l'ignore ? Eh bien ! sachez que pas un Français de Turquie n'a hésité. Tous s'en sont allés sans demander d'explications. La France les appelle : ils y vont... A Constantinople, la mobilisation n'a pris que quelques jours. Le consul suppléant qui y avait procédé s'est joint lui-même au dernier convoi de mobilisés. Une fois sa tâche accomplie, rien n'a pu le retenir ; le devoir militaire primait tout à ses yeux. Comme c'était le consulat qui était chargé du service de la mobilisation, les secrétaires de l'ambassade n'ont pas voulu attendre quelques jours. Ils m'ont abandonné dès le 4 août au matin... Le départ des mobilisés français fut un événement à Constantinople. A l'encontre des mobilisés allemands, ils ne se livrèrent à aucune manifestation en ville et attendirent, pour donner libre cours à leurs sentiments patriotiques, d'être réunis à bord, sous les plis du pavillon français. Alors, ce fut du délire. Tous les bateaux en rade français, amis ou alliés, arborèrent leur pavois et, de tous les points de la magnifique rade,

accueillirent les Français en partance par une immense acclamation.

... Les scènes émouvantes dont Constantinople a été le théâtre ont eu leurs pendants à Smyrne, à Beyrouth, à Jaffa. Une des particularités de la mobilisation en Turquie a été le grand nombre de religieux mobilisés. Il y en avait de toutes robes et de tous styles ; capucins, dominicains, jésuites, assomptionnistes, lazaristes, frères de la doctrine chrétienne, frères maristes et, certes, j'en oublie, car quelle est la congrégation religieuse qui n'ait des représentants en Turquie ? Sur certains bateaux, les religieux formaient le quart du contingent des mobilisés. Ils y arrivaient sous la conduite de leurs supérieurs. J'ai encore présent devant les yeux ce frère de la Doctrine chrétienne sonnant au clairon toutes les sonneries de la caserne, pendant qu'un lazariste mobilisé chantait la *Marseillaise* à pleine voix. Notez que ce lazariste n'était rien moins que le supérieur d'un collège de Constantinople, réputé pour sa tenue que d'aucuns, même, trouvent trop compassée.

LES TRANSPORTS DE CONCENTRATION

Les transports de concentration ont commencé. Les éléments de corps d'armée, mobilisés, sont en route vers la frontière, où ils doivent être disposés de façon à pouvoir, sans se confondre, marcher et combattre.

Mais comment ces troupes, parties de leurs garnisons, seront-elles amenées à pied d'œuvre ?

C'est pendant les transports de concentration que le chemin de fer joue un rôle capital. Son rendement s'est beaucoup accru depuis notre dernière guerre avec l'Allemagne. La capacité des voies ferrées, grâce au block-system, a augmenté en même temps que le nombre des lignes. Le matériel s'est amélioré : les locomotives, par une utilisation complète de la vapeur, un poids plus considérable, fournissent un travail très supérieur avec une grande économie de combustible et d'eau ; les wagons ont une capacité plus grande. On peut donc obtenir, maintenant, sur des voies ferrées plus nombreuses, une succession plus rapide de trains contenant plus de troupes, avec une vitesse supérieure et plus de sécurité de trafic.

Les voies stratégiques doivent pouvoir relier sans discontinuité chaque région de corps d'armée à sa base d'opérations. Les trains

(1) Certaines critiques qui ont eu leur écho au Parlement ont été réfutées victorieusement par les déclarations de M. Lutaud, gouverneur général de l'Algérie. Elles émanaient d'un groupe indigène dont les allégations ont paru, après enquêtes, tendancieuses ou mal contrôlées.

DÉBARQUEMENT DE CHEVAUX A MARSEILLE

militaires ont en général 50 wagons et une vitesse théorique de 22 km. 500 à l'heure, mais, en réalité, cette vitesse fut considérablement dépassée pendant la période de concentration.

La ligne stratégique, généralement à deux voies, doit posséder un grand nombre de stations et de sémaphores pour permettre une succession rapide de trains, et être jalonnée de stations-haltes-repas destinées à assurer deux fois par jour la nourriture des hommes et des chevaux ; enfin, posséder un grand nombre de quais ou de chantiers de débarquement.

En moyenne, on attribuait à nos lignes un débit de 40 trains par jour, mais depuis plusieurs années, les réseaux étant arrivés, au moment de certaines fêtes, à un rendement considérable, ont pu, lors des transports stratégiques, dans la région de l'Est, faire défiler par moments les trains de sept en sept minutes.

Dans certaines gares régulatrices, on orienta jusqu'à 200 trains par jour, soit, en moyenne, plus d'un train toutes les huit minutes.

On compte qu'il faut utiliser, pour chaque corps d'armée, 118 trains dont 34 pour une division d'infanterie. L'embarquement et le débarquement des troupes, des chevaux et du matériel s'effectuent sur des quais surélevés, reliés aux wagons par des ponts volants, ou encore sur des chantiers qu'on relie aux wagons à l'aide de rampes mobiles à longrines en fer ou en acier, ou bien à l'aide de rampes de fortune à supports de rails ou de ponts roulants montés sur deux roues. Les dispositions prises, avant la mobilisation, par le service militaire des chemins de fer permettent aux troupes de trouver dans les gares d'embarquement et de débarquement les ponts volants et les rampes nécessaires, ces dernières étant en général placées en dépôt sur certains points des réseaux. Des rampes d'instruction, à la disposition des commandants de corps d'armée en temps de paix, peuvent, d'autre part, être utilisées éventuellement.

Dès le commencement des embarquements, les commissions de gare, après avoir débar-

rassé les halles, les quais et les chantiers, exécutent les travaux d'aménagement prévus par la consigne spéciale de la gare et ceux reconnus nécessaires ; tous les agrès sont réunis. Un officier règle l'embarquement ; sur son rapport, le commandant de la troupe donne les ordres concernant la subsistance des hommes, la garde de police, le transport à la gare des accessoires d'embarquement et de débarquement ; il faut songer à la paille pour la litière et le chargement du matériel, à la nourriture des chevaux, ce qui nécessite le transport à la gare du foin et de l'avoine de débarquement.

Le commission de réseau a, d'avance, fixé le nombre de wagons de diverses catégories entrant dans la composition de chaque train. Les hommes sont transportés dans des voitures à voyageurs ou dans des wagons à marchandises aménagés au moyen de bancs mobiles, quelquefois même dans des wagons non aménagés. On compte, pour l'embarquement, une heure pour un train d'infanterie, 2 heures pour la cavalerie, l'artillerie de campagne, l'artillerie lourde et les colonnes de munitions, 3 et 4 heures pour le matériel de siège. Si une troupe n'a pas achevé son embarquement à l'heure fixée pour le départ du train, elle doit laisser le quai à l'unité suivante.

Quant à la subsistance des troupes pendant les transports de concentration, elle est assurée par les vivres de chemins de fer, distribués au départ de la garnison pour toute la durée du trajet : 375 grammes de pain et 100 grammes de conserves de viande par période de 12 heures ; un repas fourni par l'ordinaire par période de 24 heures (viande froide, fromage ou autres denrées). Les chevaux ont droit à 5 k. de foin et 2 k. d'avoine par cheval et par jour.

Enfin, dans les stations-haltes-repas échelonnées sur le parcours, des distributions sont faites aux fourriers dans les wagons par les officiers d'administration des haltes-repas (25 centilitres de café chaud, mélangé d'eau-de-vie).

LA RÉQUISITION DES CHEVAUX A PARIS

A l'arrivée à destination, le débarquement s'opère le plus vite possible, le devoir commun du commandant de la troupe et du commissaire militaire de gare étant de faire évacuer rapidement la gare ou le quai et de reformer le train vide. Pour le débarquement, on compte en général, lorsque le train peut être débarqué tout entier à la fois, 30 minutes pour l'infanterie, 50 minutes pour la cavalerie et l'artillerie. Les employés de chemins de fer, aidés des équipes de débarquement, enlèvent le brêlage et les cales des voitures et placent les ponts volants ou les rampes mobiles devant les portes des wagons.

L'alimentation des troupes, au moment du débarquement sur la base de concentration, est assurée, dès le départ de la garnison, au moyen de vivres de débarquement emportés en chemin de fer (2 rations fortes de pain, 2 rations de petits vivres). Les troupes se procurent sur place la viande, le foin, la paille, les liquides, le combustible et les vivres d'ordinaire. A cet effet, le service de l'intendance du corps d'armée est envoyé à l'avance sur la base de concentration pour constituer les troupeaux et le parc de bétail avant l'arrivée des troupes et pour faciliter à celles-ci l'exploitation des ressources locales, aussitôt après leur débarquement.

Il faut alors attribuer à chaque corps une zone distincte partant des quais de débarquement, contenant des localités assez nombreuses pour recevoir les troupes en cantonnement, et traversées par les routes se dirigeant vers les positions à occuper.

Après consommation de leurs vivres de débarquement, les troupes, devenues alors troupes d'opérations, utilisent les vivres de leurs trains régimentaires recomplétés par les envois des stations-magasins : c'est le procédé normal d'alimentation. Mais, pour les petits détachements, l'habitant peut toutefois être requis de fournir la nourriture des hommes.

Enfin, lorsque tout moyen d'alimentation fait défaut, l'ordre peut être donné de consommer les vivres de réserve que l'homme porte dans son sac depuis le centre de mobilisation.

Les transports de concentration, commencés le 5 août, étaient terminés le onzième jour, 12 août, pour la partie la plus urgente.

Malgré la lourde tâche imposée au personnel des réseaux, qui eut à assurer, outre les transports militaires, quelques transports commerciaux, les agents, et notamment ceux du service des machines et du service des trains, s'en acquittèrent avec un admirable dévouement et méritèrent les félicitations du gouvernement.

La question du transport des unités du 19e corps d'Algérie en France, en cas d'hostilités, avait souvent donné lieu à des craintes sur la sécurité en mer. Or, malgré le bombardement de Bône et de Philippeville par les croiseurs allemands « Gœben » et « Breslau », sur lequel nous reviendrons d'ailleurs, le 19e corps, qui se concentra à Alger, put débarquer sur les côtes de France, dans des conditions extrêmement satisfaisantes et même inespérées.

Pour l'ensemble des opérations de la concentration, voici le texte du rapport de source officielle, communiqué à l'agence Reuter, en mars 1915 :

« Le transport des *troupes de couverture* commença le *31 juillet à neuf heures du soir* et fut achevé le *3 août à midi*, sans délai, soit au départ soit à l'arrivée des trains et sans que le service ordinaire ait été suspendu. Près de 800 trains ont été requis pour mener à bien l'opération, rien que sur la ligne de l'Est.

Le transport des troupes en connexion avec la *mobilisation* générale commença le *2 août*, concurremment avec le mouvement des troupes de couverture. Le 3 et le 4 août, près de 600 trains furent expédiés rien que sur l'Est.

Les transports nécessaires pour la *concentration* des armées commencèrent à *midi, le 5 août*, et la première période, durant laquelle les transports *les plus urgents* furent effectués, finit le *12 août à la même heure*.

La seconde période de transports *moins urgents* s'étendit du *12 août à quatre heures du matin* jusqu'au *18 à minuit*. Fait remarquable : durant la première période, sur plus de 2.500 trains expédiés, 20 seulement furent soumis à de légers retards qui ne se reproduisirent pas. Dans la seconde période, pendant les quatorze jours, près de 2.500 trains furent expédiés, sans compter 250 trains qui apportèrent des fournitures de siège aux forteresses.

Il est à noter que ces excellents résultats furent obtenus en dépit du fait que la *destination originelle de 4 corps d'armée fut changée* après le commencement de la mobilisation (1).

En çe qui touche les *transports des fournitures ordi*

(1) Nous croyons devoir donner quelques extraits des rapports des Compagnies de chemins de fer sur le travail accompli sur les réseaux pendant la période de la mobilisation et de la concentration.

La Compagnie du Nord n'a pas cru devoir donner jusqu'ici de renseignements à ce sujet.

EXTRAIT DU RAPPORT DE LA COMPAGNIE D'ORLÉANS :

La période du 2 au 5 août a été employée à transporter les hommes à leur centre de mobilisation, ce qui a nécessité la circulation de près de 1.500 trains sur notre réseau. Du 5e au 18e jour nous avons eu à transporter vers la frontière les troupes des régions du Centre et du Midi, augmentées d'une partie de l'armée d'Algérie et du Maroc.

Dans cette seconde période, près de 2.000 trains militaires ont été dirigés par nos voies vers l'Est et le Nord, et un nombre égal a été mis en marche en sens inverse pour ramener le matériel vide, dont une grande partie devait être utilisée deux fois. Les trains chargés, qui ont exigé plus de 57.000 voitures et wagons, ont transporté environ 600.000 officiers et soldats, 144.000 chevaux, 40.000 voitures ou canons, et 64.000 tonnes d'approvisionnements divers.

EXTRAIT DU RAPPORT DE LA COMPAGNIE P.-L.-M. :

Dès l'origine de la *tension politique*, la Compagnie P.-L.-M. prit, sur son réseau, les mesures de précaution prévues en pareilles circonstances.

Le 31 juillet, sur l'avis du ministère de la guerre, il fut procédé au rassemblement des wagons et des agrès utiles aux transports militaires, au déblaiement des voies et des chantiers affectés aux premiers embarquements, aux mouvements des machines nécessaires à l'outillage des lignes de transports intensifs.

L'ordre de transport des troupes de couverture vers la frontière nord-est parvenait ce même jour, 31 juillet, et le lendemain, 1er août, le gouvernement lançait l'ordre de mobilisation générale. A partir de ce moment, en vertu des lois et décrets en vigueur, le service du réseau, passé tout entier sous l'autorité du ministre de la guerre, était dirigé par une commission composée d'un officier supérieur, commissaire militaire, et du directeur de la Compagnie, commissaire technique.

Dès la *mobilisation*, tout le service commercial, voyageurs et marchandises, fut complètement arrêté et remplacé par le régime spécial des transports stratégiques. En quatre jours, plus de 3.000 trains circulèrent sur le réseau P.-L.-M. pour le transport des isolés et des détachements sur leurs corps.

A cette phase, succéda celle de la *concentration*, pendant laquelle, aux mouvements de troupes, s'ajoutèrent les trains d'approvisionnements pour le ravitaillement de la zone des opérations.

Ce furent, sur certaines lignes, des courants continus de trains chargés se dirigeant vers les frontières et, en sens inverse, de trains ramenant le matériel vide.

Seuls, les mouvements de troupes jusqu'au trentième jour de la mobilisation, exigèrent environ 4.000 trains. L'utilisation de 1.200 machines modernes et d'un parc de wagons largement pourvu facilita beaucoup la rapidité et la régula-

DÉPART D'UN RÉGIMENT DE DRAGONS

naires, il faut signaler que ce service, dirigé des stations de contrôle sur les chemins de fer, a travaillé avec une régularité parfaite depuis le commencement de la guerre.

Durant la retraite, en août, les stations de contrôle eurent à pourvoir à toutes sortes de besoins imprévus, tels que le retrait des marchandises militaires et autres, le transport d'habitants des villes abandonnées, du stock roulant français et belge. Malgré tout cela, pas un seul train de fournitures ou de troupes n'a été arrêté.

Pour ce qui regarde le *transport des troupes d'un point du théâtre des opérations à un autre*, quelques remarques s'imposent. Durant l'offensive française en Lorraine et en Belgique, en août, pendant la retraite au delà de la Marne, au cours de l'avance qui a suivi et ensuite pendant l'extension de notre gauche jusqu'à la mer du Nord, plus de 60 divisions furent transportées par chemin de fer d'un point à un autre, les voyages variant de 60 à 360 milles et nécessitant l'emploi de plus de 6.000 trains.

Nous devons une grande part de nos succès au travail consciencieux du service des transports. En particulier, nous lui devons la barrière infranchissable contre laquelle l'offensive désespérée de l'ennemi se heurta en vain en Flandre.

Les *transports en automobiles* ont témoigné d'une activité correspondant à celle des chemins de fer. Au moins 250.000 hommes ont été transportés par automobiles à des distances de 12 à 70 milles en septembre, octobre et novembre. Le service, à présent, comprend plus de dix mille véhicules à moteur, menés et réparés par 2.500 chauffeurs et mécaniciens. »

Si, comme le dit le général von Blum dans son livre : *Les Conditions du succès dans la Guerre moderne*, « la mobilisation et la concentration d'une armée nationale constituent la pierre de touche du degré de civilisation du pays, de l'esprit de la population et de la vigueur de l'organisme de tout l'Etat », on peut dire que la France commençait la guerre sous d'heureux auspices. Rien n'avait cloché ; au contraire : le résultat avait dépassé les prévisions les plus optimistes. L'armée était, à l'heure dite, dans la main de ses chefs, aux endroits déterminés d'avance, nourrie et munie comme il convenait ; rien d'essentiel ne lui manquait.

rité de la concentration. L'ordre et la précision de la mise en marche des trains font le plus grand honneur au personnel de la Compagnie qui, à tous les échelons de la hiérarchie, fit son devoir avec abnégation et patriotisme et sut si bien, comme le disait M. le ministre de la guerre, le 17 août dernier, « préparer modestement et méthodiquement la tâche victorieuse de l'armée. »

Puis, vinrent les transports de ravitaillement des armées, l'approvisionnement des stations-magasins, les transports des troupes destinées à compléter les effectifs de combat, l'évacuation des blessés et des malades, les transports intéressant les usines de fabrication, etc... Le commandement fit largement appel aux ressources de la Compagnie en matériel et, dans une seule période de cinq semaines, plus de 1.600 trains furent mis en marche à titre de transports improvisés.

La Compagnie fournit aussi un contingent important à la formation des trains sanitaires ; actuellement, 1.600 véhicules de la Compagnie P.-L.-M., dont 670 voitures, sont affectés à ce service.

EXTRAIT DU RAPPORT DE LA COMPAGNIE DE L'EST :

Le 31 juillet, vers 14 heures, les Allemands cessèrent aux diverses frontières d'envoyer des trains vers la France. Aux questions posées par téléphone par les chefs de nos gares frontières, les gares allemandes firent des réponses d'où il ressortait nettement que le service était définitivement arrêté. Une heure plus tard, vers 15 heures, les Allemands coupaient les voies et le télégraphe dans le voisinage immédiat de la frontière.

Le même jour, à 17 h. 55, nous recevions, du ministre de la guerre, l'ordre d'exécution des *transports de couverture*. Le service des marchandises de petite vitesse fut en conséquence suspendu ; les transports de voyageurs et de messageries continuèrent, sauf sur les lignes voisines de la frontière. En même temps, nous achevions de ramener en arrière le matériel roulant qui pouvait être exposé : 124 locomotives des dépôts de Pagny-sur-Moselle, Conflans, Baroncourt et Audun-le-Roman, étaient mises à l'abri des entreprises possibles de l'ennemi. Les trains de couverture, soit 302 *trains* de troupes répartis sur 4 *journées*, étaient mis en marche. Enfin, les dispositions préparatoires étaient prises pour faire face à la mobilisation, si elle était ordonnée. Les wagons utiles étaient déchargés, remisés aux gares désignées, et aménagés pour les transports militaires ; 30 raccordements directs, c'est-à-dire 60 bifurcations nouvelles, étaient mis en service ; d'autres installations militaires étaient visitées et préparées pour une utilisation immédiate.

La *mobilisation* fut décidée, le 1er août dans l'après-midi ; l'ordre fut lancé à 16 h. 20 ; il fixait le premier jour de la mobilisation au 2 août.

A partir de ce moment, par application des lois des 3 juillet 1877 et 30 décembre 1888, nous avons été placés sous le régime de la réquisition complète et sous la mainmise absolu de l'autorité militaire. La Commission de réseau est entrée en fonctions ; elle est composée d'un officier supérieur de l'état-major de l'armée et du directeur de la Compagnie, et si, dans une question, les avis du commissaire militaire et du commissaire technique sont différents, c'est la manière de voir du premier qui est suivie de plein droit. Cette remarque a pour objet de faire ressortir que l'autorité militaire est maîtresse de tous les moyens d'action de notre réseau ; elle dispose à son gré de toutes nos installations, de notre matériel roulant, de notre outillage et de notre personnel. Il est presque superflu de constater que tous nos agents ont collaboré à l'œuvre militaire avec toute leur intelligence et tout leur dévouement.

Dès le 1er août à 18 heures, les horaires en vigueur des trains furent abandonnés et remplacés par les horaires militaires.

Du 2 au 5 août, de nombreux trains dirigèrent les hommes isolés vers les centres de mobilisation. Le 5 août, les *transports de concentration* commençaient ; ils représentaient, venant de tous les points de la France, 4.064 trains de troupes et de matériel de guerre répartis sur 16 journées, mais de façon très inégale. L'effort maximum fut atteint les 9 août (388 trains), 10 août (395 trains), et 11 août (384 trains) ; par contre, le 19 août, nous ne recevions que 34 trains et le lendemain 20, dernier jour de la concentration, plus que 14 trains seulement.

LA RÉQUISITION DES AUTOMOBILES SUR L'ESPLANADE DES INVALIDES

La comparaison avec 1870 était tout à l'honneur de la préparation moderne. Les armées de la République française pouvaient se mesurer sans infériorité notable dans la préparation immédiate, avec les troupes si puissamment organisées de l'empereur d'Allemagne.

LE RÉSULTAT DE LA CONCENTRATION L'exécution du programme de la concentration est, en somme, la première manifestation du plan général de l'état-major. Tous les écrivains militaires reconnaissent que de la valeur et du succès de ces mesures peut dépendre le sort de la campagne (1).

Voyons donc comment le mouvement fut exécuté et quel fut son résultat, c'est-à-dire où furent dirigées les armées françaises et où elles se trouvaient, quand la concentration fut achevée. C'est le premier acte de la grande guerre : tous les événements subséquents s'appuieront sur ces bases initiales.

La concentration des forces françaises au début des hostilités nous est connue par un document officiel : « En vertu du plan de concen-

---

Tous les trains militaires, tant de couverture que de concentration, sont arrivés à destination dans les délais prévus ; le chemin de fer a pleinement rempli la lourde tâche qui lui était assignée. Les transports qui viennent d'être indiqués ont d'ailleurs été effectués en même temps que d'autres mouvements fort importants. Il faut noter d'abord, à la fin de juillet et dans les premiers jours d'août, le retour précipité de nombreuses personnes qui comptaient passer la belle saison dans l'Est ; en outre, du 2 au 8 août, il a fallu transporter vers l'Ouest ou le Midi environ 40.000 ouvriers étrangers, Italiens pour la plupart, venant des mines des bassins de Briey et de Longwy et qui fuyaient devant la guerre.

Nous avons dû ramener en arrière, principalement dans la seconde quinzaine d'août, alors que les armées allemandes progressaient vers la Marne, la plupart de nos agents des régions envahies, un important matériel et de nombreux habitants partis au dernier moment à l'approche de l'ennemi, presque tous sans ressources et sans bagages.

Pendant le cours du mois d'août, nous avons eu enfin à ravitailler les armées, à évacuer les blessés et à effectuer des transports tactiques, ce qui représente pour ce mois 7.900 trains. Si on les ajoute aux trains de mobilisation et de concentration, on arrive, pour le mois d'août, au total de près de 12.300 trains militaires.

(1) « Une erreur commise dans le rassemblement initial est presque irréparable dans tout le cours d'une campagne. » (Moltke). — « La concentration a une importance décisive pour le développement tout entier et pour l'issue de la guerre. Les erreurs qu'on a commises dans la concentration des troupes ne peuvent généralement plus être corrigées, et cela d'autant moins que les masses mises en mouvement sont plus grandes. » (Bernhardi).

tration, dit la note du 24 mars 1915, la totalité des forces françaises étaient orientées, quand la guerre a été déclarée, face au nord-est, entre Belfort et la frontière belge. Savoir :

1re *armée* (général Dubail) : entre Belfort et la ligne générale Mirecourt-Lunéville ;

2e *armée* (général de Castelnau) : entre cette ligne et la Moselle ;

3e *armée* (général Ruffey) : entre la Moselle et la ligne Verdun-Audun-le-Roman ;

5e *armée* (général Lanrezac) : entre cette ligne et la frontière belge ;

La 4e *armée* (général de Langle de Cary) était en réserve à l'ouest de Commercy. »

Par conséquent, la totalité des armées françaises était orientée face à l'Allemagne sur la vieille frontière Vosges, Moselle, Meuse.

Il est facile de démêler les raisons de ce dispositif mûrement réfléchi : La France avait contracté l'engagement, elle avait la ferme volonté de ne pas violer la neutralité du Luxembourg et de la Belgique. Par conséquent, elle s'interdisait à elle-même de faire, de ce côté, aucun préparatif, de prendre une mesure quelconque qui pût porter atteinte ou parût porter atteinte à la foi jurée.

Le gouvernement allemand était à l'affût de la moindre démonstration de ce côté : malgré la réserve absolue observée par notre état-major, il a, comme on le sait, invoqué de prétendues violations de frontières en Belgique, pour trouver un prétexte à la déclaration de guerre.

Même au cours des hostilités, le général Bernhardi a prétendu établir que la concentration française et la présence à notre aile gauche de nos forces principales démontrait la résolution arrêtée du gouvernement français de violer, de concert avec la Grande-Bretagne, la neutralité belge. La réponse à ces odieuses allégations a été topique.

Il n'en reste pas moins que la nécessité d'écarter tout soupçon devait être une grande gêne pour l'état-major français, puisqu'en s'abstenant, il laissait à l'ennemi, outre le choix du terrain, la liberté de manœuvrer

sur de larges espaces et que, d'autre part, la nécessité où il se trouvait de faire sa concentration sur une disposition connue d'avance et extrêmement resserrée, lui enlevait à lui-même, à la fois le bénéfice de manœuvre à large envergure et celui de la surprise.

Nous verrons comment notre état-major sut parer à ces difficultés.

Mais elles se compliquaient encore de ceci qu'il restait, dans sa pensée, un doute raisonnable sur les projets de l'ennemi. L'attaque par la Belgique pouvait s'opérer soit par la rive gauche de la Meuse, soit par la rive droite ; peut-être, l'ennemi s'en tiendrait-il à un simple déploiement d'aile par la trouée de l'Oise ou la vallée de l'Alzette ; ou bien encore, on pouvait se trouver subitement en face de la fameuse attaque brusquée sur Nancy, avec effort immédiat sur Verdun.

Il fallait donc avoir en vue ces éventualités diverses, au moment où on décidait de l'emplacement des armées françaises.

Et ce n'était pas tout : la parade ne suffit pas.

Notre état-major devait, lui aussi, préparer l'offensive. Il la désirait, il la voulait. L'assaillant a des avantages qu'il est sage de ne pas laisser à l'adversaire.

Or, l'offensive française ne pouvait guère se produire qu'en Alsace et en Lorraine.

En Alsace, il y avait un intérêt moral et national décisif à établir, aux yeux de tous, que la France faisait, des pays détachés de la mère-patrie, l'objet de sa revendication immédiate : puisque l'Allemagne avait voulu la guerre, la guerre nous rendrait les provinces perdues. Donc, il était sage de s'assurer des gages de ce côté ; le passage du Rhin et une action éventuelle en Allemagne du Sud eussent présenté aussi des avantages à la fois effectifs et retentissants.

En Lorraine, l'offensive française se heurterait, il est vrai, à une préparation prodigieuse autour de Metz et dans le bassin de la Sarre. Mais elle avait pour objectif immédiat, outre

ANGLETERRE
la Haye
MER DU NORD
HOLLANDE
Londres
Bristol
Douvres
Dunkerque
BELGIQUE
Bruxelles
Aix-la-Ch.le
ALLEMAGNE
Plymouth
Boulogne
Calais
Lille
I
Douai
Maubeuge
Mézières
Luxembourg
Rhin
Cherbourg
Amiens
la Fère
VI
LORRAINE
M A N C H E
le Havre
Rouen
II
Laon
Longwy
Metz
Compiègne
Reims
Verdun
Caen
Creil
Meuse
Toul
Strasbourg
Granville
III
Versailles
Châlons
Nancy
Avric.t
Chartres
PARIS
Troyes
Epinal
ALSACE
Brest
X
Rennes
IV
Moret
Seine
XX
Rhin
Lorient
le Mans
V
XXI
Bâle
XI
Orléans
Langres
Belfort
Nantes
Angers
Gien
Besançon
Loire
Saumur
Tours
VIII
Dijon
VII
IX
Chatellerault
Bourges
le Creusot
Pontarlier
SUISSE
S.t Maixent
Mâcon
Berne
OCÉAN
Niort
S.t Sulpice Laur.ce
S.t Germain
Bourg
Rhône
la Rochelle
Rochefort
Limoges
Genève
Culoz
Ruelle
Clermont-F.d
Lyon
ATLANTIQUE
XII
Tulle
XIII
S.t Etienne
Modane
Périgueux
Grenoble
ITALIE
Libourne
Rhône
XIV
Bordeaux
Garonne
Agen
Nîmes
XVIII
Tarascon
Menton
Bayonne
XVII
Montpellier
XV
S.t Sébastien
Pau
Toulouse
XVI
Cette
Marseille
Nice
ESPAGNE
Tarbes
Narbonne
Toulon
P.t Vendres
MER MÉDITERRANÉE
Barcelone
XV
Corse
A.L.
XIX
Alger
Tunis
Ajaccio
CIRCONSCRIPTIONS MILITAIRES
en France
Limites des Etats.
id. des régions de corps d'armée
Chefs-lieux de région (⊙ Terre. ⚓ Mer.)
VII Numéros des corps d'armée
Grands chemins de fer
Echelle: 0   50   100   200 Km

le fait d'approcher et d'attaquer Metz, de soulager, le cas échéant, les armées chargées de défendre la Belgique et surtout, l'avantage capital de menacer les communications de l'ennemi et, en cas de succès, de couper les armées allemandes de leurs bases d'opération sur le Rhin et vers l'Allemagne centrale.

Tel était l'ensemble des préoccupations qui assiégeaient notre état-major, au moment où il donnait les ordres pour le mouvement général de la concentration.

Il fallait qu'il fût à la fois prêt à attaquer et prêt à se défendre. C'est en vertu de ces nécessités diverses que ses dispositions furent prises.

Tandis que l'armée allemande est lancée dans le grand mouvement tournant annoncé par Bernhardi, notre armée fait bloc pour pouvoir, de tous côtés, tenir tête à l'ennemi. Au centre du vaste demi-cercle, elle s'établit sur la frontière lorraine, prête à se porter, par des mouvements rapides, au point jugé le plus faible chez l'adversaire.

Comme on l'a vu par l'exposé officiel de leurs emplacements, les armées françaises étaient massées entre Belfort et la frontière belge en parfaite liaison. Une armée de manœuvre se tenait en seconde ligne, prête à prendre place sur le front au point qui lui serait prescrit.

C'était donc, à la fois, une position d'offensive et une position d'attente.

Surveillant à l'est les Vosges, la Lorraine, les trouées de la Moselle et de la Meuse ; à l'ouest la trouée de l'Oise et les débouchés de la Belgique, l'armée française était comme une épée fortement tenue en mains, prête à tendre sa pointe partout d'où viendrait le danger. On ne pouvait faire autre chose et on ne pouvait faire mieux.

Le plan de concentration s'exécute donc d'après ces données, fortes et souples à la fois.

Mais elles ne suffirent pas. Avant même que le mouvement fût achevé, il y eut lieu de modifier ses directions. Mais, ici encore, notre état-major ne fut pas surpris.

Il est naturel d'admettre qu'il avait envisagé, depuis longtemps les mesures à prendre au cas où les Allemands prononceraient une attaque, soit partielle, soit principale, par la Belgique. La note officielle le dit, d'ailleurs, expressément :

Lorsque fut connue la violation de la neutralité belge par les troupes allemandes, l'état-major français dut prescrire des variantes au plan de concentration. L'éventualité de ces variantes avait été, naturellement, étudiée, car de nombreux indices nous avaient permis de redouter la violation, par l'Allemagne, de la neutralité belge.

Ces *variantes* modifièrent le plan de concentration, mais non pas dans une improvisation qui eût amené le désordre et la bousculade, mais en vertu de rectifications mûrement étudiées et préparées, si bien que l'on peut dire que ce plan secondaire fait lui-même partie du plan général de concentration.

Dès le 4 août, la certitude de la violation de la neutralité belge était un fait acquis pour l'état-major. Aussitôt, il donne les ordres pour son nouveau mouvement. Ce n'est pas, à proprement parler, un changement de front qui se produit, c'est un changement de direction, une modification de parcours pour certains corps désignés d'avance. La note française, envoyée en mars 1915 à l'Agence Reuter, déclare que cette modification a porté sur quatre corps d'armée.

Alors, commence ce que l'on a appelé, d'un mot pittoresque, « la marche en crabe », qui porte graduellement certains corps de l'Est à l'Ouest, sans interrompre la concentration proprement dite, sans rompre la liaison entre les armées et qui fait évoluer les membres sans modifier la masse du corps. Mouvement audacieux et risqué, s'il n'eût été combiné d'avance et s'il ne se fût accompli dans le délai — malheureusement un peu court — que la résistance des places belges de la Meuse laissait à l'armée française.

La note officielle du 24 mars explique ces changements ainsi qu'il suit :

L'action de notre deuxième armée fut étendue jusqu'à la région de Verdun ; la quatrième armée fut inter-

DÉPART DE FANTASSINS

calée entre la troisième et la cinquième, sur la Meuse ; la cinquième glissa vers le Nord-Ouest, le long de la frontière belge, jusqu'à la hauteur de Fourmies. En outre, deux corps de la deuxième armée, le 18e et le 9e, furent transportés de la région de Nancy vers Mézières et Hirson. Dans cette direction également furent envoyées les deux divisions d'Algérie et la division du Maroc. Enfin, un corps de cavalerie reçut l'ordre de pénétrer en Belgique pour reconnaître les colonnes allemandes et ralentir leurs mouvements (6 août), trois jours après que celles-ci avaient violé la frontière belge...

Et la note ajoute, au sujet de la neutralité belge :

Un détail peut servir d'illustration à cet argument péremptoire : notre corps de couverture de gauche, le 2e, c'est-à-dire celui d'Amiens, était, en vertu du plan de concentration, non point à la frontière belge, mais dans la région de Montmédy-Longuyon.

Ces dispositions sont indiquées ici dans leurs lignes générales et en tant qu'elles se rapportent au plan de concentration ; il y aura lieu de les rattacher, dans la suite du récit,

aux actions militaires qu'elles déterminent, mais ce qui importe, c'est de faire comprendre, dès l'abord, avec quelle souplesse était *articulé* le mouvement général de nos forces portées sur la frontière, puisqu'il pouvait s'adapter, sans altération du dispositif général, aux nécessités qui apparaîtraient comme urgentes dès que le plan adverse serait dévoilé.

Certains déplacements, signalés dans la note officielle du 24 mars (9e corps, 18e corps, division d'Algérie), ne devraient pas entrer dans le cadre de la concentration proprement dite, car ils ne se sont produits que plus tard, un peu avant la bataille du 20-22 août et alors que la concentration modifiée était virtuellement achevée. On pourrait presque dire que la concentration française a évolué jusqu'au jour même de la bataille (le 9e corps, qui devait se porter vers Gedinne, ne débarqua à Charleville que le 21 au matin).

De telle sorte que si nous essayons de donner une idée vraiment complète de cette concentration, il ne suffit pas du tableau initial reproduit ci-dessus : 1re armée entre Belfort et la ligne générale Mirecourt-Lunéville ; 2e armée entre cette ligne et la Moselle ; 3e armée entre la Moselle et la ligne Verdun-Audun-le-Roman ; 5e armée entre cette ligne et la frontière belge ; la 4e armée étant en réserve à l'ouest de Commercy.

Cela ne suffit pas.

Il faut montrer les forces françaises se portant graduellement sur les points où leur présence est nécessaire, de façon à étendre l'application du plan originel, sans toutefois altérer son principe, puisque son principe était, précisément, la mobilité.

En un mot, le dispositif français, s'inspirant à la fois de nécessités politiques et géographiques, d'hypothèses raisonnables, de réalités successivement apparues, tire parti de tout, pourvoit aux diverses circonstances et s'efforce de répondre, en somme, aux données d'un problème que la nature des choses rendait très complexe.

On passait de l'état de paix à l'état de guerre, en pleine guerre : il fallait là remarquable adaptation de tous les éléments qui devaient concourir à un travail si difficile, et si précipité, pour qu'aucun accroc décisif ne se produisît et pour que toutes les forces françaises fussent rendues exactement au point et à l'heure où elles devaient agir, avec leurs réservistes, leurs armes, leurs munitions, leurs approvisionnements, tout cela dans le court espace de temps qui pouvait être consacré à la concentration proprement dite, c'est-à-dire onze jours, ni plus, ni moins.

Sans parler de l'offensive en Alsace et en Lorraine, le gros des armées françaises défendait la frontière des Vosges et la frontière lorraine ; il s'était bientôt allongé vers la frontière belge et vers la Sambre, tendant la main aux armées belge et anglaise, certains corps s'avançaient subsidiairement en Belgique ; on était prêt à subir le choc partout où il se pro-

duirait par une sage application du plan de concentration, tel qu'il était combiné et prévu depuis longtemps.

La puissante organisation des compagnies de chemins de fer et le zèle du dernier soldat secondèrent d'une façon admirable les décisions prises par les chefs. Cinq armées, c'est-à-dire onze cent mille hommes, étaient à pied d'œuvre, quand le contact fut pris définitivement avec la masse des armées allemandes. L'effet de surprise sur lequel comptait l'état-major impérial, par le coup de traîtrise de l'attaque par la Belgique était, dans la mesure du possible, conjuré.

TABLEAU GÉNÉRAL DES ARMÉES FRANÇAISES Voici donc la France virile, la France armée, portée toute entière sur sa frontière. Rien de pareil ne s'était vu depuis les temps anciens, depuis que Vercingétorix convoquait toutes les tribus de la Gaule à défendre, contre la conquête romaine, le territoire national. Du sol de la France et du sol des colonies, les légions se sont levées et elles accourent unies les unes aux autres dans un sentiment de solidarité et de dévouement sans pareil, à l'énoncé de ce seul mot : « France ! »

Sur la frontière lorraine, c'est la 2e armée, l'armée du général de Castelnau : elle comprend le fameux 20e corps, celui qui s'attend depuis quarante-cinq ans à la guerre, et qui, recruté pour la plus grande partie en Lorraine, défendra la province dont il connaît les moindres replis : ce sont les bandes toujours prêtes, toujours sur pied, le 146e d'infanterie, le 153e dont le drapeau porte *Bautzen*, le 160e de ligne, le 69e d'infanterie dont le nom est : «régiment de fer», les bataillons de chasseurs, ces *chassebis*, vêtus de bleu sombre, qui ouvriront la danse ; puis le 15e corps qui vient de Marseille, de la Corse et des Alpes ; le 16e corps formé des vignerons de l'Hérault et des montagnards des Cévennes, le 2e groupe de divisions de réserve, la cavalerie de corps et les divisions de cavalerie indépendantes.

A droite de la 2e armée, la 1re armée est com-

LES VOLONTAIRES ÉTRANGERS DÉFILENT DANS PARIS
APRÈS AVOIR SIGNÉ LEUR ENGAGEMENT

mandée par le général Dubail : c'est le 8ᵉ corps (Bourges) avec les Berrichons, les Bourguignons, les Nivernais, les fils des plaines de l'Auvergne, qui compte, dans ses effectifs, le Iᵉʳ régiment d'artillerie, ancien régiment des Fusiliers du Roi, qui s'illustra à la défense d'Huningue, en 1815 et dont il est écrit : « Les canonniers du Iᵉʳ régiment ont fait des prodiges de valeur qui ont excité l'admiration de l'ennemi même ; » c'est le 13ᵉ corps, les Auvergnats ; le 14ᵉ corps, les Dauphinois et Savoyards, — ces Allobroges dont Charles-Emmanuel de Savoie disait : « Redoutables Allobroges qui furent la gloire des Celtes et la terreur de Rome » ; — le 21ᵉ corps (Epinal) Haute-Saône, Haute-Marne, avec les Lorrains, les Vosgiens encore, ceux qui ont tant souffert et qui vont tant souffrir.

A Belfort, menaçant la Haute-Alsace, une armée, détachée de la première, est composée du 7ᵉ corps (Besançon), d'un groupe de divisions de réserve, d'une division de cavalerie. On attend, sur cette extrême pointe de l'armée, le 19ᵉ corps transporté d'Algérie qui figurera partout où l'on a besoin d'ardeur, d'élan et de dévouement. Placé sous le commandement du général Bonneau, ce détachement d'armée passera bientôt sous les ordres du glorieux général Pau.

Revenons vers l'ouest : A gauche de la 2ᵉ armée, la 3ᵉ armée est commandée par le général Ruffey ; elle occupe la Woëvre septentrionale. Elle est composée du 2ᵉ corps : les Picards d'Amiens et de Beauvais, peuple de la frontière dont le nom veut dire, d'après les anciennes étymologies, cœurs de feu (*picra cardia*) ; le corps colonial, illustre par les campagnes récentes qui viennent d'assurer un immense empire à la France ; le 2ᵉ colonial est fier de la croix de la légion d'honneur que le président de la République, six mois avant la guerre, a attaché à son drapeau ; la 7ᵉ division de cavalerie qui compte notamment le 13ᵉ dragons (*Hohenlinden, Austerlitz, Iéna, la Moskowa*), fameux par la poursuite menée à la bataille d'Iéna et qui contrai-

gnit le prince de Hohenlohe à se rendre avec 16.000 hommes ; et puis ce sont les Normands et les gars de la Sarthe (4ᵉ corps), puis les Parisiens et les Français de France (Loiret, Seine-et-Marne) du 5ᵉ corps, dont fait partie le 46ᵉ d'infanterie qui, à l'appel du nom de la Tour d'Auvergne répond « Mort au champ d'honneur » ; puis les Champenois avec ce qu'il reste de Picards et de « Français » avec les « sangliers des Ardennes », avec les gens du Barrois, de Pont-à-Mousson, les Meusiens, — tous ces soldats du 6ᵉ corps qui, au temps de l'autre invasion, se fussent ralliés à la bannière de Jeanne d'Arc.

A gauche encore, entre la Meuse et la Semoy, la 4ᵉ armée, commandée par le général de Langle, comprend le 9ᵉ corps (Tours), Angevins, Vendéens ; le 17ᵉ corps (Toulouse), Tourangeaux, Languedociens et Gascons ; le 12ᵉ corps (Limoges), Limousins et Périgourdins, le 11ᵉ corps (Nantes), Vendéens et Bretons bretonnants, avec le 65ᵉ d'infanterie. qui, par sa ténacité, décida du sort de la bataille de Magenta.

Enfin, à l'ouest des formations françaises, couvrant les Ardennes et prête à s'étendre vers le Nord, la 5ᵉ armée, général Lanrezac, avec le 18ᵉ corps (Bordeaux) les Girondins, les Landais, les Basques et les montagnards des Basses-Pyrénées ; au 18ᵉ corps appartient le 18ᵉ régiment d'infanterie (Royal-Auvergne), c'est à lui que Bonaparte adressa, le jour de la bataille de Rivoli, les paroles célèbres : « Brave 18ᵉ, je vous connais, l'ennemi ne tiendra pas devant vous ! » Le 3ᵉ corps (Rouen) les gars de Normandie, ceux dont les pères, au temps des fils de Tancrède de Hauteville, ont conquis la Sicile, et, du temps de Guillaume, ont conquis l'Angleterre ; le 10ᵉ corps (Rennes) avec l'autre famille des Bretons, venus de la mer septentrionale ; le Iᵉʳ corps (Lille) avec les Atrébates d'Arras et les graves Flamands dont la métropole Lille, est fière d'avoir été, si souvent, le boulevard de la France. Bientôt, ces mêmes formations picardes et flamandes donneront la main aux armées

LE « COURBET »
BATTANT PAVILLON DE L'AMIRALISSIME DE LA FLOTTE FRANÇAISE

anglaises et couvriront provisoirement, par leurs réserves improvisées, la frontière belge jusqu'à la mer.

Ainsi, les vieilles légions françaises, depuis les « 4 vieux » qui présidèrent à la naissance de l'infanterie jusqu'aux plus récentes des formations modernes se réunissent et ne sont qu'un seul corps et une seule âme. Dans les plis des drapeaux, les plus beaux noms de l'histoire militaire claquent au vent; — et ceux qui sont vierges encore vont prendre rang à leur tour: cyclistes, téléphonistes et télégraphistes, automobilistes, aviateurs, l'armée s'accompagne de leur appoint imprévu: les réservistes gonflent les cadres de l'armée active jusqu'à les faire éclater, en plus les régiments de réserve, les divisions de réserve arrivent pour soutenir l'armée active; les formations coloniales passent les mers, traversent l'admirable France et viennent défendre une mère qu'ils ne connaissent pas plus tard enfin, les formations territoriales offriront leurs gerbes nombreuses et denses à l'ardente moisson que fauchera la mort.

C'est le peuple français, avec tout ce que sa prévoyance et sa volonté tenace a su amasser de force, d'instruction et de ressources que le roulement sourd des trains déverse dans les lignes qui vont de Belfort à la mer: c'est la *nation armée*, car l'effort d'une élaboration séculaire aboutit à ce résultat: l'armée française, c'est la France!

CHAPITRE III

LA MOBILISATION ET LA CONCENTRATION EN ALLEMAGNE

*Utilisation générale des chemins de fer en Allemagne. — La Conception allemande
de la mobilisation et de la concentration — Les huit armées allemandes.
Le plan de l'État-major.*

N s'imagine, à l'étranger, disait, en 1910, le général de Moltke au général Jungbluth, chef de la maison militaire du roi des Belges, qu'on prépare sans cesse, dans notre état-major, des plans de campagne, en prévision de toutes les éventualités d'une guerre européenne. C'est une erreur. Nous nous occupons de la question des transports, de la concentration et de l'approvisionnement de nos troupes et de l'utilisation des nouvelles voies de communication. Vous seriez étonné de voir les bureaux de notre état-major. Ils ressemblent à une administration de chemins de fer. »

C'est, qu'en effet, l'organe même de la mobilisation et de la concentration est, comme nous l'avons vu, le chemin de fer. L'étude de la concentration initiale des armées n'est rien autre chose que l'étude de l'utilisation des voies ferrées. Les Allemands, avec leur esprit d'organisation, avaient préparé, jusque dans les moindres détails, le formidable effort qui a dépassé toutes les prévisions. Ils avaient le sentiment très net que, menacés des deux côtés à la fois, leur existence nationale dépendait de leurs chemins de fer.

Le général von Blum écrivait :

Notre réseau ferré nous rendrait les plus grands services, si nous étions obligés de faire la guerre simultanément sur deux fronts. Dès aujourd'hui, nous sommes en mesure, si pareille éventualité venait à se produire, de jeter soudain des armées entières d'un théâtre de guerre sur l'autre. Etant donné la situation géographique de notre pays, il est de toute nécessité que notre réseau ferré prenne une extension de plus en plus grande.

Et Bernhardi (tome II de *La Guerre d'aujourd'hui*, p. 88) :

Il faut reconnaître qu'en opérant sur les lignes intérieures, on est invité et contraint plus que jamais à l'audace et à la hardiesse, et l'on fait appel aux forces les plus décisives dans la conduite de la guerre. Nous autres Allemands, nous avons à nous y exercer tout particulièrement, car, si nous devons un jour faire campagne, contre les puissances bien connues qui nous entourent, nous nous trouverons placés sur la ligne intérieure entre la Russie, la France et l'Angleterre, comme jadis Frédéric le Grand entre l'Autriche, la Russie et la France. Nous avons donc toutes les raisons d'étudier spécialement la nature de ces opérations.

Tous étaient donc d'accord, en Allemagne : la condition principale du succès, c'était la surprise, la rapidité. Abattre d'abord un des adversaires et se retourner contre l'autre. Bernhardi écrivait encore :

Le parti qui a fini sa mobilisation le plus tôt et qui peut commencer sa concentration et ses opérations avant l'autre, a un avantage certain.

Tout avait été combiné pour obtenir ce

LA PROCLAMATION DE L'ORDRE DE LA MOBILISATION EN ALLEMAGNE

résultat. Aussi, le pays était fier d'une avance qu'il considérait comme assurée :

Il n'est pas douteux, avait affirmé le *Deutsche Tageszeitung* du 26 juillet 1914, que notre mobilisation est préparée jusque dans ses moindres détails. Heureusement, nous n'avons pas besoin de mobilisation d'essai, nous sommes aussi prêts qu'on peut l'être.

Une proclamation du lieutenant-général von Viebahn, parue au début de l'année 1915, déclarait triomphalement :

La mobilisation, exemple grandiose, a vraiment été le mouvement de tout un peuple, et elle s'est accomplie avec un ordre modèle ; elle a été comme un organisme gigantesque qui travaillait de toutes ses machines savamment ajustées, sans obstacle et sans frottement.

Quels sont les facteurs de cette rapidité et de cette régularité de la mobilisation et de la concentration en Allemagne ?

Ils paraissent nombreux : la préparation générale de l'Allemagne à la guerre, la volonté suprême d'offensive et d'invasion, la politique d'Etat des chemins de fer allemands, leur forte organisation militaire, le développement du réseau ferré dans la région de l'Eifel, enfin, la diminution des transports de mobilisation, par suite des lois militaires récentes renforçant les effectifs sous les drapeaux.

Préparation générale à la guerre. — Elle peut être résumée dans cette citation de Bernhardi :

Il faut faire à la France une guerre au couteau qui anéantira pour toujours sa situation de grande puissance et qui entraînera sa disparition et son asservissement définitif...

Signalons, aussi, outre le désir de guerre, la volonté d'offensive rapide qui a fait préparer en Allemagne, non seulement la guerre en tant

L'EMPEREUR GUILLAUME PARLE A LA FOULE D'HAUT DU BALCON DU VIEUX CHATEAU, A BERLIN
(31 juillet 1914)

que choc, mais la guerre en tant qu'invasion, la guerre de conquête territoriale. Toutes les idées des écrivains militaires allemands sur l'efficacité des marches opératives, la mobilité, répondent évidemment à un désir de combattre, mais aussi d'envahir.

Von Blum écrit :

Le premier but militaire de la guerre est la destruction des forces armées de l'adversaire ; l'occupation de son territoire, le second. Toutefois, en cas d'offensive en pays ennemi, ces deux buts doivent, en principe, être recherchés conjointement.

Le plan d'ensemble, dans le cas d'une guerre contre la France, la Russie et l'Angleterre s'exprimait dans cette formule sur laquelle nous aurons à revenir sans cesse :

Le coup porté au cœur de l'une des puissances (la France) amènera la décision finale en notre faveur, à condition que nous puissions, en même temps, défendre contre l'autre (la Russie) les sources de notre propre force. La tournure que prendra la guerre sur mer (Angleterre) n'y changera rien.

Ces idées dominent toute la préparation allemande ; tout est préparé pour que la concentration, même partielle, devienne vertigineuse ?

Politique d'État des chemins de fer. — Les rachats successifs de lignes ont amené leur centralisation progressive entre les mains de l'État et, par suite, une uniformité des moyens de construction et d'exploitation favorables au plus haut point à l'utilisation militaire du réseau.

De Moltke avait déjà reconnu l'importance des chemins de fer pour la conduite de la guerre, à une époque où la technique des voies ferrées se trouvait encore au début de son développement. Il est le véritable organisateur du système des transports militaires par chemins de fer, mis à l'essai brillamment, en 1866, pendant la guerre avec l'Autriche. Grâce aux expériences faites alors, le système se développe avec une précision remarquable en 1870, malgré la décentralisation des chemins de fer allemands à cette époque.

Après la guerre franco-allemande, l'adaptation générale des chemins de fer à l'utilité militaire se précise. Elle est complexe : mobilisation et concentration — ravitaillement en vivres et en munitions — transport des hommes de complément et du matériel de siège — enlèvement des malades et blessés, prisonniers, prises faites sur l'ennemi. Sur le vaste champ de bataille moderne, déplacements fréquents de troupes entre les armées ou vers un autre théâtre d'opérations — défensive ou surprise, retraite, renforcement de garnisons menacées, etc., etc. Aussi, en 1880, de Molke déclarait : « Il est hors de doute que l'incorporation des grands réseaux à l'État est un fait désirable en ce qui concerne les intérêts de l'armée. »

Suivant ce conseil qui, pour les Allemands devint un ordre, le rachat des chemins de fer est un des objectifs principaux de la politique impériale. La division entre les divers

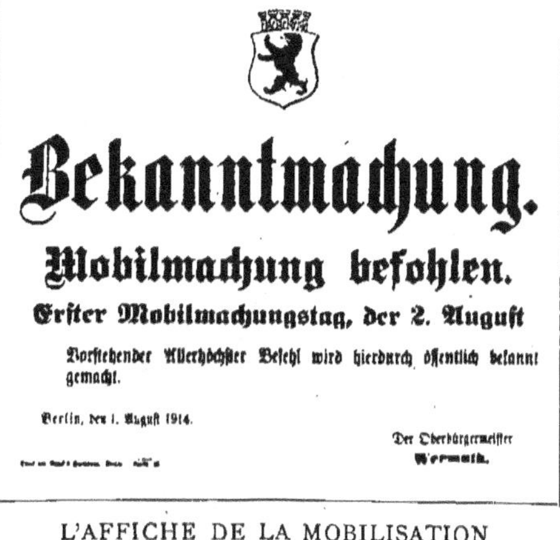

L'AFFICHE DE LA MOBILISATION
ALLEMANDE (1)

---

(1) AVIS

ORDRE DE MOBILISATION. — *Premier jour de la mobilisation, 2 août.*

Le présent ordre de la plus haute importance doit être proclamé partout.

Berlin, le 1er août 1914. *Le maire :* Wermuth.

A BERLIN. — DEVANT LA MAISON DU GÉNÉRALISSIME PENDANT UNE PARADE MILITAIRE
(2 AOÛT 1914)

réseaux était extrême : « Il est évident, disait l'un des maîtres de la matière, que les opéra·tions militaires seraient considérablement sim·plifiées si, au lieu de négocier à ce sujet avec quarante administrations, nous n'avions affaire qu'à une seule. »

Bismarck, échouant dans son projet de constituer un réseau de chemins de fer de l'Empire, avait maintenu avec ténacité l'idée de racheter, en Prusse, les chemins de fer privés. De 1878 à 1885, c'est la période des grands rachats dans le royaume, si bien qu'à la fin de 1885, la longueur des lignes privées se trouva réduite à 1.650 kilomètres, alors qu'elle était de 13.558 kilomètres en 1879. Les grandes et puissantes compagnies privées prussiennes avaient à peu près complètement disparu.

DEVANT LES AFFICHES A BERLIN

exploitées par huit administrations de chemins de fer d'Etat. L'Allemagne possédait, au 31 décembre 1908, 34.038 kilomètres de lignes principales, 23.316 kilomètres de lignes secondaires et 8.801 kilomètres de petits chemins de fer, 54.939 kilomètres étant exploités par les chemins de fe d'Etat (1).

Organisation militaire des chemins de fer. — Non seulement l'empire groupait les chemins de fer par Etat, mais il intervenait dans leur organisation intérieure pour l'uniformiser. Ainsi, l'Etat fixa lui-même les constructions, l'aménagement des voies, l'agencement des gares. D'autre part, l'Association des chemins de fer allemands contribua puissamment à l'accroissement de l'utilisation militaire des voies ferrées. L'amélio·ration des plans de transport, l'identité des règles pour l'aménagement des lignes et du matériel roulant et pour l'outillage des stations, l'adoption de l'écartement normal de 1 m. 435, la publication par le Conseil fédéral des règles pour la construction et l'équipement des chemins de fer constituent un progrès considérable en vue de leur préparation à la guerre. L'empire allemand s'était d'ailleurs assuré, par la Constitution, la part d'influence nécessaire sur la cons

Le rachat des chemins de fer fut réalisé d'une façon presque complète par les autres Etats allemands. En 1909, eut lieu le rachat du dernier grand réseau privé, celui des chemins de fer du Palatinat (810 kilomètres) effectué par la Bavière. Les compagnies privées ne possèdent plus que quelques kilomètres de lignes d'intérêt général. Les lignes secondaires qu'elles exploitent ont peu d'importance au point de vue militaire.

Aujourd'hui, les lignes de chemins de fer intéressant la défense nationale sont

(1) Opel, *Les chemins de fer d'aujourd'hui.*

GABRIEL HANOTAUX
de l'Académie Française

HISTOIRE ILLUSTRÉE
DE LA
GUERRE DE 1914

24 PAGES DE TEXTE ET D'ILLUSTRATIONS

FASCICULE
Nº 30

L'ÉDITION FRANÇAISE ILLUSTRÉE
(GOUNOUILHOU, Éditeur)
5, Boulevard des Capucines, Paris

PRIX NET
1 franc
ÉTRANGER, PORT EN PLUS

A NOS SOUSCRIPTEURS

Nous prions nos souscripteurs de vouloir bien nous adresser *immédia-tement* leur souscription à la 2ᵉ série (fascicules 27 à 52). Nous les mettons en garde contre l'encombrement des derniers jours, leur renouvellement immédiat devant les assurer contre toute interruption de leur service.

Les conditions de souscription à la 2ᵉ série sont ainsi fixées :
Pour la France : 25 francs les 26 fascicules (au lieu de 26 francs).
Pour les pays étrangers faisant partie de l'Union postale, 27 fr. 60.
Adresser les souscriptions accompagnées d'un mandat-poste à : *L'Édition française illustrée*, Gounouilhou, éditeur, 8, boulevard des Capucines, Paris.

☞ **AVIS IMPORTANT :** A la suite de très nombreuses demandes de nos souscripteurs, nous avons décidé de faire désormais l'envoi des fascicules *sous tubes forts qui garantiront au souscripteur l'arrivée du fascicule en parfait état.* Ceci, sans augmentation, malgré le surcroît de dépense que cette mesure nous impose.

Ceux de nos lecteurs qui désireraient continuer à recevoir l'exemplaire à plat sous enveloppe devront nous en aviser.

VOLUME RELIÉ

Les quatorze premiers fascicules de l'*Histoire Illustrée de la Guerre de 1914*, par Gabriel HANOTAUX, constituent le Tome premier de l'ouvrage.

Ces quatorze premiers fascicules, contenant trois cents pages, dont cent quatre-vingt d'illustrations, forment un superbe volume grand in-quarto qui est mis en vente au prix de :

18 francs, relié (franco)
Étranger, port en plus

Reliure demi-chagrin grenat, plats toile, fers spéciaux du Maître graveur Auguste LEPÈRE, tête dorée, les autres tranches ébarbées.

Nous pouvons fournir également aux personnes qui préféreraient faire exécuter elles-mêmes la reliure des fascicules, des emboîtages avec les fers spéciaux de LEPÈRE, au prix de **3 fr. 50.**

Les frais de port et d'emballage sont à ajouter au prix ci-dessus; soit 0 fr. 75 pour l'envoi par colis postal, livrable en gare, et 1 franc pour la livraison à domicile.

Le Tome premier relié, ainsi que l'emboîtage de ce Tome, sont en vente dans toutes les Librairies.

Pour les recevoir franco, adresser les demandes, accompagnées d'un mandat-poste représentant le prix du volume désiré ou de l'emboîtage et des frais de port indiqués ci-dessus, à : *L'Édition française illustrée*, Gounouilhou, éditeur, 8, boulevard des Capucines, à Paris.

MUSIQUE MILITAIRE AU DÉPART DES MOBILISÉS

truction et l'exploitation des voies ferrées.

Le règlement actuel des transports militaires a été mis en vigueur par décret impérial du 18 janvier 1899.

Le principe sur lequel repose l'emploi des voies ferrées en campagne est le fractionnement du réseau allemand en un certain nombre de secteurs d'exploitation appelés lignes, dont la délimitation a été publiée en 1899 par l'*Armée Verordnungs Blatt*. De cette publication, il ressort que la répartition des lignes se relie étroitement avec celles exploitées par les différentes directions de chemins de fer. On a obtenu de la sorte, entre ces dernières et les autorités militaires du service des chemins de fer, un contact intime qui doit donner une sécurité absolue aux transports de troupes en cas de guerre (1).

L'horaire militaire forme la base principale des travaux préliminaires de mobilisation de l'armée. Il est établi par les autorités militaires des chemins de fer (Section des chemins de fer du grand état-major prussien, bureaux de commandement des lignes et des gares) avec le concours des administrations de chemins de fer, d'après la capacité maximum des différents parcours et des lignes de raccordement. Le principe général pour l'établissement de l'horaire militaire est une vitesse réduite restant la même pour tous les trains circulant dans une même direction. (Opel.)

Or, la vitesse des trains facultatifs militaires qui, arrêts compris, était fixée à 22 km. 500, est portée, dans le règlement de 1899, à 40 pour les lignes principales et 30 pour les lignes secondaires, grâce à l'augmentation de puissance des locomotives et aux améliorations réalisées dans le matériel roulant. (Jœsten.) En 1870, le rendement des lignes à double voie fut de 18 trains par jour et de 12 pour les lignes à voie unique. Il a dû être très élevé en 1914.

(1) Jœsten, *Histoire et organisation militaires des chemins de fer*.

L'horaire militaire est mis en vigueur en cas de guerre par l'inspecteur général du service des étapes et des chemins de fer, dès que les transports militaires ne peuvent plus être effectués par les trains ordinaires et par les trains militaires et spéciaux intercalés dans l'horaire général. (Opel.)

Tous les ans, l'Office Impérial des Chemins de fer reçoit les renseignements statistiques qu'il fait compléter par des reconnaissances d'officiers. Tout a été prévu : dépôts de charbon, réservoirs pour les machines, aménagement des quais d'embarquement — matériel à emporter par les troupes qui doivent débarquer en pleine voie, stations-haltes-repas, cantines, eau potable, pigeons-voyageurs à embarquer dans les trains militaires, etc... (Jœsten.)

D'ailleurs, les éléments entrant en jeu pour l'établissement du plan de transport sont très nombreux et complexes et font varier la capacité de rendement des lignes : lignes à double voie ou à voie unique, les pentes et les courbes, la puissance des locomotives, la capacité et la solidité des voitures et wagons, leur nombre, les rampes disponibles, la vitesse d'embarquement et de débarquement, les approvisionnements à enlever, la facilité d'utilisation des trains de retour, l'intervalle possible entre les trains. On a vu, dans le chapitre sur la mobilisation et la concentration en France, les prévisions techniques concernant le transport d'un corps d'armée. Les grandes améliorations dans la sécurité du trafic ont permis d'augmenter beaucoup la succession rapide des trains plus encore que leur vitesse de marche.

Le matériel roulant (wagons de 15, 20, 30 et 35 tonnes) considérablement perfectionné, s'est accru dans de plus grandes proportions encore que les longueurs d'exploitation. L'accroissement du nombre des wagons à marchandises a été favorablement influencé par la « Communauté pour les wagons des chemins de fer d'Etat allemands », fondée le 1er avril 1909, qui a déterminé les diverses administrations à compléter leurs parcs de wagons et qui veille également à ce que le parc de wagons à marchandises de tous les chemins de fer allemands soit maintenu à l'avenir à un chiffre suffisant. (Opel.)

En 1910, l'Allemagne possédait 533.810 wagons à marchandises. Or, on a signalé un accroissement considérable de wagons couverts, notamment depuis le commencement de 1914.

LE ROI DE BAVIÈRE PARLE A LA FOULE
DU BALCON DE SON PALAIS

La longueur du réseau ferré allemand était de 62.692 kilomètres au 1er janvier 1913 (50.993 en France, 45.452 en Autriche-Hongrie, 61.861 en Russie). L'effectif du personnel était d'environ 700.000 agents.

Développement du réseau ferré dans l'Eifel. — C'est principalement sur la frontière de France et de Belgique que les efforts de l'Allemagne furent considérables depuis quelques années. Quand, récemment encore, on jetait les yeux sur une carte du réseau ferré allemand de la rive gauche du Rhin entre Bâle et Cologne, on était immédiatement attiré vers le nœud énorme Sarrebrück-Sarreguemines et sur le contraste entre la richesse des voies ferrées en Lorraine et leur pauvreté dans l'Eifel.

LA PROMENADE « UNTER DEN LINDEN », A BERLIN, LE PREMIER JOUR DE LA MOBILISATION

Il n'en est plus de même aujourd'hui. L'aspect d'une carte des doubles voies et voies uniques frappe par la présence de deux nouveaux nœuds, l'un vers Trèves avec, comme déversoir, le camp de Wasserliech, l'autre vers Gérolstein avec, un peu plus espacé, le camp d'Elsenborn.

Le réseau de l'Eifel a, dans ces dernières années, attiré l'attention du grand état-major allemand beaucoup plus que le réseau lorrain.

Sur le front lorrain, en 1887, on compte 70 quais militaires répartis sur la ligne Avricourt-Strasbourg et sur la double base : 1° Thionville-Tetercheng-Benin - Sarrebrück - Sarre - guemines-Sarralbe; 2° (plus près de la frontière) Metz-Courcelles- Remilly - Bensdorf-Berthelming; 10 quais seulement en Alsace au sud de Molsheim. Depuis 1887, plusieurs quais sont construits sur la ligne Avricourt-Strasbourg. Surtout, la gare de Metz est profondément transformée (8 quais au lieu de 3). Une zone de quais est créée avec son centre de gravité vers Trèves, prolongeant vers la droite le dispositif primitif lorrain et, par suite, le déploiement stratégique (1).

Voyons, maintenant, ce que les Allemands ont fait pour cette région de l'Eifel, si pauvre et si difficile. Le début des travaux date de 1904 : on commence alors le doublement et le prolongement de la ligne partant de Stolberg vers Saint-Vith, le long de la frontière belge. Puis, la grande ligne Cologne-Trèves est dotée de toutes les installations stratégiques d'une voie militaire très importante. Dès 1908, commencent les travaux d'approche vers la

(1) Culmann, *Choses d'Allemagne*, 1908.

Hollande et la Belgique, par la construction de nouveaux ponts à Cologne, le doublement de lignes vers Dusseldorf et Rührort.

En 1907, s'ouvraient à l'exploitation les lignes de Pronsfeld à Waxweiler (9 kilomètres) et de Pronsfeld à Neuerbourg (25 kilomètres) et, en 1912, dans la même région, la ligne de Bitburg au camp de Wasserliech par Irrel, en même temps qu'une ligne de raccordement de Karthaus à Igel. Le 1er juillet 1912, s'ouvraient à l'exploitation le raccordement de 12 kilomètres Hillesheim - Gérolstein et la grande ligne est-ouest Dümpelfeld-Lissendorf-Jünkerath-Bütgenbach (86 kilomètres) avec doublement de Dümpelfeld à Remagen, un pont à Remagen et la participation du budget de l'empire pour 80 o/o

Au das Deutsche Volk.

Seit der Reichsgründung ist es durch 43 Jahre Mein und Meiner Vorfahren heißes Bemühen gewesen, der Welt den Frieden zu erhalten und im Frieden unsere kraftvolle Entwickelung zu fördern. Aber die Gegner neiden uns den Erfolg unserer Arbeit.

Alle offenkundige und heimliche Feindschaft von Ost und West, von jenseits der See haben wir bisher ertragen im Bewußtsein unserer Verantwortung und Kraft. Nun aber will man uns demütigen. Man verlangt, daß wir mit verschränkten Armen zusehen, wie unsere Feinde sich zu tückischem Überfall rüsten, man will nicht dulden, daß wir in entschlossener Treue zu unserem Bundesgenossen stehen, der um sein Ansehen als Großmacht kämpft und mit dessen Erniedrigung auch unsere Macht und Ehre verloren ist.

So muß denn das Schwert entscheiden. Mitten im Frieden überfällt uns der Feind. Darum auf! zu den Waffen! Jedes Schwanken, jedes Zögern wäre Verrat am Vaterlande.

Um Sein oder Nichtsein unseres Reiches handelt es sich, das unsere Väter neu sich gründeten. Um Sein oder Nichtsein deutscher Macht und deutschen Wesens.

Wir werden uns wehren bis zum letzten Hauch von Mann und Roß. Und wir werden diesen Kampf bestehen auch gegen eine Welt von Feinden. Noch nie ward Deutschland überwunden, wenn es einig war.

Vorwärts mit Gott, der mit uns sein wird, wie er mit den Vätern war.

Berlin, den 6. August 1914.

Wilhelm.

PROCLAMATION
DE L'EMPEREUR GUILLAUME
AU PEUPLE ALLEMAND (2)

(2) AU PEUPLE ALLEMAND.

Depuis la fondation de l'Empire, pendant quarante ans qu'a duré mon règne et celui de mes prédécesseurs, notre premier souci a été de maintenir la paix dans le monde et de favoriser, dans la paix, notre vigoureuse expansion. Mais nos adversaires nous enviaient le fruit de nos travaux.

Toutes les inimitiés ouvertes ou secrètes de nos voisins de l'Est et de l'Ouest, et de l'autre côté de la mer, nous les avons supportées, conscients de notre responsabilité et de notre force. Mais maintenant, on veut nous humilier. On exige que nous restions les bras croisés, lorsque nos ennemis se préparent à des attaques perfides, on ne peut plus souffrir que nous gardions à notre alliée la fidélité que nous lui avons jurée, alliée qui combat pour son prestige comme grande puissance et dont l'abaissement serait aussi l'abaissement de notre force et de notre honneur. Il nous faut donc tirer l'épée. L'ennemi nous attaque en pleine paix. Tous, debout ? Aux armes ! Hésiter, temporiser, serait trahir la patrie.

C'est pour notre pays, ce pays que fondèrent nos pères, une question de vie ou de mort. C'est une question de vie ou de mort pour la puissance allemande, pour l'existence allemande. Nous combattrons jusqu'au dernier souffle de chaque homme.

En avant, avec Dieu, qui doit être avec nous, comme il était avec nos pères.

Berlin, le 6 août 1914.

GUILLAUME.

LE PEUPLE DE BERLIN ATTEND L'EMPEREUR POUR L'ACCLAMER

dans les frais de construction de la ligne (1).

On avait procédé également aux doublements Ehrang-Karthaus, Gérolstein-Pronsfeld et Mayen-Andernach, enfin à la construction, dans le secteur de Gérolstein, de la ligne à une voie Ahrdorf-Blanckenheim.

Des pourparlers étaient même engagés, fin 1913, entre l'administration des chemins de fer prussiens et le ministère des chemins de fer belges, en vue de la construction d'une voie ferrée Aix-la-Chapelle-Tongres-Louvain, et d'une deuxième rejoignant la ligne allemande d'Herbesthal (2).

Or, ces constructions et doublements de lignes ne correspondaient nullement à des besoins locaux commerciaux ou industriels. C'étaient uniquement des lignes stratégiques, des lignes

d'invasion. Le commerce et l'industrie sont nuls dans cette région de l'Eifel. Peu de villages, peu de voyageurs, un désert. Mais de grandes gares vastes, quoique vides, des quais nombreux et immenses, des voies larges, des dégagements, l'éclairage électrique : l'intention est évidente.

Les quais, dit le général Maitrot, sont la caractéristique et la pierre de touche de la concentration. Leur nombre, leur rapprochement, leur densité, indiquent sûrement que des forces considérables débarqueront en tel endroit : ce sont les lettres d'un livre immense et la concentration n'a plus de secrets pour celui qui sait le lire.

Signalons aussi que les chemins de fer du Luxembourg étaient entre les mains des Allemands. Il y a là trois sociétés :

La « Société Guillaume-Luxembourg », détachée de l'Est français et, en 1872, par annexe au traité de Francfort, reprise par le gouvernement allemand et rattachée à la direction

____

(1) *Journal officiel :* Situation des chemins de fer. — *La France*, du 11 janvier 1912. — *Illustration*, du 8 août 1914.
(2) *Journal des Transports*, du 4 octobre 1913.

générale des chemins de fer d'Alsace-Lorraine; la « Société du prince Henri », en contact à Redange avec l'Est français ; la « Société Winterthur », qui exploite les chemins de fer à voie étroite.

Les fonctionnaires de l'empire, exploitant les chemins de fer du Luxembourg, n'avaient donc qu'à ouvrir les plis de mobilisation émanant de l'autorité allemande.

Grâce à ces travaux d'approche puissants et en partie secrets, les Allemands pensaient pouvoir nous surprendre par l'avalanche de leurs forces dévalant à travers la Belgique vers la France. On peut dire que ce fut le principal objectif et, aussi, le résultat le plus important de leur longue et coûteuse préparation.

Réduction des transports de mobilisation. — Enfin, comme cause de la rapidité de concentration et d'invasion, outre la volonté de guerre et d'offensive, la politique d'Etat et l'organisation des chemins de fer, le développement du réseau de l'Eifel, il faut signaler la réduction des transports de mobilisation et, par suite, une avance sur les transports de concentration.

Par la loi de 1913, l'Allemagne a, en effet, porté l'effectif de paix des compagnies de couverture à 180 hommes et celui des compagnies de l'intérieur à 160 hommes, réduisant donc à 70 et 90 le nombre de réservistes à appeler pour atteindre l'effectif de guerre. Ceux-ci pouvaient être demandés exclusivement à la dernière et à l'avant-dernière classes composées d'hommes ayant conservé leur entraînement et leur instruction et n'étant pas mariés, pour la plupart. Enfin, le recrutement régional et même local, généralement adopté en Allemagne, a pour effet de rappeler toujours les réservistes dans les compagnies où ils ont servi.

Il est vrai que le grand nombre de chevaux de réquisition nécessaires pour les batteries, et les exigences de la mobilisation des colonnes de munitions, parcs et convois,

rendent cette accélération de mobilisation bien faible, un gain d'un jour au maximum. (Colonel Boucher).

COMMENT S'EST EFFECTUÉE LA MOBILISATION ALLEMANDE

Nous venons d'indiquer, dans ses lignes générales, la doctrine de la mobilisation et de la concentration telle que la concevaient et la préparaient de longue date les Allemands. Voyons comment elle s'est effectuée dans la réalité.

Il faut, dit Bernhardi, rassembler, dès le commencement de la mobilisation, une puissante cavalerie sur la frontière, donner à la couverture toute sa force et prévoir une protection sérieuse pour toutes les lignes de chemins de fer qui peuvent être menacées.

Il donne comme mesures du temps de paix :

Tenir des munitions prêtes dans des centres de mobilisation convenables, concentrer de l'artillerie lourde et de l'artillerie de siège dans les forteresses frontières d'où elles peuvent rapidement atteindre leur lieu de destination en campagne, tenir prêts les vivres du sac, les rations, les véhicules nécessaires, le matériel de santé, etc... On ne peut s'attendre à voir la mobilisation s'exécuter régulièrement que si, dès le temps de paix, tout est préparé et convenablement emmagasiné de façon qu'au moment où la guerre éclate, il reste seulement à enrôler les hommes et les chevaux, à les équiper, à remplir les magasins dans la zone de concentration et à rassembler le matériel de chemin de fer nécessaire à la concentration dans les gares d'embarquement.

Un communiqué officiel du 8 août nous a dit que des affiches militaires trouvées à Vic et à Moyen-Vic, en Lorraine annexée, prouvent la préméditation des Allemands et fournissent sur les conditions de leur mobilisation des renseignements précieux.

A la gare de Belfort, on a, paraît-il, assuré que, trois semaines avant la guerre, la direction des chemins de fer d'Alsace-Lorraine avait vivement insisté pour que ses wagons de marchandises fussent restitués dans le plus court délai possible. Ce fut donc, entre le 10 et le 25 juillet, un acheminement continuel de wagons allemands vers Petit-Croix et Belfort (1).

Le 25 juillet au matin, alors que le délai

(1) *Auto*, du 25 février 1915.

DÉPART D'UN RÉGIMENT D'INFANTERIE ET D'UN RÉGIMENT DE CUIRASSIERS

fixé à la Serbie pour la remise de sa réponse à l'ultimatum autrichien n'était pas encore écoulé, les garnisons de Strasbourg et de Sarrebourg étaient consignées. Le soir même, l'Allemagne mettait en état d'armement les ouvrages d'art proches de la frontière (débroussaillement, réseaux de fils de fer, mise en place des batteries avancées, répartition des approvisionnements, liaisons télégraphiques).

Le 26 au matin, ordre est donné aux chemins de fer de prendre les mesures préparatoires de la concentration : le matériel est réparti et les quais déblayés. Le soir, les permissionnaires sont rappelés et les troupes en mouvement aux camps d'instruction ou aux champs de manœuvres regagnent leurs garnisons.

Le 27, commencent les opérations locales de mobilisation et de réquisition et les grands établissements d'approvisionnement, notamment les moulins, sont occupés militairement. En même temps, les premiers éléments de troupes de couverture sont mis en place et prennent leurs avant-postes sur la frontière; 27.000 hommes sont concentrés au camp d'Elsenborn. Les routes vers la frontière sont barrées et gardées militairement et la censure télégraphique commence à fonctionner. La flotte est mise en état d'armement.

Le 28, les troupes de couverture encore éloignées de la frontière en sont rapprochées et les appels individuels de réservistes commencent pour compléter les effectifs de couverture; on procède à des réquisitions individuelles de chevaux et d'automobiles. « Toutes ces mesures poursuivies avec une méthode implacable », dira M. Viviani à la Chambre, le 4 août.

Le 29, ces mesures se développaient.

La nuit du 29 au 30, le pont sur le Rhin à Bonn était gardé militairement et un conseil suprême se réunissait à Potsdam.

Le 30 au matin, les ponts d'Huningue sont gardés par le 113ᵉ d'infanterie. Le soir, les tramways venant de Bâle sont arrêtés à la frontière. Les troupes allemandes du camp de

Semé près de Cologne reçoivent l'ordre de rejoindre leurs garnisons pour protéger les ponts du Rhin déjà gardés. En Westphalie, ordre est donné de vider les wagons et de les mettre à la disposition de l'autorité militaire. Les voies ferrées proches de la frontière sont détruites, des mitrailleuses mises en travers et trois locomotives de l'Est sont arrêtées à Montreux-Vieux; une quatrième, à Amanvillers, est mise dans l'impossibilité de rentrer en France. Des patrouilles circulent sur la frontière et quelques cavaliers pénètrent même quelques instants sur notre territoire. L'appel de réservistes représente au moins 125.000 hommes.

Le 31 au matin, le kaiser, conformément à l'art. 68 de la Constitution de l'empire (Bavière exclusivement) décrète le *Kriegsgefahrzustand.* Une ordonnance semblable est prise pour la Bavière.

Cet « état de menace de guerre » concerne toutes les mesures militaires à prendre à la frontière et sur les voies ferrées et la restriction du service postal, télégraphique et des chemins de fer au profit des besoins de l'armée.

A 2 h. 45, l'empereur et l'impératrice arrivent de Potsdam à Berlin. Dans l'avenue des Tilleuls, la nouvelle de la déclaration du Kriegsgefahrzustand avait amené une grande foule qui, après avoir entouré les autos du kaiser et du kronprinz, se précipita vers le palais impérial où, à 6 h. 15, l'empereur parut à une fenêtre. Délire de la foule. Il parle... « Nous montrerons à nos ennemis ce qu'il en coûte de provoquer l'Allemagne... Allez dans les églises... »

« Nous savions, dit M. Viviani le 4 août à la Chambre, qu'à l'abri de l'état de guerre proclamé, l'Allemagne mobilisait. Nous apprenions que six classes de réservistes avaient été appelées et que les transports de concentration se poursuivaient pour des corps d'armée même stationnés à une notable distance de la frontière... En proclamant l'état de guerre, l'Allemagne coupait les communications entre elle et le reste de l'Europe et se donnait toute liberté de poursuivre contre la France, dans un secret absolu, ses préparatifs militaires. Depuis plusieurs jours déjà et dans des conditions difficiles à expliquer,

LA FOULE ACCLAME LE KRONPRINZ

l'Allemagne avait préparé le passage de son armée du pied de paix sur le pied de guerre. »

Or, le 4 août également, le chancelier disait au Reichstag :

« Le 31 juillet, la France poussait activement ses préparatifs militaires. Et nous, nous n'avions, de propos délibéré, convoqué jusqu'alors aucun réserviste sous les drapeaux, par amour pour la paix de l'Europe. »

Selon lui, c'est le silence que la Russie oppose à la sommation allemande de démobiliser qui a fait que « le kaiser s'est vu dans la nécessité de mobiliser le premier août à 5 heures du soir ».

Soit en même temps que nous. Mais quelle différence ! La mobilisation allemande était presque entièrement terminée, grâce à « l'état de menace de guerre ». Les transports de concentration de l'armée active, déjà commencés, étaient même achevés pour les corps de couverture (8e, 16e, 21e, 15e, 14e corps) et

en plus pour les 7e, 11e et 18e corps. A l'est de Thionville et de Metz, 300.000 hommes étaient concentrés et les réquisitions étaient achevées.

En 1898, Bernhardi, dans une conférence à la Société militaire de Berlin, avait déclaré que si, en théorie, la France pouvait avoir l'avantage comme rapidité de concentration, il n'en serait pas de même dans la pratique, parce que l'Allemagne pouvait lancer l'ordre de mobilisation 36 heures avant nous. Tel était le bénéfice de cette formule : « État de menace de guerre »; elle avait permis à l'Allemagne de gagner plusieurs jours, sous le couvert de mesures préparatoires.

Le fait déjà réalisé est constaté *de visu* par un témoin attentif, dès les premiers jours d'août 1914 :

« Le rapide avait pour itinéraire : Creilsheim, Bietigheim et Carlsruhe : c'est une des grandes lignes centrales de l'empire. Signe frappant : dans tout l'arrière du pays, le long de cette ligne principale, déjà plus trace d'en-

DÉPART DE SOLDATS ALLEMANDS

combrement, aucun transport de troupes, aucun train de soldats, aucun détachement circulant sur les routes. En revanche, au delà de Carlsruhe, et surtout au delà du Rhin, un prodigieux fourmillement de soldats, de trains militaires sans cesse rencontrés ou dépassés, sur toutes les routes, des régiments campés, la terre rhénane et alsacienne regorgeant d'hommes, de fusils et de canons allemands. Preuves visibles, après tant d'autres, de la préméditation de l'Allemagne, de sa concentration achevée quand la nôtre commençait à peine, de l'accumulation sournoise, pour la brusque offensive, pour la ruée furieuse sur la Belgique et sur la France de toutes les forces dès longtemps rassemblées » (1).

Le résultat de cet effort, si longuement prévu et combiné, est constaté, l'on peut dire proclamé, dans une note publiée par la *Gazette de Cologne* du 3 septembre 1914 :

Nous apprenons de source digne de foi que la direction des chemins de fer du département de Cologne seule, pendant 19 jours de mobilisation et par 5 ponts sur le Rhin, a expédié sur l'Ouest plus de 26.000 trains militaires. Ces trains ont transporté ainsi plus de deux mil-

lions de combattants et tout le matériel de guerre, canons, chevaux, munitions, provisions.

Retenons le chiffre de deux millions d'hommes, prononcé le 3 septembre, il est d'une importance capitale pour la suite des événements et complétons le renseignement, au point de vue de l'étude de la concentration allemande, par une autre indication provenant de la *Lothringer Zeitung* du 5 septembre :

Pendant le transport des troupes sur le théâtre de la guerre, une nuit, durant un laps de temps de huit heures, 64 trains militaires allant dans la même direction ont traversé une ville moyenne, par conséquent un train toutes les sept minutes et demie, et cela, sans la moindre anicroche. C'est une œuvre admirable qui, d'après les gens du métier, ne peut être accomplie par aucune autre puissance (1).

Pour permettre d'apprécier ces données, il n'est pas inutile de rappeler que le transport d'un

(1) P. LALO : *De Bayreuth à Bâle* (août 1914). *Le Temps*, du 26 août 1915.

(1) En vue de calmer le petit accès de vantardise de l' « organisation » allemande, il suffira d'observer que, sur le réseau de l'Est français, les trains se sont succédé parfois de 7 en 7 minutes.

DÉPART DE SOLDATS ALLEMANDS

corps d'armée exige généralement 118 trains, et 130 s'il y a un bataillon d'artillerie lourde de campagne. Ce transport devait absorber, selon les prévisions, le débit de trois journées d'une ligne à deux voies, soit le débit de six journées pour les deux corps qui, en principe, l'utilisent. Le second corps n'étant généralement pas à pied d'œuvre, on ajoutait, en moyenne, un jour et demi pour la durée de ce transport.

C'est d'après cette capacité de débit qu'il faut calculer l'effort fait par l'Allemagne pour porter sur le front occidental les masses énormes qui devaient y accomplir la grande manœuvre stratégique, conçue et préméditée de longue date par l'état-major allemand.

Le chiffre de deux millions d'hommes armés avoué par la *Gazette de Cologne* répond à des données connues. L'Allemagne, en effet, disposait, au début de la guerre : 1° de 25 corps d'armée actifs, soit 21 corps prussiens, saxons, badois et wurtembergeois, 3 corps bavarois et la garde prussienne ; 2° de 21 corps de réserve, soit 18 corps de réserve prussiens, saxons, badois, wurtembergeois, 2 corps de réserve bavarois et le corps de réserve de la garde prussienne. Les effectifs allemands s'élevaient donc à 46 corps d'armée, c'est-à-dire à environ 1.900.000 hommes.

Sur ces totaux furent envoyés, dès le début, sur la frontière française, 7 armées et un détachement d'armée, soit 34 corps, comprenant environ 1.400.000 hommes, se répartissant ainsi : 21 corps actifs (près de 900.000 hommes) ; 13 corps de réserve (500.000 hommes).

Ajoutons que, vers Noël, d'après une note officielle, l'effectif *général* des forces allemandes était porté à 73 corps et demi se répartissant ainsi : 25 corps et demi d'active, 33 de réserve et 15 de landwehr, soit 3 millions d'hommes. Or, dans ce chiffre de 73 corps et demi mobilisés, d'août à novembre 1914, les forces dirigées sur le front occidental représentaient, à cette date, 52 corps d'armée, soit 2.100.000 hommes.

Voici le décompte officiel de ces forces croissantes, d'après le *Bulletin des Armées* du 5 décembre 1914 :

2 août. — 21 corps actifs et 13 corps de réserve.

Fin août. — 4 corps formés de 17 brigades mixtes d'ersatz.

Septembre. — 8 corps formés de 33 brigades de landwehr.

Octobre. — 5 corps et demi de réserve de formation récente, plus une division de fusiliers marins.

A ces 52 corps s'ajoutaient 10 divisions de cavalerie.

C'est à ces masses que s'était appliqué le puissant effort de la concentration allemande.

Nous aurons à insister bientôt sur le plan stratégique que ces dispositions initiales révèlent. Il suffit de rappeler la très juste appréciation du *Bulletin des Armées* du 28-30 janvier 1915 :

L'effort militaire allemand, considérable dès le commencement de la guerre, puisque la mise sur pied de près de 70 corps d'armée *triplait* presque le nombre des formations du temps de paix, n'avait qu'un but, c'était d'écraser les forces adverses avant qu'elles pussent mettre en ligne des effectifs équivalents...

Il faut montrer comment la presque totalité de cette masse fut, toujours d'après les mêmes conceptions stratégiques, jetée d'abord sur la France, selon le conseil de Bernhardi :

On s'efforce de tenir prête, pour la guerre, la meilleure et la plus sûre partie de l'armée.

En effet, dans l'immense réservoir des contingents allemands, on puise d'abord les meilleures troupes, celles qui sont chargées d'occuper le nord du dispositif et qui vont marcher dans la direction décisive d'attaque, c'est-à-dire vers la région d'Entre-Sambre-et-Meuse.

Toujours en nous plaçant uniquement au point de vue de la concentration, nous essaierons de suivre le dispositif selon lequel les différentes armées ont été portées sur le front occidental.

Il semble que la question de rapidité et de surprise ait exercé une influence appréciable sur le dispositif allemand. On voulait aller vite, très vite, et, sur cette donnée, on passa outre à certains principes reconnus d'une bonne concentration classique : on sacrifia à l'idée d'un coup de massue par une armée d'avant-garde; celle-ci fut donc projetée en quelque sorte sur la Belgique : elle avait pour objectif de s'emparer, si possible, des forts belges de la Meuse par une attaque « à la Sauer », d'enlever les têtes de pont, d'écarter l'armée belge du chemin de l'invasion ; en somme, c'était une sorte d'immense reconnaissance dans des conditions inconnues jusque-là, mais réalisant, dans le « Kolossal », la maxime de Napoléon : « On reconnaît une armée avec une armée. »

Dès le début, cette conception téméraire offre ce quelque chose d'exagéré et de romantique que, sans doute, le caractère, la nature de la personnalité de l'empereur Guillaume imprime aux opérations allemandes. Cette conception mérite d'être étudiée de près, parce que, si elle obtint, en fait, des résultats douteux, elle donna du moins le branle au prodigieux « hourrah » qui fut, en somme, le trait caractéristique de la campagne.

Cette armée d'attaque, armée dite de la Meuse, fut placée sous le commandement du général von Emmich : elle se composait, en réalité, de fractions de plusieurs corps d'armée à peine mobilisés, n'ayant même pas reçu tous leurs réservistes, très rapidement amenés de tous les points de l'Allemagne.

Il semble bien que, plus tard, quand le résultat sur Liége fut obtenu et que la concentration générale allemande fut achevée (vers le 15 août), cette « armée de la Meuse », ayant reçu ses effectifs au complet et de puissants renforts amenés d'Allemagne, put se dédoubler en deux armées, sous le commandement des généraux von Kluck et von Bülow : elles sont alors

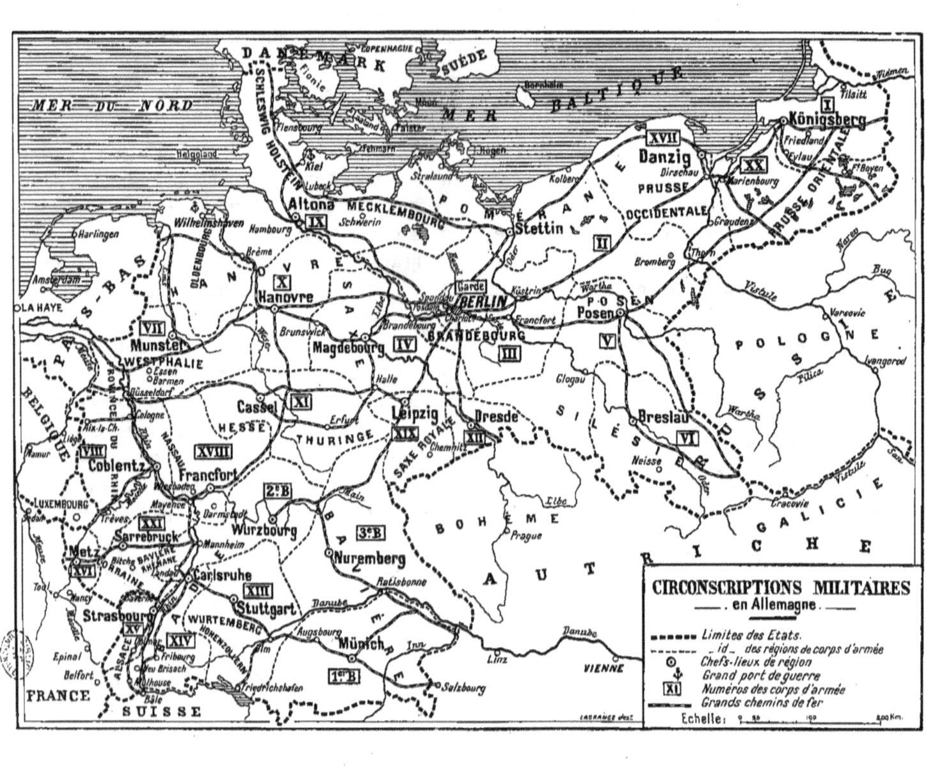

LA MOBILISATION ET LA CONCENTRATION EN ALLEMAGNE

MER DU NORD
MER BALTIQUE
DANEMARK
SUÈDE
COPENHAGUE
Fionie
Bornholm
Flensbourg
Fehmarn
Helgoland
SCHLESWIG HOLSTEIN
Kiel
Lübeck
Stralsund
Rugen
Kolberg
POMÉRANIE
Danzig
Dirschau
Marienbourg
PRUSSE OCCIDENTALE
Graudenz
Thorn
Bromberg
Königsberg
Friedland
Eylau
Ft Boyen
PRUSSE ORIENTALE
Niemen
Tilsitt
Memel
Wilhelmshaven
Hambourg
Brême
Harlingen
Amsterdam
LA HAYE
PAYS-BAS
OLDENBOURG
HANOVRE
Altona
MECKLEMBOURG
Schwerin
Stettin
Oder
Küstrin
Francfort
Posen
Warthe
POSEN
Varsovie
Iwangorod
POLOGNE RUSSE
Bug
Vistule
Hanovre
Brunswick
SAXE
Magdebourg
Brandebourg
Spandau
Potsdam
Charlottenbourg
BERLIN
Garde
BRANDEBOURG
Halle
Glogau
Pilica
Münster
WESTPHALIE
Essen
Barmen
Düsseldorf
Cologne
Aix-la-Ch.
BELGIQUE
Liège
Namur
LES PROVINCES DU RHIN
Cassel
HESSE
Erfurt
THURINGE
Leipzig
Chemnitz
SAXE ROYALE
Dresde
Breslau
Neisse
SILÉSIE
Oder
Warthe
GALICIE
Cracovie
Vistule
AUTRICHE
NASSAU
Coblentz
Westbaden
Francfort
Mayence
Darmstadt
Würzbourg
Main
Mannheim
Nuremberg
BAVIÈRE
BOHÈME
Prague
Elbe
Linz
VIENNE
Danube
LUXEMBOURG
Trèves
Sarrebruck
Metz
Bitche
Landau
BAVIÈRE RHÉNANE
Teul
Nancy
Carlsruhe
Ratisbonne
Stuttgart
WURTEMBERG
Danube
Augsbourg
Ulm
Münich
Inn
Salzbourg
Epinal
Belfort
Strasbourg
ALSACE
Neu Brisach
Fribourg
Mulhouse
Bâle
HOHENZOLLERN
Friedrichshafen
FRANCE
SUISSE

CIRCONSCRIPTIONS MILITAIRES
en Allemagne.
Limites des Etats.
id. des régions de corps d'armée
Chefs-lieux de région
Grand port de guerre
Numéros des corps d'armée
Grands chemins de fer
Echelle:
200 Km.

LAGRANGE del.

I II III IV V VI VII VIII IX X XI XIII XIV XV XVI XVII XVIII XIX XX XXI
1er B 2e B 3e B

chargées de la manœuvre d'extrême droite. De ces armées, se détachèrent, plus tard encore, le 3e et le 9e corps de réserve, destinés à surveiller Anvers, en outre le 7e corps de réserve chargé du siège de Namur et de l'investissement de Maubeuge. Le gros de ces deux armées est composé de troupes excellentes et manœuvrières s'il en fut, que la folie de leurs chefs poussa dans un raid prodigieux jusqu'aux portes de Paris pour les livrer pantelantes aux attaques de l'ennemi sur l'Ourcq et sur la Marne.

Ces énormes formations de manœuvre étant mises à part, la concentration allemande s'accomplit avec une promptitude et une netteté incontestables mais qui n'ont, d'ailleurs, rien de supérieur à ce qui se fit en France. Sur ces points, les états-majors savaient, de part et d'autre, leur leçon sur le bout des ongles.

A MUNICH, LA FOULE CHANTE
LE « DEUTSCHLAND UBER ALLES ! »

tentat contre l'archiduc François-Ferdinand.

Cela dit, pour obtenir le résultat en présence duquel on se trouva d'une façon si inopinée, il convient, en l'absence de documents plus précis, de recourir à plusieurs hypothèses qui ont pu, d'ailleurs, se réaliser simultanément : ou bien le rendement d'une voie double a été supérieur à deux corps d'armée selon le principe admis; ou bien, il y eut des débarquements en pleine voie sur toute la longueur d'une ligne, sans retour du matériel vide, ou encore, on procéda à la construction immédiate de nouvelles voies prévues d'avance (on sait avec quelle rapidité ces constructions improvisées se sont opérées sur les territoires occupés en Russie durant la campagne d'été de 1915).

Mais le plus probable, c'est que les armées allemandes suivirent un plan mûrement étudié qui les faisait converger, soit du Rhin, soit de la Lorraine, par un mouvement nord-ouest, et, de même que l'armée française utilisait nos chemins de fer pour se transporter de l'Est vers la frontière belge, de même les formations allemandes de Lorraine utilisaient par un détour, soit les lignes passant par Sarrebrück et Sarreguemines, soit à plein le réseau de Westphalie, très serré d'ailleurs, avec les débouchés puissants de Crefeld, Dusseldorf, Cologne.

Si nous nous en référons au texte *autorisé* publié par la *Gazette de Cologne*, il est permis de se poser la question suivante :

Les voies ferrées du triangle Aix-Trèves-Cologne, qui, au premier abord, paraissent insuffisantes, ont-elles pu, à elles seules, donner le rendement des 25 corps si rapidement concentrés dans la région ?

Certainement, il faut tenir compte des préparations antérieures à la déclaration de guerre que nous avons signalées ci-dessus. Les camps voisins de la frontière belge, Elsenborn, Malmédy, Wasserlich, contenaient, à n'en pas douter, des forces dissimulées et groupées, sans doute, depuis que la résolution de la guerre avait été prise, à la suite de l'at-

Une espèce de préparation en éventail drainait donc de toutes parts les formations allemandes et venait les ranger l'une auprès de l'autre sur le vaste demi-cercle qui, de Metz à la mer, embrassait, en quelque sorte, toute la frontière française. C'était la stratégie des gros effectifs et des larges espaces. Nous ver-

FANTASSINS BAVAROIS DE LA LANDWHER

rons que, parmi ses avantages incontestables, elle présentait de graves défauts, notamment celui d'aligner toutes les forces disponibles sur un front si vaste qu'elles avaient peine à recevoir leurs réserves et, en cas de surprise, à se prêter secours les unes aux autres.

TABLEAU DES ARMÉES ALLEMANDES Fixons, maintenant, autant qu'il est possible, le tableau de ces sept armées, plus un détachement d'armée, qui constituent, dans une conception gigantesque, le plus puissant instrument de conquête et d'invasion que le monde ait jamais connu.

Ire armée, von Kluck (260.000 *hommes*)

2e corps : *Stettin*. — Berlin - Magdebourg - Kreiensen - Dusseldorf - Düren - Stolberg - Aix.

4e corps et 4e de réserve : *Magdebourg*. — Kreiensen - Dusseldorf - Neuss-Düren - M. Gladbach - Jülich.

10e de réserve : *Hanovre*. — Hamm - Dortmund - Essen - Crefeld - Aix.

9e corps et 9e de réserve : *Altona*. — Brême - Munster - Oberhausen - Dusseldorf - München-Gladbach - Jülich - Aix.

Cette armée, qui s'est ainsi concentrée dans la région d'Aix-la-Chapelle, a pour directive la région de Bruxelles par l'Hesbaye et le Brabant ; son 9e corps de réserve, ainsi que le 3e de réserve de l'armée von Bülow, formeront, au nord de la ligne Bruxelles-Louvain, l'armée d'observation contre les Belges.

Sans s'arrêter à Bruxelles, l'armée von Kluck prendra une direction sud-ouest, avec mission d'attaquer, de tourner notre aile gauche et de tenter l'enveloppement.

2e armée, von Bülow (260.000 *hommes*)

10e corps : *Hanovre*. — Hamm - Dortmund - Essen - Crefeld - Aix - Stolberg - Montjoie.

Garde : *Berlin*. — Halle - Nordhausen - Cassel - Giessen - Coblentz - Gérolstein - Jünkerath - Bütgenbach.

3e corps et 3e de réserve : *Berlin*. — Halle - Erfurt - Bebra - Fulda - Francfort - Mayence - Coblentz - Remagen - Lissendorf - Bütgenbach.

7e corps et 7e de réserve : *Münster*. — Crefeld - Aix - Eupen.

L'armée von Bülow, concentrée dans la région d'Eupen-Montjoie et vers le camp d'Elsenborn, a pour mission de passer la

Meuse vers Huy, d'investir Namur et d'attaquer de front la masse de nos forces défendant les passages de la Sambre, à l'ouest et à l'est de Charleroi.

3ᵉ armée, von Hausen (armée saxonne, 120.000 hommes)

12ᵉ corps (1ᵉʳ saxon), 19ᵉ corps (2ᵉ saxon), 12ᵉ corps de réserve : *Dresde, Leipzig*. — Zwickau - Hof - Bamberg - Aschaffenbourg - Mayence - Coblentz - Andernach - Gérolstein - Pronsfeld - Saint-Vith.

L'armée saxonne, qui vient de la région Saint-Vith-Malmédy, a pour objectif la ligne de la Meuse entre Namur et Givet avec Dinant comme centre d'action.

4ᵉ armée, duc de Wurtemberg (200.000 hommes)

6ᵉ corps : *Breslau*. —Cottbus - Leipzig - Bebra - Hanau - Francfort - Bingerbrück - Sarrebrück - Trêves - Gérolstein.

8ᵉ corps (couverture) : *Coblentz*.

8ᵉ de réserve : *Coblentz*. — Mayence - Gérolstein.

18ᵉ corps et 18ᵉ de réserve : *Francfort*. — Mayence - Coblentz - Ehrang - Bitburg.

Cette 4ᵉ armée, concentrée dans la région Pronsfeld-Gérolstein-Bitburg, marchera vers la Semoy et la forêt des Ardennes, dans le but d'atteindre en force la Meuse sur Mézières et Sedan.

5ᵉ armée, kronprinz d'Allemagne (200.000 hommes)

13ᵉ corps : *Stuttgard*. — Germersheim - Landau - Sarrebrück - Karthaus.

11ᵉ corps : *Cassel*. — Warburg - Arnsberg - Barmen - Deutz - Cologne - Call - Trêves.

6ᵉ de réserve : *Breslau*. — Cottbus - Leipzig - Bebra - Hanau - Francfort - Bingerbrück - Sarrebrück - Trêves.

16ᵉ corps (couverture) : *Metz*.

Corps de réserve.

L'armée du kronprinz, qui s'est concentrée vers Trèves, a pour objectif la trouée de Stenay par Longwy, puis la prise de possession des passages de la Meuse entre Stenay et Consenvoye et l'investissement de Verdun.

6ᵉ armée, kronprinz de Bavière (200.000 hommes)

1ᵉʳ corps royal bavarois : *Münich*. — Ulm - Stuttgart - Germersheim - Landau - Sarreguemines.

2ᵉ corps royal bavarois : *Würzburg*. — Ludwigshafen - Kaiserslautern - Sarrebrück.

3ᵉ corps royal bavarois : *Nüremberg*. — Karlsruhe - Rastadt - Haguenau - Sarralbe.

Corps de réserve bavarois.

L'armée bavaroise, concentrée dans la zone de débarquement au sud de Sarrebrück, poussera de faibles pointes à l'est, vers Badonviller, et se tiendra sur des organisations défensives où elle aura pour mission d'attirer nos forces.

7ᵉ armée, von Heeringen (120.000 hommes)

21ᵉ corps (couverture) : *Sarrebrück*.

14ᵉ corps (couverture) ; *Karlsruhe*.

Corps de réserve.

Cette armée est chargée de tenir les Vosges et surtout la région du Donon.

Détachement d'armée von Deimling (40.000 hommes)

15ᵉ corps (couverture) : *Strasbourg*.

C'est donc un total de 1.400.000 hommes qui se rangent, du 2 août au 15 août, sur l'immense champ de bataille que leurs chefs ont choisi et qui comptent bien bousculer la petite armée belge, la « méprisable armée » anglaise à peine en voie de débarquement, et, enfin, l'armée française, bloquée et enfoncée dans le cul-de-sac de la frontière lorraine, tandis que la Belgique présente, une fois de plus, aux ennemis de la France, le dangereux couloir de ses vallées et de ses plaines conduisant, sans obstacle, vers « la frontière ouverte ».

FANTASSINS ET MARINS ALLEMANDS AU MOMENT DE LEUR DÉPART

PLAN DE CONCENTRATION
GRAPHIQUE DONNANT UNE IDÉE APPROXIMATIVE DES ZONES DE CONCENTRATION AVEC LES EFFECTIFS COMPARÉS

CHAPITRE IV

LES ARMÉES ALLEMANDES EN BELGIQUE
LIÉGE. – LES PREMIÈRES ATROCITÉS

Début des hostilités. — Concentration des armées belges. — Marche des armées allemandes sur Liége.
Le Siège de Liége. — Première partie de la campagne de Belgique.
Le Système des atrocités.

ARSAGE est un village belge situé sur la route d'Aix-la-Chapelle à Visé, à une quinzaine de kilomètres de la frontière allemande, à six kilomètres de Visé. Le 4 août au matin, le bruit s'étant répandu que l'Allemagne sommait la Belgique de livrer passage à ses troupes, le bourgmestre de Warsage, député de Liége, M. Fléchet, vieillard de 72 ans, se tenait sur la place, ceint de son écharpe ; la matinée était paisible, lumineuse et douce ; les paysans hésitaient à quitter les travaux des champs, quand un premier groupe de 55 cavaliers allemands, dragons et uhlans, se présenta sur la place du village. La frontière avait été franchie sur plusieurs points à la fois.

L'officier qui commandait la patrouille s'avança vers le maire et tendit en souriant plusieurs exemplaires d'un placard imprimé :

« C'est à mon plus grand regret que les troupes allemandes se voient forcées de franchir la frontière de Belgique. Belges ! c'est notre plus grand désir qu'il y ait encore moyen d'éviter un combat entre deux peuples qui étaient amis jusqu'à présent, jadis même alliés. Souvenez-vous du glorieux jour de Waterloo, où c'étaient les armes allemandes qui ont contribué à fonder et à établir l'indépendance de votre patrie. *Je donne des garanties formelles à la population belge qu'elle n'aura rien à souffrir des horreurs de la guerre.*

« *Signé :* VON EMMICH. »

La grande guerre commençait et la Belgique, trop confiante dans sa neutralité, en subissait les premières atteintes.

Les choses se présentaient, d'ailleurs, sous un aspect assez rassurant. Le flot immense des armées allemandes traversait simplement Warsage en se dirigeant vers le pont de Visé sur la Meuse.

Les mêmes faits ou des faits analogues se passaient sur tous les points de la frontière commune belge-allemande, dans l'angle qui s'étend depuis Pepinster jusqu'à Gemmenich et depuis Gemmenich jusqu'à Mourland.

A Francorchamp, Sart-les-Spa, Hockay, à Poulseur, à Lincé, au pont de Chanxhe, à Fléron, à Soumague, autour de Barchon, autour de Pontisse, partout, l'arrivée des patrouilles d'abord, puis le courant ininterrompu des armées passant tantôt en grande hâte, tantôt se développant d'un train modéré. A tous, un but unique, Liége. Sur les visages des envahisseurs, le sourire, ou, du moins, rien d'hostile. Au repos, les uhlans prenaient les enfants sur leurs genoux.

GABRIEL HANOTAUX
de l'Académie Française

HISTOIRE ILLUSTRÉE
DE LA
GUERRE DE 1914

24 PAGES DE TEXTE ET D'ILLUSTRATIONS

FASCICULE
N° 31

L'ÉDITION FRANÇAISE ILLUSTRÉE
(GOUNOUILHOU, Éditeur)
8, Boulevard des Capucines, Paris

PRIX NET
1 franc
ÉTRANGER, PORT EN PLUS

A NOS SOUSCRIPTEURS

Nous prions nos souscripteurs de vouloir bien nous adresser *immédiatement* leur souscription à la 2ᵉ série (fascicules 27 à 52). Nous les mettons en garde contre l'encombrement des derniers jours, leur renouvellement *immédiat* devant les assurer contre toute interruption de leur service.

Les conditions de souscription à la 2ᵉ série sont ainsi fixées :

Pour la France : 25 francs les 26 fascicules (au lieu de 26 francs).

Pour les pays étrangers faisant partie de l'Union postale, 27 fr. 60.

Adresser les souscriptions accompagnées d'un mandat-poste à : *L'Édition française illustrée*, GOUNOUILHOU, éditeur, 8, boulevard des Capucines, Paris.

☞ **AVIS IMPORTANT :** A la suite de très nombreuses demandes de nos souscripteurs, nous avons décidé de faire désormais l'envoi des fascicules *sous tubes forts qui garantiront au souscripteur l'arrivée du fascicule en parfait état*. Ceci, sans augmentation, malgré le surcroît de dépense que cette mesure nous impose.

Ceux de nos lecteurs qui désireraient continuer à recevoir l'exemplaire à plat sous enveloppe devront nous en aviser

---

VOLUME RELIÉ

Les quatorze premiers fascicules de l'*Histoire Illustrée de la Guerre de 1914*, par Gabriel HANOTAUX, constituent le Tome premier de l'ouvrage.

Ces quatorze premiers fascicules, contenant trois cents pages, dont cent quatre-vingt d'illustrations, forment un superbe volume grand in-quarto qui est mis en vente au prix de :

18 francs, relié (franco)

Étranger, port en plus

Reliure demi-chagrin grenat, plats toile, fers spéciaux du Maître graveur Auguste LEPÈRE, tête dorée, les autres tranches ébarbées.

Nous pouvons fournir également aux personnes qui préféreraient faire exécuter elles-mêmes la reliure des fascicules, des emboîtages avec les fers spéciaux de LEPÈRE, au prix de **3 fr. 50.**

Les frais de port et d'emballage sont à ajouter au prix ci-dessus; soit 0 fr. 75 pour l'envoi par colis postal, livrable en gare, et 1 franc pour la livraison à domicile.

Le Tome premier relié, ainsi que l'emboîtage de ce Tome, sont en vente dans toutes les Librairies.

Pour les recevoir franco, adresser les demandes, accompagnées d'un mandat-poste représentant le prix du volume désiré ou de l'emboîtage et des frais de port indiqués ci-dessus, à : *L'Édition française illustrée*, GOUNOUILHOU, éditeur, 8, boulevard des Capucines, à Paris.

ENTRÉE D'UN DES PREMIERS CAVALIERS ALLEMANDS EN BELGIQUE

Par les nouvelles arrivées de la frontière, la Belgique entière se réveilla sous le coup de l'invasion : l'annonce de la guerre, la préparation à la guerre, le fait de la guerre, tout fut simultané pour elle. Elle n'avait pas le temps de comprendre ce qui se passait qu'elle était sous le talon de l'ennemi.

Dès le 29 juillet, le gouvernement belge, averti par les négociations diplomatiques exposées ci-dessus, avait mis l'armée sur « le pied de paix renforcé ».

A cause du peu d'étendue de son territoire, écrivait le ministre des Affaires étrangères aux représentants de la Belgique à l'étranger, la Belgique entière constitue en quelque sorte une zone frontière. Son armée, sur le pied de paix ordinaire, ne comporte qu'une classe de milice sous les armes. Sur le pied de paix renforcé, ses divisions d'armée et sa division de cavalerie, grâce au rappel des trois classes, ont des effectifs analogues à ceux des corps entretenus en permanence dans la zone frontière des puissances voisines.

La Belgique était prise en flagrant délit de transformation militaire, les lois récemment votées n'étaient pas encore entrées en application ; les compagnies, réduites chacune à 60 hommes au plus, étaient de véritables compagnies-squelette. On pourrait presque dire que, trop confiante en son droit et dans les traités, la Belgique, à la veille de la guerre, était à peu près désarmée.

Et ce fut coup sur coup, qu'à partir de cette journée du 29 juillet, les nécessités les plus urgentes, les plus tragiques, ouvrirent les yeux, sommèrent les âmes, tendirent à l'extrême les volontés.

La journée du 30 se passa dans une première émotion. Le 31, le danger était tangible :

les grandes puissances mobilisaient ; la diplomatie allemande faisait déjà peser sa menace sur la Belgique. Le gouvernement royal sentait grandir ses responsabilités : le 31 juillet, à 19 heures, la mobilisation générale était ordonnée.

« Au milieu de la nuit, il y eut, dans la rue, un grand bruit qui nous réveilla tous. C'était un tambour et une voix. J'ouvris la fenêtre et, en moins de trente secondes, toutes les fenêtres du voisinage s'ouvrirent comme de grands yeux inquiets... Bientôt, nous sûmes : c'était le crieur public, le père Thibaut, qui, de sa belle voix claire devenue grave, annonçait le rappel des classes 1912, 1911, 1910, 1909... — 1909, la mienne... » (1)

Le mouvement était à peine commencé que l'alerte grandit et se changea en alarme. L'Allemagne ne cherchait plus à cacher son dessein de violer la neutralité belge et luxembourgeoise. Le 2 août, les Allemands s'emparaient des voies ferrées et de la capitale du grand-duché du Luxembourg ; le même jour, à 19 heures, le gouvernement belge recevait l'ultimatum du gouvernement impérial, sommant la Belgique de laisser passer ses armées. Le 3 août, à 7 heures, la Belgique avait répondu négativement.

Une véritable panique se produit, une crise financière intense la suit ; les masses, prises au dépourvu, hésitent entre leurs diverses émotions : les femmes et les enfants pleurent en accompagnant les hommes à la gare ; les bourgeois se pressent aux guichets des banques et provoquent un affolement monétaire et financier ; les familles accumulent pêle-mêle des provisions ; les paysans conduisent leurs bestiaux dans les forêts pour échapper aux réquisitions ; dans les villes, l'indignation grandit contre la félonie allemande ; la haine gonfle soudain ces cœurs hier tranquilles, la colère du lion belge va se déchaîner.

Le 3 août, au matin, le ministre de France a offert l'appui militaire de la République. On le décline encore. Mais toute illusion est dissipée bientôt. Le même jour, à 19 h. 25, l'Alle-

magne déclare la guerre à la France et les renseignements les plus sûrs apprennent, à n'en pas douter, que des forces allemandes extrêmement importantes sont massées sur la frontière, prêtes à pénétrer sur le territoire belge.

Puisque la Belgique était résolue à remplir son devoir international et que, selon le mot de la dépêche officielle, « elle assumait la garde du territoire national », c'était sur la frontière de l'est qu'elle avait à porter immédiatement l'effort de la défense : la forteresse de Liège est le premier boulevard. Dès le 1er août, les troupes de la place avaient été consignées, les forts mis en état de défense.

Le 2 août, le président du conseil, M. de Brocqueville, fait la déclaration suivante :

J'ai la conviction que le territoire belge ne sera pas violé ; néanmoins, nous devons être à la hauteur de nos obligations. Le roi prend le commandement supérieur des troupes, avec le général Sellier de Moranville, chef d'état-major, commandant en second. Là où il est nécessaire, la garde civique sera appelée pour assurer le service de la garnison. La Belgique se trouve, dès maintenant, sur le pied de guerre.

Les chambres législatives étaient convoquées pour le 4 août.

Le pays donne, soudain, le spectacle d'une agitation extraordinaire : la surprise ajoute à la gravité des événements. La concentration des troupes se fait, d'ailleurs, dans un ordre parfait. Dans toutes les gares, les trains militaires passent sans interruption nuit et jour ; les rues grouillent de monde. Allemands, Autrichiens, touristes et baigneurs de toute nationalité se précipitent vers les stations et piétinent en de longues attentes apeurées ; des aéroplanes allemands sont aperçus, survolant les villes, la nuit; les jeunes gens se pressent aux bureaux de recrutement pour contracter des engagements volontaires.

La Belgique fait appel à la France et à l'Angleterre pour la défense de sa neutralité et de son territoire. Le commandement des armées belges prend, dès lors, les dispositions définitives. Ordre est donné de détruire les

(1) F.-H. Grinauty. *Six mois de guerre en Belgique*, par un soldat belge. Perrin, in-12, p. 8.

LE PONT DE VISÉ DÉTRUIT PAR LES BELGES POUR ARRÊTER LA MARCHE DES ALLEMANDS

grands ouvrages sur les voies de communication utilisables par les troupes allemandes ; dès le 3 au soir, le génie belge a fait sauter le tunnel et les ponts à Grand-Halleux sur la ligne d'Amblève, près de Liége ; les lignes de chemins de fer des provinces de Liége et de Luxembourg sont coupées, les principales routes obstruées.

Ce sont les journées d'immense émotion et de tumulte national. Journées sans repos, nuits sans sommeil !

On apprend que les troupes allemandes ont franchi la frontière ; le gouvernement et le parlement délibèrent sous les yeux de la nation et du monde.

Alors commence la protestation tragique, l'appel au droit et à l'histoire d'un peuple libre qui subit les premières affres du martyre.

Mais son âme ne fléchit pas : c'est l'action partout, et la parole est digne de l'action.

L'armée est rassemblée face à l'Est : la 1re division d'armée (14.000 fusils, 500 sabres, 48 canons, 18 mitrailleuses) est dirigée de Gand sur Tirlemont ; la 2e division d'armée (14.000 fusils, 500 sabres, 48 canons, 18 mitrailleuses) est dirigée d'Anvers sur Louvain ; la 5e division d'armée (14.000 fusils, 588 sabres, 48 canons, 18 mitrailleuses) est dirigée de Mons sur Perwez ; la 6e division d'armée (14.000 fu-

sils, 500 sabres, 60 canons, 18 mitrailleuses) est dirigée de Bruxelles sur Wawre ; la 3e division d'armée (18.500 fusils, 500 sabres, 60 canons, 24 mitrailleuses) reçoit la mission de résister à l'ennemi en s'appuyant sur la place de Liége ; la 4e division d'armée a charge de garder la place de Namur. Les transports sont couverts par la division de cavalerie (2.500 sabres, 450 cyclistes, 12 canons) qui se porte de Gembloux sur Waremne ; une brigade mixte est portée sur Tongres, une sur Huy. Ces mouvements s'exécutent méthodiquement, selon le plan prévu dans les deux journées du 4 et du 5.

RÉUNION DU PARLEMENT BELGE Le 4, à 9 heures 1/2 du matin, la séance de la Chambre des représentants s'est ouverte à Bruxelles.

La reine, les princes Léopold et Charles, la princesse Marie-José arrivent à dix heures, salués par les cris de « Vive la Reine ! Vive le Roi ! » Le roi monte au bureau et, debout, la main droite sur la poitrine, il parle.

Le roi Albert est grand, mince et svelte ; sa figure est naturellement grave, douce et mélancolique ; ses yeux bleus sont pleins de rêve... Il avait rêvé, en effet, de régner sur le pays le plus libre du monde, comme un citoyen, comme un philosophe, comme un sage, mieux, comme un honnête homme. Son éducation, entourée des soins d'un Waxweiler, achevée, au point de vue militaire, par un colonel français, l'a muni d'une vaste préparation intellectuelle et l'a nourri des sciences et des idées modernes. Homme du droit plutôt qu'homme d'épée, il se plaisait aux études juridiques et sociales. Personne n'avait plus d'autorité que ce souverain simple, instruit et grave, pour prononcer au nom de son peuple et au nom de l'humanité, la parole du Droit :

« Quand la Belgique a mis sa signature au bas d'un acte, elle ne revient pas sur cette signature. »

Mais pour tenir cette parole, l'homme d'études se retrouverait homme de guerre. Toutes ces grandeurs et toutes ces tristesses à la fois étaient inscrites d'avance sur les traits voilés du prince dont la forte personnalité est toute en profondeur.

Fils du comte de Flandre — l'honneur et la droiture même — Albert de Belgique avait assisté, comme prince royal, aux dernières années du règne de Léopold, quand cet illustre souverain de volonté puissante, de tempérament inflexible et de vie contrastée imposait à l'attention du monde les alternatives de son extraordinaire apogée suivie d'une agonie plus extraordinaire encore.

Sous ce règne, le futur roi se tenait un peu à l'écart : ami de la solitude, vigoureux marcheur, alpiniste, il avait remarqué, au cours d'une de ses excursions, une princesse digne de lui, Elisabeth de Bavière. Petite, mince, maladive, c'était une âme de feu et un cœur

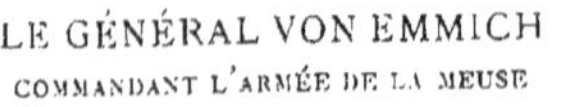

LE GÉNÉRAL VON EMMICH
COMMANDANT L'ARMÉE DE LA MEUSE

sans pareil dans un corps frêle : bientôt elle fut adorée de la Belgique tout entière. «Notre reine », allait répétant en sa ronde familiarité le peuple de la Brabançonne. Trois enfants assurèrent à la dynastie et à la nation une belle lignée. Renverser brutalement ce bonheur était un jeu qui devait tenter le caprice de la destinée.

Le roi, dans son discours, exprima l'âme de la nation :

« Jamais, depuis 1830, heure plus grave ne sonna pour la Belgique... Dès maintenant, la jeunesse est debout pour défendre la patrie en danger. Un seul devoir s'impose à nos volontés : une résistance opiniâtre, le courage et l'union. Notre bravoure est démontrée par notre irréprochable mobilisation et par la multitude des engagements volontaires. Le moment est aux actes. Je vous ai réunis pour permettre aux Chambres de s'associer à l'élan du pays... Personne ne faillira à son devoir. L'armée est à la hauteur de sa tâche. Le gouvernement a conscience de ses responsabilités et les assumera jusqu'au bout pour sauver le bien suprême du pays. Si l'étranger viole notre territoire (c'était fait, déjà à l'heure où le roi parlait), il trouvera tous les Belges groupés autour de leur souverain qui ne trahira jamais son serment constitutionnel. J'ai foi dans nos destinées. Un pays qui se défend s'impose au respect de tous et ne périt pas.

« Dieu sera avec nous. »

Le discours, et notamment le passage où le roi déclarait que la Belgique saurait défendre jusqu'au bout son indépendance, fut applaudi frénétiquement. Les cœurs étaient unanimes. Le président du Conseil, M. de Broqueville, fit un exposé de la situation diplomatique. Il ajouta : « Le territoire est violé, tous les Belges se lèveront pour le défendre. » La famille royale se retira au milieu d'une haie de députés et de sénateurs s'inclinant devant une résolution si noble et si fière.

LES HABITANTS D'UNE VILLE FRONTIÈRE DE BELGIQUE REGARDENT PASSER
UN CYCLISTE D'UNE PATROUILLE ALLEMANDE

Toutes les lois nécessaires furent votées. Le parti socialiste s'associa au vote et au sentiment patriotique qui animait le pays tout entier.

A la sortie de la séance, M. de Broqueville harangua la foule :

« Un attentat sans exemple dans l'histoire a été commis, le sol belge a été violé ; c'est un attentat abominable qui ne peut être impunément accompli. »

Le roi adresse une proclamation à l'armée :

« Sans la moindre provocation de notre part, un voisin, orgueilleux de sa force, a déchiré les traités portant sa signature ; il a violé le territoire de nos pères. Parce que nous avons refusé de forfaire à l'honneur, il nous attaque.

... En voyant son indépendance menacée, la nation a frémi ; ses enfants ont bondi à la frontière. Vaillants soldats, je vous salue au nom de la Belgique : vous triompherez, car vous êtes la force mise au service du droit. Gloire à vous, soldats de la liberté, défenseurs de vos foyers menacés ! »

ÉMOTION POPULAIRE EN BELGIQUE Alors, un effet soudain se produisit dans la population. Toutes les communications téléphoniques et télégraphiques étaient coupées, d'abord avec les provinces menacées, puis avec l'étranger ; tous les transports par voie ferrée étaient suspendus, les automobiles étaient réquisitionnées : dans cet isolement et dans cette sorte de captivité brusque, les bruits les plus extraordinaires se répandirent. La panique financière et alimentaire ajoutait à l'émotion universelle. La colère qui gonflait les cœurs éclata soudain : des magasins allemands ou réputés allemands furent assaillis, plusieurs boulangeries livrées au pillage. Tout était soupçon, tout était angoisse. Jamais un peuple avait-il subi un choc si brutal, une catastrophe si imprévue ? A Anvers, il y eut un déchaînement populaire : ces boutiques, ces villas dont le commerce allemand, enrichi par l'hospitalité anversoise, avait rempli la ville et les boulevards apparurent ce qu'elles étaient le plus souvent, des foyers d'avant guerre, des repaires d'espionnage ; il y eut un commencement de pillage, vite réprimé. La *Social-Démocratie* belge, guidée par Vandervelde, s'éleva aussitôt contre ces excès.

Les Prussiens s'étaient infiltrés chez nous ; ils avaient pénétré partout. Leur obséquiosité visqueuse passait aux yeux bénévoles des Belges pour de l'amitié démonstrative. Dans tous les bureaux de commerce, dans les banques, les volontaires encombraient les places. Le haut commerce anversois avait à sa tête des Allemands. Des hommes d'origine prussienne, naturalisés, étaient commandants dans les rangs de notre garde civique. Les uns et les autres dominaient, plus respectés que les Belges eux-mêmes : à un banquet en l'honneur de l'empereur à Anvers, un fonctionnaire de Belgique, au début de janvier 1914, leva son verre « à notre pacifique empereur ! »

Anvers était déjà une sorte de Hambourg avant la guerre. Et ce sont ces amis, ces frères qui, maintenant, dressaient sur la frontière le formidable alignement de leurs casques ! Il faut remonter à ces origines pour faire comprendre l'indignation qui soulevait les cœurs.

On se lançait dans la guerre dans un élan de conscience et d'enthousiasme. Tout plutôt que de subir une telle honte !

On comptait sur la solidité des deux places fortes construites par le général Brialmont

pour la défense de la frontière de Meuse. Ces solides bastions permettraient d'attendre le secours des armées française et anglaise auxquelles le roi et son gouvernement avaient, dès le 5 août, fait appel. Cependant, l'armée belge, mobilisée à 118.000 hommes environ (93.000 fusils, 6.000 sabres, 324 canons, 102 mitrailleuses) (1) lutterait désespérément.

300.000 Allemands se ruaient déjà par les voies d'invasion qui aboutissaient à la place de Liége.

12 régiments de cavalerie (2e et 4e divisions) se portaient sur la Meuse et arrivaient à Visé. Le pont était détruit ; les passages gardés par le 12e de ligne belge. Les Allemands couvrirent tout le pays d'Herve, étendant leur mouvement vers le nord.

Des troupes appartenant aux IXe, VIIIe, VIIe, Xe et XIe corps allemands pénétrèrent par Bombaye-Herve-Pepinster-Remonchamps; en arrière, les IIIe et IVe corps se concentraient à Saint-Vith ; d'autres corps franchissaient le petit territoire neutre de Moresnet et apparaissaient à Gemmenich, à Henri-Chapelle, à Dalhem. Un déluge.

Ce n'est pas un simple calcul stratégique qui conduit les armées allemandes, dans leur immense offensive contre la France, d'abord au pays de Liége. Un écrivain, résumant son appréciation sur le rôle de cette contrée dans l'histoire, dit avec force : « Français de race et de langue, mais séparé politiquement de la France, ce pays liégeois a développé spontanément sa personnalité morale, tout en participant à la culture française dont il est le dernier bastion sur l'Est (2). »

IMPORTANCE DU PAYS DE LIÉGE Liége est l'une des capitales du pays wallon; mais ce n'est pas seulement parce qu'un dialecte roman s'y est perpétué : c'est parce que la race est éminemment française, parce qu'elle est

(1) 18.500 volontaires qui s'enrôlèrent dès les premiers jours ne furent versés dans les cadres que deux mois après l'ouverture des hostilités.

(2) Dumont-Wilden. *La Belgique illustrée*, p. 226.

LES ALLEMANDS EN LUXEMBOURG

franque. C'est là, en effet, que la France est née.

Personne n'ignore, maintenant, que c'est une simple erreur de traduction qui, longtemps, assigna la Thuringe comme berceau à la race des Francs. En réalité, les Mérovingiens vinrent en France du pays de Tongres et ils apparaissent à l'histoire comme les ennemis déclarés et perpétuels des Alamans et des races qui colonisèrent le centre de l'Allemagne en arrivant de l'Orient et du Danube. Ils luttèrent pendant des siècles contre ces ennemis héréditaires et la France fut fondée par la victoire décisive que les Francs remportèrent sur les Alamans à Tolbiac (Zulpich). C'est l'éternelle lutte : *France* contre *Allemagne*, Midi contre Nord.

C'était cette même lutte qui avait appelé les Romains de César à la défense de la Gaule contre Arioviste ; c'était elle qui devait rapprocher les Romains et les Francs quand Attila, attaquant, lui aussi, la Gaule par Liége et Tongres, fut arrêté et battu aux champs catalauniques.

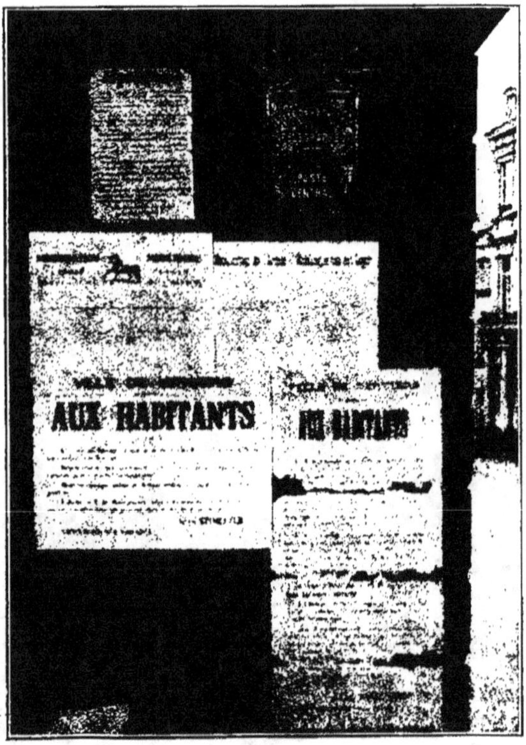

La plaine de Liége, c'est le pays des Francs. Franchimont, Francorchamps. Les Pépins vinrent de Landen, de Pépinster, d'Héristal, comme les Mérovingiens étaient venus de Tongres. Nombre de nos vieilles légendes sont nées soit sur les plaines mystérieuses des Hautes Fagnes, soit dans les sombres retraites de la forêt d'Ardenne. Charlemagne est né au château des Quatre-Fils-Aymon ; on dit que le fameux « sanglier des Ardennes », Guillaume de la Mark, y habita.

Tout conserve, dans cette région, le caractère de la vieille Gaule à laquelle le pays se rattache de toute antiquité : *Tungri civitas Galliæ*, dit Pline.

« Le peuple liégeois a conservé tous les traits de ses ancêtres : l'amour de l'éloquence, la verve, l'esprit d'à-propos, le maniement de la plaisanterie locale, surtout une gaieté solide, une gaieté *que rien ne tue*, une bonne humeur accorte et vaillante, une résignation gentille aux dûretés de l'existence, une propension au rire, à la joie, aux réjouissances bruyantes des kermesses finissant par d'interminables beuveries à la flamande (1). »

LES AFFICHES APPOSÉES SUR LES MURS DE VERVIERS, AUSSITOT APRÈS LA VIOLATION DE LA NEUTRALITÉ BELGE

Au point de vue politique, un esprit démocratique inébranlable, la haine invétérée de l'aristocratie et de toutes les féodalités. Rien n'est moins allemand!

C'est pourquoi le pays liégeois fut, de tous temps, visé par l'ambition germanique. Perdu à la pointe de la nationalité française, dont il reste une « citadelle », tout ce qu'il obtient de ses rapaces voisins, c'est « la neutralité », et il s'en contente. Vestige de ces antiques

(1) Dumont Wilden, *loc. cit.*

LA PLACE DE L'HOTEL DE VILLE DE VERVIERS, AU MOMENT OU LES HABITANTS
APPRIRENT L'ENTRÉE DES TROUPES ALLEMANDES EN TERRITOIRE BELGE

transactions nécessaires, un pays minuscule, le Moresnet, au point de jonction de la Belgique, de la Hollande et de l'Allemagne a surnagé, dans sa neutralité propre, en ce pays des neutralités.

L'Allemagne convoite Liége : mais ce n'est pas seulement pour obtenir, avec la domination sur le vieux pays wallon, le dernier mot dans des querelles séculaires. Liége est une riche proie. La ville épiscopale est devenue une magnifique cité industrielle : c'est la ville du charbon, c'est la ville du métal et c'est la ville des armes.

Le monde entier connaît ces fameux établissements de Cockerill établis à Seraing, les aciéries, les charbonnages d'Ougrée, la fabrique nationale d'armes de guerre de Herstal, les cristalleries du val Saint-Lambert. La première vue sur Liége s'étend sur un immense panorama de cheminées, d'usines, un ciel opaque noyé de fumées.

L'immense déploiement des usines, des charbonnages et des fonderies fait le fond du tableau. Des vapeurs fuli-

10*

gineuses se mêlent à la brume ; des lueurs d'incendie se marient à l'éclat du soleil mourant et si l'ombre conique des terris se confond avec les collines de la vallée, la rude silhouette des hauts fourneaux y met l'étrangeté de ses arêtes sévères. Dans cette confusion de faubourgs, d'usines, de jardins, qui composent un paysage de fortifs, on ne distingue d'abord ni le fleuve, ni la ville elle-même.

Il faut pénétrer jusqu'au cœur de la vieille cité pour trouver les grands boulevards, les beaux quais, les hôtels de bonne allure, les maisons pittoresques relatant le luxe antique de la vieille ville épiscopale. Encore est-on poursuivi par la cadence du marteau frappant le fer ; car les armuriers travaillent au logis et c'est au cœur des maisons alignées dans les faubourgs paisibles que s'achèvent ces ciselures exquises qui gardent, en plein centre industriel moderne, les finesses achevées transmises par la tradition de la Renaissance et du moyen âge.

C'est ce centre actif et puissant, cette industrie originale et créatrice que convoite la rapacité allemande. D'Aix-la-Chapelle, la première ville en pays franc, c'est ce centre indépendant et libre, cette cité de race ennemie, wallonne, c'est-à-dire française. Harden a exprimé sans vergogne la cupidité teutonne à l'égard de Liége : « ... Liége à côté des fabriques d'armes de la Hesse, de Berlin, de la Souabe, *Cockerill avec Krupp*, les fers, les charbons, les tissus belges et allemands dirigés ensemble... » Ce n'est pas par hasard, ce n'est pas pour rien que les armées de la *Weltpolitik* font d'abord ce détour.

L'inondation couvre le pays : mais immédiatement aussi, elle marque son véritable caractère. Le maire de Wasnage et la population de Visé vont apprendre ce qu'apportent, avec leur proclamation mielleuse, ces cavaliers magnifiques, étincelants d'or et souriants.

LE SIÈGE DE LIÉGE L'objectif de l'armée allemande était d'enlever Liége par un coup de main, par une attaque brusquée « à la Sauer ». On comptait sur un ennemi surpris et mol : un bombardement énergique avec les pièces de campagne et des pièces du parc léger de siège, amenées à cet effet, devait mater les forts, éteindre leurs feux ; à la faveur de la stupeur, on forçait l'enceinte, on enlevait la place et on retournait l'artillerie de la place elle-même contre les forts qui n'avaient plus qu'à se rendre.

Mais Liége, défendue comme elle l'était, n'était pas de ces places que l'on emporte par surprise. Quand le général Brialmont construisit les fortifications de Liége, il connaissait les effets de l'artillerie moderne, tels qu'il les a exposés lui-même dans son ouvrage : *L'influence du tir plongeant et des obus-torpilles sur la fortification*. Il savait que les murs de maçonnerie, selon l'ancien système de construction, ne présentent pas une résistance suffisante aux explosifs modernes. Il avait inauguré le système du béton et de l'armature sans fissure ; il avait pris le parti de cuirasser les batteries ; enfin, il avait dispersé, en quelque sorte, la puissance de la place dans les forts détachés. « La principale garantie contre les attaques de vive force réside, écrivait-il, dans l'impossibilité où se trouve l'assiégeant de réduire au silence les bouches à feux cuirassées des forts. »

Tout son système reposait sur cette observation fondamentale ; il suffisait pour parer à une attaque brusquée... Suffirait-il pour sauver les forts eux-mêmes contre la puissance infiniment développée de l'artillerie nouvelle et des explosifs perfectionnés qu'elle employait ?

L'ensemble de la place de Liége est composé de six forts de grande dimension et de six forts de dimension moindre entourant la ville qui, elle-même, n'a pas d'enceinte. Liége est bâtie sur la Meuse en un point où la rivière, recevant à la fois l'Ourthe et la Vesdre, s'attarde et détermine une sorte d'archipel : les forts sont plantés, en quelque sorte, sur les hauteurs qui dominent les deux rives et sont disposés en forme d'ellipse à une distance moyenne de 8 à 9 kilomètres du noyau central, c'est-à-dire de la cité. Entre chaque fort, les

LOCOMOTIVE MISE EN TRAVERS D'UNE VOIE FERRÉE PAR LES BELGES
POUR ARRÊTER L'AVANCE DES ALLEMANDS

intervalles sont de quatre à six kilomètres, le tout ayant un développement d'environ cinquante-cinq kilomètres.

Cette masse puissante est couchée et allongée comme un lion, les pattes sur les trois rivières, la tête regardant l'Allemagne vers Eupen ou Aix-la-Chapelle. Sur la rive droite de la Meuse, plus près de la frontière allemande et exposés à une première attaque, sont les trois grands forts de Boncelles, Fléron, Barchon et, intercalés, les forts, de dimension moindre, d'Embourg, Chaudfontaine, Evegnée ; sur la rive gauche, protégés par la rivière, sont les grands forts de Pontisse, Loncin, Flémalle-la-Grande, alternant avec les forts plus petits de Liers, Lantin, Hollogne.

Tous les forts sont bétonnés, cuirassés ;

l'armement est abrité soit par des coupoles, soit par des casemates cuirassées : aucune pièce n'est exposée à ciel ouvert aux coups de l'artillerie ennemie. Les grands forts possèdent uniformément : 2 pièces de 15 centimètres, 4 de 12 ; 2 mortiers rayés de 21 centimètres et 4 pièces à tir rapide de 57 millimètres, placés dans des tourelles et qui, combinant leur tir avec celui des mitrailleuses et de l'infanterie, assurent la défense rapprochée et le flanquement des abords. Les grands forts possèdent, en outre, des observatoires cuirassés et chacun un projecteur électrique pour *voir la nuit*. Les petits forts, qui sont plutôt de simples redoutes, ont uniformément 2 pièces de 15 centimètres, 2 de 12, 1 mortier rayé de 21 centimètres et 3 pièces de 57 millimètres.

VUE DE LIÈGE, PRISE SUR LA MEUSE

L'armement de la place présente un total de 400 bouches à feu.

Liége était le but visé d'abord par le plan des opérations allemandes : il s'agissait moins de se débarrasser d'un obstacle militaire que d'occuper la route traversant Liége et ouvrant l'accès vers Bruxelles et Paris.

PREMIÈRE ATTAQUE SUR LIÉGE La première pensée allemande paraît avoir été d'obtenir ce résultat par surprise. Au lieu d'attendre l'achèvement de la mobilisation, le grand état-major, réalisant une conception adoptée depuis longtemps, lança en avant une « armée de la Meuse », ainsi désignée dans une proclamation de son commandant en chef, le général von Emmich, et formée d'éléments divers, à demi mobilisés, prélevés sur plusieurs corps d'armée.

Les Allemands ont affirmé que, pour tenter ce coup d'audace, le général von Emmich n'avait d'abord à sa disposition que six brigades d'infanterie, un peu de cavalerie et d'artillerie de campagne. Mais des renforts considérables arrivèrent si rapidement qu'ils étaient certainement massés autour de la place dès le 4 août, quand la première attaque commença. Seule, peut-être, une première tentative, faite surtout pour « tâter » les Belges, se rendre compte de leurs dispositions, et tenter de tourner la place par le nord, eut lieu avec des effectifs relativement faibles.

D'après les relevés faits sur les lieux, on peut affirmer que les corps suivants figurèrent dans les troupes qui eurent pour tâche d'occuper Liége et ses forts : le 10e corps venant du Hanovre, le 7e corps (Munster), le 9e corps (Altona), le 4e corps (Magdebourg). On signala, en outre, la présence de régiments appartenant au 3e corps (Berlin), au 11e corps (Cassel).

Le mouvement de concentration autour de la place se dessina bientôt dans les conditions suivantes. Une forte colonne de cavalerie, (2e et 4e divisions), venant d'Aix-la-Chapelle, entra en Belgique par Gemmenich et, longeant la frontière belge-hollandaise, se dirigea par Aubel, Neufchâteau et Warsage sur Visé : Son objectif était de s'emparer du pont de Visé avant qu'il fût détruit et de tourner Liége sur la rive gauche.

Sous la protection immédiate de ces deux divisions de cavalerie (12 régiments environ), l'armée de la Meuse envahissait la province de Liége par la grand'route de Gemmenich à Visé, par la route du pays de Herve, d'Aix-la-Chapelle à Liége, par la vallée de la Vesdre, par la route de Malmédy-Spa.

Suivant ces différentes voies, je relève, du Nord au Sud, l'indication des corps suivants : vers Warsage, la 27e brigade de Cologne, 16e et 53e régiments, appartenant au 7e corps, un régiment, le 123e du 13e corps (Stuttgart), le 73e du 10e corps (Hanovre), le 25e du 8e corps (Coblentz). Dans ces parages, mais sur la rive gauche, je trouve, à Heure-le-Romain, deux régiments du 4e corps (Magdebourg), le 93e et le 72e ; et, près de là, à Oupeye et à Hermée, la 34e brigade mecklembourgeoise (89e et 90e), appartenant au 9e corps (Altona).

D'autres troupes, parties également d'Aix-la-Chapelle, suivaient la route Aix-Aubel-Barchon-Wandre, ayant pour objectif le fort de Barchon. On signale à Wandre et Blégny, trois régiments brandebourgeois (64e, 24e et 35e) appartenant au 3e corps (Berlin) et la 27e brigade, du 7e corps, déjà signalée à Warsage ; à Barchon, le 85e (Holsteinois) du 9e corps.

Parties d'Eupen, et marchant sur Liége par Henri-Chapelle, le pays de Herve et la vallée de la Vesdre, d'autres fractions de corps d'armée s'avançaient vers le fort de Fléron. Sur cette route, je relève à Battice, Herve et Retimée, la 14e brigade, Magdebourgeois et Hanovriens (27e et 165e) du 4e corps, le 39e du 7e corps de réserve ; à Olne, 11e brigade brandebourgeoise (20e et 35e) du 3e corps.

Enfin, se dirigeant vers les forts de Chaudfontaine, d'Embourg et Boncelles, d'autres formations, provenant du camp d'Elsenborn, franchissaient la frontière à Francorchamps, la Baraque-Michel, et à la fois par Verviers et

UHLANS ALLEMANDS SUR UNE ROUTE DE BELGIQUE

par Spa, devaient aborder le camp retranché par le sud de la Vesdre.

On relève, dans ce secteur, à Louveigné, Chanxhe et Poulseur, la présence du 92e régiment brunswickois et de la 38e brigade hanovrienne (73e et 74e régiments), appartenant au 10e corps (Hanovre), la 14e brigade de cavalerie de Düsseldorf et le 57e d'infanterie, (8e Westphalien), faisant partie du 7e corps.

On s'étonne de trouver à Visé un régiment de Prussiens de Kœnigsberg (1er corps) ; près de là, à Haccourt, un régiment du 18e corps, (115e ou 117e), à Heure-le-Romain, le 67e (16e corps de Metz), à Oupeye, le 30e (16e corps également) et enfin, à Blégny, près Barchon, un régiment du 5e corps (Posen), le 19e de Gorlitz et le 23e Haut-Silésien, appartenant au 6e corps de Breslau (1).

Que conclure de là, sinon que l'Etat-Major allemand massa hâtivement toutes les forces dont il pouvait disposer pour frapper immédiatement un coup qu'il considérait comme décisif. Il faut remarquer que, dès lors, la stratégie allemande, faisant un usage extrêmement habile des voies ferrées, transporte ses forces selon les besoins au point où des attaques en masse paraissaient le plus nécessaire. Nous la verrons mettre en œuvre constamment le principe de l'alimentation du front par des réserves empruntées à d'autres parties du front, principe qui produit des effets remarquables de rapidité et de décision, mais qui accable la troupe d'un labeur surhumain.

PREMIERS CONTACTS AVEC LA POPULATION BELGE Quelques épisodes de cette marche de concentration donnent

(1) Ces renseignements proviennent pour la plupart de notes relevées par les habitants du pays ou sont mentionnés dans les divers récits officiels ou officieux des événements.

Voici, d'après le communiqué officiel du 16 août, les indications fournies par un sergent allemand déserteur : « Convoqué à son ancien corps la veille de la mobilisation, il a été envoyé immédiatement à Aix-la-Chapelle, où il a été habillé et équipé en compagnie d'un grand nombre d'autres réservistes et versé au 165e d'infanterie (IVe corps d'armée), qui arrivait *par voie ferrée à demi mobilisé*. D'après lui, ont pris part, *au début*, à l'attaque de Liége : une bonne partie du IXe corps, le VIIe corps en entier, le Xe corps en entier et une brigade du IVe corps. Jusqu'au 7 août, date à laquelle il a déserté, il affirme n'avoir jamais entendu parler de la présence sous Liége ou en arrière des IIIe et XIe corps. Mais on parlait de l'arrivée comme renfort du reste du IXe corps et aussi de la Garde. Avec la division de cavalerie, qui a franchi la Meuse à Visé, il signale la présence de 3 ou 4 compagnies cyclistes. Son régiment, le 165e, se porta d'Aix-la-Chapelle sur Verviers, puis suivit la vallée de la Vesdre. »

l'idée de la surprise terrifiante qui s'abattit soudain sur cette paisible frontière.

A Spa, ce fut le mardi 4 août, à 10 heures du matin, que l'avant-garde allemande arriva. Des groupes causaient sur la place : tout à coup, un cri : « Les Allemands à l'hôtel de l'Europe! » Et ils étaient là, en effet, sans qu'on se fût rendu compte comment ils étaient survenus. Deux cavaliers allemands, revolver au poing, parlementaient et jetaient des proclamations, collaient des affiches, puis repartaient au galop dans la direction de Liége.

D'autres suivirent ; une file interminable : tous au galop, ayant peine à contenir leurs chevaux : une ruée, avec pour mot d'ordre évident :« Aller vite! »

Après le défilé brutal de la cavalerie, l'infanterie arrive d'un pas ultra-rapide. Le premier régiment est le 73ᵉ du Xᵉ corps, le second, le 165ᵉ du IVᵉ corps ; puis l'artillerie, peu de canons, beaucoup de mitrailleuses, chacune enlevée par deux chevaux. Vers le soir, les ambulances, le train. Le flot dura deux jours sans discontinuer :

panetière. En plus, les officiers portaient devant la poitrine un petit réflecteur à pile sèche et une carte d'état-major belge, dans une belle gaine de maroquin pendue au cou. Les fantassins marchaient par rangs de quatre, cent rangs par groupe environ ; à chaque pas, on voyait la troupe se soulever tout entière d'un élan ; les petites pointes des casques scintillaient au-dessus des têtes ; puis toute la masse retombait en même temps et les quatre cents lourdes bottes sonnaient d'un même choc sur le pavé. Ce pas très accéléré avait dû être prolongé pendant les 16 kilomètres qui séparent Spa de Malmédy. Les figures étaient tirées, fatiguées, les yeux sans pensée, les mouvements mécaniques ; on aurait dit des automates sans conscience (1).

Tous les ordres et proclamations distribués ou affichés étaient signés : « le général commandant l'armée de Meuse, VON EMMICH ».

Nombre des soldats ignoraient de bonne foi qu'ils fussent en Belgique. La Meuse était pour eux un fleuve français. « Ce soir, disaient-ils, nous serons en France. »

Bientôt, une deuxième armée beaucoup plus puissante, celle du prince de Bülow viendra à Spa pour appuyer ces premières forces et les remplacer.

En remontant vers le nord et en parcourant

UN SOLDAT BELGE EFFACE LES INDICATIONS
DE ROUTE SUR UN POTEAU

Tous, artilleurs, fantassins, cavaliers portaient l'uniforme gris-vert. Le sac paraissait terriblement lourd ; à la ceinture, les deux cartouchières, la gourde, le sabre, la

(1) *Impressions de guerre*, par G. M. « L'Entrée des Allemands en Belgique », dans la revue *Études*, nᵒ du 20 mars 1915, p. 515.

ARRIVÉE DE CAVALIERS ALLEMANDS EN BELGIQUE

la région que couvrent les troupes allemandes se dirigeant sur Liége, nous relevons certains faits marquants, qui déterminent, avant le siège proprement dit, le caractère de cette première pénétration.

Il est probable qu'à leur entrée en Belgique les troupes allemandes comptaient sur une résistance brève et, pour ainsi dire, de forme. L'erreur générale de psychologie qui a signalé l'œuvre diplomatique et qui va dominer toute l'entreprise militaire allemande, se remarque encore ici : l'intérêt de l'Allemagne étant la règle de la conduite universelle, tout sera facile, puisque le monde se soumettra, sans tarder, à la juste entreprise germanique. Ces hommes de nature si docile ne tablent ni sur la résistance des hommes, ni sur la résistance des choses ; si elle se produit, ils la considèrent comme une rébellion insultante, contraire au bon ordre absolu et méritant les plus durs châtiments.

Il semble bien qu'avant même de franchir la frontière, dès qu'ils se trouvèrent en pays wallon, c'est-à-dire parlant un dialecte français, les soldats se livrèrent à des violences contre les civils : on cite le village de Sourbrodt, mis à mal, quoique en Allemagne. En tous cas, à la frontière, mais sur le territoire belge, les soldats se ruent sur la première maison, habitée par M. Darchambeau, un homme des plus honorables ; ils le traînent dehors et le tuent (1).

Le matin du mardi 4 août, on annonça à Herve l'approche des Allemands. A une heure et demie, les quatre premiers uhlans apparaissent à l'entrée de la ville. Une auto arrive au pont Malakoff : en passant, les officiers qui s'y trouvaient abattent, sans motif, d'un coup de revolver, un garçon de 15 ans.

Le 4 août au soir, un coup de feu est tiré à Soiron, dans le parc du château du baron de

Woelmont : quatre serviteurs du château étaient enfermés dans la cave ; on ne pouvait les incriminer : ils furent cependant tirés de la cave et passés immédiatement par les armes.

Sur la route de la frontière, à Berneau, on voit une belle et grande demeure ; elle appartient à la famille Andrien. Mlle Andrien, au moment où les troupes allemandes approchent, le 4 août, sort de la maison ; elle emporte sur elle une liasse de billets de banque. Les Allemands tirent à bout portant, la tuent et la dépouillent. Ses deux frères sont sans doute emmenés : ils ont disparu. Dans Berneau même, le 4 *août au soir*, les soldats sont ivres, des coups de feu éclatent. Aussitôt l'incendie, le pillage et le meurtre. Presque partout, on trouve le même cycle : Ivresse d'abord, puis coups de feux venant on ne sait d'où, la population est accusée aussitôt par le soldat et celui-ci n'a plus qu'à se livrer à ses instincts brutaux sous les yeux de ses chefs qui l'autorisent et l'excitent au besoin. Voici d'ailleurs, sur ces événements, l'extrait d'un carnet de notes allemand :

« Le 2 août, quitté Schwerin ; après 22 heures de chemin de fer, nous arrivons à Aix-la-Chapelle. Partout, nous fûmes reçus avec enthousiasme. 4 août. D'Aix-la-Chapelle, nous marchons à travers la Belgique vers la Meuse, afin d'occuper les ponts, mais les Belges les ont déjà fait sauter. Après 12 heures de marche, nous installions notre bivouac à Berneau. La population nous offrit de l'eau, mais la nuit tira sur nous. 5 août. Pendant le jour même, on a tiré sur ceux qui allaient chercher de l'eau. Le village a été détruit en partie. »

N'insistons pas sur ces premières violences, mais notons exactement la date. Dès le 4, le système de terrorisation commence à être appliqué. Le village de Berneau avait quelques centaines d'habitants. Il était occupé par des milliers d'Allemands. Qui peut croire qu'il y ait eu même simulacre de résistance ?

Les Allemands entrent à Visé le 4 août, à midi 20. Les cavaliers ont le revolver au poing. Dix minutes exactement après leur entrée dans la ville, ils commettent un premier attentat : M. Istas, caissier à la gare,

(1) La plupart des renseignements relevés au sujet des relations avec la population civile sont recueillis par Gustave Somville, dans son livre émouvant : *Vers Liége*, p. 19, dans les diverses publications officielles anglaise, belge, etc. Bien entendu, je mentionnerai, quand il y aura lieu, les renseignements de source allemande.

UNE VOIE FERRÉE DÉTRUITE PAR LES BELGES

retournant dîner chez lui est atteint de coups de feu. Nous reviendrons sur les événements de Visé à la suite de la lutte qui s'engage entre les troupes belges et les troupes allemandes. Mais M. Istas avait-il fait acte de résistance ?

A Heure-le-Romain, on remarque un trait qui indique la volonté d'agir par surprise : les troupes allemandes s'avancent silencieusement, dans la nuit du 5 août, vers le fort de Pontice : les roues des véhicules sont caoutchoutées, les sabots des chevaux chaussés de cuir. Tout est calme, nulle violence. L'armée défile, défile. La population fournit ce qu'on lui demande. Elle se sent plutôt rassurée. Les atrocités ne se produisent que plus tard, au déchaînement de rage qui suivit le second refus de la Belgique de souscrire à la violation de son territoire.

PREMIERS ENGAGEMENTS Cependant que les armées allemandes font leur mouvement de concentration autour de la place, le premier choc se produit avec les troupes belges.

La force considérable de cavalerie (2e et 4e divisions, 12 régiments environ) qui a franchi la frontière et envahi le pays de Herve, pousse vers la Meuse le long de la frontière hollandaise ; elle a ordre de s'emparer des deux ponts de Visé. Mais ils sont détruits et le passage est gardé par le 2e bataillon du 12e régiment de ligne (commandant Colyns).

La cavalerie allemande attend que l'artillerie et les fantassins, transportés en automobiles, soient arrivés pour tenter de forcer le passage ; elle se heurte à une vive résistance. L'ennemi étend alors son mouvement vers le Nord : bien renseigné, il connaissait le gué de Lixhe, juste à l'angle de la frontière hollandaise : deux régiments de hussards s'y portent, tandis que l'infanterie franchit le fleuve sur des pontons rapidement construits. Les forces belges, tournées par le Nord, se replient sous la protection des forts de la place.

D'après les documents officiels belges, derrière la cavalerie, des troupes allemandes de toutes armes appartenant aux VIIe, VIIIe, IXe, X^e et XIe corps s'avançaient sur le front Bombaye-Herve-Remonchamps dès l'après-midi du 4. Elles étaient soutenues en arrière par une concentration de troupes appartenant aux IIIe et IVe corps, signalée à Saint-Vith, Ainsi, sept corps d'armée, 300.000 hommes, se portent au passage de la Meuse par Liége.

La Meuse une fois franchie, un pont est construit à Lixhe et des masses de cavalerie se portent sur Tongres pour nettoyer la rive gauche; cependant qu'au sud, un régiment de cavalerie allemande, venant sans doute de Malmédy, a suivi la vallée de l'Amblève et celle de l'Ourthe; il rencontre à Plainevaux un escadron du 2e lancier belge qui charge bravement et perd les trois quarts de son effectif. Une tentative de percer la ligne de défense en aval de la ville entre Vesdre et Meuse, à proximité du fort Barchon, paraît d'abord réussir ; mais une énergique contre-attaque de la 11e brigade belge arrête les troupes allemandes et les rejette en désordre au delà, dans la région de Herve.

Cet échec est confirmé par ce qui se passe à Liége même. Le plan du général allemand paraît être de *tâter* la ville : il ne croit pas encore tout à fait à une résistance sérieuse de la part des Belges.

Dès que ses troupes sont massées, ordre leur est donné de s'avancer sur les forts, ainsi que dans les intervalles et de forcer l'enceinte.

Le but que se propose le commandement allemand est le suivant : s'emparer de la place pour, de là, tirer sur les forts pris à revers. On passe donc immédiatement à l'attaque de vive force de Fléron, Barchon, Evegnée et Chaud-fontaine. La colonne d'attaque allemande de gauche visait Fléron même et les deux intervalles entre Fléron et Evegnée, entre Fléron et Chaudfontaine. Le terrain a été hérissé d'obstacles par les Belges. Après une violente préparation d'artillerie, l'infanterie allemande monte en rang serré à l'assaut du fort de Fléron : le tir de l'artillerie du fort et des troupes de soutien est très juste. L'attaque est d'abord ralentie; les Belges, immédiatement, procèdent à des contre-attaques dans les intervalles. L'offensive est enrayée. Cependant, le fort tire sur les troupes allemandes exposées à ses feux et ce tir est très meurtrier.

Sur la droite, la colonne allemande attaque en éventail; l'extrême-droite a débordé le fort de Barchon et se porte sur la ville. L'artillerie lourde allemande fait rage contre le fort; mais son tir est mal réglé. L'artillerie lourde belge prend l'avantage. Deux pièces lourdes allemandes sont détruites. De ce côté encore, les Allemands sont repoussés en grand désordre. Leurs pertes sont énormes.

Au fort d'Evegnée, c'est la colonne allemande du centre qui attaque. Double riposte : d'une part, l'artillerie des deux forts de Fléron et de Barchon; d'autre part, une contre-attaque d'infanterie. L'attaque allemande est arrêtée.

A ce moment, le général von Emmich envoie au gouverneur de la place, le général Leman, un parlementaire qui porte ces conditions : reddition immédiate ou un zeppelin lancera de la picrite sur la ville et notamment sur les bâtiments de l'état-major. Le général Leman répond qu'il ne rendra jamais les forts et que les habitants de Liége préfèrent périr sous les ruines de leur ville. Le feu des forts redouble; l'offensive reprend de plus belle. Les Allemands sont repoussés à plusieurs kilomètres en arrière.

A 19 heures, les troupes belges, sortant de la ligne des forts, poursuivent les Allemands à mille mètres au delà de ces lignes. La retraite allemande s'accentue.

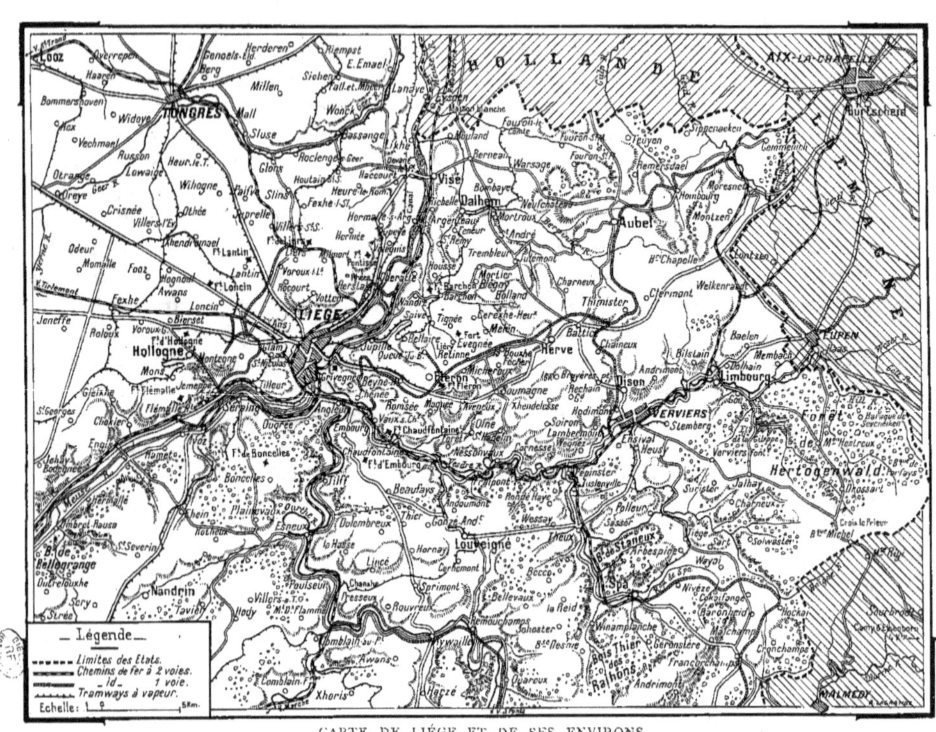

CARTE DE LIÉGE ET DE SES ENVIRONS

Dans l'après-midi, le général von Emmich, qui se tenait près de Saint-Hadelin, déclara autour de lui que la ligne de combat avait subi de fortes pertes. Il venait surveiller en même temps ce qui se passait dans le secteur Sud-Est.

De ce côté, les troupes allemandes avaient essayé de déborder les positions belges du côté de Huy.

A 19 heures, un corps important, venu de Verviers, reçoit l'ordre d'attaquer les forts de Boncelles et d'Embourg. Mais, là encore, les obstacles sont accumulés sur le terrain et retardent l'attaque sensiblement. Des éléments de cavalerie, de cyclistes et de fantassins transportés en automobiles et venus par Remonchamps, franchissent l'Ourthe et essayent de se glisser entre les forts d'Embourg et de Boncelles, pour pénétrer en ville. Les Belges ne sont que 1.500 : les Allemands réussissent à s'engager dans les intervalles. La ligne belge recule de deux kilomètres : c'est l'instant critique. Le général Leman n'hésite pas; il lance ses troupes à la baïonnette. C'est 15.000 hommes au lieu de 1.500. L'ennemi est maintenu. Le général von Emmich lance à son tour en renfort la brigade à laquelle appartient le 165e : cette brigade se dirige sur le fort de Chaudfontaine. Mais, bientôt, elle voit se replier sur elle un flot de fuyards : c'étaient les tirailleurs de la ligne du feu qui venaient de recevoir la contre-attaque belge à la baïonnette et qui s'enfuyaient dans le plus grand désordre.

Un général arrive alors et crie au 165e l'ordre : « En arrière! En arrière! » Le régiment se retire jusqu'à Gaffontaine, à une dizaine de kilomètres, et y prend ses cantonnements. Les soldats n'avaient rien mangé de chaud depuis deux jours : « Les hommes, à ce moment, étaient complètement démoralisés; d'abord, ils venaient de voir leurs camarades en fuite; ils étaient exténués de fatigue; ils crevaient de faim; puis de mauvaises nouvelles leur parvenaient. quelques prisonniers belges, des journaux trouvés dans les fermes ou les villages leur apprenaient que la Belgique avait déclaré la guerre à l'Allemagne, qu'elle était décidée à se défendre énergiquement et que l'Angleterre se rangeait du côté de la France; en un mot, le contraire de ce que leurs officiers leur avaient raconté.

Cependant, un incident, qui eût pu avoir des suites graves, s'était produit dans Liége même. Profitant de l'obscurité, un détachement allemand appartenant à la colonne du Sud-Est avait réussi à gagner la ville et à y pénétrer : d'après le récit belge, ce sont des fantassins à qui on a fait prendre le bonnet de police pour tromper les Belges. L'officier qui les mène parle anglais pour compléter la ruse. Les hommes ont l'arme sur l'épaule; ils se dirigent vers les bâtiments de l'état-major de la place espérant, par ce hardi coup de main, se rendre maîtres du gouverneur.

Mais, à cinquante mètres du bureau, les gendarmes les reconnaissent et les refoulent. C'est un violent combat de rue. Le gouverneur peut gagner un des forts. La plupart des Allemands sont cernés et faits prisonniers. Ceux qui échappent se hâtent d'évacuer la ville complètement.

Ainsi, la tentative de surprise sur la place de Liége, l'attaque « à la Sauer » avait échoué. Il fallait se résigner à attendre l'artillerie lourde en quantité suffisante et à faire un siège en règle. Au cours de ces diverses attaques, les troupes allemandes, subissant à la fois le tir ininterrompu de l'artillerie des forts et les contre-attaques de l'infanterie belge, avaient été très éprouvées. Jour et nuit, les forts avaient arrosé les routes où défilaient en masse les formations allemandes se portant en soutien sur les lignes du combat : les troupes d'assaut avaient été décimées. Le communiqué belge affirme que les pertes sont de 5.000 morts, 24 canons pris, un général prisonnier. L'attaque allemande aurait été menée par 120.000 hommes contre 40.000 Belges. Mais elle a manqué de préparation et de simultanéité. Au contraire, les Belges ont tiré un excellent

MORTIER ALLEMAND AYANT SERVI CONTRE LES FORTS DE LIÉGE

parti de leurs réserves. Le général Leman a fait face de partout avec le plus grand sang-froid. L'artillerie allemande a mal soutenu, en général, des colonnes trop denses. Les forts ont bien résisté à l'artillerie de campagne, même à l'artillerie lourde. Après trois heures de bombardement, au fort d'Evegnée, pas un tué, pas un blessé, coupole intacte.

Quand la nuit mouvementée du 5 août s'acheva, l'armée allemande, après deux jours de combat, compta ses morts et elle fut bien obligée de reconnaître que la résistance belge n'était pas de pure forme. Sa surprise se changea soudain en fureur.

Avant de suivre les troupes allemandes dans l'ensemble du vaste mouvement où elles se heurtent aux premières formations françaises, il est préférable d'exposer les événe-ments de Belgique jusqu'à la chute de Liége, parce que ces événements eurent les plus graves conséquences sur le développement des faits militaires proprement dits et qu'en outre, ils imprimèrent à la guerre elle-même un caractère de cruauté qui influera grandement sur son cours ultérieur et sur sa conclusion.

On vit apparaître, dès lors, toutes les formes à la fois militaires et civiles de la conception allemande de la guerre, l'offensive par masses, le gaspillage du sang des hommes, la rapidité des mouvements, la terreur systématiquement répandue, avec je ne sais quelle joie de nuire qui est une satisfaction donnée au caractère national. Cette encoignure du pays de Liége passe, avec une soudaineté extraordinaire, du calme de la paix aux horreurs de la guerre la plus terrible que l'homme ait jamais intentée

HAUTS FOURNEAUX A OUGRÉE DANS LES ENVIRONS DE LIÉGE

à l'homme : elle est trop étroite pour les centaines de mille hommes qui l'oppressent ; ses échos se déchirent au bruit des canons qui tonnent des douze forts et sur les douze forts ; elle gémit, elle sue du sang. Comment expliquer par des mots ce terrible destin ?

LES PREMIÈRES ATROCITÉS Après l'échec de la première attaque sur Liége, les armées allemandes s'arrêtèrent, refluèrent et couvrirent le pays comme une inondation de terreur. Les dispositions étaient bien changées : de doucereuses, elles étaient devenues franchement brutales. Officiers et soldats, tous étaient nerveux, agités, furieux des pertes déjà subies, inquiets de l'effort qu'il faudrait accomplir pour s'emparer de la place. Dès le 5, « d'étranges et angoissantes histoires de francs-tireurs, de paysannes attirant les soldats allemands dans de véritables guet-apens pour les tuer et les mutiler ensuite, circulaient parmi les troupes campant sur le plateau de Herve » (1).

Comme le bien-fondé de ces bruits est, en somme, la seule justification invoquée par les apologistes de l'Allemagne pour expliquer la conduite des troupes allemandes en Belgique, il est permis de se demander d'où ils venaient et pourquoi ils s'étaient répandus si rapidement. Aucune tentative de résistance de la population belge *ne s'était produite et n'avait pu se produire encore :* or, déjà, le soldat allemand, naturellement enclin à la panique, comme tant de preuves l'établiront par la suite, était mis en état d'alerte et de nervosité soupçonneuse.

Ce fait extrêmement précis et *qui remonte aux premières heures de la guerre*, prouve — ce qui a été démontré amplement par un Allemand, le Père Duhr — que les soldats allemands, « *au moment où ils franchissaient la frontière belge*, étaient pénétrés de la suggestion qu'ils seraient attaqués par des francs-tireurs ». Le Père Duhr attribue en partie cette

suggestion aux romans militaires, par exemple au livre de Seestern, *L'Écroulement de l'ancien monde*, paru en 1906 et tiré à 150.000 exemplaires.

Mais il y a une responsabilité plus haute, plus réfléchie et plus sérieuse. En comparant tous les éléments de fait, il est permis d'affirmer que l'état-major allemand considérait comme de son intérêt et avait la volonté de propager d'avance la légende du « franc-tireur » parmi les soldats.

Deux raisons le déterminent : on craignait, plus que tout, la résistance de la population civile, la guerre de guerillas ; les souvenirs de la guerre d'Espagne et ceux de la guerre de partisans dans les Vosges en 1814 ne sont pas effacés de la mémoire des états-majors. *L'organisation* craint, par-dessus tout, ce qui lui échappe et la surprend ; les mouvements des armées modernes imposent, comme une nécessité absolue, la sécurité des services arrière. Une guerre de francs-tireurs énergiquement menée, visant les moyens de communication, ponts, tunnels, voies ferrées, eût été, peut-être, le moyen le plus efficace d'empêcher l'*étale* de la nappe allemande.

Ce sentiment, cette volonté de l'état-major motivent le *communiqué* paru dans l'*Abendblatt du 8 août* et qui, avant qu'aucun détail sérieux ait pu être recueilli et contrôlé, dénonce à l'armée allemande et au monde la campagne des soi-disant francs-tireurs.

Il est probable que l'on trouvera un jour, dans les archives de l'état-major allemand, la minute de cette circulaire rédigée *avant* la guerre pour être lancée aussitôt que celle-ci éclaterait. La voici :

GARE AUX FRANCS-TIREURS ! — Des renseignements qui nous parviennent sur les combats autour de Liége, il résulte que les habitants de la contrée ont pris part aux hostilités. Les troupes ont été l'objet de véritables guet-apens. Il a été tiré sur les médecins dans l'exercice de leurs fonctions. La population a commis de graves cruautés sur des blessés. D'autres nouvelles disent que la population de la frontière française au delà de Metz a tué des patrouilles allemandes attirées dans des embuscades. Il est possible que ces derniers faits soient dus au caractère de la popu-

(1) Louis Piérard, « La nuit de Mouland », dans le *Mercure de France*, 1ᵉʳ septembre 1915.

LA TOMBE DU PREMIER UHLAN MORT DEVANT UN FORT DE LIÉGE

lation de cette région industrielle, mais IL SE PEUT *aussi qu'en France et en Belgique on se prépare à la guerre des francs-tireurs* et que cette méthode soit employée contre nos troupes.

Si ce devait être le cas et si de pareils faits se renouvelaient, la guerre s'étendrait avec une inexorable sévérité à la population coupable et ce serait la faute de nos adversaires.

Les troupes allemandes sont habituées à la discipline et ne mènent la guerre que contre la force armée de la nation ennemie. Il ne faudra donc pas s'étonner si elles n'accordent aucun pardon quand elles seront en état de légitime défense. L'espoir que ce déchaînement des nations ait une influence sur la guerre se heurtera à l'inébranlable énergie de nos chefs et de nos troupes. Il est nécessaire que les neutres sachent déjà, au commencement de la guerre, que ce n'est pas l'Allemagne qui a commencé une telle manière de combattre. »

On voit le rôle que joue, dans ce texte, la supposition ou l'hypothèse : *il se peut..., si ce devait être le cas..*

N'insistons pas sur le vague des accusations, le caractère évidemment truqué de la plupart des allégations, l'éloge de la discipline des armées allemandes au moment où on les sait en train de se livrer à leurs premières abominations, l'appel aux neutres pour prévenir leur esprit avant que le cri d'horreur des atrocités ait monté de la région douloureuse : tout y est. Qui pourrait nier la préméditation ?

Les déclarations réitérées · des chefs allemands établissent qu'un calcul machiavélique appuyait, sur le système de la terreur, l'espoir d'une prompte paix. Le soldat allemand, ou du moins l'officier, emportait dans son sac ce terrible manuel de la guerre *Kriegsbrauch im Landskriege (Usages de la guerre sur terre)* qui, publié par le Grand-État-Major, renfermait la doctrine même de la guerre *à l'Allemande*. C'est toujours là qu'il faut en revenir dans ce pays de discipline et de pensée soumise. Le manuel contient des préceptes que résume fortement la proclamation du général von Bissing :

« Quand les civils se permettent de tirer sur nous, les innocents doivent souffrir pour les coupables. L'autorité militaire a fait savoir itérativement et officiellement aux troupes qu'elles ne doivent tenir aucun compte de la vie humaine dans la répression de tels faits. Sans doute, il est regrettable que des maisons soient détruites dans des villes ou des villages florissants, mais il ne faut pas se laisser aller à des sentiments de pitié inopportune. Tout cela ne vaut pas la vie d'un seul soldat allemand. » *Général von Bissing* (1).

Et le maréchal de Hindenburg, avec plus de précision encore : « On ne peut pas faire la guerre avec de la sentimentalité. Plus la conduite de la guerre est impitoyable, plus elle est humaine, car elle amène plus vite le terme de la guerre. »

L'intérêt qu'avait le commandement allemand à accréditer la légende des « francs-tireurs », celle des yeux crevés aux blessés allemands par les civils belges, spécialement par les femmes et les enfants, la légende des doigts coupés aux blessés allemands, celle des soldats empoisonnés, celle des prêtres tirant avec des mitrailleuses du haut du clocher de leur église sur les troupes allemandes (nous reviendrons sur tous ces points), est prouvé par le fait inouï que l'Empereur Guillaume s'en fit le garant et le colporteur, dans son

télégramme au Président Wilson, daté du 8 septembre, et incriminant la conduite des civils belges (1).

La légende est aussi accréditée par les journaux officieux dès les 8 et 9 août, et l'on trouve ici la même préméditation systématique que dans le communiqué du 8 août : c'est la même campagne.

La *Gazette de Cologne* du 9 août écrit :

« Nous avons subi de la part de la population belge, hommes, femmes, jeunes adolescents, ce que nous n'avons vu qu'au pays des nègres... Dès les premiers jours, nous avions quantité de morts et de blessés par la population. Avant hier, un Allemand a été trouvé égorgé dans son lit ; dans une autre maison, il y avait le drapeau de la Croix-Rouge ; nous y mettons cinq hommes ; le lendemain, on les trouve tous égorgés. Hier matin, dans un village avant Verviers, nous trouvons un soldat les mains liées dans le dos, les yeux crevés... » (*Or, on sait maintenant que pas un blessé aux yeux crevés n'a été trouvé dans les ambulances allemandes !*)

La *Gazette de Cologne* ajoute, dégageant l'avantage pratique que l'on croit pouvoir obtenir par ces allégations vagues :

« Et l'on nous ferait un crime de détruire les villages où de pareils attentats se produisent ? On est fier de voir la tenue de nos armées ; mais nos cœurs saignent en songeant que tant de belle jeunesse est massacrée par le mauvais fusil d'un paysan *ou le couteau de cuisine des ménagères fanatiques belges.* »

On juge de l'effet sur la troupe et sur l'opinion allemande. La même campagne est poursuivie dans le *Königsberger Hartungsche Zeitung* du 11 août : « *Les jeunes gens de quatorze ou quinze ans* tirent sur les troupes » ; dans le *Berliner neueste Nachrichters* du 13 août : « *Les femmes employées* dans les fabriques d'armes de Liége *jettent de l'eau bouillante sur le soldat...* etc., etc. »

Le système de l'État-Major résulte de mille

(1) V. Dans la *Gazette de Lausanne* du 7 février 1915, une étude sur le guide à l'usage de l'officier allemand fonctionnant comme interprète, en pays ennemi de langue française. Il a été édité à Berlin en 1906 et porte comme titre : *L'interprète militaire* par le capitaine von SCHARNEFORT. On y trouve, au fond, tout le système des atrocités, sauf ce qui ne peut s'avouer : « Un moyen d'obtenir de l'argent est l'amende. Toute commune étant en principe *déclarée solidaire* des actes d'hostilité et de malveillance commis sur son territoire... » Et encore : « Avancer rapidement, paraître brusquement devant la localité, la cerner par la cavalerie d'abord, puis par partie de l'infanterie, entrer avec le gros de l'infanterie, fouiller la localité, saisir des otages, occuper la mairie »... Le commentaire ajoute : « Du formulaire à l'application l'analogie et l'identité sont parfaites. »

(1) Aujourd'hui, il n'y a plus un Allemand qui croie à la véracité des faits allégués par le télégramme. La revue scientifique allemande *Der Fels*, sous la signature du D' Lorenz Muller écrit : « Dans aucun cas, il n'a été démontré officiellement qu'on ait tiré du haut d'un clocher avec la coopération des prêtres. Nous ne pourrons savoir qu'après la guerre comment peut se concilier avec ce fait le fameux télégramme de notre Empereur au président des Etats-Unis d'Amérique du Nord. » Cité dans *De Tijd*, journal catholique du 25 mars 1915.

GABRIEL HANOTAUX
de l'Académie Française

HISTOIRE ILLUSTRÉE
DE LA
GUERRE DE 1914

24 PAGES DE TEXTE ET D'ILLUSTRATIONS

FASCICULE N° 32

L'ÉDITION FRANÇAISE ILLUSTRÉE
(GOUNOUILHOU, Éditeur)
8, Boulevard des Capucines, Paris

PRIX NET
1 franc
ÉTRANGER, PORT EN PLUS

A NOS SOUSCRIPTEURS

Nous prions nos souscripteurs de vouloir bien nous adresser *immédiatement* leur souscription à la 2ᵉ série (fascicules 27 à 52). Nous les mettons en garde contre l'encombrement des derniers jours, leur renouvellement *immédiat* devant les assurer contre toute interruption de leur service.

Les conditions de souscription à la 2ᵉ série sont ainsi fixées :

Pour la France : 25 francs les 26 fascicules (au lieu de 26 francs).

Pour les pays étrangers faisant partie de l'Union postale, 27 fr. 60.

Adresser les souscriptions accompagnées d'un mandat-poste à : *L'Édition française illustrée*, Gounouilhou, éditeur, 8, boulevard des Capucines, Paris.

☞ **AVIS IMPORTANT :** A la suite de très nombreuses demandes de nos souscripteurs, nous avons décidé de faire désormais l'envoi des fascicules *sous tubes forts qui garantiront au souscripteur l'arrivée du fascicule en parfait état.* Ceci, sans augmentation, malgré le surcroît de dépense que cette mesure nous impose.

Ceux de nos lecteurs qui désireraient continuer à recevoir l'exemplaire à plat sous enveloppe devront nous en aviser.

VOLUME RELIÉ

Les quatorze premiers fascicules de l'*Histoire Illustrée de la Guerre de 1914*, par Gabriel HANOTAUX, constituent le Tome premier de l'ouvrage.

Ces quatorze premiers fascicules, contenant trois cents pages, dont cent quatre-vingt d'illustrations, forment un superbe volume grand in-quarto qui est mis en vente au prix de :

18 francs, relié (franco)

Étranger, port en plus

Reliure demi-chagrin grenat, plats toile, fers spéciaux du Maître graveur Auguste LEPÈRE, tête dorée, les autres tranches ébarbées.

Nous pouvons fournir également aux personnes qui préféreraient faire exécuter elles-mêmes la reliure des fascicules, des emboîtages avec les fers spéciaux de LEPÈRE, au prix de **3 fr. 50**.

Les frais de port et d'emballage sont à ajouter au prix ci-dessus; soit o fr. 75 pour l'envoi par colis postal, livrable en gare, et 1 franc pour la livraison à domicile.

Le Tome premier relié, ainsi que l'emboîtage de ce Tome, sont en vente dans toutes les Librairies.

Pour les recevoir franco, adresser les demandes, accompagnées d'un mandat-poste représentant le prix du volume désiré ou de l'emboîtage et des frais de port indiqués ci-dessus, à : *L'Édition française illustrée*, Gounouilhou, éditeur, 8, boulevard des Capucines, à Paris.

LES TROUPES ALLEMANDES PASSENT DANS UN VILLAGE DE BELGIQUE

autres preuves, et notamment du Livre Blanc allemand, publié le 10 mai 1915, intitulé *La Conduite contraire au Droit des gens de la population belge dans sa lutte contre les troupes allemandes*, et où sont reprises toutes ces allégations; il résulte enfin, avec une clarté lumineuse, du fait que, dès *le 4 et le 5 août, avant même qu'aucun contact fût pris avec la population*, avant qu'aucun blessé allemand eût pu être mutilé et qu'aucune violence eût pu être commise par les civils, la légende courait déjà parmi les soldats allemands et que, déjà, sans qu'il pût être question de représailles, elle amenait les premiers meurtres.

C'est ce point que nous croyons avoir mis en lumière. La preuve de *l'atrocité systématique* est ainsi nettement établie (1).

Mais, dès que le canon de la place eut tonné,

dès que les premiers blessés furent ramenés du front, dès que l'acharnement des combats eut fait comprendre au soldat allemand que la guerre c'était du sang, alors il s'enivra, en quelque sorte, de l'odeur du sang et la panique aidant, il se rua sur la population civile innocente; il appliqua les maximes du *Kriegsbrauch :* « les innocents paieront avec les coupables »; alors, la double guerre, la guerre des militaires et la guerre des civils, sévit en même temps sur le pays. C'est donc ainsi qu'il convient de la raconter.

Quelques extraits de lettres de soldats allemands relatant les premières tentatives sur Liége nous donneront l'idée de l'état moral où ils étaient mis dès les premiers pas. Soigneusement expurgées par la censure allemande,

---

1. L'ensemble des faits cités ci-dessus et une étude attentive de la documentation m'ont amené, par d'autres voies, à la conviction qui est celle de l'auteur du n° 118 des Cahiers documentaires belges : *La Légende de la Guerre des francs-tireurs en Belgique.* « Lorsqu'on relit la collection de quelques journaux allemands du début du mois d'août et qu'on les rapproche de certains ouvrages de la littérature militaire allemande, on se convainc que les troupes allemandes avaient été soumises, au sujet de la guerre de francs-tireurs et des atrocités à craindre de la part de la population civile des pays ennemis, à un véritable travail de suggestion, et que les autorités militaires allemandes avaient préparé soigneusement, dès le temps de paix, l'organisation systématique de « représailles » collectives pour le cas d'incidents suspects. En fait, les troupes allemandes sont entrées en Belgique, toutes persuadées d'avance qu'elles allaient être victimes d'attaques de francs-tireurs « comme en 1870 ».

« C'est cette hantise préconçue du franc-tireur qui transforma, aux yeux de ces troupiers, les moindres incidents inexpliqués ou inattendus en « agressions traîtresses des civils ».

« C'est cette même obsession qui fit accueillir tout de suite et *sans contrôle*, par la presse allemande, les premiers récits qui vinrent des troupes d'invasion d'une guerilla de la population civile belge. C'est, enfin et toujours, cette même obsession qui rendit la presse allemande sourde à tout démenti et aveugle devant les faits les plus évidents. »

Pour ce qui concerne les environs de Liége, voir p. 9 : « Le caractère légendaire des premiers épisodes de guerre racontés par la presse en août 1914 », et notamment le « fameux combat de francs-tireurs de Herstal »... qui se résume en ces deux lignes : « En fait, il ne s'est rien passé, à Herstal, de ce qu'on a raconté. »

peut-être suggérées, elles révèlent cette singulière complicité des chefs et des soldats pour créer, auprès et au loin, une sorte de terreur sanguinaire telle *qu'on désire qu'elle se répande dans l'opinion* :

« Je n'oublierai jamais la nuit du 5 *au* 6 *août*... Nous étions entrés dans un village près de Liége quand les shrapnells ennemis éclatent soudain... la plupart manquent leur but. Cependant je ne puis décrire tout ce que *je vis d'horreurs*. Je restai près de mon capitaine. Nous avancions dans la campagne. Le capitaine me dit : « Portez-vous en avant. » Quand, tout d'un coup, *d'un buisson à droite*, nous sommes copieusement fusillés. Nous aplatir et répondre au feu, ce fut l'affaire d'un clin d'œil... Puis, en poussant de formidables hourras, nous grimpons à l'assaut de la hauteur... Mon voisin tombe et m'entraîne... je me relève, et en avant... Nous étions exactement *entre deux forts* ; par conséquent, à l'abri de la canonnade. *Liége était à nos pieds*. Nous dévalons la hauteur ; on se montre les fenêtres ouvertes pour la plupart, avec des coussins sur les rebords. Ceci me surprit. J'en eus l'explication bientôt, c'étaient les supports des fusils (!). Arrivés en pleine ville, un feu terrible éclate des fenêtres. Il fallut nous replier au plus vite. J'eus même un plomb dans le genou. Nous regagnâmes la hauteur et y campâmes par petits groupes. Nous étions coupés d'avec nos troupes et quand l'artillerie ennemie commença de tirer sur nous, il fallut se rendre. Nous fûmes désarmés et conduits dans la prison. Le vendredi 7, la porte de notre cachot s'ouvrit et un officier d'état-major prussien nous annonça que Liége était à nous, d'abord la citadelle. Si les Belges veulent la reprendre, ils goûteront à leurs propres munitions, car nous en avons assez pris. »

Kölnische Zeitung, 11 *août*.

Rapport « *ABRÉGÉ* » d'un officier de réserve natif de Brême.

« Notre voyage dure vingt-sept heures jusqu'à la frontière belge, c'est comme un train de triomphateurs. Pluie battante. Marche à travers les Ardennes. *A* 5 *heures du matin* (6 *août*), marche lente dans la vallée de l'Ourthe. Partout des obstacles, arbres décapités, rochers fendus, débris de ponts, chemins infects; bref, marche terrible. L'après-midi, on campe à Comblin-au-Pont (sud de Liége). Maisons promptement ouvertes, des salutations mais pas de pain, pas de paille. A la gare, je découvre une auberge, du vin, des haricots. Merveilleux ! Mais pas de repos possible. Le village très mal situé entre de hautes murailles d'ardoises; le pont de l'Ourthe, devant nous, à moitié détruit. A 7 heures du soir, alarme... Le capitaine bondit chez nous : « A l'assaut de Liége ! » —Impossible, nos hommes ne peuvent plus marcher, les forts sont encore à 35 kilomètres. Enfin !... Après trente minutes de marche, on tire des hauteurs tout près de nous... Le revolver au poing, on y court... trois grands diables se sauvent, les autres, toute une bande : « Levez les mains! » jugement de guerre...

« Plus loin, cela fourmille de troupes de toutes sortes. Nuit d'enfer, pluie battante. Les hommes tombent en masse et restent où ils sont tombés. A minuit, le temps s'éclaire, bruit d'obus. Nos bagages attaqués, une compagnie retourne en arrière ; *on détruit le village, fusille les gens. Vilenies de francs-tireurs... (Le fait d'abord ; puis la commode explication.)* Pendant ce temps, nous approchons de Liége... Nous contournons un bois. Quatre régiments se reposent, mangent un morceau. Dernières exhortations. Marche à l'assaut.

« Les obus sifflent, mais sans résultat. Chemin creux. Notre artillerie enfonce jusqu'au ventre dans la boue et peut avancer... nous passons à côté. Pas de marche!... au galop ! Soudain, terrible fusillade à côté de nous... *ce sont nos propres gens qui se trompent. (Aveu d'un fait qui s'est renouvelé très souvent.)* On se reconnaît tout de même. Devant la ligne des forts, mot de ralliement: « Wörth. » *Amis et ennemis pas à reconnaître.* Je me couche près d'un arbre et d'un amas de fils de fer. Mon camarade, le lieutenant G..., à côté de moi, le capitaine à gauche. Les obus éclatent de toutes part, feu intense, l'air est brûlant. Quelques pas en avant, on sera plus à l'abri. Je touche légèrement le lieutenant G..., lui disant : « Avançons! » Pas de réponse. Mort. Le capitaine s'élance; est frappé en pleine poitrine. Moi, le bras levé, je prends le commandement et m'élance... terrible coup qui me fait voler trois pas en arrière ; un obus dans la hanche gauche, affreuse douleur. Un officier devant moi crie son nom, me donne la main... et mort. Devant moi, un drapeau, le porte-drapeau tué... je veux y ramper et reçois deux balles, une dans le bras droit, l'autre dans le bras gauche. Je mords la terre de douleur. Un officier près de moi demande du renfort, mais tout s'en va vers la gauche. Nous sommes à quelques pas des fossés-remparts belges. En dépit de la pluie de balles, il ne m'arrive rien de plus. Je suis resté près de douze heures étendu là, bandé dans l'intervalle par un médecin. A midi, transporté au régiment avec une bonne fièvre. Pertes terribles ! Trois capitaines, six lieutenants tués, presque tout mon bataillon. Ensuite, sur une civière, puis une voiture d'échelles, je ne sais comment au lazaret. C'est une école catholique, on est soigné par des étudiants juifs, russes. Je vais mieux ; j'ai beaucoup souffert ; mais d'autres bien plus que moi. La femme d'un capitaine était venue pour voir encore une fois son mari. Un obus a atteint l'auto. On l'a enterrée ici hier.

« J'ai tout perdu : bagage pillé, sac perdu avant l'assaut ; ce que j'avais sur le corps tellement trempé de sang qu'il a fallu tout brûler. Un Russe m'a acheté le linge de corps indispensable *(il y avait des étudiants russes à Liége. Nous verrons comme ils furent traités)* ; une touchante vieille petite mère lave et raccommode mon uniforme. »

Weser Zeitung, 19 *août*.

A l'assaut des forts

« ... Deux forts de la ceinture de Liége devaient être assaillis dès l'aube par la brigade. Nous prenons notre direction : Micheroux-Retinne-Liége. *Nous savons que*

LE ROI ALBERT DE BELGIQUE AU MILIEU DE SES SOLDATS

les habitants des villages sont mal intentionnés. Quelques soldats aux pieds ensanglantés par la marche ont été jetés à terre. *On leur a crevé les yeux et on les a tués avec leurs propres armes. (Aucun blessé aux yeux crevés n'a été trouvé dans les hôpitaux. On voit ici naître la légende.)*

« A Micheroux, réunion de la brigade... Nuit noire. Aussi l'on voit bien le feu de ceux qui viennent de tirer des fenêtres sur le 4e chasseurs. Ceux-ci ripostent avec deux mitrailleuses, puis ils pénètrent et ramènent quelques vauriens et des fusils. Mais de l'église, des fenêtres, des rues avoisinantes, de partout, un feu d'enfer. Je fais surveiller quelques maisons tranquilles de la place ; tout d'un coup, elles s'illuminent et pan, pan, les habitants fusillent à leur tour. Nous voyons rouge, on fait l'assaut de chaque maison, on se bat dans l'obscurité. C'est atroce. Incendie, destruction. Même de la gare, on nous tire dessus. On quitte le village. Le canon tonne entre Retinne et le fort de Fléron. Les ordres arrivent : « L'infanterie en avant ! » Dans le village on se masse. Le commandant de M... marche avec quelques officiers devant son bataillon de chasseurs. « Tous en avant, les enfants ! » Et il

entonne le *Deutschland über alles,* auxquels s'unissent toutes les voix... Grandiose au milieu du grondement des canons, du sifflement des obus... Le major blessé au pied. Le colonel va conduire son régiment au baptême du feu.

« En avant, pas à pas. Impossible de songer à un déploiement des lignes de tirailleurs. Chacun sait pourquoi il agit. Les régiments sont confondus depuis longtemps, animés d'une seule pensée, d'une seule volonté : « Courons à l'ennemi ! Liége doit tomber ! » A l'angle d'un village, nous sommes reçus par le général : « Enfants, nos camarades de l'avant nous attendent, venez, je vous y mène ! » Et nous avançons à l'assaut. Les Belges ont poussé deux obusiers sur la route... la mort et le malheur sont vomis par eux. Ils sont pris. Mais quel spectacle dans la rue de Retinne : Nos morts en tas ; là notre général de brigade G. v. W., mort ; ici, le colonel v. P. ; là le charmant camarade L... et tant d'autres.

« On traîne deux canons dans le village. Quelques officiers de chaque régiment et deux de l'artillerie à pied. Les hommes poussent les canons, protégés par les boucliers en avant. Les officiers d'artillerie chargent et pointent. Quand on tire d'une maison, on s'arrête et on y lance des grenades.

« Les Belges *(C'étaient évidemment des soldats)* s'étaient établis à la sortie du village, près d'une mine de charbon. Nous les en avons tirés. *Je ne puis raconter la scène...* j'étais blessé quand le clair signal : « A l'assaut! » fut donné. *Le lendemain 7 août,* dans une chambre de paysan, transformée en salle de pansements j'entendais le combat continuer, quand un jeune officier pénètre et nous dit : « Messieurs, Liége est à nous ! »

Tägliche Rundschau, 21 *août.*

Nous verrons, bientôt, l'état d'âme résultant de ce terrible contact produire ses effets plus terribles encore; mais il faut revenir, d'abord, aux événements militaires.

L'ARMÉE DE LIÉGE SUR LA GETTE — Malgré la vigueur de la défense, le général Leman sentait combien la situation s'aggravait. Il avait subi le premier choc avec les troupes d'une seule division de l'armée belge, la 3e, à laquelle s'était réunie la 15e brigade de la 4e division partie de Huy, au plus 40.000 hommes. Pendant les journées du 4 et du 5 août, la nuit du 5 au 6, ces troupes avaient successivement combattu sur un front de cinquante kilomètres : elles avaient partout repoussé l'ennemi. Les pertes des Allemands avaient été si considérables que leur chef avait demandé, le 6, un armistice pour enterrer ses morts. Il gagnait ainsi du temps pour recevoir de nouveaux renforts qui lui arrivaient continuellement ; mais, d'autre part, les troupes belges étaient à bout de souffle et elles risquaient d'être enfermées dans la place. Le colonel Dusart du 11e de ligne, le major Bruneel du 9e de ligne, et un grand nombre d'officiers avaient été tués.

Le général avait pris en hâte les précautions nécessaires pour permettre à la place de résister à de nouvelles attaques. Les intervalles entre les forts étaient hérissés de retranchements de campagne par 53.000 ouvriers civils travaillant sans relâche. Les forts, bien munis et approvisionnés, pouvaient tenir peut-être, du moins tant que les gros obusiers de 28 et au-dessus n'étaient pas entrés en jeu. Mais les effets de l'artillerie lourde commençaient à rendre les parties non blindées intenables.

Le gouverneur estima que les forts ne pouvaient plus jouer que le rôle de forts d'arrêt et qu'il y avait péril à laisser une partie importante de l'armée belge exposée à être cernée (comme Bazaine l'avait été à Metz) dans l'enceinte de la place.

En somme, une seule division de l'armée belge avait suffi pour arrêter, pendant ces trois jours, la marche d'une puissante armée allemande. Les forts et la place elle-même pouvaient tenir encore, mais mieux valait réduire la garnison au chiffre de troupes strictement nécessaire.

Un autre péril menaçait l'armée belge, l'enveloppement. En effet, tandis que la masse de l'armée allemande se ruait sur la place, l'aile droite avait passé la Meuse au pont de Lixhe et forçait le passage à Visé. L'armée belge avait tenté de résister sur ce point. La lutte s'engagea le 6 août et dura jusque dans la nuit.

Un correspondant de Maëstricht écrit au *Times* :

Je pouvais voir, de la colline, les Allemands dans de petites barques et d'autres construisant un ponton sur la Meuse au sud de Visé : les chevaux passaient à la nage. La traversée se faisait simultanément en six endroits avec la plus grande régularité. Les Allemands ne semblaient pas éprouvés par le feu des forts belges. Les troupes belges étaient disséminées sur le sol surélevé. Une mitrailleuse allemande les tenait à distance. A 5 heures, des forces allemandes très considérables traversèrent la Meuse et marchèrent vers le sud sur Liége. Les Belges essayèrent de harceler l'ennemi en tirant sans cesse sur les colonnes qui avançaient. Mais ils durent se replier. Le long des routes, le peuple, au désespoir, fuyait. Au village d'Eben, le peuple était calme, regardant avec étonnement les troupes innombrables allemandes défiler sur la route. Pendant cette marche en avant, les Allemands ne faisaient aucun mal aux populations.

Cependant la cavalerie allemande se portait sur Waremme; elle était, il est vrai, tenue en respect par la cavalerie belge; mais de beaucoup la plus forte, elle pouvait forcer le passage et fermer le chemin de la retraite à l'armée de Liége.

LES PREMIERS CAVALIERS FRANÇAIS EN BELGIQUE

Le gouverneur prit donc le parti de garder à la Belgique les vaillantes troupes qui venaient de le seconder héroïquement. Chef magnanime et prévoyant, il préféra se priver de leur concours et il ordonna le rassemblement des troupes de campagne entre les forts de Loncin et de Hollogne. Dans la journée du 6, pendant que les Allemands laissaient à la place un peu de répit, la division se dirigea sur Hollogne-sur-Geer et Hallut, s'acheminant vers la Gette qui allait devenir la ligne de défense de l'armée belge.

Le 7, si les notes prises par M. Maurice Gauchez ne se trompent pas sur la date, il y eut une tentative nouvelle des Allemands sur le fort de Barchon : « J'assistai à la seconde charge des ennemis, le 7 août. Nos hommes les laissèrent s'approcher à une centaine de mètres de leurs tranchées ; puis, posément, calmement, comme s'ils n'avaient été qu'à l'exercice, nos soldats tirèrent... Des flots d'Allemands revenaient, remontaient, s'élançaient ; les coups de sifflet des commandants ennemis étourdissaient nos soldats... Pendant dix minutes, la première tranchée belge parut être au pouvoir de l'ennemi... Comme à cet instant les renforts belges arrivaient de tous côtés, la tranchée tant disputée resta aux mains des nôtres ; sur les bords de la route, des cadavres allemands se tassaient jusqu'à la hauteur de deux et trois mètres.

« Une tentative de nuit fut également repoussée, non sans une panique parmi les Belges, deux régiments ayant tiré par erreur l'un sur l'autre... Il y eut ainsi séparément, sur un point ou sur un intervalle, contre deux ou trois sections, une quinzaine d'assauts allemands rejetés ou refoulés. Chaque matin, chaque soir, des trains de blessés descendaient aux Guillemins ; la population de Liège se multipliait, mais restait calme. Et Liége tenait toujours... » (1) C'est dans cette attaque que fut tué le général Charles de Bülow, le plus jeune frère de l'ancien chancelier.

Le 8 août, toute la division en retraite était

1. Maurice Gauchez, *De la Meuse à l'Yser*, p. 39.

concentrée sur la rivière de la Gette. Le roi salua le retour par un ordre du jour qui eut, dans le monde entier, un immense retentissement ; juste hommage rendu aux braves qui, les premiers, avaient tenu en balance le sort des armes en combattant des forces allemandes.

7 août 1914. — Nos camarades de la 3e division et de la 15e brigade mixte vont rentrer dans nos lignes après avoir défendu en héros la position fortifiée de Liége. Attaqués par des forces quatre fois supérieures, ils ont repoussé tous les assauts ; aucun fort n'a été enlevé : la place de Liége est toujours en notre pouvoir ; des étendards et quantité de prisonniers sont les trophées de ces journées. Au nom de la nation, je vous salue, officiers et soldats de la 3e division et de la 15e brigade mixte ; vous avez rempli tout votre devoir ; vous avez fait honneur à nos armes et montré à l'ennemi ce qu'il en coûte d'attaquer injustement un peuple paisible, mais qui puise dans sa juste cause une force invincible : la Patrie a le droit d'être fière de vous.

Soldats de l'armée belge, n'oubliez pas que vous êtes à l'avant-garde des armées immenses de cette lutte gigantesque et que nous n'attendons que l'arrivée de nos frères d'armes pour marcher à la victoire. Le monde entier a les yeux fixés sur vous. Montrez-lui, par la vigueur de vos coups, que vous entendez vivre libres et indépendants. La France, ce noble pays, qu'on trouve, dans l'histoire, associée aux causes justes et généreuses, vole à notre secours, et ses armées entrent sur notre territoire. En votre nom, je leur adresse un fraternel salut.

ALBERT.

Sur le terrain des opérations, la coopération franco-belge était désormais un fait accompli. Les troupes françaises du 1er corps de cavalerie et du 2e corps d'armée sont, en effet, autorisées à pénétrer en territoire belge par instruction du général Joffre, en date du 5 août, à 7 heures 20 et 7 heures 45. Notre cavalerie va dès lors couvrir de patrouilles la région de l'Eifel. Elle trouve bientôt le contact de l'infanterie allemande sur l'Ourthe et à l'est de Neufchâteau. Partout, pendant ces jours d'anxiété, court, dans les rangs de l'armée belge et parmi la population civile, la nouvelle : « Les Français arrivent ! »

Le général Leman, avant de quitter la ville de Liége, fait sauter le beau pont des Arches. Le pont Saint-Léonard également miné résista aux explosifs et ne sauta pas. Le géné-

VUE DE LIÉGE

ral installa son quartier général au fort de Loncin, le 6 à midi.

Le bombardement de la ville par les canons allemands peu à peu rapprochés commença le 6 août à 7 heures du soir. Le grand quartier général, l'hôtel de ville, l'Université, la caserne des Lanciers, les divers édifices civils étaient visés... des incendies se déclaraient dans la ville. La nuit, un zeppelin venu de Cologne, le *L.-Z.* 6, jeta treize bombes dont douze éclatèrent.

LIÉGE EST OCCUPÉE En somme, les forts continuaient à résister : il fallait attendre la grosse artillerie pour les réduire. Mais l'enceinte étant forcée sur un point et Liége n'ayant pas de muraille continue, le général von Emmich entra dans la ville le vendredi 7 août à 8 heures du matin. Il s'installa au couvent du Sacré-Cœur et menaça le maire, M. Kleyer, de faire brûler la ville si les forts ne se rendaient pas.

Les Allemands ne paraissent pas avoir pris sérieusement possession de la ville dans cette première occupation. M. Maurice Gauchez écrit : « Malgré l'occupation allemande, nous réussîmes, le caporal Scheidt et moi, à nous glisser, à l'aube du 15 août, jusqu'à proximité de la gare des Guillemins : tous les drapeaux belges, les pavillons français, les étendards anglais flottaient encore frais aux fenêtres et aux balcons des maisons. La ville de Liége avait peu souffert du bombardement. »

Il semble qu'il y ait eu, dans la ville, une tentative de résistance dont les Allemands tirèrent un grand parti pour appliquer à la rigueur leur système de terrorisation préméditée. Nous avons déjà vu que cette résistance est visée et probablement infiniment grossie par les premières lettres de soldats écrites de Liége. L'exagération des traits souligne leur peu de vraisemblance : les *Berliner Neueste Nachrichten* du 13 août écrivent : « Les femmes employées dans les fabriques d'armes de Liége jetaient de l'eau bouillante(!) sur les soldats assaillants pour défendre les maisons. » Et la *Gazette du peuple de Cologne* : « Un blessé de Liége rentrant en Allemagne raconte en voyage (?) qu'on ne se fait pas une idée de la population inhumaine de Liége. Les femmes les accueillaient par des hourras! On agitait, en guise de drapeaux blancs, des jupons, des mouchoirs, etc., pour demander grâce ; mais c'était une horrible ruse, car on nous tirait dans le dos, dans les jambes, par les fenêtres et les soupiraux des caves dès que nous avions passé. » Un autre blessé dit avoir vu tomber son voisin blessé qui fut traité ainsi qu'il suit : « Une bande du plus vil peuple s'est jetée sur lui et un des bandits *lui a scié les deux jambes avec une grande scie pour le bois.* Un coup de feu allemand mit fin à l'horrible chose. »

Ici, vraiment, le fil est trop gros : le parti pris d'émouvoir d'avance l'opinion et l'armée elle-même saute aux yeux. D'un bout à l'autre de l'empire, toute la presse retentit des mêmes histoires. Peut-être aussi désirait-on « divertir », par ces « contes à faire peur », une opinion qui commençait à s'étonner, à s'énerver; on lui avait promis des succès immédiats, des victoires promptes, et les journaux du monde entier retentissaient du récit de la résistance de Liége! Les pertes, disait-on, étaient immenses; les troupes allemandes, au premier choc, étaient arrêtées, repoussées. Une atmosphère de doute et de pessimisme commençait à se répandre.

Le gouvernement français, glorifiant cette première et magnifique page de la période historique nouvelle qui s'ouvrait, décerna, le 7 août, à la ville de Liége la croix de la Légion d'honneur. Le roi Albert reçut, en même temps, la médaille militaire. Voici les considérants du décret décernant la croix à la ville de Liége.

LE GÉNÉRAL LEMAN
L'HÉROIQUE DÉFENSEUR DE LIÉGE

appelée en première ligne à subir le contact des troupes allemandes, vient de réussir dans une lutte aussi inégale qu'héroïque, à tenir en échec l'armée de l'envahisseur.

Ce splendide fait d'armes constitue pour la Belgique et la ville de Liége en particulier un titre admirable de gloire dont il convient que le gouvernement de la République perpétue le souvenir mémorable, en conférant à la ville de Liége la croix de la Légion d'honneur.

J'ai, en conséquence, l'honneur de vous prier de vouloir bien revêtir de votre signature le projet de décret ci-joint, approuvé par le conseil de l'ordre de la Légion d'honneur, et décidant que la croix de la Légion d'honneur est conférée à la Ville de Liége.

Le ministre des Affaires étrangères,
GASTON DOUMERGUE.

Le président de la République française, sur la proposition du ministre des affaires étrangères décrète :

ARTICLE PREMIER. — La croix de chevalier de la Légion d'honneur est conférée à la ville de Liége.

ART. 2. — Le ministre des Affaires étrangères et le grand chancelier de l'ordre sont chargés, chacun en ce qui le concerne, de l'exécution du présent décret.

Fait à Paris le 7 août 1914,
R. POINCARÉ.

Pour le président de la République, le ministre des Affaires étrangères.
GASTON DOUMERGUE.

Devant l'opinion universelle, l'attaque des Allemands sur Liége apparaissait comme un échec. On sentait le besoin de réagir : on le fit avec une lourdeur de mains qui indiquait l'embarras.

Le vendredi 7, à 7 h. 45 du soir, Berlin fit télégraphier par l'agence officieuse Wolff :

Les forces qui avaient tenté une première attaque contre Liége ayant été renforcées, *la forteresse* a été de nouveau attaquée et elle est tombée vendredi matin à 8 heures aux mains des troupes allemandes.

Comme on le voit, on faisait une confusion volontaire entre la ville sans défense et la forteresse. Mais l'opinion allemande avait besoin de ce réconfort. On le sentit si bien

Paris, 7 août 1914.
Monsieur le Président,
Au moment où l'Allemagne, violant délibérément la neutralité de la Belgique, reconnue par les traités, n'a pas hésité à envahir le territoire belge, la ville de Liége,

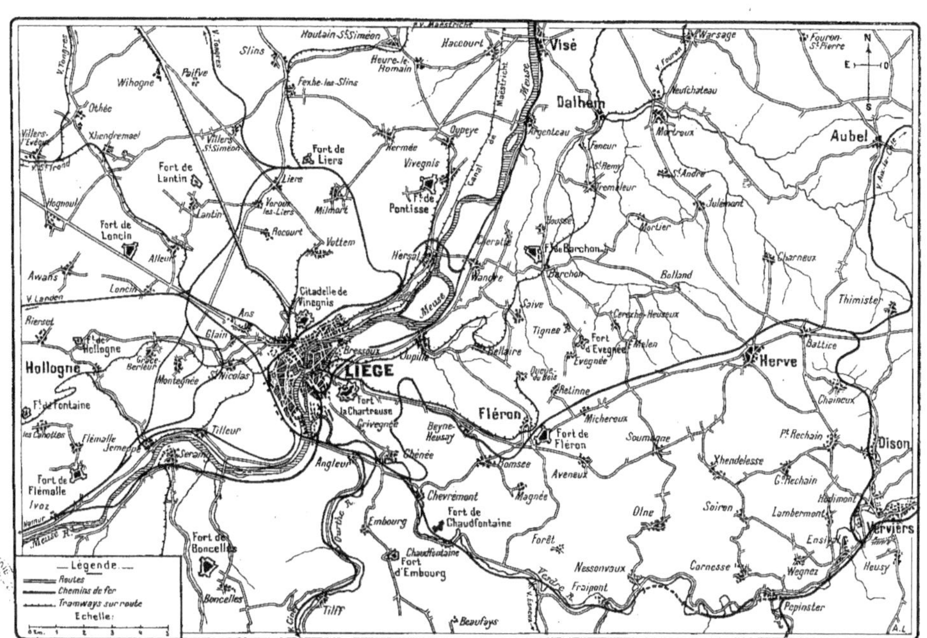

CARTE DES FORTS DE LIÉGE

qu'on fit intervenir l'autorité de l'empereur :

Après avoir reçu en audience le chef de l'état-major général, l'empereur a envoyé un adjudant au Zustgarden pour annoncer à la population la chute de *la forteresse de Liége*. Le public a accueilli cette nouvelle avec des acclamations enthousiastes.

Or, le même jour, presque à la même heure, Paris télégraphiait :

Les troupes allemandes sont entrées à Liége, mais aucun des forts n'a cédé et leurs canons continuent à commander toutes les routes. Le combat dans les rues est d'une violence extrême.

Le lendemain, de toutes parts, des dépêches arrivaient, confirmant cette seconde version. Mais, ainsi que l'observe dans une étude extrêmement importante sur la valeur des communiqués allemands, le colonel suisse Feyler, Berlin n'en veut pas démordre.

Les démentis français relatifs à la prise de Liége sont des mensonges, mandait l'agence Wolff le 10 août.

Et pour aggraver la nouvelle fausse en la précisant, l'agence Stefani télégraphie :

Après le coup de main tenté par l'avant-garde, la forteresse belge a été prise le 7. Une place forte de premier ordre, avec quatorze forts avancés pourvus de toutes les défenses de la technique moderne, de cuirasses de protection en ciment armé, de canons de gros calibre, défendue par une forte garnison, construite par le général Brialmont, le plus grand ingénieur de notre temps, est entre les mains des Allemands.

Tant d'insistance mettait en méfiance alors que les télégrammes français et belges niaient la prise des forts. C'est alors que le chef du grand quartier général, von Stein, intervient et donne la caractéristique des futurs communiqués allemands par un libellé où la vérité est adroitement mêlée au mensonge.

Une longue note explicative, destinée à couvrir l'empereur, épilogue sur des réalités trop évidentes :

Les renseignements venant de France ont alarmé les populations allemandes, en prétendant que 20.000 Allemands ont succombé devant Liége et que la ville n'est pas en notre pouvoir. On espérait donner crédit à cette insinuation par la décoration théâtrale de la Légion d'honneur à la ville de Liége. Les populations peuvent être convaincues que nous ne taisons pas les insuccès et ne nous exagérons pas les succès... Aujourd'hui, nous pouvons sans péril faire un récit de la prise de Liége ;

chacun pourra se faire juge des nouvelles sur nos prétendus 20.000 morts.

Nous avons employé quatre jours à amener successivement devant Liége de petites forces, parce qu'une entreprise aussi audacieuse ne devait pas être rendue manifeste par une concentration de troupes considérables. Si nous avons atteint le but désiré, nous le devons à la bonne préparation et à la valeur de nos troupes, à la direction énergique et à l'assistance de Dieu.

Les difficultés, pour nous, ont consisté en un terrain défavorable, ainsi qu'en la participation hypocritement mise en œuvre de toute la population, y compris les femmes : on tirait sur nous des anfractuosités de terrain, des villages et des forêts ; on tirait aussi sur les médecins qui soignaient les blessés et sur les blessés eux-mêmes. Des localités entières ont dû être détruites pour briser la résistance de l'ennemi, avant que nos vaillantes troupes *aient passé la ceinture des forts* (il n'est plus question de la prise des forts) et se soient emparés de la ville. *Il est exact qu'une partie des forts est encore occupée,* mais ils ne tirent plus. Sa Majesté n'a pas voulu prodiguer le sang de ses soldats pour un assaut des forts. On peut attendre l'arrivée de l'artillerie lourde pour les bombarder successivement et tranquillement, sans sacrifier un homme pour le cas où les garnisons des forts ne se rendraient pas auparavant... Les troupes belges qui défendaient les forteresses étaient plus nombreuses que les nôtres (!) en sorte que chacun peut apprécier l'importance de l'opération qui est unique !

Un autre communiqué annonçait la capture de 3 ou 4.000 soldats belges. Or, une place qui se rend ou qui est prise, laisse entre les mains de l'assaillant plus de 3 ou 4.000 prisonniers.

Voici, maintenant, le commentaire du colonel Feyler sur cet ensemble de communiqués :

« On retiendra surtout deux choses, une confirmation, en date du 12, de la version française taxée de mensonge le 10, et une double équivoque : la première équivoque roule sur la confusion entre les mots « ville » et « forteresse ». La vérité exacte est celle exprimée par la dépêche de Paris. « Les troupes allemandes sont entrées à Liége, mais aucun fort n'a cédé. » La seconde équivoque intéresse les forts eux-mêmes... Si les témoignages qui ont pu être recueillis depuis le mois d'août sont exacts, le premier fort de ceinture qui soit tombé serait le fortin de Chaudfontaine que son commandant aurait fait sauter *le 13 août.* Le communiqué allemand étant de la veille, 12 août, on voit ce que signifierait cette phrase : « Il est exact qu'une partie des forts

SOLDATS BELGES EXAMINANT LES PASSEPORTS A L'ENTRÉE D'UN VILLAGE

sont encore occupés. » Cette *partie* serait la *totalité*, à l'exception de deux vieilles constructions sans valeur défensive, à la lisière de la ville et qui ont été occupées en même temps qu'elle » (1).

Nous reviendrons, par la suite, sur la chute successive des forts de Liége. Il est nécessaire de relever, d'abord, ce que la cruauté allemande faisait de la riche campagne, des faubourgs populeux qui entourent la ville, et finalement de la ville elle-même.

NOUVELLES ATROCITÉS Le vénérable Fléchet, membre du parlement belge, maire de *Warsage*, qui ne quittait pas son écharpe, avait été, en somme, assez bien impressionné par le passage des premières troupes allemandes. Le 5 et le 6, les choses

allaient de mieux en mieux : les soldats mangeaient, chantaient, embrassaient les enfants, emportaient des œufs durs dans leur bissac. Mais le 6, les nouvelles de la résistance de Liége se répandant, les histoires de francs-tireurs et de mutilations horribles circulaient avec intensité parmi la troupe. Un lieutenant d'un régiment mecklembourgeois se tenait près d'une villa dont les volets étaient clos. Tout à coup, un coup de fusil fut tiré et le lieutenant tomba frappé d'une balle effilée qui, d'après sa forme, provenait sans doute d'une arme de guerre. Ce fut le signal d'un hourvari furieux. La villa fut fouillée; on n'y trouva personne ; elle fut brûlée. Les soldats se répandaient dans le village criant : *manhat geschossen* ! (on a tiré !). Ils se mirent à incendier les maisons : deux vieillards qui n'avaient pu s'enfuir furent tués ; on les retrouva assis au coin de l'âtre, le buste un peu incliné.

1. Colonel F. FEYLER, *Avant-propos stratégiques*. Genève, in-8°, p. 15.

LE PONT DES ARCHES A LIÉGE

Le vieux maïeur, les lèvres tremblantes, assistait au désastre. Il marcha, d'un pas ferme, au-devant du capitaine et voulut parler. Mais l'autre, d'un geste brutal, lui fit signe de se taire. Douze otages furent arrêtés parmi la population consternée. Les soldats criaient : « A mort ! Qu'on les fusille tout de suite ! » On conduisit les otages au camp de Mouland, à 6 kilomètres de Warsage. Deux jeunes filles arrivèrent de Berneau : on venait de fusiller leur père sous leurs yeux, leur mère avait été blessée au sein d'un coup de baïonnette. Elles étaient folles de douleur et levaient vers le ciel leurs mains suppliantes.

L'officier donna l'ordre à six des prisonniers de se lever. On procéda à un interrogatoire sommaire. Tous protestèrent de leur innocence. Un fou, nommé Tcheux, répondit *oui* à toutes les questions qu'on lui posait. Cela suffit ; les six hommes furent conduits à cinquante mètres du groupe ; on leur enleva leur veston, on leur fendit la chemise par derrière pour mettre le dos à nu ; on tira et ils tombèrent la face contre terre... Ce que fut, pour les otages et pour les populations terrorisées qui les avaient suivis, « la nuit de Mouland », seul, un récit complet pourrait en donner l'idée.

« Au petit jour, les otages virent passer, sous bonne escorte, six hommes du pays parmi lesquels ils reconnurent Hector Gelen et Joseph Soxhelet de Warsage et un vieillard de Berneau ;

ils se rendaient au supplice, la corde au cou. Trois autres malheureux, Dumont de Warsage, Bruyère, le maïeur de Berneau, Michel Pousset de Mouland furent massacrés. On ne retrouva leurs cadavres que six mois après.

« Le maire de Warsage passa la nuit à supplier les officiers, essayant de sauver ses compatriotes ; il eut l'idée de dire que, quand il dirigeait une usine en Allemagne, il avait, une fois, chassé avec le prince, futur empereur Guillaume : ce souvenir lui sauva la vie. Il fut relâché, après de longues heures de tortures, avec un jeune homme dont il répondit. Les autres « otages » furent pendus. Ces deux furent les seuls qui échappèrent à la mort (1). »

Dans la plupart des villages et des villes qui environnent Liége, partout ce sont des scènes pareilles et, le plus souvent, sans même l'excuse ou le prétexte d'un coup de fusil qui puisse être attribué à la population civile. La plupart du temps, quand les coups de feux éclatent, ils viennent des soldats, soit ivres, soit pris d'une panique subite, tenant sans doute à l'état nerveux qu'ont créé l'émotion des premiers combats, la hantise des récits romanesques et des instructions sanguinaires.

Au pont de *Chanxhe*, on entend une fusillade dans la nuit du 5 au 6 août. Les soldats alle-

1. J'analyse le récit émouvant publié par Louis Piérard dans le *Mercure de France* (t. CXII, 1er sept. 1915, p. 84 et suiv.) : « La nuit de Mouland ».

CIVILS BELGES CONDUITS AU POTEAU D'EXÉCUTION PAR DES SOLDATS ALLEMANDS

mands déclarent que l'on a fait des signaux lumineux et que les francs-tireurs ont commencé à les canarder. D'abord, pillage, — les soldats savaient que c'était le premier acte et le plus profitable du drame destiné à tirer vengeance des « francs-tireurs », — donc pillage, puis incendie, puis massacre. Une dizaine d'hommes périrent.

Dix encore, au moins, à *Poulseur* : on a les noms. A *Lincé,* on relève trente-trois noms : un enfant de 9 ans, Alphonse Servais, un de 11 ans, Félicien Balthazar, un vieillard de 74 ans, Nicolas Ninane.

Aux trente-trois de Lincé, il faut ajouter douze noms d'habitants d'un hameau voisin, *Sprimont.* En outre, deux femmes sont mortes de terreur et deux hommes sont devenus fous. Un coup de fusil avait-il été tiré ? Nulle en-

quête, nulle preuve. « Les innocents payent pour les coupables. »

A *Louveigné,* c'est la « quinzaine rouge ». Passage de troupes dans le calme jusqu'au 7 août : « Le vendredi 7 août, l'état-major du 59e revient à Louveigné avec une partie du 73e. Un soldat alsacien dit : « Hier, nous avons reçu une terrible tripotée devant les forts de Liége. » Les Allemands avaient, en effet, l'air sombre et rageur. A midi arrivent ceux qui avaient brûlé et tué à Lincé ; ils pillent les débits de boisson, malheureusement nom-breux ; beaucoup de soldats sont en état d'ivresse. De droite et de gauche, des coups de feu sont tirés ; et les officiers de crier : « Les civils tirent ! Il y a des francs-tireurs ici ! » On arrête une douzaine d'hommes, entre autres des vieillards de soixante-quatorze et de quatre-vingts ans, et, comme toujours, le curé de la paroisse. Coups de pied, coups de poing, bras en l'air... menaces de mort !...

A 7 heures, les incendiaires se mettent à l'œuvre : benzine, goudron, pastilles, fusées. On arrête soixante-douze habitants. On tire. On tire. Les Allemands obligent le curé à enterrer les cadavres les plus affreux. Soixante-dix-sept maisons sont brûlées, vingt-neuf habitants tués. Plus tard, le 9 février 1915, les Allemands ont ouvert une enquête à Louveigné, cherchant en vain à découvrir un acte d'agression de la part des habitants.

Non loin, le village de Battice est anéanti parce que l'on y trouve trois hommes qui ne payent pas de mine : trente-cinq tués. A leur arrivée, les soldats avaient dit : « Vous, ici, tous capout ! »

Nous avons, à *Battice*, une de ces fameuses histoires de curé tirant du haut du clocher avec une mitrailleuse, histoire qu'il est important de relever parce que d'autres, absolument identiques, vont, au dire des Allemands, se reproduire simultanément, en Belgique, en Lorraine, dans les Vosges, etc., comme s'il était possible qu'en Belgique ou en France les curés aient eu des mitrailleuses à leur disposition et en aient fait usage. Il s'agit d'une de ces accusations inventées de toutes pièces, prévues dans les manuels de guerre et qui sont absolument discriminées par le simple fait qu'elles se répètent dans les mêmes termes, aux mêmes moments, sur plusieurs points à la fois. La vérité est qu'il y avait un mot d'ordre identique donné aux différentes armées.

Pour le curé de Battice, accusé selon la formule, on a démontré qu'il n'était pas dans le village à l'heure où on prétend qu'il tirait du haut de son église (1).

Autre légende : le bourgmestre, un vieillard

de soixante-douze ans, haranguant un major allemand, et lui souhaitant la bienvenue, aurait soudain, au beau milieu de son speech, tiré un pistolet de sa poche et abattu le major.

A *Herve, dès le 4 août*, le colonel du 165e avait menacé le bourgmestre et le curé sans provocation : « Depuis notre entrée dans le pays (quelques heures), on tire sur nos troupes. On l'a encore fait dans un coin de Herve. Les lois de la guerre autorisent des représailles : incendie, fusillade. Vous resterez nos prisonniers. » Le jeudi 6, après l'échec devant le fort de Fléron, on commence à brûler et à fusiller. Le 8 fut une journée sinistre. Des soldats arrivent d'Allemagne, surexcités par les calomnies atroces lancées systématiquement par la presse; on cite le 39e régiment de réserve. La foule, prise de terreur, se masse dans les couvents, dans les ambulances; les maisons flambent, la troupe tire sur les maisons, sur tout ce qui passe dans les rues. « Durant toute la journée du samedi, les tueries marchent de pair avec les incendies. Au milieu de ces scènes barbares, une femme Hendricks se jette à genoux devant les Allemands, en élevant un crucifix : ils la tuent. Rue Jardon, ils emmènent à la mort un vieillard, un « innocent », des jeunes gens de seize et treize ans. » Total, rien que dans le village, sans compter les hameaux, trente-neuf tués.

Le général von Klück ou von Glück (est-ce le chef d'armée connu ?) et son état-major viennent s'installer dans la villa de M. Philippart, la plus jolie habitation de Herve. Le duc de Schleswig-Holstein, beau-frère de l'empereur, est présent. On est dans la vérandah.

Les otages se tiennent à l'entrée, le duc se promène autour de la table à laquelle les officiers sont assis.

— Je suis, dit-il aux Herviens, parent de votre roi et j'ai de bons amis dans votre pays. Mais, si on a tiré sur notre armée, des représailles sont nécessaires.

La résistance du fort de Fléron constitue, de la part du commandant, une barbarie inutile. Le commandant,

<hr>

1. Le journal catholique hollandais *De Tidj* publie dans son numéro du 4 mars 1915, un article intitulé : « Le curé de Battice ». « Le curé de Battice est accusé d'avoir organisé une attaque contre les troupes allemandes pendant qu'il portait le brassard de la Croix-rouge. Je connais personnellement le curé. Je suis convaincu qu'une instruction impartiale établira sa parfaite innocence. C'est un savant, un homme imbu de la science allemande. De son propre aveu, il prêchait,

le 3 août, à ses paroissiens : « Vous n'avez rien à craindre, si « vous n'attaquez pas les soldats, ils ne vous feront rien. « Pensez-vous qu'ils vont piller les maisons, incendier le vil-« lage, assassiner les femmes et les enfants ? Les Prussiens ne « sont pas des sauvages. » On ajoute qu'il donnait en exemple leurs vertus chrétiennes. Et le bon curé dit, lui-même, assez naïvement : « J'affirme que la guerre a été nécessaire pour m'ouvrir les yeux. »

BOURGEOIS ET OUVRIERS BELGES CONDUITS AU SUPPLICE
PAR DES SOLDATS ALLEMANDS (1)

peut-être veut mourir en soldat ? Eh bien ! il mourra. Sacrifice inutile !

— Qu'en pensez-vous ? demande le prince à un membre du clergé.

— Je suis prêtre, répond celui-ci, et n'ai point de compétence ; mais le commandant, lui, doit bien connaître son devoir.

— Et que pensez-vous de la Belgique qui s'attire de tels malheurs ?

— Il s'agit de notre honneur national, prince, et mieux vaut périr tous que de le perdre.

— Beau sentiment, fait le prince, mais ce n'est que du sentiment.

Le général von Klück ne prononce pas un mot.

Le pillage, la saoulerie, l'incendie durent jusqu'au 21. On voulait que les habitants de la région fissent une démarche près du commandant du fort de Fléron, pour l'amener à se rendre.

« Après la traversée de Battice et de Herve la *fatale* grand'route d'Aix passe à la *Bouxhe*, hameau dépendant de *Melen* : ici furent assommés, égorgés et fusillés tous les hommes ; des familles entières, par exemple la famille Be-noît, le père, trois garçons de dix-neuf, dix-huit et seize ans, une fillette de douze ans ; la famille Cresson : le père, la mère, un fils de seize ans, un de treize, une fille de onze et une de sept ; la famille Lorquet : le père et quatre fils. Et les Brayeur, et les Weerts, et les Wislet, et les Weyenberg, et d'autres... » Cent vingt civils tombèrent à Melen, soixante-douze de la commune, presque tous de La Bouxhe, et quarante-huit des alentours. Aucun reproche ne fut articulé contre la population. Même le *man hat geschossen* ! ne fut pas prononcé.

A *Olne*, on fusille, parmi d'autres, le jeune vicaire, modèle de douceur et de bonté, âgé de trente-deux ans.

Le général von Emmich s'est installé à

(1) Le lecteur comprendra que le manque de netteté de ce document ainsi que du suivant est dû à ce que ces photographies n'ont pu être prises qu'à la dérobée ; malgré cela, elles ne perdent rien de leur réalité tragique et constituent un accablant réquisitoire contre les procédés des troupes allemandes à l'égard des populations civiles en Belgique.

Saint-Hadelin le 5 après-midi. Or, dès le 5 août, les violences commençaient. Comment croire que la présence du général en chef n'eût pas tout arrêté, s'il n'y eût eu un plan systématique et une pensée conforme à celle de l'état-major lui-même ? Le fort de Fléron tirait sur le village. On accuse les habitants de renseigner, par des signaux, les artilleurs du fort, distant seulement de trois kilomètres. On saisit l'instituteur, M. Warnier. Sa femme le suit, un enfant sur les bras ; elle conjure, elle supplie. « Sous ses yeux, on fusille son mari ; puis elle assiste, au milieu d'une scène de sauvagerie indicible, au massacre de ses enfants : ses deux fils tombent foudroyés, ses jeunes filles subissent le même sort... Immobilisée, elle entend les cris de la femme de Jean Naval qui tombe évanouie au moment où on va fusiller son mari, tandis que leur petit garçon, âgé de cinq à six ans, supplie : « Monsieur le soldat, ne faites pas de mal à papa ; il n'a rien fait ; il est si bon » ! (Somville, p. 98.)

A Saint-Hadelin, le service solennel célébré le lundi 9 novembre, à 10 heures et demie du matin, à la mémoire des victimes du massacre des 5 et 6 août (n'oubliez pas la présence de von Emmich à cette date) porte sur dix noms de tués, le 5 août, sur le Fawen, quarante-trois noms de tués, tous le 6 à Riessonsart, sept noms de tués dans les Heide d'Olne le 6 août, deux noms de tués aux environs.

A *Magnée*, tuerie sous la mitraille ; à *Romsée*, entre Fléron et Chaudfontaine, vingt-sept tués, hommes, femmes, enfants, sans parler du curé de Forêt et de deux de ses paroissiens. « Les gens du village, les mains liées derrière le dos, étaient poussés devant l'artillerie allemande qui tirait sur eux. » A *Retinne*, massacre les 5 et 6 août : quarante et un noms sur la liste funèbre. A *Micheroux*, une dizaine de tués ou carbonisés. On cite le dialogue entre un habitant du pays né en Allemagne et des soldats : « Vous tuez plus de civils que de soldats, ce n'est pas la guerre cela ! — C'est vrai. Mais si nous avions exécuté les ordres à la

lettre, là où nous passons, il ne resterait plus un être vivant, ni pierre sur pierre. »

Carnage à *Soumagne*. Scènes terribles. Femmes affolées se jetant sur les fusils en criant : « Tuez-nous donc ! » Les exécuteurs répliquaient : « C'est celui-là votre mari ! ... Eh bien, regardez ! » Et ils tiraient. Le prétexte : Vague allégation que « l'on a tiré »; 156 noms.

Comment dire les contre-coups terribles, les gens devenus fous, les enfants tués aux bras des mères, les orphelins pleurant sur des cadavres, et puis l'incendie, le pillage, le viol, tous les funestes compagnons de l'ivresse et de la fureur ? « Tandis que Hopa était conduit à Liége, Mme Hopa était restée avec ses quatre enfants. Tous cinq ont été retrouvés carbonisés dans les ruines de leur maison. Un témoin dit : « J'entendis les cris de la femme et des enfants, tandis que l'on disait : « Mettez le feu ! »

On a cité, ci-dessus, les événements de Warsage, de Berneau, de Mouland. D'autres témoignages confirment et aggravent les premiers. De même, pour Julémont, Saint-André, Evegnée, Jupille. Cette carte est pour toujours rouge de sang.

Selon le manuel de guerre et d'après les ordres antérieurs à l'entrée en Belgique, les officiers savaient en quels termes ils devaient interpeller le bourgmestre et les notabilités.

Barchon mérite une mention spéciale : ce sont les « horreurs de Barchon » ; le 14 août, vingt-six victimes. Les femmes sont d'abord menées au camp... plusieurs d'entre elles périssent dans les flammes. Le village comptait six cents habitants : c'est un désert. « Atrocités de *Blégny* » : dix, douze victimes, on ne sait au juste. « Avant d'articuler aucun grief, on pillait, on incendiait déjà ; le 5 et le 6, MM. Smets et Bonsang étaient assassinés. »

Le curé de Blégny est accusé, comme il le dit lui-même dans ses notes trouvées après sa mort, « d'avoir placé le téléphone dans la tour (installé par l'armée belge) et d'y avoir mis des soldats, avec mission de tirer sur les

UNE PREUVE DES PROCÉDÉS ALLEMANDS A L'ÉGARD DES CIVILS BELGES

Allemands » (c'est classique). On l'emmène d'abord, puis il est relâché. Mais, dans la nuit du 7, vers 1 heure et quart, on tire des coups de feu près de la maison. Fureur des officiers. « Ils ont encore tiré, les c... » La servante affirme qu'il n'y a plus d'armes dans Blégny. On emmène le curé. Sur la prière d'une sœur, on lui accorde le temps de dire sa messe, *et par ordre supérieur,* il est fusillé. On met le feu à l'église; Blégny est livré au pillage, à moitié détruit.

Un Suisse a raconté l'héroïque sacrifice d'un vieux prêtre des environs de Spa : un soir, dans le village occupé par l'ennemi, des coups de feu éclatent. Immédiatement, massacre de civils. Ce même fait se renouvelle : l'officier allemand arrête une vingtaine de personnes mais leur accorde la vie sauve si le coupable se désigne. Profond silence. Alors, un bon vieux prêtre à cheveux blancs, à la figure douce et tranquille, s'avance et dit : « C'est moi qui ai tiré. » L'officier ne fut pas dupe de ce sublime mensonge; très pâle, il demanda au vieux prêtre de jurer qu'il était bien le coupable et lui de répondre, levant la main : « J'en fais le serment. » Rapidement, *justice* fut faite.

Poursuivons : les fusillés du Pré-Clusin ; le massacre du Bois-la-Dame ; la tuerie de la rue du Pont; et *Visé!...*

Quant à la ville de Visé, quel horrible destin! A part un minuscule faubourg et un collège ayant servi d'ambulance aux envahisseurs, elle n'offre plus que ruine et solitude. Ses cinq à six cents maisons, ses curieux logis d'autrefois, son église ogivale, son hôtel de ville xv° siècle, ses établissements d'instruction et de charité, tout, absolument tout a péri. Sur 3.900 habitants, combien furent sacrifiés ? On l'ignore. Six-cents ont été traînés en Allemagne au milieu des violences, des simulacres d'exécution, des avanies et des crachats dont la gent tudesque est coutumière (1). Les autres, après avoir subi des semaines d'esclavage, de travaux forcés et de privations ont fui à l'étranger.

(1) Le journal *de Tiyd* dit à ce sujet que, déjà avant Aubel, beaucoup furent fusillés. Près de Berneau, une croix portait : « Hier, liegen 7 Einwohner von Berneau ». Or, la tombe ouverte, on reconnut 5 cadavres d'employés du chemin de fer de l'état belge de la gare de Visé. Les cheminots ayant ouvert une seconde tombe, trouvèrent encore 11 cadavres, pour la plupart appartenant au personnel de la gare de Visé.

Un mois après la catastrophe, quelqu'un que nous connaissons, se risquant à passer par Visé, ne rencontra d'êtres vivants que trois soldats : ils remontaient d'une cave un panier de vin suspendu par les anses à un fusil que deux d'entre eux portaient par les bouts.

Et voici le crime de Visé relaté par l'ennemi lui-même, dans le carnet du sous-officier Kœhn, du 2ᵉ bataillon de pionniers, 2ᵉ corps d'armée : « Dans la nuit du 15 au 16 août, le sapeur Gr... donna l'alarme dans la ville de Visé. Tout le monde est *fusillé* ou pris, et les maisons sont incendiées. On force les gens faits prisonniers à marcher au pas militaire. »

Il faut finir ! Autour de Pontisse, après le combat du 7 août, on releva à *Herstal* vingt-trois morts ; la terreur sévit pendant vingt jours dans ces faubourgs populeux ; à *Oupeye*, à *Hermalle-sous-Argenteau*, à *Haccourt*, le 18 août, vingt morts ; à *Hermée*, village florissant comprenant de grandes fermes, cent dix-neuf maisons sont brûlées. A *Heure-le-Romain* (*Ora* frontière des pays thiois ou flamands), c'est une chasse à l'homme. Les soldats ivres tirent, puis crient que l'on a tiré ! Ils savent bien que le pillage, la ripaille et le massacre sont au bout. Vingt-sept victimes (1).

Un soldat allemand, Adolf Schlüter, du 39ᵉ régiment de fusiliers, 7ᵉ corps de réserve, écrit froidement sur son carnet de route : « 12 août, Pepinster. Bourgmestre, curé et instituteur fusillés et maisons réduites en cendres. Nous reprenons notre marche. » Un autre soldat, Menge, du 74ᵉ d'infanterie de réserve, 10ᵉ corps de réserve : « Samedi,

15 août, départ d'Elsenborn. C'est en poussant un triple hourrah en l'honneur de notre empereur et aux accents du *Deutschland über alles* que nous franchissons la frontière belge. Tous les arbres abattus pour servir de barricades. Un curé et sa sœur pendus ; des maisons brûlées. » Un autre à Evezée, le 19 août : « Un enfant et une vieille femme reçoivent des coups de fusils. Un Belge blessé est emporté à demi mort. » Celui-ci, du moins, a un haut-le-cœur, il ajoute : « C'est répugnant et écœurant ! » (1)

VIOLATION DE LA NEUTRALITÉ LUXEMBOURGEOISE Nous laisserons les troupes allemandes masquer les forts de Liége et, après s'être emparé des passages de la Meuse, se répandre en Belgique. Tandis que les grandes armées chargées du mouvement tournant par l'aile droite se constituent, nous suivrons, sur le front occidental, des Ardennes à Belfort, l'ensemble des événements préliminaires qui déterminent les positions respectives et créent les premiers contacts.

En parcourant ce demi-cercle, nous rencontrerons d'abord un autre pays neutre, le Luxembourg.

La violation de la neutralité du grand-duché du Luxembourg et l'occupation de son territoire sont un fait connexe de l'offensive sur la Belgique et sur la France. Le Luxembourg s'enfonce comme un coin entre les deux frontières ; la vallée de l'Alzette, que commande l'ancienne ville fortifiée du Luxembourg et qui a donné tant de soucis à l'histoire européenne, est un point stratégique de la plus haute importance. Les Allemands avaient, depuis longtemps, combiné les moyens de tenir le Luxembourg en cas d'événements européens. Cependant, ils étaient liés par les engagements les plus solennels. Entendaient-ils les respecter ? Ou quel pré-

---

1. La plupart de ces détails, les chiffres, les noms sont un très court résumé de l'important ouvrage rigoureusement documenté de Gustave SOMVILLE : *Vers Liége. Le chemin du crime*. L'auteur a procédé à une enquête sur les lieux mêmes et près des habitants. Il relève les ruines, les tombes, les notes authentiques, quelques-unes émanant de source allemande, et dont l'ensemble ne peut laisser aucun doute. On peut les contrôler sur les autres récits annexés au texte et les documents officiels publiés par les gouvernements belge, anglais, français, américain, etc., etc. Le Livre blanc allemand ne fait, pour ainsi dire, aucune allusion aux événements qui se sont passés dans la province de Liége. Il glisse, sentant combien le sujet est délicat.

(1) *Les Violations des lois de la guerre par l'Allemagne*. Publication du ministère des Affaires étrangères. Carnets photographiés, *passim*.

UNE FERME BELGE INCENDIÉE PAR LES ALLEMANDS

texte allégueraient-ils pour les tourner ? (1)

En ce qui concerne la violation de la neutralité belge, l'Allemagne a, depuis les événements, essayé de faire état d'une prétendue entente militaire préalable par laquelle la Belgique s'était liéc à l'Angleterre, ce qui l'arrachait, pour ainsi dire, à la neutralité. L'allégation est sans valeur, nous l'avons démontré ci-dessus. La conduite de l'Allemagne à l'égard du Luxembourg suffirait, en tous cas, à démontrer l'intention arrêtée de la part de l'Allemagne de ne tenir aucun compte de ses engagements. Ici, nulle argutie ne peut pallier le fait brutal. Le Luxembourg et la Belgique sont traités pareillement : qui a envahi l'un a envahi l'autre; la mauvaise foi est une, il suffit de la constater.

Les engagements formels pris par l'Allemagne à l'égard du Luxembourg étaient les suivants : l'article 2 du traité de Londres, 11 mai 1867, stipulait la neutralité perpétuelle du petit État, neutralité *garantie* par les puissances signataires, dont la Prusse :

Le grand-duché du Luxembourg, dans les limites déterminées par l'acte annexé aux traités du 19 avril 1839, sous la garantie des cours de Grande-Bretagne, d'Autriche, de France, *de Prusse* et de Russie, formera désormais un état *perpétuellement neutre*. Il sera tenu d'observer cette même neutralité envers tous les autres états. Les hautes parties contractantes *s'engagent à respecter le prin-*

(1) Voir, au sujet de la situation faite au Luxembourg, le *Livre jaune* français, nᵒˢ 139 et suiv.; le *Livre gris belge*, nᵒˢ 41, 66, etc.; l'ouvrage de M. Wanspach : *Le Luxembourg neutre*, Paris 1900; deux articles très intéressants dans le *Journal de Genève* des 12 et 30 novembre 1914. — G. Nothomb, *Histoire belge du grand-duché du Luxembourg. L'esprit public et la situation dans le grand-duché* (*Correspondant* du 26 février 1915). — G. Wanspach, *Le grand-duché du Luxembourg et l'invasion allemande*. — J'ai eu recours, surtout, à l'excellent article publié dans la *Revue des Deux-Mondes*, nᵒ du 1ᵉʳ nov. 1915, par le comte F. de Jehay, ministre de Belgique : *Comment s'est faite l'invasion du grand-duché du Luxembourg.*

HALTE DE TROUPES ALLEMANDES

cipe de neutralité stipulé par le présent article. Ce principe est et demeure placé sous *la sanction de la garantie collective des puissances* signataires du présent traité, à l'exception de la Belgique qui, elle-même, est pays neutre.

Ce texte, cet engagement collectif des grandes puissances réglant dans un acte de confiance mutuelle cette difficile « question du Luxembourg », qui avait failli mettre le feu à l'Europe, était un grand progrès dans l'ordre européen. Une sagesse supérieure, résultant des leçons de l'histoire, rayait, en quelque sorte, une cause de conflit des plus dangereuses : une sorte de consolidation était donnée, sur ce point, à l'histoire des peuples civilisés.

Si ce texte ne suffisait pas, le Luxembourg était en droit d'invoquer un engagement beaucoup plus récent et plus strict encore.

Le ministre d'Etat du Luxembourg, M. Eyschen, répondait au ministre de Belgique, manifestant quelque inquiétude sur les intentions de l'Allemagne :

Nous sommes tranquilles; nous avons pris nos précautions. Lisez l'article 2 de la convention du 11 novembre 1902, entre le grand-duché du Luxembourg et l'empire allemand, renouvelant et prorogeant le contrat d'exploitation des chemins de fer Guillaume-Luxembourg : « Le gouvernement impérial s'engage *à ne jamais se servir* des chemins de fer luxembourgeois, exploités par la direction générale impériale des chemins de fer d'Alsace-Lorraine, pour le transport de troupes, d'armes, de matériel de guerre et de munitions, *à ne pas en user pendant une guerre dans laquelle l'Allemagne serait impliquée,* pour l'approvisionnement des troupes, d'une façon incompatible avec la neutralité du grand-duché, et, en général, *à ne causer ou tolérer,* à l'occasion de l'exploitation de ces lignes, aucun acte qui ne fût en parfait accord avec les devoirs incombant au grand-duché *comme état neutre* » (1).

Tout y était cette fois. Non seulement le territoire, mais les lignes de chemins de fer

(1). Les Allemands étaient vraiment les maîtres du réseau luxembourgeois; déjà le *13 juin 1914,* un train complet de réservistes du 8ᵉ d'artillerie allemand avait été transporté des Trois-Vierges à Thionville. Les abords du grand-duché recevaient, depuis quelques années, des aménagements extraordinaires, à Karthaus, à Trèves, à Ehrang; partout des quais de débarquement; à Wasserlisch, un vaste camp avait été construit.

étaient protégées. Si jamais un engagement fut clair, net, scellé, bouclé, actuel et conscient, c'est celui-là.

Et maintenant, voici les faits.

Ce fut seulement le lundi 3 août à 18 heures 45 que l'ambassadeur de Schœn remit à M. Viviani le document comportant la déclaration de guerre. Or, d'après les sources allemandes elles-mêmes, le samedi 1ᵉʳ août, dans l'après-midi, *donc avant toute déclaration de guerre,* « trois automobiles allemandes chargées d'officiers et de soldats » étaient arrivées à la petite ville d'Ufflingen, avaient passé la frontière, occupé la gare des Trois-Vierges et arraché les rails en territoire luxembourgeois, sur une longueur de 150 mètres. La voilà bien, la convention des chemins de fer !

Et voici, maintenant, la convention de neutralité. *Dans la nuit du 1ᵉʳ au 2 août,* des corps de troupes franchissaient la frontière à Wasserbilliz, à Remick, à Diekirch, etc., etc. A cinq heures du matin, le 2 août, des officiers allemands, arrivés en automobile, pénétraient dans la ville même de Luxembourg. Vers neuf heures du matin, un train blindé comprenant neuf wagons et un truck chargé de rails pénétrait dans la gare. Une compagnie du génie (ou une compagnie du 69ᵉ régiment, selon les sources allemandes) commandée par un capitaine, avait ordre d'occuper la gare et les lignes de chemins de fer.

A partir de ce moment, ce fut un torrent de troupes qui inonda tout le territoire. Si l'on en croit les sources allemandes elles-mêmes, 800.000 hommes ont traversé ou pénétré par le grand-duché, soit en chemin de fer, soit à pied pendant les six premières semaines de la guerre.

L'empereur Guillaume établit son quartier général dans la ville même de Luxembourg du 2 au 29 septembre, marquant ainsi quelle importance stratégique il attachait à l'occupation de ce territoire. Le pays était consacré, pour ainsi dire, à la garde du puissant monarque : il habitait dans la maison du ministre

PAYSANS BELGES PLEURANT DEVANT UN DES LEURS EXÉCUTÉ PAR LES ALLEMANDS

allemand en Luxembourg. « Pendant le jour, des agents de la police secrète en costume de sport; pendant la nuit, de nombreux projecteurs placés sur les collines avoisinantes veillaient sur l'empereur. Une mitrailleuse placée sur le toit de sa maison était prête à tirer pour repousser n'importe quelle attaque. »

Les routes, les voies ferrées, toutes les ressources du grand-duché furent occupées ou réquisitionnées par l'état-major allemand comme choses d'Allemagne.

Inutile d'alléguer des raisons : la force suffit. M. de Jagow, chargé par sa fonction d'être le grand parjure de la parole allemande, s'adresse en ces termes le 2 août, au gouvernement du Luxembourg : « Les mesures militaires sont devenues inévitables *à notre plus grand regret,* par le fait que nous avons des nouvelles certaines, d'après lesquelles les troupes françaises *sont en marche sur le Luxembourg...* En présence du péril imminent, nous n'avions, malheureusement, plus le temps d'en aviser préalablement le gouvernement luxembourgeois. »

Le tour est joué. Mais, comment ces maîtres de la civilisation allemande ne se disent-ils pas que violant ainsi une parole donnée solennellement, ils se mettent dans cette situation qu'aucun engagement pris par eux n'aura plus dorénavant aucune valeur, aucun crédit, qu'ils ne pourront jamais traiter avec une autre puissance et qu'ils mettent le monde et surtout leur propre pays en état de guerre pour jamais ?

Les troupes qui envahissent les premières le Luxembourg appartiennent au 8ᵉ corps (Trèves). Une proclamation reproduite ci-dessus (t. II, p. 216, note) émanant du général Tulff von Tschepe und Weidenbach, commandant de ce corps, a été imprimée *d'avance* à Coblentz (1). Elle affirme, à double reprise, que les troupes françaises ont violé la neutralité du Luxembourg. Le fait est reconnu faux, le

3 août, par M. Eyschen, ministre d'État, à la Chambre luxembourgeoise; l'allégation est notoirement mensongère. Le général n'ose faire afficher la proclamation; mais il ne peut ressaisir les exemplaires que son chauffeur a déjà distribués. Toute la pratique est ainsi dévoilée.

D'après les traités, le Luxembourg ne dispose de nulle force armée. Une troupe de 300 gendarmes est chargée de la police. Le major de cette troupe reçoit l'ordre de mettre son automobile en travers de la route de Trèves pour protester contre l'envahissement du territoire (1). Dans la gare, on avait disposé quelques wagons vides. Le président du Conseil des ministres du Luxembourg protesta solennellement devant la Chambre des députés, le 3 août 1914. Ces mesures et ces manifestations furent vaines.

Le peuple du Luxembourg ne voulait pas être allemand ; en 1890, lorsque l'hérédité avait appelé au pouvoir un prince allemand, le grand-duc Adolphe de Nassau, il avait introduit dans son chant national, *Der Feierwon,* après le vers :

> *Mîr welle bleine wat mîr sin,*
> Nous voulons rester ce que nous sommes,

l'autre vers très net :

> *Mîr welle jo Keng Preise gin.*
> Nous ne voulons pas devenir Prussiens.

Eh bien! ils étaient Prussiens, de par la volonté de la Prusse, signataire du traité consacrant leur indépendance. Leurs protestations étaient vaines : ils n'avaient qu'à obéir.

Le sort des petits États touche aux plus puissants intérêts de la politique mondiale. Les petits États ont-ils droit à la vie? Dans quelles conditions peuvent-ils vivre? Quel danger font courir aux pays indépendants les dynasties régnant sur des États plus puissants ? En un mot, dans quel sens l'avenir réglera-t-il la question des États Tampons et des neutralités ?

---

(1) Voir ce qui est dit, ci-dessus, au sujet de la proclamation relative à la soi-disant « guerre des francs-tireurs belges » (p. 113).

(1) C'est sans doute la présence de cette automobile de la cour sur le pont du Bock qui donna lieu à la légende d'après laquelle la grande-duchesse aurait barré elle-même l'entrée de sa capitale aux troupes de l'invasion.

GABRIEL HANOTAUX
de l'Académie Française

HISTOIRE ILLUSTRÉE
DE LA
GUERRE DE 1914

24 PAGES DE TEXTE ET D'ILLUSTRATIONS

FASCICULE
Nº 33

L'ÉDITION FRANÇAISE ILLUSTRÉE
(GOUNOUILHOU, Éditeur)
8, Boulevard des Capucines, Paris

PRIX NET
1 franc
ÉTRANGER, PORT EN PLUS

A NOS LECTEURS

 vec le fascicule 27 a commencé le tome III de l'*Histoire illustrée de la Guerre de 1914;* les deux premiers volumes parus ont donné l'exposé des faits historiques et diplomatiques qui ont précédé et amené la guerre, et qui engagent si lourdement la responsabilité de l'Allemagne. Il était nécessaire de faire connaître et comprendre les causes profondes qui ont déchaîné ces formidables événements.

Le volume III a commencé le récit de la guerre proprement dite. Les opérations militaires y sont exposées sur tous les fronts au fur et à mesure qu'elles se sont déroulées. Grâce à la quantité innombrable de documents parus ou inédits qu'il s'agissait de réunir, de compulser, d'étudier, l'historien est parvenu à s'arracher à la confusion des premières heures. Par les renseignements qu'il a recueillis, par les travaux d'enquête et de recherches auxquels il s'est livré, par les conversations qu'il a eues avec les personnages officiels et les hommes politiques de l'Europe entière, il a approché, d'aussi près que peut le faire un contemporain, de la source où peut se découvrir la vérité sincère et impartiale.

Si le lecteur veut bien considérer l'importance que l'auteur a donné à l'exposé qui ne forme que le prologue, il comprendra les proportions qu'exige la suite du récit. Toutes les questions y seront abordées de front et le drame se déroulera dans son ampleur magistrale.

L'*Histoire illustrée de la Guerre de 1914* va donc mettre à la disposition du lecteur l'instrument qui lui permettra d'atteindre la raison profonde des faits militaires qui ne peuvent manquer d'assurer le triomphe de la Justice et de la Civilisation.

L'ENTHOUSIASME DES SOLDATS BELGES ALLANT DÉFENDRE LA PATRIE MENACÉE

Une région stratégique des plus importantes est occupée sans coup férir, par une puissance belligérante sans scrupule. Elle usurpe ainsi un avantage incontestable pour le développement ultérieur de la guerre. Les troupes allemandes s'accumulent dans ce bastion du Luxembourg. Nous les retrouverons bientôt prenant de flanc les armées françaises au moment où elles essayent de protéger le territoire belge traîtreusement envahi. Il n'est pas exagéré d'affirmer que le sort de la « bataille des frontières » dépendit de l'occupation hâtive et félonne du grand-duché du Luxembourg. L'Allemagne y gagne ces avantages et bien d'autres; le Luxembourg, résigné d'avance à une triste docilité, y perd son indépendance et, probablement, par la suite, sa véritable sécurité.

Comment ne pas répéter la fière remarque de l'homme d'Etat belge faisant un retour sur la conduite de son propre pays : « En laissant à qui de droit le soin de prononcer un jugement définitif, il sera permis à un Belge, qui éprouve une légitime fierté de la manière dont son propre pays s'est comporté, de poser tout au moins cette question : les partisans d'une prudente abstention ont-ils apprécié toute la valeur du service qu'un petit peuple, matériellement impuissant, mais grandi par une noble audace, aurait pu rendre à la cause de la justice ? »

CHAPITRE V

LA GUERRE SUR LA FRONTIÈRE FRANÇAISE
LE HAUT COMMANDEMENT
LES PREMIÈRES RENCONTRES

*Le Général Joffre, commandant en chef. — Les Incidents sur la frontière.
Le Théâtre des opérations. — Occupation des cols des Vosges.*

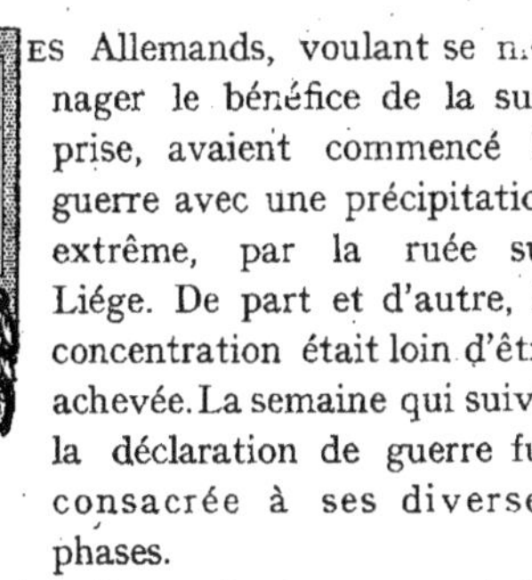

LES Allemands, voulant se ménager le bénéfice de la surprise, avaient commencé la guerre avec une précipitation extrême, par la ruée sur Liége. De part et d'autre, la concentration était loin d'être achevée. La semaine qui suivit la déclaration de guerre fut consacrée à ses diverses phases.

Cependant un certain nombre d'actes préliminaires se produisent qui, sans avoir l'importance du mouvement sur Liége, affirment les premières positions et poussent les premières pièces sur l'échiquier. Nous allons les relever sur toute l'étendue du champ de la guerre, y compris le front maritime, dans leur soudaine éclosion qui sert de prélude aux plus grands événements.

LE GÉNÉRAL JOFFRE Le 3 août, le général Joffre, commandant en chef des armées du Nord-Est, quittait Paris pour se rendre sur la frontière. Ce départ ne faisait que rendre manifeste un état de choses résultant d'une série de décrets (20 janvier 1912 — 14 mai 1912 — 28 octobre 1913 — 2 décembre 1913) sur l'organisation du haut commandement et de l'état-major de l'armée.

Dans le système de la nation armée et sous un régime républicain, la question du haut commandement était, pour ainsi dire, résolue d'avance : la loi désigne le chef.

On ne devait pas voir une autorité dynastique entraver ou alourdir, de sa présence dans les états-majors, le fonctionnement des institutions militaires ; on ne devait pas voir un prince impérial, plus ou moins compétent, s'imposer au commandement d'une armée; par contre, aucune crise révolutionnaire n'ayant apporté un trouble quelconque à l'ordre public, la désignation se faisait dans des conditions normales et qui réfléchissaient le calme profond des esprits, la confiance universelle du peuple dans l'armée et dans ses cadres.

L'armée française avait pour chefs désignés les généraux que la sélection militaire avait, d'avance, sortis du rang. S'il est vrai que le haut commandement, en cas de guerre, représente l'état de civilisation d'un peuple, cette loi de l'histoire est pour ainsi dire reconnue et codifiée dans les décrets réglant la question : le général commandant des armées françaises est, en somme, choisi automatiquement, par la simple application du règlement; ce choix se trouve pour ainsi dire préparé et justifié d'avance par des mérites

RIVESALTES, VILLE NATALE DU GÉNÉRAL JOFFRE

et par des services reconnus ; il est garanti par la signature des chefs attestant les titres à chaque échelon de la carrière ; il est enfin accepté par les pairs, puisqu'ils sont soumis eux-mêmes à ce procédé de sélection.

Le général Joffre est un Français de vieille souche, un montagnard des Pyrénées, ayant, paraît-il, dans ses veines, par sa mère, quelques gouttes de sang picard. Issu de ces deux provinces frontières, il a reçu, par la tradition familiale et par l'éducation, l'acquis accumulé de la culture française avec un apport latin et méridional très prononcé.

Il est né à Rivesaltes, Pyrénées-Orientales (6.000 habitants), à neuf kilomètres de Perpignan (1). Ses ancêtres vivaient dans la petite ville depuis un temps immémorial, vignerons et commissionnaires en vins, de père en fils, comme tout le pays. Joseph-Jacques-Césaire

Joffre vint au monde le 12 janvier 1852, troisième d'une famille de onze enfants. Nous savons tous en France ce qu'est cette vie des vieilles familles locales dans nos bourgs aux rues paisibles qui ne sont le plus souvent que des villages agrandis.

Les conditions faciles d'une vie modeste, d'excellentes mœurs familiales, l'autorité des mères, leur tendresse active, leur esprit de vigilance et d'épargne, leur religion grave sans nul mysticisme, l'indifférence profonde aux joies et aux passions qui agitent les grandes villes et le monde moderne, l'attachement tranquille de tous au devoir domestique, tandis que le père s'efforce et travaille pour nourrir la maisonnée, tout cela se répète dans des millions de foyers. Onze enfants ! Mᵐᵉ Joffre la mère, née Catherine Plas, avait fort à faire, dans sa maison modeste et tranquille de la rue des Orangers.

L'enfant reçoit les premières notions de l'enseignement primaire à Rivesaltes ; de là, il est envoyé au collège de Perpignan. La charge

(1) V. *Le Général Joffre,* par G. Blanchon, Blound et Gay. — *Le Général Joffre,* par Alphonse Séché, Sansot. — Une bonne étude dans le *Correspondant* du 10 décembre 1914. — *Journal de Genève,* 11 janvier 1915, etc.

est lourde pour les parents ; l'enfant le sent. Il se met au travail avec une solidité lente, une tranquillité soutenue et presque bovine, le col penché sur le sillon de manière à le poursuivre toujours tout droit, sans arrêt, sans détour, jusqu'au bout.

Bonnes études, prix dans les classes, prix au concours, éducation classique, comme on l'entendait alors : du grec et du latin, du français et des sciences. A seize ans, l'élève a reçu tout le bagage que la province peut lui offrir. Les poumons pleins de l'air de la montagne, l'esprit imprégné des fortes traditions provinciales dans cette cité de Perpignan, qui semble un témoin attardé des luttes épiques de Charlemagne contre les Maures d'Espagne, les yeux illuminés de cet horizon de montagnes et de ces clairs soleils du Midi, il emporte une riche provision de santé, du souffle, un optimisme naturel, et il arrive à Paris, à l'âge de seize ans, pour préparer le concours d'admission à l'Ecole polytechnique. N'est-ce pas la suite normale des choses pour un fils de la petite bourgeoisie française à cette date, c'est-à-dire à la fin du second empire, un an avant la guerre de 1870 ?

Joffre est reçu à l'Ecole polytechnique en 1869, avec le numéro 14, à l'âge de 17 ans. La même aisance calme que ce gros garçon à l'œil bleu et au poil blond apporte à tout ce qu'il fait, lui ouvre sans peine cette porte où tant d'autres s'épuisent à frapper en vain. Fort en mathématiques, en dessin, en géométrie descriptive, il se laisse distancer, pourtant, dans une sorte d'indifférence qui suit les rapides succès. Il n'est pas ambitieux ; la belle humeur méridionale s'épanouit en l'heureux jeune homme au contact du quartier latin.

Tricorne sur l'oreille, habit à la française, pantalon à la double bande rouge, épée en tangente, cape à l'espagnole, le *pipo*, arrivé jeune, pouvait souffler un peu : cette détente est d'un bon naturel. Les bûcheurs se sentent toujours de la bûche : ce brave et heureux garçon est déjà humain. La guerre éclate et le voici entraîné soudain dans le tourbillon des choses sérieuses et des grandes choses. Le sang coule, Paris flambe, un régime s'écroule, un régime naît. Joffre fait la guerre comme sous-lieutenant : il se nourrit de la moelle des lions, c'est-à-dire du malheur de la patrie.

Après la guerre, il achève ses études à l'école de Fontainebleau, sort avec le numéro 2 dans l'arme du génie ; il est employé à la réparation des forts qui entourent Paris. Le voilà qui remue de la terre ; déjà, du haut de ses talus, il calcule les conditions des offensives et des défensives futures. On raconte que le président, maréchal de Mac-Mahon, visitant les travaux, entouré de son état-major, fit appeler un jeune lieutenant silencieux et modeste qu'on lui désignait, et dit à Joffre : « Je vous félicite, *capitaine !* » Capitaine à vingt-quatre ans !

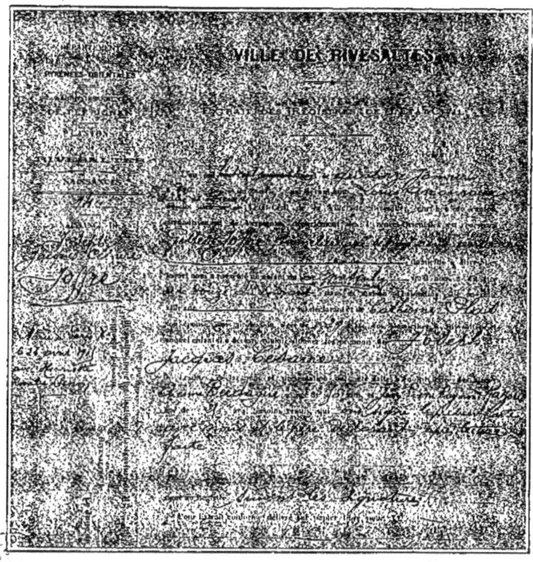

L'ACTE DE NAISSANCE DU GÉNÉRAL JOFFRE

Joffre, frappé jeune par un malheur intime, se jette dans cette belle et noble aventure qui séduisit tant d'hommes vigoureux de sa génération, les expéditions coloniales.

Entre deux grandes guerres, les guerres coloniales furent le stade et le gymnase d'entraînement qui maintinrent le Français alerte et dispos; le soldat y conserva ses réflexes de débrouillard et l'officier y entretint ses qualités de commandement. La caserne et la manœuvre ne vaudront jamais le plein air du risque et des responsabilités.

Courbet décora Joffre en 1885 : quel rapprochement! Après treize ans passés avec, sur la manche, les trois galons de capitaine (ce qui exclut toute idée de hâte ou de favoritisme), Joffre est promu chef de bataillon et passe au régiment de

LA MAISON OU EST NÉ LE GÉNÉRAL JOFFRE

chemins de fer : le futur stratège des voies ferrées se forme là. Moltke avait dit : nos états-majors ressemblent à des administrations de grands réseaux. Le fonctionnement normal du règlement préparait Joffre aux responsabilités qui l'attendaient en faisant de lui un polytechnicien, d'abord, puis un terrassier, puis un colonial, puis un technicien des horaires.

Maintenant il faut qu'il s'exerce au commandement des hommes et à l'exercice direct des responsabilités. C'est encore aux colonies que cette voie lui est ouverte. Joffre construisait le fameux chemin de fer de Kayes à Bafoulabé, ligne initiale de notre empire africain du nord-ouest; au même temps, Bonnier opérait sur Tombouctou. Joffre reçoit l'ordre d'organiser une colonne pour l'appuyer. Bonnier est surpris, tué, sa colonne dispersée dans les conditions que l'on sait. Joffre apprend le désastre : de concert avec le lieutenant de vaisseau Boiteux, maître de la voie fluviale, il marche pour le réparer, franchit 813 kilomètres et arbore les couleurs françaises sur la capitale du Niger algérien.

Joffre est le conquérant et l'organisateur de Tombouctou (12 février 1894). M. Félix Dubois, analysant les conditions de cette conquête, écrit en 1900 : « Dans le lointain des temps futurs, je vois Tombouctou apparaître lettrée, riche, reine du Soudan, telle qu'elle se dessine dans le lointain des temps passés, telle que son panorama en donne l'illusion au voyageur des temps présents. » A partir de ce moment, Joffre appartient à l'histoire : c'est un organisateur, un vainqueur, un chef.

Lieutenant-colonel, on lui confie le poste de secrétaire de la commission des Inventions; il connaît là le monde de la science et se fait apprécier par lui : ce sont encore de nouveaux horizons. Comme cette vie, par le simple fonctionnement d'un mécanisme fortement conçu, se modèle et se cisèle dans les moindres détails !

Joffre, colonel, reçoit une autre mission de confiance : c'est lui qui organise, dans l'île de Madagascar, notre position militaire de l'océan indien, Diego-Suarez. Là encore, il commande, il dirige, il prévoit. Il passe à la direction du génie, devient, comme général de brigade, gouverneur de la place de Lille. Il commande une brigade d'artillerie *parce qu'il fallait* qu'il sût l'artillerie ; comme général de division, il commande une division d'infanterie *parce que* l'infanterie est la reine des batailles. Il commande le 2e corps d'armée à Amiens et entre au Conseil supérieur de la Guerre en 1910. On sait, dès lors, qu'en cas de guerre, il sera appelé à un grand commandement : il se prépare.

En 1911, M. Millerand, ministre de la Guerre, le désigne comme chef d'état-major des armées. Il sera donc le futur généralissime. Une carrière bien remplie l'a porté au sommet, en pleine force, à 58 ans.

Les services ont seuls parlé jusqu'ici. Une fois seulement, le major général, accomplissant un devoir de sa charge et s'adressant à la jeunesse militaire, a exprimé l'essence de sa pensée et de son caractère par des paroles : c'est dans le discours vraiment magistral qu'il prononça, en 1913, à l'occasion d'une réunion de polytechniciens.

Rompant une fois, une seule fois, le silence, le chef muet analyse avec une force singulière ce qui est l'objet de sa constante préoccupation, les conditions de la victoire : à savoir le nombre, la vigueur et, surtout, la préparation :

La préparation dépend de nous : En période de paix, il faut travailler à être prêts et cela comporte une immense besogne d'organisation...

Ah ! certes, il est facile de représenter comme sacrifiées les ressources consacrées à des œuvres militaires, de dire que le métal employé aux canons est une matière perdue, alors que transformée en outils, elle serait féconde ; de proclamer gaspillé le temps passé à la caserne et aux manœuvres !... Un incident, un malentendu peut-être surgit : les partis de la guerre s'agitent ; les bonnes résolutions sont oubliées et l'on court aux armes.

Malheur, alors, à ceux qui ne sont pas prêts.

Or, *être prêt* comporte à notre époque une signification dont pouvaient difficilement avoir idée ceux qui ont préparé et guidé la guerre de jadis.

Il ne s'agit plus de réunir une armée de métier plus ou moins nombreuse, plus ou moins renforcée par des levées hâtives : il serait illusoire de compter sur le seul élément populaire, dépassât-il en intensité celui des volontaires de la Révolution, s'il n'était pas secondé par une organisation préalable. La moindre lacune peut amener un désastre.

Pour *être prêt* aujourd'hui, il faut avoir, par avance, orienté avec méthode, avec ténacité, toutes les ressources du pays, toute l'intelligence de ses enfants, toute leur énergie morale, vers un but unique, la victoire. Il faut avoir tout organisé, tout prévu. Une fois la guerre commencée, aucune improvisation ne sera valable... Il faut avoir pris les dispositions les plus minutieuses et les plus sûres pour que l'ordre d'appel aux armes touche tous les intéressés, pour que chacun sache où il doit se rendre et comment il s'y rendra, pour qu'il trouve là ses chefs, ses armes et ses effets, pour que les unités soient transportées sur les points de concentration avec leur matériel. Déjà la lutte, bien que lointaine encore, est effectivement engagée entre les adversaires, lutte de vitesse, lutte d'ordre, lutte d'intensité. A cette armée organisée, outillée, instruite, rassemblée, prête à agir, il faut des chefs de guerre et des chefs de services, *imbus les uns et les autres d'une doctrine nationale de guerre.* Cette doctrine, basée sur les enseignements du passé et sur le progrès scientifique sera adaptée aux qualités et au tempérament de notre race et formulée en règlements larges et précis...

JOFFRE

ÉLÈVE DE L'ÉCOLE POLYTECHNIQUE

UNE VUE DE TOMBOUCTOU OU LE GÉNÉRAL JOFFRE FIT UN LONG SÉJOUR

Mais ni l'organisation matérielle de l'armée, si parfaite fût-elle, ni son instruction, si accomplie qu'on l'eût réalisée, ne sauraient suffire à assurer la victoire, si à ce corps intelligent et fort une âme venait à manquer. Cette âme, c'est le patriotisme, sentiment magique qui fait franchir tous les obstacles, supporter toutes les fatigues, accepter la discipline nécessaire et braver tous les dangers par ceux qui ont la conviction profonde, sincère, inébranlable que « le salut de la patrie est la suprême loi .

L'homme qui s'exprime ainsi n'est ni un théoricien, ni un pédagogue. Pour une fois qu'il parle, il le fait en réaliste et en homme de cœur : les livres n'ont fait que l'effleurer ; sa formation est toute personnelle et intérieure. Il est resté l'enfant de Rivesaltes ; c'est un simple, un fort, un prévoyant. Si sa parole eût été entendue dans l'orage des paroles vaines qui retentissait en ces temps lointains !... On sent que tout a poussé en lui au vent de la vie, selon la leçon de la nature et des faits. La conscience, l'intelligence et l'expérience se sont formées de pair et marchent du même pas. Il est facile de voir maintenant comment ce fils de la vieille France et ce fils de son temps fut, par le fonctionnement naturel et normal de toutes les forces et de toutes les préparations nationales, porté à sa place, c'est-à-dire au premier rang !

Nous suivrons le général à l'œuvre. Sur l'homme, voici quelques traits notés d'un crayon rapide : « L'impression est beaucoup plus favorable que celle que l'on attendait. La figure a une douceur et une distinction que l'on a quelque peine à démêler dans les portraits qui, généralement, l'alourdissent et l'épaississent. L'affabilité, le calme, l'humanité apparaissent comme les caractères distinctifs d'une nature forte, tranquille et grave. Il est impossible de juger par un entretien, même s'il porte sur les matières les plus diverses, les qualités spéciales et techniques d'un chef d'armée ; mais les qualités morales transpercent. Sur l'objet spécial de la conversation, qui motive une réponse immédiate, un bref résumé, et les ordres sont donnés avec bonhomie et précision. Nulle négligence, mais nul souci d'un détail excessif : un doigt posé sur un clavier ; c'est *juste* et cela résonne longuement. Sur le fond des choses, aucun faux optimisme, une considération grave des ensembles. C'est bien *le général* puisqu'il se tient au général. Le souci est frappant de ne s'attacher qu'à l'urgent et au nécessaire ! La conversation sort du sujet, s'étend et s'élargit d'un mouvement naturel et doux, comme une eau s'étale. Paroles simples, pleines de sens et de saveur. On ne peut dire si le génie stratégique est là, mais, à coup sûr, le bon sens supérieur et l'excellente qualité d'âme s'y trouvent. »

Les événements qui vont se dérouler donneront la mesure du général Joffre. D'avance, on peut reconnaître en lui quelques-unes des vertus maîtresses de la race, le jugement, la finesse, la solidité. Le soldat français a laissé, généralement, une autre impression dans l'histoire : on le voit brillant, brave, pimpant, chevaleresque : « il a du panache ». Mais cette image ne remplit pas tout le cadre. La verve, la grâce, l'esprit ne suffisent pas pour définir le génie français; Rabelais, La Fontaine et Voltaire ne représentent qu'un de ses profils; il y a l'autre, dessiné par les méthodiques, les puissants et les lents : Descartes, Pascal, Corneille, Pasteur. Parmi les hommes de guerre, on oppose Turenne à Condé, Catinat à Vendôme, Davoust à Murat. La nature a choisi la place de Joffre : elle l'a mis du côté des graves et des silencieux. C'est un esprit pondéré, remarquable par l'équilibre, par ce que

LE CAPITAINE JOFFRE
(EN 1883)

nos pères appelaient la *judiciaire*. La préparation est complète, nous l'avons vu, mais le caractère est encore supérieur à la préparation.

Il est à peu près démontré que la guerre moderne devait être, surtout, non une guerre de manœuvres, mais une guerre de positions, la machine et le matériel devaient y être les adjuvants constants de l'intelligence et du courage : l'art de l'ingénieur et du terrassier devait y reprendre, comme dans les anciens temps, une importance prédominante. Napoléon avait bousculé les méthodes séculaires selon le caprice de son téméraire génie. Il avait tout changé, tout bouleversé. Il faisait la guerre « avec les jambes de ses soldats ». Moltke était un chef de l'école napoléonienne, mais déjà plus lent, plus attaché au sol : il avait deviné et même inauguré le règne de la machine.

Après lui, la guerre qu'on appelait « napoléonienne » était impossible. La puissance des armes nouvelles, leur épouvantable destructivité, l'inévitable recherche des abris rendaient de l'actualité à la guerre de positions. Pour conduire cette nouvelle guerre, il fallait un génie moins brillant peut-être mais plus stable, moins inventif mais plus appliqué, moins entreprenant mais plus résistant. Encore convenait-il que le nouveau chef de guerre fût capable de se plier aux enseignements de la réalité, sût renoncer aux formules toutes faites et apprît, en quelque sorte, son métier sur le terrain. Une fois de plus, la terre allait enseigner la guerre : celle-ci allait prendre son empreinte sur le sol s'adaptant lui-même aux conditions nouvelles de l'attaque et de la défense.

Pour ces circonstances, il fallait, avant tout, des qualités robustes : la ténacité, la patience, le sang-froid; mais il fallait aussi un esprit prompt et souple, capable de s'adapter et d'arracher aux faits obscurs, en pleine action et en pleine émotion, leur leçon, aux problèmes posés, et selon la manière qu'ils se posaient, leur solution. Il fallait que le général fût un maître de la réalité. Une expression pascalienne et cornélienne, une expression française s'il en fut, désigne cette qualité maîtresse : la *raison*.

On a dit de Joffre : *une raison d'or en barre*. Ce serait tout, s'il ne fallait ajouter une belle humeur gauloise et, pour ses troupes de Français héroïques, la vertu du cœur, la bonté. On ne commande pas une « nation armée » comme une armée de mercenaires. Pour conduire ces enfants, il faut les aimer. Dès le premier jour, Joffre touche l'âme de ses troupes par son désintéressement, sa réserve douce, sa justice envers les grands, sa bonhomie indulgente pour les humbles. Sortant du peuple, il est peuple dans l'exercice des plus hautes facultés humaines : ces traits sont presque insaisissables sur le visage fermé : mais le cœur des hommes ne s'y trompe pas et les lit dans la douceur du regard.

La démocratie française reconnut un chef à son image. Le généralissime Joffre réalisait la parole de Bossuet : « Sa grande sagesse entretenait cette union des soldats avec leur chef qui rend une armée invincible : elle répandait dans les troupes un esprit de force, de courage et de confiance qui

leur faisait tout souffrir. » Bientôt les soldats s'accoutumèrent à nommer ce général : *le père*.

LE COMMANDANT JOFFRE
(EN 1889)

LES PREMIERS INCIDENTS DE FRONTIÈRE

En même temps qu'ils accomplissaient en hâte la fructueuse opération de l'occupation du Luxembourg, les Allemands, même avant que la guerre fût déclarée, tâtaient, pour ainsi dire, sur plusieurs points, la préparation française.

L'ordre formel avait été donné par le ministère de la Guerre français aux commandants de secteurs, lors de la mise en place des troupes de couverture (1), de ne laisser dépasser sous aucun prétexte et par aucun élément une ligne distante de la frontière de 10 kilomètres environ (télégr. du 30 juillet).

Deux jours plus tard, quand les premiers actes de violation de frontière furent commis par les Allemands, 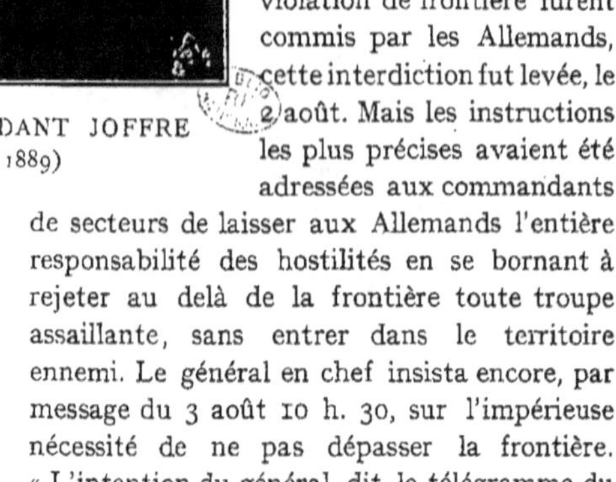cette interdiction fut levée, le 2 août. Mais les instructions les plus précises avaient été adressées aux commandants de secteurs de laisser aux Allemands l'entière responsabilité des hostilités en se bornant à rejeter au delà de la frontière toute troupe assaillante, sans entrer dans le territoire ennemi. Le général en chef insista encore, par message du 3 août 10 h. 30, sur l'impérieuse nécessité de ne pas dépasser la frontière. « L'intention du général, dit le télégramme du 2 août, est de ne passer à l'offensive générale que quand ses forces seront réunies. »

La déclaration de guerre à la France est, comme on le sait, du 3 août à 18 h. 45. Le 4 août 1914, à 8 h. 45, un télégramme n° 41, signé « Messimy », notifiait aux généraux com-

(1) V. *Nouvelle Revue*, 1er octobre 1915. Cap. P. P. : « Mobilisation de couverture. » (N. E. du fort de Roppé.)

mandant les corps d'armée frontière que la guerre était déclarée; ce télégramme interdisait de la manière la plus formelle de pénétrer sur le territoire de la Belgique et de la Suisse et tout vol d'aviateur au-dessus de ces territ oires

Le même jour, à 10 h. 40, partent du ministère des télégrammes ainsi conçus (1) :

Télégrammes aux 2ᵉ, 6ᵉ, 7ᵉ, 20ᵉ, 21ᵉ corps.

La guerre est déclarée.

L'Italie a fait une déclaration officielle de neutralité complète.

L'Allemagne va tenter par de fausses nouvelles de nous amener à violer la neutralité de la Belgique et de la Suisse.

Il est interdit rigoureusement et de la manière la plus formelle, jusqu'à ce qu'un ordre contraire soit donné, à toutes nos troupes de pénétrer, même par des patrouilles et de simples cavaliers, sur le territoire de la Belgique et de la Suisse ainsi qu'à tout aviateur de survoler ces territoires.

Et le général Joffre attend, de parti pris, le lendemain 5 août 1914, à 12 h. 20, pour télégraphier à son tour :

Le Général commandant en chef aux généraux commandant les 20ᵉ, 2ᵉ, 6ᵉ, 7ᵉ, 21ᵉ corps.

La guerre ayant été déclarée, il n'est plus apporté aucune restriction aux opérations de couverture qui peuvent s'exécuter telles qu'elles résultent des missions attribuées aux différents secteurs.

(Spécial au 21ᵉ corps).

En conséquence, vous êtes autorisé à occuper les passages des Vosges, du col du Bonhomme à la trouée 'de Saales (inclus).

(Message téléphoné, confirmé par télégramme.)
J. JOFFRE.

Pour ampliation :
Le major général
BELIN.

Paris, le 5 août 7 h. 20,
7 h. 45 2ᵉ corps.

I. Avions et dirigeables français sont autorisés à survoler le territoire belge. Mais les troupes belges ayant hier encore l'ordre de tirer sur tous les navires aériens et le contre-ordre pouvant n'être pas connu de tout le monde, il importe que nos pilotes volent assez haut.

II. Des reconnaissances de cavalerie sont également autorisées à pénétrer en territoire belge ; mais elles ne peuvent être appuyées encore par de trop gros détachements.

Il importe de profiter, dès maintenant, avec discrétion, de cette autorisation en vue d'occuper au plus près de la frontière luxembourgeoise les routes partant du front Virton-Stavelot et se dirigeant vers l'ouest.

III. Recommandation expresse sera faite aux détache-

(1) *Violations des lois de la Guerre*, p. 25.

ments de se considérer comme en pays ami et allié, de n'exercer aucune réquisition avant que la convention en voie de conclusion ne soit connue, de ne rien acheter qu'à l'amiable et en payant comptant.

Le général commandant en chef
J. JOFFRE.

Nous reviendrons sur ces importants documents qui indiquent, dès le début, la haute direction que l'Etat-Major entend donner à la première partie de la guerre. Nous nous bornons à faire constater, en ce moment, le soin avec lequel toute violation de frontière est évitée du côté de la France.

Ajoutons que, par ses télégrammes subséquents, reproduits notamment dans une dépêche du 11 août, le général Joffre maintenait l'interdiction absolue de survoler le territoire suisse.

Or, tandis que les ordres étaient ainsi donnés et exécutés en toute rigueur du côté de la France, voici comment les Allemands, ayant déjà découvert leurs intentions par la violation du territoire luxembourgeois, procédaient de leur côté :

Le 2 août 1914, à 12 h. 45, une patrouille de sept dragons allemands passait la frontière près de *Vauthiermont*. Reçus à coups de fusil par les douaniers français, les dragons prenaient la fuite, emmenant, paraît-il, deux blessés.

Egalement le 2 août, vers midi et 1/4, au village de *Reppe* (bifurcation des routes de *Brechaumont* et de *Dannemarie*) une patrouille de cavaliers allemands s'avance au trot par la route de *Foussemagne* et charge sur la corde qui barrait la route. Les douaniers tirent. Un cavalier allemand tombe, est fait prisonnier; il appartenait au 22ᵉ régiment de dragons en garnison à Mulhouse.

Au poste de *Petit-Croix*, le 2 août à 8 h. 50, 25 Allemands tirèrent du territoire allemand sur les douaniers français qui se replièrent d'abord et puis répondirent par leur feu.

Le même jour, à 9 heures du matin, une patrouille composée d'une dizaine de cavaliers allemands se portait sur le village de *Chavanatte*, à deux kilomètres de la frontière, puis se dirigeait vers *Chavannes-les-Grandes*, où elle

LE GÉNÉRAL JOFFRE
COMMANDANT EN CHEF DES ARMÉES FRANÇAISES

fut accueillie par le feu des douaniers. A 10 heures, cette même troupe se trouvait à la ferme de *La Taille.* On vit des cavaliers allemands sur d'autres points aux environs (1).

Des faits analogues se produisaient à :

Chavannes-les-Grandes le 2 août à 11 h.

Boron	—	11 h. 15
Romagny	—	9 h. 40
Suarce	—	9 h.
Lepuix	—	8 h. 45
Courtelevant	—	9 h. 15
Faverois	—	9 h. 45
Lanfroicourt	—	17 h. 30
Létricourt	—	17 h. 30
Ban-de-Laveline	—	17 h.
Bezange-la-Grande le 3 août à		9 h. 30
Moncel	—	11 h. 30
Vaucourt	—	12 h.
Brin-sur-Seille	—	13 h,
Réchicourt	—	13 h.

La façon même dont les faits se massent indique qu'un ordre général a été donné.

Que voulait-on ? Que visait-on ? s'agit-il d'une démonstration préparant la fameuse « attaque brusquée» ? Nous serions sans doute plus près de la vérité, en voyant dans ces manifestations si ostensiblement provocatrices et *antérieures à la déclaration de guerre,* un effet de la volonté arrêtée de l'Allemagne de créer des incidents de fait pouvant servir de base à la déclaration officielle de M. de Schœn et à celle du chancelier Bethmann-Hollweg le 4 août; en un mot, le mystère consistait à en imposer au monde et surtout à l'opinion allemande en faisant croire que l'Allemagne était attaquée.

Voici, d'ailleurs, d'autres faits non moins probants établissant non seulement le fait matériel mais l'intention provocatrice; il ne s'agit plus de déploiement de forces en territoire français, mais d'action dans les villages eux-mêmes, sous les yeux des habitants qu'un mouvement de colère pou-

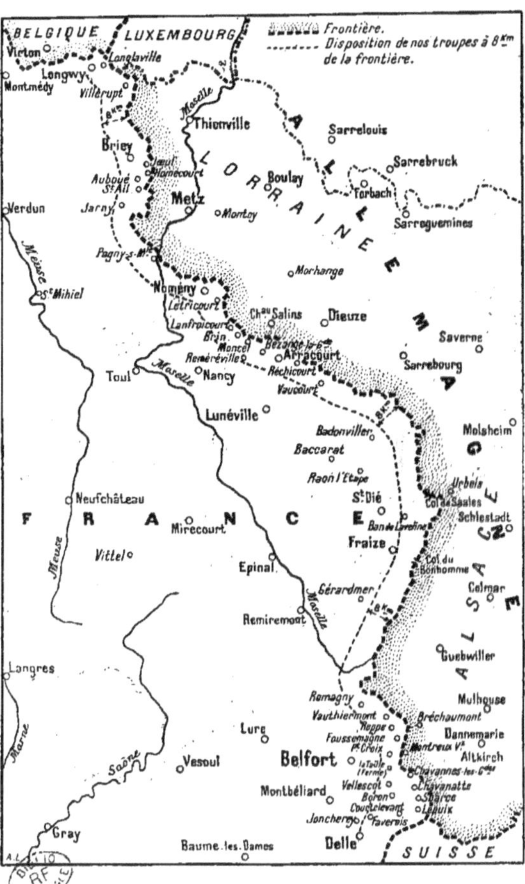

CARTE INDIQUANT
LES DIVERS POINTS DE NOTRE TERRITOIRE
VIOLÉS PAR LES ALLEMANDS

vait porter à des actes de légitime défense : Le 2 août, une colonne allemande venant du Luxembourg pénétra à *Long-la-Ville* et fut rejetée par le feu de la place de Longwy.

SOLDATS ALLEMANDS ET FRANÇAIS EN PRÉSENCE A LA FRONTIÈRE
AU COL DE LA SCHLUCHT

A *Nomeny* également, les uhlans pénétrèrent dans la ville, située à 5 kilomètres de la frontière et si cruellement anéantie quelques semaines après, les 20 et 21 août : « Le 2 août, la veille de la déclaration de guerre, deux uhlans allemands, franchissant la frontière vers 9 heures du matin, sont venus à Nomeny. Ces deux soldats avaient déjà, sans aucun doute, habité le pays, car ils ont salué, en les appelant par leur nom, un homme de Nomeny et un homme d'Abaucourt : « Bonjour, Nonon », ont-ils dit au premier, et au second : « Bonjour, Toussaint ». Ils sont repartis presque aussitôt, mais sont revenus avec cinq autres cavaliers dont un lieutenant. Ils se sont dirigés vers la gendarmerie. Trois gendarmes étaient dans la cour où ils faisaient le pansage des chevaux : les uhlans n'ont eu aucune peine à se saisir de ces hommes surpris ainsi désarmés. Le maréchal des logis, qui n'était pas dans la cour, a réussi à s'enfuir. Les uhlans ont emmené les trois gendarmes prisonniers » (1).

La provocation voulue et méditée n'est-elle pas évidente ? C'est, d'ailleurs, l'impression que l'on eut immédiatement sur les lieux. Une dame de Nomeny qui fait, dans une lettre à sa fille publiée par le *Figaro* (2), le récit du même incident, ajoute : « Crois-tu, quelle audace!... on nous affirme, à la mairie, que la guerre n'est pourtant pas déclarée! Alors, ces misérables *veulent donc la provoquer?* »

A *Moncel*, vers midi, le lundi, 3 août, dix cyclistes du 17e d'infanterie de Morhange entrèrent au bureau de poste, brisèrent les appareils et enlevèrent un sac de dépêches. Les uhlans les avaient précédés à la fron-

(1) Déposition de M. Barbe, rentier à Nomeny, dans *Les Violations des lois de la guerre par l'Allemagne*, I, p. 126.

(2) Numéro du 12 décembre 1914.

tière pour se renseigner en interrogeant les enfants sur la présence des troupes françaises.

Près de *Réméréville*, le même jour, une patrouille de cavalerie pénètre sur le territoire français à la tombée du jour. Le peloton, aperçu par des dragons français, est chargé vigoureusement et le lieutenant français tue de sa main le lieutenant allemand. Un uhlan blessé mourut à Réméréville; deux dragons français blessés furent emmenés à Nancy. On autorisa les Allemands à reprendre le corps de leur lieutenant.

Quelques incidents ont fourni matière à des récits plus ou moins légendaires, ainsi, l'histoire du lieutenant Mayer, commandant une patrouille allemande appartenant au 3e bataillon du 5e régiment de chasseurs à cheval qui aurait passé la frontière, le 2 août, à Joncherey près de Courtelevant (territoire de Belfort) et qui aurait été tué d'un coup de fusil après avoir lui-même fendu d'un coup de sabre la tête d'un soldat français. En fait, le lieutenant Mayer, d'après le journal de Colmar l'*Alsœsser-Kurier*, avait reçu l'ordre : « *Passez la frontière et faites un service d'éclaireurs dans la direction de Belfort en passant par Delle, pour établir où se trouvent les rassemblements de troupes.* » En exécution de cet ordre, il pénétra sur le territoire français et chargea un petit poste du 44e d'infanterie commandé par le caporal Peugeot. Peugeot fut blessé mortellement, mais il déchargea son fusil à bout portant sur le lieutenant Mayer qui fut tué. Peugeot est le premier soldat français victime de cette guerre. Il fut enterré, le 4 août, dans le cimetière d'Étupes, son village natal, au milieu d'un grand concours de population.

Pour des raisons stratégiques et industrielles qui devaient avoir sur le sort de la guerre, comme nous l'établirons par la suite, la plus haute importance, les Allemands avaient un dessein arrêté d'occuper, le plus tôt et le plus longtemps possible, le bassin de Briey.

A *Saint-Ail-de-Briey*, les Allemands étaient entrés, dès le 3 août, dans les fermes françaises, exigeant des paysans la livraison de leur bétail. Des scènes infiniment plus graves avaient lieu à *Jœuf, Homécourt* et à *Jarny*. Dès le 30 juillet, des fantassins allemands entrèrent par petits groupes à *Homécourt, Jœuf, Franchepré*. Les douaniers se retirèrent après avoir protesté; tous les mobilisables furent ramenés en arrière. Le samedi 1er août, un officier bavarois, casque en tête, descendit la côte de Montois : on reconnut le nommé Schneider, établi horloger à Franchepré. Il était entouré d'une troupe de soldats qu'on dit déguisés en douaniers français. La troupe pénétra dans la mairie d'Homécourt et s'empara des archives. Un détachement de Bavarois suivit, s'empara du maire, M. Hottier, et du curé, l'abbé Warin, celui-ci, sous le prétexte qu'il était à la tête d'une organisation d'éducation militaire. Il y eut, semble-t-il, une première rixe avec les ouvriers italiens travaillant aux usines. Quoi qu'il en soit, plusieurs Italiens furent fusillés les jours suivants à Auboué et à Jarny.

Voici le récit d'un Italien échappé aux événements :

« Il était environ 8 heures du matin, le 3 août, quand plusieurs bataillons du 68e d'infanterie allemande avec de la cavalerie et de l'artillerie pénétrèrent à Jarny, sans rencontrer grande résistance de la part des Français, peu nombreux. Les Allemands perdirent un homme tué et quatre blessés. Aussitôt ils accusèrent les habitants d'avoir tiré sur la troupe et, ayant fait appeler le maire et le médecin du pays, les Allemands ordonnèrent de réunir sur la place du village toute la population masculine. Les femmes et les enfants atterrés voulaient suivre les hommes, mais ils furent brutalement repoussés à coups de crosse, et plusieurs furent atteints de coups de baïonnette. Une femme nommée Giuseppa Trolli, qui s'opposait à ce que son mari se levât du lit où il était couché, gravement malade, cria aux Allemands : « Bourreaux et sauvages! » Elle fut blessée ainsi que l'enfant qu'elle tenait dans ses bras.

«Bachetta a ajouté que quelques jours après, on arrêta et fusilla les nommés Tron Giovanni, de Conegliano; Binesti Andrea, de Bologne; un garçon de treize ans, Enrigo Maffi, de Lugo; Zoni Amilcare, de Trévise, parce que voulant demander un laissez-passer pour être rapatriés, ils avaient interpellé le commandant du régiment allemand.»

A *Lunéville*, un aéroplane allemand lança trois bombes.

VUE GÉNÉRALE DE LONGWY

A *Suarce*, une fraction de cavalerie allemande du 5ᵉ chasseurs saisit les chevaux que le maire réquisitionnait et fit prisonnier leur conducteur.

A *Montreux-Vieux*, une compagnie cycliste allemande attaqua le poste français de douaniers et dut se replier.

Près de *Delle*, une incursion d'un escadron de cavalerie fut également repoussée.

Dans la nuit du 2 au 3 et dans la journée du 3, de nombreuses incursions et violations de frontière continuèrent à se produire.

A *Chavanatte*, au col d'*Urbeis* et à *Louchpach*, au col du *Bonhomme*, dans la région de *Fraize*, des patrouilles allemandes franchirent la frontière, détruisirent les cabines téléphoniques, coupèrent les fils télégraphiques et se retirèrent.

A *Vellescot*, trois reconnaissances d'officiers suivies d'un escadron furent repoussées par un escadron français.

A *Lepuix*, des détachements allemands firent des réquisitions.

Par contre, aucune incursion française n'eut lieu au delà de la frontière : la France était aussi soucieuse de respecter le droit jusqu'à la dernière minute que l'Allemagne était pressée de le violer.

Les deux systèmes opposés résultent, d'ailleurs, des déclarations officielles publiques, et toutes les tentatives de l'Allemagne pour voiler la vérité ne la laisseront apparaître qu'avec plus de force.

Dès qu'il fut informé, M. Viviani, ministre des Affaires étrangères, signalait à l'ambassadeur d'Allemagne, M. de Schœn, les violations de frontière systématiques et réitérées.

Le 4 août, il déclarait à la Chambre : « Dès le 2 août, les troupes allemandes franchissaient notre frontière en trois points différents. Depuis lors, les agressions se sont renouvelées et multipliées ; sur plus de quinze points, notre frontière a été violée; des coups de fusil ont été tirés contre nos soldats et nos douaniers; il y a eu des morts et des blessés. Hier, un aviateur allemand a lancé trois bombes sur Lunéville; des détachements allemands ont pénétré jusqu'à onze kilomètres en territoire français. Ces faits ont été communiqués aux grandes puissances, mais d'abord à l'Allemagne. »

L'ambassadeur d'Allemagne ne les dément pas, ne les discute pas; il n'exprime aucun regret et, le 3 au soir, il vient demander ses passeports en arguant, contre toute vérité, que des actes d'hostilité ont été commis par des aviateurs français en territoire allemand dans la région de l'Eifel et même sur le chemin de fer de Carlsruhe à Nuremberg (d'après une dépêche de l'agence Wolff du 2 août à 3 h. 15 après midi, ce dernier attentat serait du 2 au matin).

En outre, dans la presse, on semait des bruits d'agression de la part de la France pour justifier les mesures de mobilisation hâtives prises par l'Allemagne : on affirmait que des troupes françaises occupaient des localités allemandes : Gottesthal, Metzeral, Sainte-Marie et le col de la Schlucht; une force française avait franchi la frontière d'Alsace par Reppe (1).

Toutes ces allégations, après une enquête rigoureuse, ont été reconnues controuvées. Un aviateur français avait, il est vrai, touché terre près de Mulhouse et avait repris son vol sans attendre les autorités locales, mais c'est le seul cas où la frontière ait été franchie par un Français. (*Temps* du 5 août.) M. Viviani put en faire la déclaration formelle aux puissances et au parlement français et énumérer les cas précis de violation de la frontière française par les troupes allemandes.

Par contre, le chancelier, au Reichstag, le 4 août, fait, en ces termes, l'exposé des soi-disant violations de frontière de la part de la France : « La France nous a dit qu'elle res-

pecterait une zone de 10 kilomètres (cette promesse toute bénévole était évidemment subordonnée au maintien strict du *statu quo* des deux parts); or, des aviateurs munis de bombes ont survolé la Bavière (?), des patrouilles de cavalerie et des compagnies ont pénétré sur le territoire d'empire (Où ?). Donc, la France, malgré le non-état de guerre, a rompu la paix et nous a attaqués réellement (*Mouvement général*). Malgré l'ordre reçu, une patrouille allemande conduite par un officier du 14e corps a passé la frontière le 2; il est probable qu'elle fut anéantie : un seul homme est revenu. Tandis que nos violations se bornent à un cas (on sait la vérité), les aviateurs français passaient la frontière, jetaient des bombes, et les troupes françaises attaquaient nos postes frontières au col de la Schlucht (?). Nos troupes se sont conformées à nos ordres : voilà la vérité ! Nous sommes dans la nécessité... et nécessité ne connaît pas de loi. Nos troupes ont occupé le Luxembourg et foulent peut-être déjà le sol belge. » (*Mouvement et approbation générale*.)

Ainsi, les deux systèmes opposés apparaissent dans leur caractère et leur intention : d'une part, M. Viviani cite des faits précis et se contente d'une protestation au nom du droit.

D'autre part, le chancelier allemand allègue des faits sans précision, ou nettement controuvés, comme le survol des aviateurs en Bavière; il émeut son public par la façon dont il présente des incidents de frontière dont l'Allemagne seule est responsable (la patrouille anéantie) et quand il sent son auditoire au point, qu'il croit l'avoir persuadé que la France est l'agresseur, il sort tout à coup sa fameuse formule : *Nécessité n'a pas de loi*. Il déclare, sans vergogne, que le Luxembourg est occupé et la Belgique envahie !

On soutiendra, désormais, devant l'opinion allemande et devant l'opinion universelle que l'Allemagne a été attaquée !

Il est facile de comprendre quelle est la raison des violations de frontière systématiquement organisées dans les journées du 2 août et

____

(1) Sur ce qui s'est passé au nord-est de Belfort, nous avons le récit très précis, très minutieux du chef d'un détachement français. Capitaine P. P. : « Mon baptême du feu », dans la *Nouvelle Revue*, 1er octobre 1915.

CHASSEURS ALPINS DEVANT UNE FERME AU COL DU BONHOMME

du 3 août. On voulait un prétexte, on avait besoin d'une thèse : on se l'est fournie à soi-même de toutes pièces.

APRÈS LA DÉCLARATION DE GUERRE Nous avons indiqué ci-dessus les conditions de hâte avec lesquelles les armées allemandes opéraient dans le Luxembourg dès le 31 juillet et le 2 août et sur Liége dès le 4 août.

Si l'on envisage l'ensemble des frontières qui va devenir *le front*, on observe aisément que, de Liége à Belfort, cet ensemble forme une ligne nord-sud légèrement inclinée d'est en ouest et dont le centre est approximativement vers Longwy. C'est sur Longwy comme axe que la ligne de front va osciller pendant toute la durée de la guerre, l'Allemagne ayant envahi le Luxembourg pour atteindre le pivot, violé la neutralité belge pour se rapprocher de Paris, la France au contraire pénétrant en Alsace pour franchir le rempart des Vosges et se rapprocher du Rhin. Le mouvement de bascule est, dès le début, parfaitement caractérisé.

Les raisons stratégiques générales qui déterminent le commandement français aux initiatives qu'il va prendre sont les suivantes : La France a sa force, — sa force pour ainsi dire invincible, comme les événements le montreront, — sur la frontière de l'Est. Là se trouvent les camps retranchés de Belfort, Epinal, Toul, Verdun. Toul est la forteresse française la plus importante après Paris; centre de la défense orientale, elle possède une ceinture de forts dont le développement est de 115 kilomètres. Verdun compte soixante-quinze ouvrages qui occupent un circuit de 70 kilomètres. En arrière, au sud, se trouve le triangle défensif, Langres, Dijon, Besançon, dont les côtés ont respectivement 50, 60 et 70 kilomètres et qui constitue toute une région fortifiée ; vers l'ouest et protégeant Paris, c'est la Woëvre, les Hauts-de-Meuse, l'Argonne. En un mot, l'ensemble du massif s'appuyant sur Besançon, Dijon et montant jusqu'à Longwy formé comme une dent énorme solidement enracinée et qui pénètre dans la chair allemande dès que celle-ci se trouve portée en avant.

Dans cette région, la mieux préparée du territoire français, une armée, de toutes la plus solide et la plus exercée, l'armée de l'Est, est massée, consciente de son rôle, de sa tâche, de son devoir. Région armée et armée régionale s'appuyant l'une l'autre, forment le véritable boulevard du pays.

Déjà le fait de leur existence a, comme nous l'avons démontré, imposé à l'Allemagne le plan général de sa manœuvre et l'a contrainte à chercher vers le nord les larges espaces et les mouvements à grande envergure, au risque de s'épuiser dans un effort excessif et en tous cas, avec la certitude de soulever deux hostilités nouvelles : celle de la Belgique et celle, — implacable et finalement décisive — de l'Angleterre.

La force de la France est donc dans l'Est : il est logique que le commandement français pense d'abord à se servir de sa force.

On a lu plus haut le télégramme adressé par le général Joffre aux généraux commandant le 20e corps, le 2e, le 6e, le 7e et le 21e corps, le 5 août 1914 à 12 heures 20 : « La guerre ayant été déclarée, il n'est plus apporté aucune restriction aux *opérations de couverture* qui peuvent s'exécuter telles qu'elles résultent des missions attribuées aux troupes des différents secteurs. » Et pour le 21e corps spécialement : « En conséquence, vous êtes autorisé à occuper les passages des Vosges, du col du Bonhomme à la trouée de Saales » (inclus).

Cet ordre est un des éléments principaux de la *manœuvre de couverture*, telle qu'elle est conçue par le commandement français.

Tandis que la mobilisation s'achève et que la concentration s'effectue, une volonté se manifeste, celle de se servir des troupes de couverture pour affirmer, sur la droite, le mouvement de bascule tendant à se rapprocher du Rhin, tandis que la droite de l'armée allemande commence ce même mouvement en sens inverse par sa pénétration en Belgique.

Ce sont là, de part et d'autre, des préliminaires. Ni d'un côté, ni de l'autre, on ne se lance encore à fond. Il s'agit d'une préparation. L'armée allemande de couverture marche sur la Belgique et franchit la Meuse. L'armée française de couverture marche sur l'Alsace et franchit les Vosges : les deux opérations sont prévues et, en quelque sorte, normales : c'est l'importance et la quotité du mouvement qui produira une surprise à un moment donné et changera les conditions.

Les raisons qui déterminaient l'état-major français à dessiner un coup de main brusqué sur l'Alsace, combiné avec une avance en Lorraine, sont faciles à reconnaître.

En premier lieu, il obéissait à la doctrine de l'offensive qui était, par excellence, surtout dans les dernières années, celle de notre École de guerre.

Le règlement dit :

Seule, l'offensive peut procurer des résultats décisifs.

Et le lieutenant-colonel Colin interprète ainsi :

Les progrès des armes à feu favorisent sans cesse l'offensive... Le moindre obstacle permettait, il y a deux ou trois siècles encore, d'arrêter l'offensive ; elle ne trouve plus guère aujourd'hui de barrières qui la retardent...

Et plus loin :

L'esprit offensif le plus ardent et le plus résolu est nécessaire, mais sans se croire tenu à une offensive aveugle.

Le colonel Boucher, de son côté, estime que l'offensive peut être prise :

soit directement par l'assaillant, en allant à la rencontre de l'adversaire, soit indirectement par le défenseur en

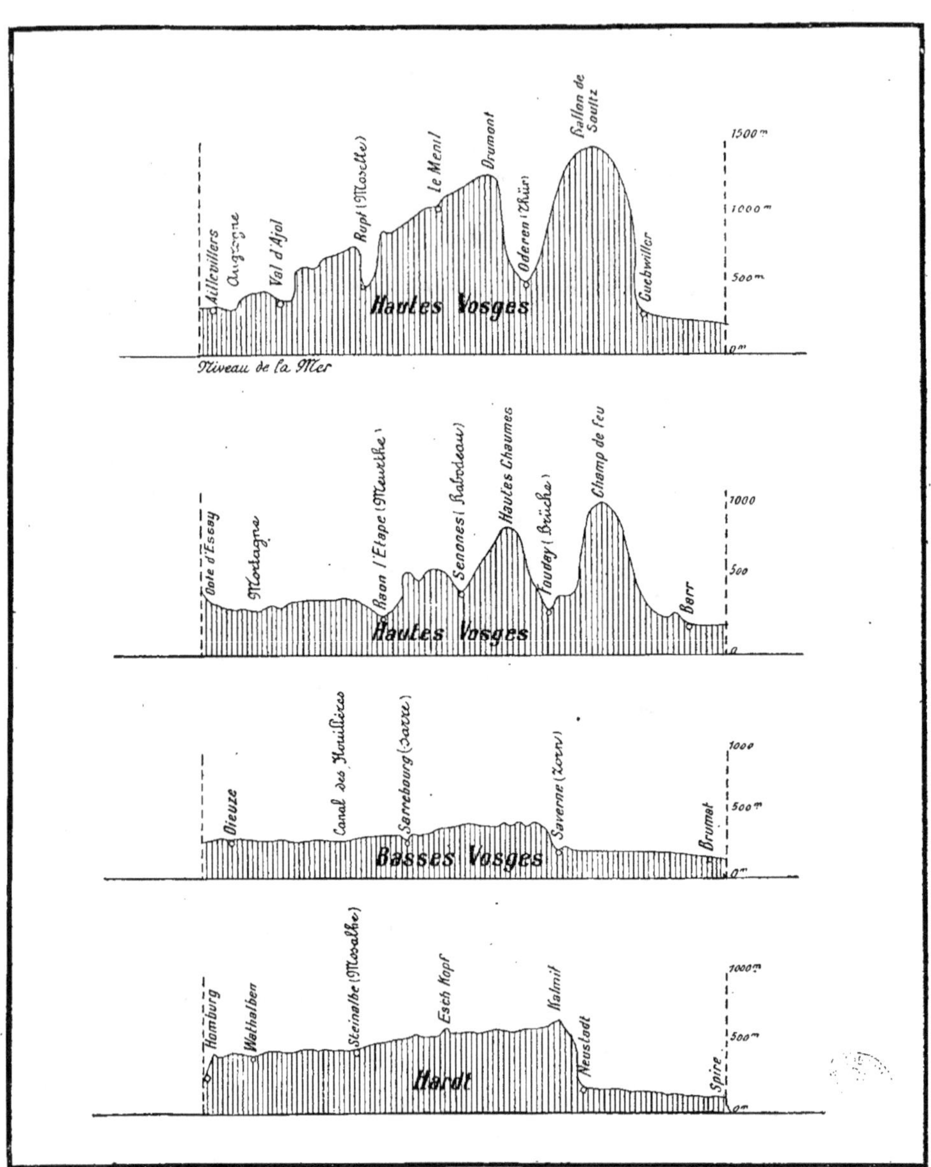

PROFILS TRANSVERSAUX DES VOSGES

CHASSEURS ALP^{ns} DANS LES VOSGES

contre-attaquant l'assaillant. La disposition de nos forces sur la frontière militaire Verdun-Epinal nous donne encore le moyen de prendre cette offensive indirecte dans les conditions les plus favorables.

Pour cet auteur, le point qui sera toujours décisif, c'est la Lorraine :

Nous devons, écrit-il, prendre sur le front, au moment où l'ennemi nous abordera, une contre-offensive de la plus grande énergie, d'autant plus énergique qu'elle peut et doit entraîner la décision.

Quant au général Foch, il écrit, lui aussi :

Le perfectionnement des armes à feu est un surcroît de forces apporté à l'offensive.

Et, selon la formule napoléonienne, il désire :

« imprimer aux opérations l'allure la plus foudroyante ».

Ailleurs, il affirme que :

« la forme offensive, qu'elle soit immédiate ou qu'elle succède à la défensive, peut seule donner des résultats ».

En deuxième lieu, dans la situation extrêmement défavorable de la frontière française vis-à-vis de la frontière allemande, seuls les cols des Vosges et la trouée de Lorraine s'ouvraient devant nous ; l'occupation des cols des Vosges présentait, tout au moins, l'avantage de protéger contre toute attaque de flanc l'offensive que nous aurions à diriger éventuellement sur Metz pour gagner la région de la Sarre, et le pays rhénan.

Au point de vue stratégique, deux avantages pouvaient résulter d'une prompte action dans l'Est, le premier de troubler la mobilisation, et, en même temps, la manœuvre générale des armées allemandes, les menacer sur leur flanc et sur leurs derrières, les forcer à maintenir sur les lieux des effectifs dont ils avaient besoin dans le nord et au centre ; le second avantage, si la manœuvre réussissait pleinement, consistait à se porter sur le Rhin vers Huningue et à menacer l'Allemagne du Sud, peut-être à couper par le duché de Bade les communications entre la Bavière et le gros des armées allemandes lancées beaucoup trop au nord et risquant de perdre leur équilibre.

L'ensemble de ces résultats ne fut pas atteint pour des raisons générales et des causes particulières que l'étude des faits va nous révéler ; mais le but ne fut pas non plus entièrement manqué et, malgré les alternatives et les diverses fortunes de la guerre, il n'en reste pas moins qu'une partie des vues du commandement français fut en fait réalisée.

LE THÉATRE DES OPÉRATIONS ; LE MASSIF RHÉNAN Dans une guerre entre l'Allemagne et la France, le bassin du Rhin doit, de toute façon, jouer un rôle important : c'est le lieu de rencontre désigné de toute antiquité. César donne le Rhin comme limite à la Gaule. En fait, la nature a fait de ce fleuve et de ses deux contreforts, la Forêt Noire et les Vosges, notre boulevard. La guerre de 1870 et la paix de Francfort nous ont rejetés sur le talut des Vosges, mais cela ne change rien à la disposition des lieux et à la distribution des races. La question du Rhin ne sera résolue que par la réalisation de sa destinée gauloise.

La chaîne des Vosges forme avec la Forêt Noire un seul et unique massif de même origine coupé dans toute sa longueur, du sud au nord, par la fissure que fait la vallée du Rhin. On a comparé ce massif à un dôme qui se serait lentement soulevé et qui, finalement, se serait rompu par le milieu: d'où la lézarde que forme la vallée du Rhin et où s'emmagasinent les eaux coulant des deux versants.

De chaque côté du dôme fissuré, deux pentes se prolongent et s'achèvent, par deux rivières qui reçoivent les eaux de chaque versant : c'est, du côté de l'Allemagne, le Neckar, rivière de la Souabe et de la Franconie ; d'autre part, la Moselle, qui est essentiellement la rivière de Lorraine. Cet ensemble forme ce que la science géologique nomme le système de « soulèvement du Rhin » ; formidable bastion éternellement disputé entre les deux pays.

La fissure, la lézarde s'étant produite au milieu, après que le dôme était constitué, les pentes extérieures des Vosges sont lentes, et,

LA SARRE A SARREGUEMINES

au contraire, les pentes intérieures sont le plus souvent brusques et à pic ; la ligne des crêtes est sinueuse et souvent en zigzag, les sommets de ces vieilles montagnes, dont la carcasse est composée de terrains primitifs, sont usés et éboulés, d'où leurs formes en *ballons*.

Le terrain des pentes étant, en général, peu fertile, celles-ci ont conservé leurs forêts de conifères, de chênes et de hêtres. Sur les sommets, l'arbre lui-même disparaît et le front des ballons est chauve, ne gardant plus que le gazon court et dru des *Hautes-Chaumes*. Les Vosges, dans leur ensemble, offrent le spectacle le plus souvent mélancolique de coteaux mamelonnés à l'aspect âpre, se revêtant insensiblement de la fourrure noire des forêts, puis s'élevant encore et obstruant le ciel par le dos arrondi des *ballons*, serrés les uns contre les autres, comme un troupeau. Au point de vue militaire, les Vosges forment, en quelque sorte, un escalier raviné assez lent du côté de la France, un mur presque à pic du côté de l'Alsace.

La forêt et les rivières parallèles à la chaîne de montagnes compliquent, d'une façon générale, cet appareil stratégique.

On divise généralement les Vosges en :

1º HAUTES-VOSGES, DU BALLON D'ALSACE AU ROTHENBACH. — Au-dessus de Belfort, près du col de Valdieu, les massifs sont épais et très élevés : le *Ballon de Servance* (1.189 m.), le *Ballon d'Alsace* (1.250 m.), le *Barenkopf* (1.107 m.), le *Gresson* (1.249 m.), le *Drumont* (1.226 m.) qui domine la route de Bussang, le *Grand Ventron* (1.209 m.), le *Rothenbach* (1.319 m.). Des rameaux courts, robustes, couverts de forêts, se détachent de cette masse et couvrent de leur ombre l'Alsace méridionale : c'est le *Rossberg* au nord de Massevaux et le massif de *Guebviller* ou de *Soultz* (1.428 m.) où se trouve le *Ballon* le plus élevé de la chaîne.

On peut considérer comme une annexe des

Vosges vers le Sud, la *Chaîne des Ballons* qui les rattache aux *monts Faucilles* et qui se prolonge jusqu'à Epinal et même jusqu'à Charmes.

Nous verrons quelle importance décisive eut ce glacis dans la défense de la France au début de la guerre de 1914.

Le col le plus important, dans cette partie des Vosges, est le *col de Bussang* dont le colonel Marga dit, dans sa *Géographie militaire* (1885) : « Si, dans le cas d'offensive de notre part, le col de Bussang est forcé par les troupes française, les bataillons allemands chargés de défendre les deux cols situés au sud auront la retraite coupée, car aucun chemin praticable ne fait communiquer la haute vallée de la Thür avec la haute vallée de la Fecht. »

2º Les HAUTES-VOSGES, DU ROTHENBACH A LA TROUÉE DE SAVERNE. — C'est la muraille proprement dite. Le *Hohneck* (1.366 m.) la domine au sud, le *Donon* (1.012 m.) au centre, et d'immenses massifs couverts de forêts plus au nord jusqu'à Saverne. Les passages sont nombreux : c'est le *col de la Schlucht* (1.148 m.), qui relie Gérardmer sur la Vologne à Munster sur la Fecht; le *col du Bonhomme* (949 m.) qui fait communiquer Saint-Dié et Colmar par Fraize et Kaisersberg; le *col de Sainte-Marie-aux-Mines* (780 m.) faisant communiquer Saint-Dié avec Schlestadt ; la trouée de *Saales* qui ouvre les portes de la Bruche et par Molsheim conduit à Strasbourg ; la route du Donon conduisant de Raon-l'Etape à Schirmeck, abordant, à mi-chemin, la vallée de la Bruche et par conséquent, non moins importante que la trouée de Saales, pour descendre vers Strasbourg.

3º Les BASSES-VOSGES, AU NORD DE LA TROUÉE DE SAVERNE. — La trouée de Saverne est la grande ligne de communication entre la France et l'Alsace. La route de terre, la voie ferrée, le canal de la Marne au Rhin suivent cette voie qui relie, par conséquent, Nancy à Strasbourg. C'est par Saverne que l'on peut tourner la muraille des Vosges.

Les Basses-Vosges ou Wald forment un dur pays que les Allemands ont solidement fortifié. Elles protègent ainsi le bassin de la Sarre à l'ouest et la vallée du Rhin ou Basse-Alsace vers Haguenau. Nous sommes, ici, en pleine région industrielle, dans le bassin houiller de la Sarre. La complexité des intérêts économiques anime singulièrement l'intérêt militaire et politique de cette région.

4º LE HARDT. — Massif épais, haut, en moyenne, de 5 à 600 mètres et qui forme, à proprement parler, la partie allemande des Vosges septentrionales. Le massif est rugueux, difficile, pauvre : il protège Mayence, Trèves, Coblentz, Cologne, et, en somme, peut ouvrir un chemin sur les derrières d'une armée allemande opérant dans le Luxembourg et surtout en Belgique. Mais le pays est difficilement franchissable ; aux armées d'invasion venant de la France, il oppose l'obstacle des fameuses lignes de Pirmasens et de Kaiserslautern qui commandent toutes les communications du Palatinat rhénan. Kaiserslautern, situé sur la Lauter, petit affluent de la Glan, serait, en somme, l'objectif principal. Gouvion Saint-Cyr dit que pour les armées qui opèrent entre la Moselle et le Rhin, « c'est une position d'une importance capitale, au centre des communications entre le Rhin, la Moselle, la Sarre, la Bliess ; elle donne de grands avantages à celui qui l'occupe ; elle est dangereuse si on est inférieur en nombre, d'ailleurs comme presque toutes les positions du Hardt, car on peut facilement les tourner. Soit pour l'offensive, soit pour la défensive, elle est plus favorable aux Allemands qu'aux Français ». En effet, le front sud-ouest, couvert en grande partie par la Lauter, est beaucoup plus fort que celui du nord-est qui n'est couvert que par quelques ravins : c'est en cherchant à aborder cette position par le front sud que Hoche échoua en novembre 1793 après trois jours de lutte acharnée (1).

De même qu'aux Vosges méridionales se rattachent la chaîne des Ballons, les monts Faucilles, la trouée de Charmes et Epinal,

(1) Gouvion Saint-Cyr, cité par Marga, *Géographie militaire*, t. I, p. 140.

GABRIEL HANOTAUX
de l'Académie Française

HISTOIRE ILLUSTRÉE
DE LA
GUERRE DE 1914

24 PAGES DE TEXTE ET D'ILLUSTRATIONS

FASCICULE
N° 34

L'ÉDITION FRANÇAISE ILLUSTRÉE
(GOUNOUILHOU, Éditeur)
8, Boulevard des Capucines, Paris

PRIX NET
1 franc
ÉTRANGER, PORT EN PLUS

A NOS LECTEURS

Avec le fascicule 27 a commencé le tome III de l'*Histoire illustrée de la Guerre de 1914*; les deux premiers volumes parus ont donné l'exposé des faits historiques et diplomatiques qui ont précédé et amené la guerre, et qui engagent si lourdement la responsabilité de l'Allemagne. Il était nécessaire de faire connaître et comprendre les causes profondes qui ont déchaîné ces formidables événements.

Le volume III a commencé le récit de la guerre proprement dite. Les opérations militaires y sont exposées sur tous les fronts au fur et à mesure qu'elles se sont déroulées. Grâce à la quantité innombrable de documents parus ou inédits qu'il s'agissait de réunir, de compulser, d'étudier, l'historien est parvenu à s'arracher à la confusion des premières heures. Par les renseignements qu'il a recueillis, par les travaux d'enquête et de recherches auxquels il s'est livré, par les conversations qu'il a eues avec les personnages officiels et les hommes politiques de l'Europe entière, il a approché, d'aussi près que peut le faire un contemporain, de la source où peut se découvrir la vérité sincère et impartiale.

Si le lecteur veut bien considérer l'importance que l'auteur a donné à l'exposé qui ne forme que le prologue, il comprendra les proportions qu'exige la suite du récit. Toutes les questions y seront abordées de front et le drame se déroulera dans son ampleur magistrale.

L'*Histoire illustrée de la Guerre de 1914* va donc mettre à la disposition du lecteur l'instrument qui lui permettra d'atteindre la raison profonde des faits militaires qui ne peuvent manquer d'assurer le triomphe de la Justice et de la Civilisation.

MULETS DU SERVICE DE RAVITAILLEMENT AU COL DE LA SCHLUCHT

de même la Lorraine se rattache aux Vosges septentrionales : c'est, à proprement dit, le circuit ou la contrescarpe de la Moselle. La Lorraine est double : pays mamelonné à l'ouest, plateau à l'est :

Des raides coteaux qui enserrent Nancy, on voit lentement s'élever vers l'est les lignes assez tristes qui marquent la pente ascensionnelle du plateau. Ou bien, il faut monter sur la colline si nettement détachée, si naturellement dominante que les hommes en ont fait de bonne heure une forteresse et un temple : c'est Sion-Vaudémont (*la Colline inspirée*). Le coteau est un excellent observatoire naturel. A l'ouest, les lignes sombres et plates de la forêt s'enfoncent à l'horizon; à l'est, se déroule, dans sa gravité, la terre lorraine. Ni bois, ni prairies ne manquent, mais ce qui domine, ce qui revient toujours entre les villages disposés en échiquier, c'est le champ de labour, c'est-à-dire le sol nourricier dont s'est formé un peuple (1).

(1) Vidal de la Blache, *Tableau géographique de la France*, p. 200.

Nous avons étudié la région des Vosges par les altitudes des montagnes et les cols livrant le passage. Il faudrait étudier la Lorraine surtout par les rivières et par les vallées dont le parallélisme la défend.

C'est la *Moselle*, qui prend sa source dans les Vosges au pied du Drumont, qui est, à proprement parler, la grande artère lorraine. Par le Thillot, Remiremont, Epinal, Toul, Pont-à-Mousson et Metz, elle relie, pour ainsi dire, toutes les grandes places lorraines : elle est véritablement le boulevard. Le sort de la France, une fois de plus, se jouera sur ses bords. La Moselle, en France, ne dépasse pas 60 mètres en largeur : elle est navigable à partir de Frouard. Elle est facile à traverser partout : des ponts en très grand nombre sont jetés d'une rive à l'autre dans presque tous les bourgs importants. Près de la frontière des pays annexés, la Moselle est défendue, aux approches de Pont-à-Mousson, par le plateau de Mousson : c'est un point stratégique très important que nous retrouverons lors de la défense de Nancy. Vers Trèves et vers Coblentz, la Moselle est peu propice à une invasion en Allemagne ; les berges sont élevées, rocheuses ; les routes suivent les plateaux ; les ponts sont rares.

La Moselle a pour affluents, d'abord deux ruisseaux de montagne, la *Moselotte* et la *Vologne*, cette dernière recevant les eaux des lacs de Retournemer, de Longemer et de Gérardmer ; puis la *Meurthe*, la rivière de Fraize, Saint-Dié, Baccarat, Lunéville et Nancy qui rejoint la Moselle à Frouard. La Meurthe est une rivière douce et amène ; le passage en est partout facile ; elle devient navigable à Nancy.

La Meurthe reçoit, sur la rive gauche, la *Mortagne*, et sur la rive droite, la *Vezouse*, qui lui sont presque parallèles ; ce réseau est complété par le *canal de la Marne au Rhin* qui, par Saint-Nicolas-du-Port, Einville, Lagarde, Gondrexange, gagne Sarrebourg et la trouée de Saverne pour rejoindre Strasbourg. L'ensemble de ces lignes d'eaux forme comme un système de tranchées parallèles les unes aux autres et défendant la haute Lorraine contre un envahisseur venu de la Sarre et cherchant à gagner Epinal en tournant les Vosges.

La Moselle reçoit à Metz la *Seille*, la rivière des pays salins, qui, en France, n'arrose guère, depuis la paix de Francfort, que le bourg de Nomény, mais longe la frontière dans son cours moyen.

La *Sarre*, qui a sa source au mont Donon, contrairement à la plupart des rivières situées à l'ouest des Vosges, se dirige franchement vers le nord ; elle forme ainsi un chemin de pénétration menaçant directement Lunéville et Nancy et se rattachant facilement à Strasbourg par la trouée de Saverne. Non loin de la frontière actuelle s'amorce au canal de la Marne au Rhin, *le canal des Houillères*, qui suit la Sarre jusqu'à Sarreguemines. Cette région est, sur notre frontière, la région militaire par excellence. A Spickeren, près de Forbach,

se décida le sort de la campagne de 1870. Sarrebrück, avec ses trois ponts, présente un passage favorable de la rive gauche à la rive droite. Une armée française essayant de pénétrer en Allemagne se dirigerait naturellement vers Sarrebrück : « C'est le principal débouché de la Lorraine vers le Palatinat ; c'est de cette ville que rayonnent les chemins de fer de la Nahe et de la Bavière rhénane. Ce point stratégique est de la plus haute importance. »

L'Alsace et la Lorraine sont, en somme, une même région frontière faisant partie, toutes deux, de ce massif que les âges primitifs ont connu et que le Rhin a coupé de sa large fissure.

L'Alsace forme la partie intérieure, et la Lorraine la partie extérieure du rebord occidental : les Vosges les séparent. La rive gauche du Rhin est étroitement resserrée entre les Vosges et le fleuve lui-même : la muraille des Vosges étant à pic, une fois le bourrelet franchi, on domine toute l'Alsace.

A l'ouest des Vosges, le plateau mamelonné de la Lorraine offre une entrée, en apparence, facile à l'ennemi qui envahit la France ; mais il est défendu par sa forme naturelle, ses vallées transversales, ses « monts » fréquents, et il prend l'avantage sur la contrée proprement vosgienne et rhénane, puisqu'il peut l'aborder aisément par les cols des Vosges, la trouée de Saverne, le cours de la Sarre et même de la Moselle.

Il va sans dire que ces diverses voies ont aussi leur défaut : butant dans l'étroite vallée alsacienne, elles ne laissent pas un champ suffisant pour le déploiement de grandes armées ; en outre, elles tombent dans des territoires qui n'ont pas, pour l'Allemagne, une importance absolument vitale. Tout au plus, une attaque sur le Haut-Rhin par Huningue pourrait-elle menacer l'Allemagne du Sud : c'était jadis le chemin du Danube et de Vienne ; c'est encore le chemin de Francfort et de Munich ; mais ce n'est pas le chemin de Berlin.

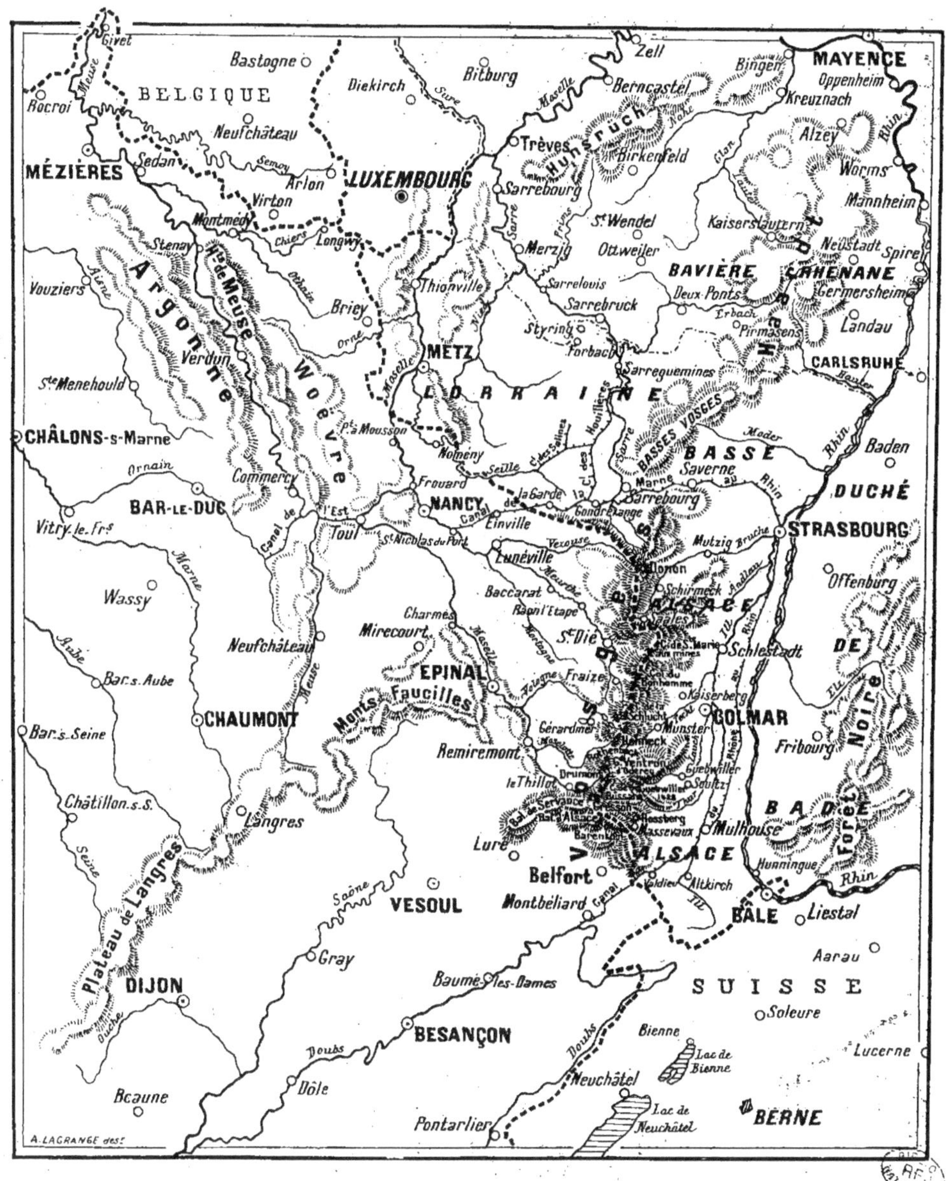

CARTE DU SOULÈVEMENT RHÉNAN ET DE LA FRONTIÈRE DE L'EST

16*

HALTE DE CHASSEURS ALPINS DANS LES VOSGES

L'autre voie par la trouée de Lorraine serait plus directe. Le Rhin moyen, avec ses vieilles métropoles de Spire, Mayence, Coblentz, Cologne, offre une première et riche rançon stratégique, malgré la redoutable épreuve du massif du Hartz et de la vallée de la Lauter.

A tout prendre, ces voies sont les seules. Malgré les obstacles, elles conduisent à un but qui, quoique intermédiaire, mérite les sacrifices qu'il serait nécessaire de s'imposer : c'est une étape qu'il faut franchir. Une action directe et vigoureuse tendant à réunir l'Alsace et la Lorraine annexées au vieux territoire français présente en elle-même un avantage incontestable.

Ainsi les réalités géographiques déterminaient les résolutions de l'état-major français, au moment où il mettait la cognée à l'arbre par les ordres prescrivant les premiers mouvements.

PREMIÈRES ESCARMOUCHES

La déclaration de guerre, le soir du 3 août, eut immédiatement pour effet de faire franchir partout la frontière à des reconnaissances de cavalerie et à des patrouilles d'infanterie allemandes.

Nous avons dit l'importance que l'arrondissement de Briey, en raison de la richesse de ses minerais de fer, présente pour l'industrie, et surtout pour l'industrie militaire allemande.

S'il était nécessaire de démontrer qu'un calcul fut combiné de longue date à ce sujet, calcul qui eut peut-être son effet sur la déclaration de guerre elle-même, il suffirait de citer l'étude par laquelle le professeur Hermann Schumacher de Bonn, l'un des signataires du manifeste annexionniste, exposait la nécessité

CARTE DES POINTS OU LES ALLEMANDS FRANCHIRENT LA FRONTIÈRE

d'améliorer la frontière allemande « pour soustraire les grandes aciéries de Lorraine au canon français » :

« Avant tout, dit l'auteur, nous devons nous assurer toutes les matières premières nécessaires aux industries de guerre et les enlever aux ennemis. *Sans le minerai de Lorraine, nous ne pourrions pas fournir la production de fer et d'acier nécessaire à la guerre.* Le traité de Francfort nous avait donné toute la Lorraine. Une erreur a été commise, car les géologues consultés par Bismarck se sont trompés.

On sait, en effet, depuis 1880, que contre les prévisions de Bismarck, le bassin de Briey qui continue celui de Longwy, est une des plus riches parties de la France. Aujourd'hui, nous pouvons corriger cette erreur, puisque *nous avons occupé ce bassin dès le début de la guerre* et que nous tenons fortement dans nos mains la deuxième matière première de l'industrie de la guerre : le charbon. *De même que nous ne pourrions pas poursuivre la guerre si nous n'avions pas la richesse du sol lorrain*, de même nous ne pourrions pas non plus la conduire victorieusement si nous n'avions pas les riches charbonnages de la Belgique et du nord de la France. Aujourd'hui que nous savons ce que signifient les munitions dans une guerre, nous devons nous dire qu'il est nécessaire à la vie de notre peuple *pour la paix et pour la guerre* de posséder ces sources de forces guerrières et commerciales (1).

L'arrondissement de Briey est donc un des objectifs principaux de la manœuvre allemande; une compagnie d'infanterie entre, le 4 août, à *Jœuf-Homécourt* et saccage le bureau des douanes, le bureau des postes et télégraphes.

Vers 3 heures de l'après-midi, six dragons allemands en éclaireurs et une section d'infanterie pénètrent à *Audun-le-Roman*, brisent la porte de l'église, établissent un poste d'observation dans le clocher où ils installent des

(1) V. l'ouvrage capital de M. Fernand Engerand, député : *Les Frontières lorraines et la force allemande*, 1915, in-8°.

LA ROUTE DU COL DE BUSSANG

mitrailleuses ; un régiment suit et cantonne pendant huit jours. Bicyclettes, bétail, avoine, foin, viandes fumées, tout est réquisitionné (1).

Et voici ce qu'un témoin ajoute :

Excités par la boisson, la plupart des soldats étaient dans un état d'ébriété continuel. Soit qu'ils se querellassent entre eux, soit par hallucination alcoolique, *ils faisaient à tous moments partir leurs armes en prétendant toujours qu'on avait tiré sur eux ;* ce qui est incompréhensible, c'est que pas un officier, pas un seul chef n'était là pour contrôler leurs accusations.

A *Villers-la-Montagne*, un escadron de dragons est refoulé par un détachement de chasseurs à pied français.

Deux escadrons de uhlans pénétrent à *Mercy-le-Bas* et un régiment de cavalerie, s'avançant jusqu'à *Morfontaine*, doit se replier sous la menace de nos compagnies d'infanterie.

(1) D'après le récit paru dans *La Vie en Lorraine*, septembre 1914, p. 188.

Le 5 août, les escarmouches se multiplièrent près de la frontière et surtout, comme la veille, dans la région de Briey. A 7 heures et demie, un demi-peloton de cavalerie allemande et un peloton d'infanterie entrèrent à *Trieux ;* à *Norroy-le-Sec*, une fraction de cavalerie française surprit des dragons allemands dont cinq furent tués et deux blessés. A 6 heures du matin, le 141e d'infanterie (16e corps-Metz) était entré à *Briey* et se portait sur *les Baroches ;* il manœuvra autour de la ville et, jusqu'au 23 août, livra quelques escarmouches à Valleroy, Conflans, Jarny, Labry.

Par contre, nos avant-gardes ont pénétré en Alsace. Nous avons une impression très directe et très émouvante de ces combats d'avant-garde dans un récit publié par le capitaine P. P. : *Mon entrée en campagne.* Tout d'abord, on s'était contenté de se tenir en observation derrière la frontière dans une tranchée, et à ce sujet, l'auteur présente une remarque qui n'est pas sans intérêt :

J'ai souvent entendu dire par les « civils » ou par le « pessimiste invétéré » ou encore par « l'éminent critique » que l'armée française *ne savait pas ce qu'était une tranchée*. De là, déduction d'infériorité, déduction de manque de préparation, accusation indirecte portée au corps des officiers. Je me permets de protester. L'armée française savait parfaitement bien ce qu'était une tranchée. La preuve, c'est qu'en temps de paix toutes les unités en ont construit, surtout après la guerre russo-japonaise; la preuve, c'est que durant la première phase de la guerre, du 30 juillet à la bataille de la Marne incluse, nous en avons tous creusé ; la preuve enfin, c'est que j'en ai fait faire des quantités et que je ne suis pourtant pas un devin ni un précurseur illustre. Que ce soit en manœuvre ou en campagne, dès qu'il s'agit de défensive sur place, on a toujours eu recours aux défenses accessoires et aux tranchées. Les divers modèles de celles-ci, centimétrage minutieux compris, sont exposés dans notre *Règlement sur les travaux en campagne* et résumés dans toutes les théories et manuels mis entre les mains des soldats et de leurs gradés. Ce qui se passait à ce point de vue de l'autre côté de la frontière nous était de même parfaitement connu, et nous connaissions parfaitement d'avance les formes et les mesures des tranchées allemandes. Quant à prévoir que l'emploi des tranchées, de tactique deviendrait stratégique, cela c'est une autre question. Il est certain que les Allemands n'avaient pas songé à cette éventualité plus que nous ; il est certain que la forme actuelle de la guerre n'a pas été voulue de part ni d'autre, qu'elle n'est qu'une résultante logique de la guerre moderne elle-même.

Le mont Bourg qui termine la chaîne vosgienne lui est rattaché par un col. Dès cette matinée du 1er août, nous y fîmes une belle tranchée pour tireur assis. Elle s'y trouve encore certainement. De notre large parapet de tir, nous pouvions balayer les pentes descendantes de la montagne et particulièrement le col, traversé par le chemin de fer d'Etueffont à Saint-Germain et marqué exactement par une chaumière moussue et ventrue...

Et voici, maintenant, le récit de la première escarmouche dans cette région :

Le 4 août, j'y ai cru enfin (à la guerre), voici dans quelles circonstances :

Ce matin-là, pour la première fois depuis notre départ, il pleuvait par larges rafales : vent du sud-ouest et giboulées violentes. A cause de cette circonstance dont un ennemi avisé aurait pu chercher à profiter, nous montâmes un peu plus tôt que de coutume à notre observatoire.

Mais, malgré toute ma bonne volonté, je ne pouvais arriver à voir clair dans ma jumelle toute pointillée de pluie. Aussi je décidai de placer des sentinelles en avant de nous, contrairement à mon habitude. Je plaçai moi-même notre sentinelle double n° 1 près du col, à 400 mètres plus bas que la ferme. Je n'insiste pas sur l'emplacement des autres. Vers 6 heures du matin, le temps devint plus mauvais. Un peloton de nos chasseurs à cheval était venu occuper depuis une heure la ferme qui marquait le col en dessous de nous. L'officier qui le commandait et un de ses sous-officiers étaient partis en reconnaissance dans la montagne. Le reste du peloton, gardé au surplus par nos sentinelles, pied à terre, faisait le gros dos sous l'averse.

Tout à coup, je vis trois cavaliers monter au galop le chemin. « Diable! me dis-je, pour qu'ils galopent ainsi, il faut qu'il y ait du grabuge quelque part ! » Les trois cavaliers passent devant mes sentinelles qui ne tirent pas comme c'était leur consigne. Quand ils arrivèrent à la barricade qui défendait l'approche facile de la petite ferme, ils firent demi-tour sur place et redescendirent au galop par où ils étaient venus. C'étaient des Boches; plus de doute cette fois-ci. Fidèles à leur consigne, mes sentinelles, quand elles virent repasser la patrouille ennemie sortant de nos lignes, firent feu l'une et l'autre.

Quelle émotion dans le petit bois derrière moi, où mes hommes somnolaient sous la pluie, contre laquelle des claies de branchage les défendaient mal.

Le premier coup de fusil de la guerre était tiré !

En un clin d'œil, toute ma section arrivait au pas de course, les yeux brillants, des questions plein les lèvres et j'eus du mal pour les empêcher de tirer. Deux patrouilleurs, à 1.500 mètres de nous, détalaient, couchés sur l'encolure de leurs chevaux blancs d'écume. Le troisième gisait en travers de la route à côté de sa bête blessée, qui se débattait.

En Haute-Alsace, plusieurs villages de la région de *Ferrette* semblent avoir été occupés rapidement par nos troupes. A *Rædersdorf*, notamment, et en d'autres points, les réservistes alsaciens n'ont pu rejoindre leur corps, les Français étant arrivés dans les villages avant la date fixée pour le départ. (*Journal de Genève*, du 22 août.)

Dans la région de Belfort, une patrouille de cavalerie allemande fut chassée à *Réchesy* par nos cavaliers. Trois cavaliers allemands furent tués, deux faits prisonniers et le reste passa en Suisse où les hommes furent désarmés. En outre, nous apprenions que dix-sept Alsaciens venaient d'être fusillés à Mulhouse pour avoir essayé de gagner la France ; des paysans soupçonnés de fournir des renseigne-

LA SCHLUCHT ET LA VALLÉE DE MUNSTER

ments avaient été passés par les armes (1).

Nos troupes franchirent la frontière sur divers points et, le 6 août, nos escadrons occupèrent *Vic* et *Moyenvic*, en Lorraine annexée, à quelques kilomètres de Château-Salins.

Ils y trouvèrent des affiches militaires fournissant des renseignements précieux sur les conditions de la mobilisation allemande.

Dans la région de *Bertrambois*, *Tanconville* et *Blamont*, les Allemands envoyaient continuellement des patrouilles.

Voici, d'après le *Bulletin de Meurthe-et-Moselle* (2), un récit du pillage et de l'incendie de *Parux*, premier village français dévasté par l'ennemi :

Le lundi 3 août, à 8 heures du matin (*avant la déclara-tion de guerre*), 200 à 300 Bavarois pénètrent dans Parux,

(1) On avait d'abord annoncé la mort du maire de Saâles, M. Thiriet, nouvelle qui, depuis, a été démentie. (*La Vie en Lorraine*, janvier 1915.)

(2) Reproduit dans *La Vie en Lorraine*, janvier 1915, p. 177.

font évacuer les maisons et rassemblent les habitants dans l'église, après avoir fusillé sans jugement et sous le faux prétexte que des coups de feu avaient été tirés sur eux : MM. Victor Petitfils (40 ans) ; son beau-frère, Jean Zan Zotera, sujet italien (40 ans) ; J.-B. Petitfils (58 ans), et Joseph Martin (35 ans). A 9 heures, après avoir méthodiquement déménagé les meubles et autres objets de quelque valeur, les soldats procèdent, à l'aide de pastilles incendiaires lancées sur les toits, à la destruction des maisons, sans en évacuer le bétail, puis font sortir les prisonniers de l'église. Les femmes et les enfants sont conduits, sous escorte, dans un pré, d'où ils ont la douleur de contempler le spectacle des flammes dévorant l'église, leurs maisons et leurs récoltes, sans autre nourriture que quelques morceaux de pain et de biscuits que, pris de pitié, les soldats leur donnent en cachette de leurs chefs ; de l'artillerie passe dans le village et se dirige sur Badonviller. (Les prisonniers sont conduits à Cirey)...
Le 5, la surveillance des Allemands se relâchant, quelques prisonniers regagnent Parux : l'incendie a dévoré en totalité, avec l'église dont les cloches sont fondues, 45 maisons sur 55... Après avoir été menés par quatre, les mains liées, dans un pré, les hommes y avaient séjourné sans aucune nourriture toute la journée du 3 août et la nuit suivante. A la suite des démarches de l'abbé Perrin (mort plus tard des suites des mauvais traitements infligés par l'ennemi), dont

la dignité et la fermeté furent au-dessus de tout éloge, le 4, dans la matinée, ils furent conduits sous escorte à Cirey, où ils purent circuler librement. Pour eux aussi, la charité des habitants de Cirey, suivant l'exemple du maire, le comte de Guichen, adoucit quelque peu leur infortune.

A noter enfin que les quelques maisons de Parux qui avaient échappé à l'incendie du 3 août furent plus tard dévastées par l'ennemi. Le village n'existe plus.

Du 4 au 8 août, les environs de Blamont et de Cirey furent livrés aux incursions de détachements des 11e et 15e régiments de uhlans de Sarrebourg ; le 8, le gros des troupes du 1er corps bavarois défila.

OCCUPATION DES COLS DES VOSGES L'opération ordonnée par le télégramme du général Joffre du 5 août 1914 et adressé au commandant en chef du 21e corps : « *Vous êtes autorisé à occuper les passages des Vosges, du col du Bonhomme à la trouée de Saales (inclus)* », commence aussitôt. Elle se déroule pendant plusieurs jours ; nous l'exposerons dans un seul récit pour ne pas altérer l'unité de cette conception militaire parfaitement exécutée. Le communiqué du 22 août nous sert de guide pour l'ensemble de l'exposé.

L'ordre donné aux troupes françaises de maintenir entre elles et la frontière une zone de protection de 10 kilomètres environ (1) nous fut, particulièrement sur ce point, très défavorable : la ligne frontière suivant exactement les crêtes, les Allemands s'en étaient emparés sans difficulté et s'y étaient installés fortement ; nous étions donc obligés de les reprendre.

L'opération commença vers le sud. Parmi les cols des Vosges, ceux du Sud sont les plus élevés, mais ce sont ceux dont l'accès nous est le plus facile en raison du relief du terrain et de la proximité de nos forts.

Col de Bussang. — Le ballon d'Alsace a été occupé le premier. Il est battu par les canons du fort de Servance. Les pentes du côté français sont douces ; au contraire, du côté alsacien, elles sont à pic ; l'opération a été facile et le 4 août, une section du 15e bataillon de

(1) Télégramme du 30 juillet (*Les Violations des lois de la guerre par l'Allemagne*, t. I, p. 25.)

chasseurs prit possession du col de Bussang, dont l'importance stratégique a été expliquée ci-dessus.

Col de la Schlucht. — Nous avons ensuite dirigé nos efforts sur le Hohneck et le col de la Schlucht. Les conditions étaient les mêmes : pentes douces de notre côté, escarpements à pic de l'autre. Les Allemands furent bousculés et le col occupé.

Cols du Bonhomme et de Sainte-Marie. — Plus au nord, nous abordions le *secteur central des Vosges* et ici les difficultés étaient beaucoup plus sérieuses. Notre objectif était, en nous saisissant des cols du Bonhomme et de Sainte - Marie - aux - Mines , d'assurer à notre droite la couverture nécessaire permettant notre progression dans la direction de la trouée de Saales et ultérieurement de Strasbourg.

C'est le 8 août au soir que nos troupes s'emparèrent des cols du Bonhomme et de Sainte-Marie, après un violent combat qui reprit le 9 et qui nous mit en possession des crêtes dominant Sainte-Marie. Pendant les trois jours suivants, le maintien de nos effectifs sur les crêtes des Vosges fut très difficile par suite des contre-attaques allemandes vigoureusement conduites au col du Bonhomme, au col de Sainte-Marie, au col de Saales, mais nos troupes repoussèrent tous les efforts de l'ennemi supérieur en nombre.

D'où venaient les difficultés ? Du fait que, dans ce secteur, les pentes vosgiennes du versant français sont escarpées ; du fait aussi que les crêtes sont étroites et boisées. Pour ces deux raisons, il était difficile d'assurer à notre infanterie l'appui de notre artillerie. Nous étions en outre obligés de progresser par le bas, car sur les crêtes étroites, les Allemands s'étaient fortement installés : abatis d'arbres, fils de fer, tranchées, etc. Les difficultés que nous devions trouver pour nous rendre maîtres de ce secteur surgiraient également devant nous lorsqu'il s'agirait de nous y maintenir et d'y élargir notre rayon d'action, car dans les vallées en pentes douces du versant alsacien, les Allemands avaient

LE HOHNECK

établi des fortifications de campagne avec de la grosse artillerie.

Voici le récit d'un des combats les plus intéressants, celui du col de Sainte-Marie, par un soldat du 149e (21e corps) :

Le 9 août était un dimanche. Ce jour-là, il avait été décidé que tous les cols seraient attaqués en même temps. L'effectif qui devait s'emparer de celui de Sainte-Marie était de 3.000 hommes. J'étais de ceux-là. Nous avons quitté Wisembach à 3 heures du matin. Quand nous sommes arrivés à la frontière, il était 10 heures. La journée était magnifique, mais la chaleur torride. Après avoir repoussé les patrouilles ennemies qui se composaient du 8e chasseurs à pied de Schlestadt, le 1er bataillon, ayant à sa tête la 4e compagnie, se lança à l'attaque de l'ennemi dont il ne connaissait ni le nombre ni la position précise.

L'artillerie allemande tirait très mal. En un clin d'œil, elle fut réduite au silence par quatre de nos fameux 75 qui malheureusement ne purent nous suivre, faute de chemin carrossable. Le combat a eu lieu sous les bois, dans les grands sapins. Dès le début, la 4e compagnie a fait irruption à la baïonnette sur la position des Allemands qui,

sans bouger, l'ont laissée approcher jusqu'à 30 mètres. Alors, de leurs tranchées, que l'on ne soupçonnait même pas, leurs mitrailleuses l'ont tellement criblée que 25 hommes seulement en sont revenus sur 250. A partir de ce moment, notre attaque est devenue méthodique. Pour midi et demi, le 1er bataillon était arrivé à s'emparer des premières tranchées, qui étaient bétonnées. Alors le 8e chasseurs à pied allemand reçut un renfort de deux régiments complets d'infanterie (dont le 180e würtembergeois, 13e corps), plus un autre bataillon de chasseurs à pied arrivé une heure plus tard. Sous le poids de ces nouvelles recrues, notre bataillon, horriblement décimé, a dû se replier, faute du renfort dont nous aurions eu tant besoin, nous aussi ; cependant le colonel l'a fait appuyer par les 5e, 6e et 8e compagnies du 2e bataillon, tandis que la 7e, formée en losange, était de garde au drapeau et en réserve. Celle-ci, tout aussitôt, s'est mise à creuser des tranchées à la lisière des sapins, pour recueillir les débris du régiment et couvrir la retraite. Entre temps, le 3e bataillon qui était au col a détaché la 11e compagnie pour nous soutenir un peu. Elle a été bientôt jetée dans la fournaise. Subitement les tambours et les clairons allemands ont sonné quelque chose, une sorte de complainte mélancolique. Il était à peu près 4 heures du soir. Nous luttions depuis le matin 2.000 contre 10.000, I contre 5 ! Et les Allemands, malgré leurs efforts, ne pouvaient nous déloger. La fusillade était terrible ; les branches des pins hachées tombaient en rafale sur les têtes.

A ce moment les Boches, désireux d'en finir, sonnèrent la charge, redoublèrent le feu et s'élancèrent sur nous à la baïonnette, avec de terribles hurlements. Derrière nous, le soleil se couchait tout rouge. Je l'aperçus en tournant la tête pour voir si des renforts ne nous arrivaient pas. Vain geste et vain désir ! Silencieusement, la 7e compagnie a mis baïonnette au canon et nous avons ainsi attendu les Allemands. Au centre de notre carré se trouvaient le drapeau, le colonel et le capitaine. Tous avaient le revolver au poing. Face à nous, les Allemands, tout de gris vêtus, et les chasseurs verts, sortaient de leurs trous comme des fourmis. Il y en avait partout. Et voilà que nos mitrailleuses se mirent à taper dans le tas. C'était épatant. Ils tombaient dru par grappes comme des capucins de cartes. Par malheur ils étaient trop. Quand ils ne furent plus qu'à 50 mètres de nous, nos clairons sonnèrent la charge et, baïonnette au canon, nous nous sommes précipités à leur rencontre. Je ne pensais qu'à vendre chèrement ma peau, mais je crois l'avoir très bien défendue. Subitement, je me suis trouvé en face d'un sous-officier allemand qui m'a tiré un coup de revolver en pleine figure. La balle, tirée trop haut, s'est contentée de traverser mon képi. D'un tour de bras j'ai embroché mon Boche de part en part. En voici un deuxième, un officier de chasseurs à pied, qui s'amène en brandissant son sabre. Je pare le coup et je lui plante ma baïonnette dans la gorge. Me rappelant alors que mon fusil est approvisionné, je lâche coup sur coup, sans viser, mes dix balles dans le tas, où elles font un grand trou. Je m'y jette à corps perdu, suivi par d'autres. Les Allemands, ébranlés par la trouée, ont commencé à avoir peur, malgré leur nombre. Ils ont pris la fuite. Rejetés ainsi dans leurs tranchées, ils ont failli perdre un de leurs drapeaux, celui du 180e würtembergeois. Le nôtre a été bien en danger à un certain moment.

Les Allemands sont des sauvages. Ils achèvent nos blessés, tirent sur les brancardiers et les infirmiers. Nos soldats de couverture sont des héros et leurs chefs sont admirables (1).

Col d'Urbeis. — Ne pouvant installer notre artillerie sur les crêtes étroites et boisées, nous devions avoir une peine extrême à faire descendre nos troupes sous le feu des ouvrages allemands. Il a donc fallu progresser plus loin, sur les crêtes vers le col d'Urbeis et le col de Saales. Cette progression, une fois accomplie, nous avons pu amener notre artillerie sur les

flancs des Allemands et prendre à revers leurs positions fortifiées.

Cette opération, très énergiquement conduite, nous a coûté des pertes assez sensibles. L'occupation du *col d'Urbeis*, qui est largement ouvert, s'est faite assez simplement. Notre artillerie y a trouvé le passage dont elle avait besoin.

Col de Saales. — En même temps que nous occupions le col d'Urbeis, nous avons, en partant de Saint-Dié, porté notre effort sur le col de Saales.

D'après un récit de Louis Colin, la première affaire eut lieu le 10 août, date à laquelle le 3e bataillon de chasseurs à pied cantonné à Provenchères se porta sur la route de Saales à la rencontre de l'ennemi fort de quatre bataillons dont un bataillon cycliste. Les Allemands firent des pertes sérieuses, nous ne perdîmes que dix hommes. Le 11, notre artillerie déblaya le terrain, et le 12, le 3e bataillon s'avança vers Saales, sans coup férir, tandis que, dans la soirée, une compagnie du 21e d'infanterie occupait le col du *Hanz*, sur la route de Senones à Saulxures et repoussait le lendemain une attaque du 99e allemand.

Le 13, nous occupions le plateau de Bracques, en arrière de la trouée de Saales. Dès ce moment, nous dominions cette trouée avec notre artillerie. Nous avons sauté dessus et nous nous en sommes rendus maîtres.

Ce succès amorçait la troisième partie de l'opération et, en nous livrant le mont Donon, nous permettait d'élargir dans toutes les directions le champ de notre action. En effet, du col de Saales et de la ville de Saales, emportée peu d'heures après le col, nous avons pu nous engager dans la vallée de la Bruche, en nous couvrant de flancs-gardes sur les arêtes conduisant au Donon.

La ville et le col de Saales furent occupés le 14 août, le plateau voisin l'ayant été la veille. L'artillerie française, ayant pris à revers les positions allemandes, son feu facilita grandement la tâche de notre infanterie, qui eut quelques blessés, mais pas un tué. A Saales,

(1) Cité par Louis Colin, *Les Barbares à la trouée des Vosges*, p. 5.

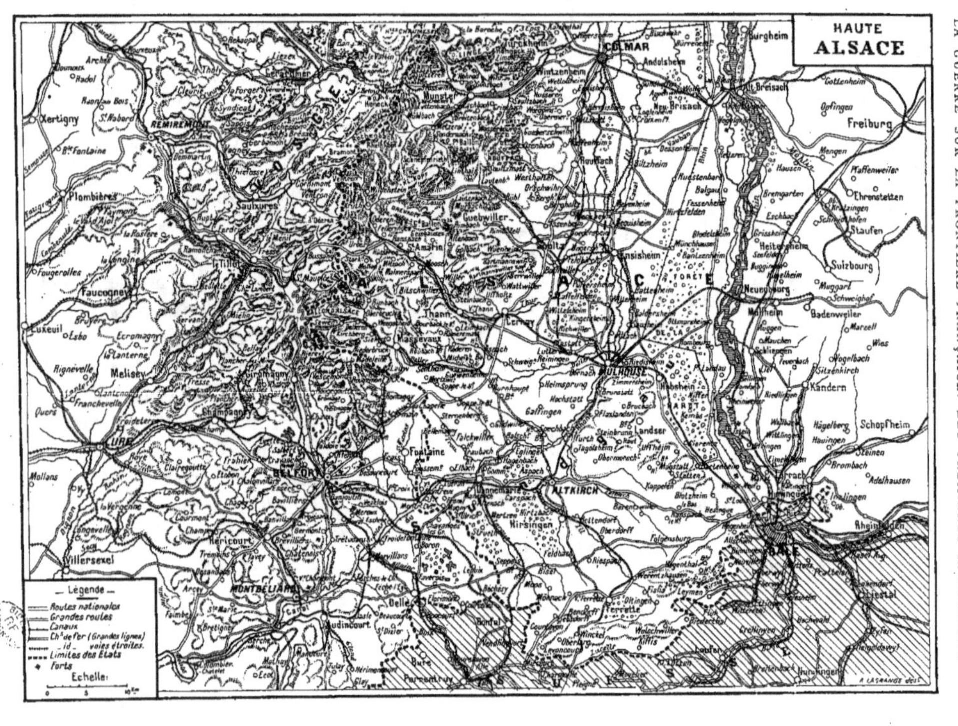

HAUTE ALSACE
COLMAR
MULHOUSE
BELFORT
MONTBÉLIARD
REMIREMONT
Guebwiller
Thann
Altkirch
Hirsingen
Plombières
Luxeuil
URE
Villersexel
Audincourt
Freiburg
Sulzbourg
Neuenbourg
Schopfheim
Kandern
- Légende -
Routes nationales
Grandes routes
Canaux
Ch. de fer (Grandes lignes)
_ id _   voies étroites.
Limites des États
Forts
Echelle:
0   5   10 Km

on trouva des monceaux d'effets d'équipement abandonnés. Autour de Saales (*Figaro* 19 août), nous avions fait plus de huit cents prisonniers, la plupart réservistes du 99ᵉ de Saverne. Un détachement de 484 hommes fut amené à Saint-Dié, le 15, encadré par des chasseurs du 21ᵉ bataillon. Beaucoup étaient des Alsaciens de Schlestadt, Ribeauvillé, Colmar et déclarèrent que les Allemands avaient mis les Alsaciens en première ligne.

A côté des troupes de l'active exténuées, nous trouvâmes des formations de réserve. Ces formations ne purent tenir, furent obligées de se replier et finalement de se rendre, notamment une section entière avec ses mitrailleuses.

Or, explique un communiqué, « il convient de remarquer que la conquête des Vosges a été faite avec des effectifs très restreints au début et qui ne se sont augmentés que peu à peu.

« Au ballon d'Alsace et au Hohneck, par exemple, nous avons engagé des forces allant d'un bataillon de chasseurs à un régiment d'infanterie. Les pertes ont été également minimes : vingt hommes de notre côté et une centaine du côté allemand.

« Pour le secteur central, les effectifs ont été plus élevés, variant d'un régiment à une brigade. Nos pertes, au col du Bonhomme et au col de Sainte-Marie, ont atteint six cents tués ou blessés. En revanche, notre mouvement de flanc et la canonnade dirigée par notre artillerie sur les positions allemandes ont infligé à l'ennemi des pertes cinq ou six fois plus élevées que les nôtres. Au cours de ces opérations, complètement victorieuses, nos troupes d'infanterie, rivalisant avec les alpins, ont fait sans exception preuve de l'entrain et de la souplesse qu'exige la guerre de montagne. »

OFFENSIVE DANS L'ALSACE DU SUD L'occupation des cols des Vosges n'était qu'une partie de la manœuvre de couverture tendant à esquisser une première offensive, à nous assurer des points d'appui utiles et, surtout, à montrer les couleurs françaises dans les pays annexés.

Le récit officiel prouve que les directives générales telles que les concevait l'état-major français étaient ailleurs : « Notre plan de concentration avait prévu la possibilité de deux actions principales : l'une sur la droite entre les Vosges et la Moselle, l'autre sur la gauche, au nord de la ligne Verdun-Toul. Cette double possibilité pouvait amener des variantes dans le transport des troupes. Le 2 août (ou plutôt le 4 août) les Allemands traversant la Belgique, notre concentration fut sensiblement modifiée par le général Joffre en vue de diriger notre principal effort au nord. »

Les affaires des Vosges et de l'Alsace étaient donc considérées, par l'état-major lui-même, comme relativement secondaires, des opérations de couverture.

Le premier mouvement offensif important ordonné à nos troupes est le suivant : il s'agit de pénétrer en Alsace : 1º pour y retenir le plus grand nombre possible de forces allemandes ; 2º pour couper, si possible, les ponts du Rhin à Huningue, et même rejeter les troupes allemandes sur la rive droite ; 3º pour soutenir le flanc de nos troupes opérant en Lorraine. (*Six mois de guerre*, p. 2.)

Le 7ᵉ corps et la 8ᵉ division de cavalerie, concentrés à Belfort, furent chargés de l'opération. « Nous savions par nos reconnaissances aériennes, dit un communiqué, que les Allemands avaient laissé, entre la frontière française et Mulhouse, des forces relativement peu mportantes, que le gros de leurs forces s'était replié sur la rive droite du Rhin. »

Le vendredi 7 août, à la première heure, nos troupes prirent l'offensive. Une brigade d'avant-garde, 35ᵉ et 42ᵉ d'infanterie, précédée par des formations de cavalerie en patrouilleurs, traversa la trouée des Vosges, pour gagner, par les sources de la Doller, la vallée de l'Ill. Une autre formation, des chasseurs à pied, ayant occupé le col de Bussang, gagne la vallée de la Thür qui, descendant du Rheinkopf, passe à Thann. Ces éléments ont pour objectif Mulhouse et forment un total d'environ 20.000 hommes prélevé sur le 7ᵉ corps

LE COL DE SAINTE-MARIE

(Besançon) et sur les troupes de couverture séjournant dans les Vosges ; le gros des forces suivait immédiatement. et allait pénétrer en Haute-Alsace.

L'opération sur Mulhouse avait bien le caractère d'une entreprise préliminaire et d'une sorte de puissante reconnaissance en territoire alsacien. Sur les attaques confiées aux troupes de couverture avant une complète concentration, deux opinions étaient en présence : elles sont toutes deux exposées par le colonel Colin dans son étude : « Notes sur la Couverture », parue en 1912-1913 dans *La Vie militaire en France et à l'étranger*. D'une part, il observe : « qu'un corps d'armée prélevé péniblement sur les troupes de couverture trouvera sur les positions qu'il doit enlever, non seulement des troupes de couverture adverses, mais aussi les premières unités débarquées par l'ennemi. Il est à supposer que l'attaque échouera. Lors

même qu'elle réussirait, elle serait suivie d'un échec, car le détachement expéditionnaire serait écrasé avant d'être soutenu. Quand on entre dans le détail, on voit que les attaques brusquées par les troupes de couverture sont très difficiles à pratiquer » (p. 113).

Mais, d'autre part, le même auteur dit, quelques pages plus loin : « S'ensuit-il que les troupes de couverture ne doivent agir que défensivement? Jamais de la vie ! Elles ont un rôle de protection, mais elles protégeront en frappant. Groupées en masse d'une ou deux divisions vers Épinal, Nancy, Verdun, Mouzon, elles auraient tort de s'opposer simplement de front aux attaques de l'ennemi. Si elles sont composées de troupes vigoureuses, bien entraînées et commandées par des chefs ardents, c'est pour contre-attaquer vivement, énergiquement, soit dans le flanc des détachements ennemis qui auraient tenté une agression,

PAYSANS DE LA RÉGION DE SERRES FUYANT DEVANT L'ENNEMI

soit même en terrain ennemi. » En ce qui concernait l'action offensive en Alsace, des considérations morales, que nous exposerons tout à l'heure, s'ajoutaient aux considérations purement techniques et stratégiques.

Les forces françaises se mirent en mouvement selon les prescriptions du nouveau règlement d'infanterie. D'après ce règlement, au lieu de grouper toutes les forces en un point unique d'où l'on doit partir successivement en s'attendant les uns les autres, l'ordre de marche fixe en avant et dans le sens de la progression un *point* ou plusieurs *points initiaux* où chaque unité se rend séparément. Cette unité, c'est-à-dire, en principe, un bataillon, doit passer au point fixé à une heure mathématique, calculée de façon à ce que chacune, en y arrivant, se trouve à sa place dans une seule et même colonne qui se forme, pour ainsi dire, tout en avançant, puisqu'elle recueille chacune des unités au fur et à mesure qu'elle aborde les points initiaux (1).

Le régiment qui tenait l'extrême-gauche avait son point de départ à La Chapelle. Là le colonel réunit ses officiers et leur donne connaissance de l'ordre du corps d'armée : « Des éléments ennemis de couverture sont signalés sur la ligne de la Soultz, à Soppe-le-Haut, à Diefmatten et vers Ammertzwiller. La division de cavalerie opère sur la droite dans la région d'Altkirch. Le corps d'armée a pour objectif Mulhouse et s'y porte, les deux divisions accolées, l'une par Gewenheim, l'autre par Soppe-le-Haut (?). »

« Ce régiment franchit la frontière exactement à 5 heures du matin. En passant devant les poteaux, l'ordre fut donné aux troupes : « Pas cadencé, l'arme sur l'épaule droite ! — puis : Présentez armes ! » La troupe comprit ce sobre commandement et une émotion indicible la fit frémir en silence quand elle pénétra en terre d'Alsace (2). »

(1) Capitaine P. P., « Mon Baptême du feu », dans la *Nouvelle Revue* du 15 novembre 1915.

(2) Voir le même souvenir précis dans le carnet de route de Maurice Ardouin-Dumazet, lieutenant au 15ᵉ bataillon de chasseurs, dont la section occupa le 4 août le col de Bussang : « Nous sommes entrés en Alsace ; j'ai un souvenir de l'entrée : une plaque vicinale. »

Immédiatement après, Soppe-le-Haut était occupé (7 août, 8 h. 1/2 du matin) par l'enlèvement de la croupe 379 dominant le village au nord-nord-est. « Le régiment attaqua en trois colonnes : le premier bataillon droit sur le pont de la route nationale, le deuxième à droite, le troisième à gauche. En vingt minutes, malgré la fusillade nourrie des Allemands, le ruisseau était franchi à la diable, de l'eau jusqu'au ventre. Les Allemands n'attendirent pas nos baïonnettes ; ils s'enfuirent d'eux-mêmes (1). »

Pendant ce temps, les 15ᵉ et 45ᵉ bataillons de chasseurs venus du col de Bussang se dirigeaient sur Urbis. Après un très court engagement, Urbis est enlevé ; la section d'avant-garde se dirige sur Felleringen, puis sur Wesserling, où elle est accueillie par une volée de mitraille. Des pertes assez sévères lui sont infligées : mais les chasseurs ne se laissent pas ébranler.

On marche sur Saint-Amarin occupé par les Allemands en force. Après un court engagement, ceux-ci s'enfuient. L'infanterie traverse Saint-Amarin, drapeau déployé, clairons sonnant. Les habitants du pays acclament les couleurs françaises : il faisait une chaleur torride ; les soldats avaient soif : seaux d'eau et seaux de vin sur les portes

« L'esprit des chasseurs, leur crânerie et leur entrain sous le feu sont épatants. Ils ne demandent qu'à marcher et la baïonnette est mise en permanence pour l'abordage. L'infanterie que nous avons vue est très belle aussi. Nous avons tous bonne espérance et je crois que cette prise de possession aura un retentissement énorme en France (2). »

Le 8, marche forcée de 32 kilomètres et, le 9, le 15ᵉ bataillon de chasseurs occupait Reiningen, à 4 kilomètres de Mulhouse. Un engagement des plus vifs avait eu lieu à Thann, sur les bords de la Thür, derrière laquelle des forces allemandes s'étaient établies avec de l'artillerie abritée par des ouvrages de campagne.

(1) Capitaine P. P. « Mon Baptême du Feu », *Nouvelle Revue* du 15 novembre 1915, p. 98.

(2) Ardouin-Dumazet, *Le Capitaine Maurice Ardouin-Dumazet*, du 15ᵉ bataillon de chasseurs à pied, p. 32.

VUE DE LA VILLE D'ALTKIRCH

Cependant, nos éléments de droite s'avançaient vers Dannemarie; l'avant-garde se présenta à la tombée de la nuit, le 7 août, devant Altkirch, jolie ville bâtie en amphithéâtre sur la rive droite de l'Ill et défendue par des forces assez nombreuses et de l'artillerie établie en arrière et au-dessus d'Altkirch, sur les « Kalkberge ». La ville elle-même était occupée par une brigade allemande de couverture du 14e corps. Nos troupes donnèrent l'assaut à la baïonnette avec une ardeur magnifique. D'après un témoin oculaire (*Journal de Genève*, 28 août 1914), cette charge aurait été menée par le 44e d'infanterie ; les Allemands furent rejetés en désordre, obligés d'abandonner leurs ouvrages de seconde ligne après avoir évacué la ville. Nos pertes s'élevaient à une centaine de tués et de blessés. Les dragons se lancèrent à la poursuite des Allemands dans la direction du nord, vers Walheim et Illfurth; malheu-reusement, la nuit permit à l'ennemi de se dérober. Nous n'avions pu réussir à lui couper la retraite et à l'anéantir, avantage que l'occupation du col de Bussang aurait pu nous assurer.

L'entrée de nos troupes à Altkirch est ainsi exposée dans le communiqué du 8 août : « La vieille cité alsacienne leur a fait un accueil enthousiaste. Toutes les fenêtres s'ouvrent. Des vieillards qui ont vu l'autre guerre embrassent nos soldats. Un immense cri de joie a retenti. On porte en triomphe les poteaux-frontière qui viennent d'être arrachés. C'est une heure d'émotion indicible. »

L'attaque en force de la frontière alsacienne avait été une surprise pour les Allemands. Ils pensaient bien que les Français, partant de Belfort, menaceraient Mulhouse, mais ils ne s'attendaient pas à cette attaque brusquée : quoiqu'ils fussent résolus à tout sacrifier au succès du grand mouvement par la Belgique et de l'attaque sur le front, l'offensive française les prit au dépourvu et ne fut pas sans modifier certaines de leurs dispositions.

L'état de guerre avait été proclamé à Mulhouse le 31 juillet, à 3 heures; quelques heures plus tard, de l'aveu des Allemands, la garnison de cette ville, deux régiments d'infanterie (112e et 142e) et deux de cavalerie (22e dragons et 5e chasseurs), était dirigée sur la frontière. Le 2 août, la poste, la banque de l'Empire et l'administration des chemins de fer firent leurs préparatifs afin d'être prêts à partir au premier ordre des chefs militaires. La nuit suivante, on fit sauter les ponts de chemins de fer près de Dannemarie et d'Illfurth après avoir mis en lieu sûr tout le matériel roulant (précaution qui ne fut pas toujours prise du côté belge et du côté français). Les services officiels, avertis de l'avance des Français, quittèrent la ville le 7 après-midi.

Après avoir enlevé Soppe-le-Bas, le 7 à 8 h. 1/2 du matin, la gauche du 7e corps s'était portée, partie sur la gare de Burnhaupt, partie à l'attaque de Burnhaupt-le-Bas : or, l'ennemi avait fui, dans la crainte d'être accroché par nos troupes; à perte de vue, les blés mûrs ondulaient sous un soleil accablant. Burnhaupt-le-Bas et Burnaupt-le-Haut furent enlevés rapidement par l'un des régiments de la brigade de gauche, lequel se porta, l'après-midi, vers Exbrücke et Schweighausen, tandis que l'autre régiment s'avançait vers Aspach-le-Haut et Aspach-le-Bas, où il devait assurer la liaison de tout le 7e corps avec les bataillons de chasseurs parvenus à Vieux-Thann. Une compagnie d'avant-garde s'empara de la gare d'Aspach et le régiment vint cantonner à Aspach, à 6 heures du soir, ayant couvert en combattant 55 kilomètres dans la journée. A l'aube du 8 août, les lisières du village furent fortement organisées et à midi, la colonne se mit en route vers Aspach-le-Bas, Exbrücke et Heimsbrunn: l'ennemi, en effet, semblait s'être retiré au nord de Mulhouse, vers Ensisheim.

A l'aube, notre cavalerie d'avant-garde, qui avait pris la direction de Mulhouse, croyant trouver les avant-postes allemands à proximité de cette ville, n'avait pu signaler que la disparition de l'ennemi : la marche sur Mulhouse de toute la brigade avait alors été décidée. Et ce fut une étape de 25 kilomètres, monotone, de pose en pose, avec accueil bruyant dans les villages.

A 17 heures, nos colonnes débouchaient devant Mulhouse en longeant le chemin de fer par Brunstatt. De la ville, on guettait leur arrivée : « Les plus impatients montent dans la tour de l'église Saint-Étienne, à 4 heures... On ne voit rien, mais à 5 heures, un remous se produit sur la place du Grand-Quartier : « Les Français, voilà les Français!... » Ils débouchent du faubourg de Bâle, côté opposé de celui où on les attendait (1). »

PRISE DE MULHOUSE — Un officier français du 18e dragons, descendant d'une vieille famille de fabricants mulhousiens, pénètre en ville à cheval à la tête d'une patrouille de six hommes et se rend sans coup férir à l'hôtel de ville.

Le maire, M. Cossmann, et un notable, M. Schlumberger, viennent au-devant de lui, le préviennent que les troupes allemandes sont parties et, qu'à leur connaissance, la ville ne sera pas défendue. En fait, il y eut une courte tentative de résistance qui fut tôt brisée. Les derniers soldats allemands quittèrent la ville vers 5 heures du soir et les Français firent leur entrée entre 6 et 7 heures, entrée émouvante, colonne par quatre, défilé impeccable, tête haute... La cavalerie traversant la ville au galop poursuivit l'arrière-garde allemande. Nos avant-postes furent installés au nord de Mulhouse, à Illzach.

Le défilé des troupes françaises entrant dans la ville dura deux heures. Le général Curé les passa en revue sur la place du Quartier-Neuf. L'allure des régiments, leur

(1) Récit du *Petit Parisien*, reproduit dans le *Figaro* du 21 août 1915.

UNE RUE DU VIEUX MULHOUSE

entrain, leur belle humeur firent une grande impression. Déjà nombre d'Alsaciens s'étaient rendus aux ouvrages en avant de la ville pour saluer le drapeau français.

Dans la ville, une fois qu'elle fut occupée, il y eut comme une sorte de saisissement. « La foule étonnée par cette apparition si rapide est comme figée. Pas un cri ! Chacun avait le cœur serré comme dans un étau... le plus grand nombre sanglotaient. Scène poignante et que le silence du recueillement rendait plus émouvante encore (1). » A la tombée de la nuit, la glace est fondue : on voit défiler le 35e d'infanterie, aux accents de *La Marseillaise*, avec aux fusils un bouquet tricolore.

Dans la rue, des hommes et des femmes s'empressent d'apporter des seaux de boissons diverses, cependant que d'autres bras se tendent pour offrir aux soldats du chocolat, de la pâtisserie, des bonbons, des pipes, etc., et que la musique du 42e de ligne fait retentir les accents de *Sambre-et-Meuse*. Tous les canons de fusil sont maintenant garnis d'une fleur d'Alsace (2).

« A toutes les fenêtres, dit un officier, des mouchoirs et des drapeaux, des grappes humaines jusque sur les toits. » « Il y eut là, dit un communiqué du 21 août, quelques heures d'allégresse au cours desquelles on oublia peut-être un peu trop que l'on était en pays ennemi. A côté des Alsaciens qui faisaient fête à nos soldats, il y avait des immigrés qui, dès notre arrivée, s'employèrent à fournir aux troupes allemandes ramenées en arrière, des renseignements précis sur notre situation et le chiffre réel de nos effectifs. »

L'impression du capitaine P. P. est mêlée :

« Tout Mulhouse nous faisait un accueil magnifique. Les rues étaient noires de monde. Notre colonne marchait entre deux digues vivantes. Mais tout cet enthousiasme n'atteignait pas au grand délire patriotique. Si beaucoup hurlaient de joie, beaucoup aussi ne saluaient ni le drapeau ni les officiers. Graves et impassibles, la pipe aux dents, ceux-là nous regardaient avec l'air de nous compter... Tout cela sonnait faux, tout cela m'incitait à la méfiance et, soudain, parmi les clameurs

et les applaudissements, je sentis très nettement l'hostilité cachée de la grande ville. »

Nous eûmes un peu plus tard l'occasion de surprendre en flagrant délit d'espionnage plusieurs immigrés ; ces coupables furent traduits en conseil de guerre et certains d'entre eux, entre autres le maire et le receveur des postes de Thann, furent fusillés. (*Communiqué* du 13 août.) Les espions infestaient la frontière : nombreux furent ceux qui, cachés dans les bois des Vosges, assassinèrent à bout portant des officiers en reconnaissance ou des estafettes portant des plis (1).

M. Vogelweith, dans un article documenté sur *L'Alsace pendant les cinq premiers mois de la guerre* (2), écrit :

« En revenant en France, j'ai appris que des soldats français prétendaient avoir essuyé quelquefois des coups de fusil en Alsace, tirés par des civils. Les auteurs de ces méfaits ne peuvent avoir été des Alsaciens : car la population indigène avait dû déposer toutes ses armes à la mairie ou les remettre à la police allemande et on n'en laissa qu'à quelques rares fonctionnaires allemands. Mais comme on a vu (je connais l'endroit et les détails) des militaires allemands habillés en civils et le fusil à la main, on peut croire à une manœuvre diabolique consistant à faire tirer sur des troupes françaises par des militaires isolés et déguisés pour faire croire aux Français que c'était la population alsacienne. Dans un cas qui m'est connu, une automobile avait amené ces civils-militaires et devait probablement les ramener, leur mission accomplie. »

Aussitôt Mulhouse occupé, le général Joffre fit afficher dans la ville et dans les autres centres reconquis la proclamation suivante :

« *Enfants de l'Alsace !*

« *Après quarante-quatre ans d'une douloureuse attente, les soldats français foulent à nouveau le sol de votre noble pays.*

« *Ils sont les premiers ouvriers de la grande œuvre de la revanche !*

« *Pour eux, quelle émotion et quelle fierté !*

« *Pour parfaire cette œuvre, ils ont fait le sacrifice de leur vie. La nation française unanime les pousse et dans les plis de leurs drapeaux*

(1) Récit du *Petit Parisien*.
(2) *Echo de Paris* du 19 janvier 1916.

(1) *La Revue* 15 juin 1915.
(2) *Revue des Sciences politiques* du 15 avril 1915.

MULHOUSE. — UNE PLACE DU NOUVEAU QUARTIER

*sont inscrits les noms magnifiques du droit et de
la liberté !*

« *Vive l'Alsace ! Vive la France !*

« *Le général en chef des armées françaises,*

« JOFFRE. »

M. Messimy, ministre de la Guerre, adressa
au général en chef le télégramme suivant :

« *Mon général,*

« *L'entrée des troupes françaises à Mulhouse,
aux acclamations des Alsaciens, a fait tressaillir
d'enthousiasme toute la France.*

« *La suite de la campagne nous apportera,
j'en ai la conviction, des succès dont la portée
militaire dépasse celle d'aujourd'hui ; mais, au
début de la guerre, l'énergique et brillante offensive que vous avez prise en Alsace nous met dans
une situation morale qui nous apporte un précieux réconfort.*

« *Je suis profondément heureux, au nom du
gouvernement, de vous en exprimer toute ma gra-
titude !*

« MESSIMY. »

Le communiqué du 8 août, qui annonça à la
France et au monde ce premier fait d'armes,
signalait surtout le caractère tactique de l'opération : « Il serait prématuré d'indiquer aujour-
d'hui quelles peuvent être les suites de ce premier succès. Ce qui est à retenir, c'est qu'une
brigade française attaquant une brigade allemande retranchée l'a mise en déroute : le
mot de « déroute » est le seul qui convienne
ici. Devant notre charge à la baïonnette,
les Allemands se sont enfuis à toutes jambes.
Les pertes françaises ne sont pas excessives
eu égard au résultat. Le mordant de nos
troupes a été prodigieux. L'occupation de
Mulhouse, grand centre commercial et indus-

triel alsacien, avec 100.000 habitants, aura dans toute l'Alsace, et on peut dire dans toute l'Europe, un immense retentissement.

« Les Allemands se sont retirés dans la direction de Neuf-Brisach ; toute l'Alsace, soulevée contre eux, va aggraver les difficultés de la situation. »

Ce communiqué, paru le 8 août à 23 h. 30, provoqua en France une joie profonde. Tandis que Liége tenait, Mulhouse était occupé : le mouvement de bascule marquait sa première oscillation en notre faveur.

Ainsi comprenait-on, ainsi voulait-on comprendre l'ensemble du mouvement et ces premiers engagements favorables aux armes françaises. Espoirs reconquis, sursaut moral des premières heures après les longues années de doute et d'affliction où avait vécu la France !

Le comte de Mun traduisait en paroles vibrantes cette émotion populaire dans ses articles de *L'Echo de Paris* qui furent, à cette heure de relèvement soudain, la voix du pays !

« L'offensive commence. Pourquoi douterions-nous ? En 1870, à pareil moment, aucun plan d'ensemble ne reliait les corps d'armée, épars de Thionville à Strasbourg. Devant nous, au contraire, l'ennemi s'avançait, conduit par l'impulsion réfléchie d'un commandement sûr de sa volonté. Rien n'arrêtait sa marche, et l'Europe, déjà gagnée au vainqueur attendu, assistait au prélude de notre humiliation.

« Aujourd'hui, quel revirement ! Le plan de l'Allemagne, longuement préparé dans les secrets de l'état-major, est, du premier coup, bouleversé. Il avait annoncé l'attaque foudroyante. Elle n'est plus possible. Il hésite à passer la frontière, et c'est nous qui la franchissons... »

Tel est l'effet de cette marche hardie, peut-être risquée, sur Mulhouse. Car c'est Mulhouse occupé qui donne soudain cette confiance, cette sécurité :

« Mulhouse est pris! Comprenez-vous, à ces trois mots, vous les jeunes et vous-mêmes entrés dans la vie depuis quarante ans, comprenez-vous à ces trois mots, quel coup au cœur, quel sursaut de tout notre être, pour nous, les vieux, les vaincus de 1870? Mulhouse est pris, Altkirch quelques heures plus tôt : la France rentre en Alsace ! Après quarante ans de deuil et d'attente douloureuse, voici donc que se lève, pour nos frères de là-bas, l'aurore

de la délivrance, pour nous le jour sacré de la revanche ! La revanche, mot vibrant, si longtemps refoulé dans nos âmes et qu'il nous était défendu de crier trop haut : le voilà qui retentit d'un bout à l'autre du pays. C'est donc vrai ! »

Le Temps analyse, avec sa pondération ordinaire, cet état d'âme nouveau que l'événement de Mulhouse crée dans la population :

« Les soldats français sont en Alsace. Avant-hier, ils entraient à Altkirch et hier à Mulhouse. L'heure de la justice immanente invoquée par Gambetta a sonné... Et voici une autre raison de grande joie : l'âme de notre peuple est à la hauteur des événements ; elle est en état de tout supporter, même le grand retour de fortune. Hier, à la nouvelle de cette belle victoire française, Paris n'a eu aucune de ces explosions qui font naître une inquiétude secrète au sein même de la joie. Des visages d'un calme riant, des groupes fraternisant, des conversations animées sans jactance et sans colère... Puis on concluait : « Ce n'est pas fini ! » et « Ce sera dur ! » Voilà qui est le meilleur symptôme ; on a la claire vue des efforts et des sacrifices nécessaires. Partout on entend le mot de devoir et nulle part, gageons-le, n'a été prononcé le mot de gloire. Jugeant n'avoir rien fait tant qu'il lui reste à faire, tel est Paris ; tel est l'esprit de toute la France. Il n'en est pas de plus rassurant. »

C'est à partir de cette heure, en effet, que commencent à se préciser les traits de cette France guerrière qui se graveront si fortement dans l'histoire, au cours de la guerre de 1914. La promptitude et la vigueur de l'offensive en Alsace, les premiers succès donnent soudain de la solidité au moral du pays. Il s'ignorait encore lui-même, il ne savait pas au juste ce qu'il serait en présence de cet aléa terrible : la guerre ; et la guerre contre le vainqueur de 1870 si formidablement préparé, si sûr de lui !

Le Français a besoin d'un beau début : les aurores claires remplissent son âme de confiance et de joie. Et c'est ce que la destinée lui apportait ! Les Vosges, Mulhouse, l'Alsace ! Depuis quarante ans, il vivait sur ces souvenirs. C'était pour lui affaire de loyauté et affaire d'honneur de les effacer : loyauté envers les frères séparés, honneur à l'égard de lui-même. Puisqu'on avait voulu la guerre et que c'était cela l'enjeu, eh bien ! va pour la guerre ; on ira aussi loin qu'il le

GABRIEL HANOTAUX
de l'Académie Française

HISTOIRE ILLUSTRÉE
DE LA
GUERRE DE 1914

24 PAGES DE TEXTE ET D'ILLUSTRATIONS

FASCICULE
Nº 35

L'ÉDITION FRANÇAISE ILLUSTRÉE
(GOUNOUILHOU, Éditeur)
8, Boulevard des Capucines, Paris

PRIX NET
1 franc
ÉTRANGER, PORT EN PLUS

A NOS LECTEURS

VEC le fascicule 27 a commencé le tome III de l'*Histoire illustrée de la Guerre de 1914;* les deux premiers volumes parus ont donné l'exposé des faits historiques et diplomatiques qui ont précédé et amené la guerre, et qui engagent si lourdement la responsabilité de l'Allemagne. Il était nécessaire de faire connaître et comprendre les causes profondes qui ont déchaîné ces formidables événements.

Le volume III a commencé le récit de la guerre proprement dite. Les opérations militaires y sont exposées sur tous les fronts au fur et à mesure qu'elles se sont déroulées. Grâce à la quantité innombrable de documents parus ou inédits qu'il s'agissait de réunir, de compulser, d'étudier, l'historien est parvenu à s'arracher à la confusion des premières heures. Par les renseignements qu'il a recueillis, par les travaux d'enquête et de recherches auxquels il s'est livré, par les conversations qu'il a eues avec les personnages officiels et les hommes politiques de l'Europe entière, il a approché, d'aussi près que peut le faire un contemporain, de la source où peut se découvrir la vérité sincère et impartiale.

Si le lecteur veut bien considérer l'importance que l'auteur a donné à l'exposé qui ne forme que le prologue, il comprendra les proportions qu'exige la suite du récit. Toutes les questions y seront abordées de front et le drame se déroulera dans son ampleur magistrale.

L'*Histoire illustrée de la Guerre de 1914* va donc mettre à la disposition du lecteur l'instrument qui lui permettra d'atteindre la raison profonde des faits militaires qui ne peuvent manquer d'assurer le triomphe de la Justice et de la Civilisation.

L'HOTEL DE VILLE DE MULHOUSE

faudra pour réparer les maux anciens et assurer un meilleur avenir !

L'offensive sur l'Alsace offrait ainsi un avantage tout autre que celui d'une heureuse manœuvre stratégique : elle déplaçait des impondérables. Le généralissime, en s'associant par des paroles, d'ailleurs très mesurées, à l'émotion du peuple français, commençait à mettre doucement la main sur son âme.

Pour la plupart, son nom n'était qu'un nom. Les uns approuvaient le choix du général Joffre, les autres le blâmaient, mais un peu à tâtons et sans raison décisive. Son impassibilité, son calme réservé, sa modestie laissaient flotter un doute. Tout à coup, il dit simplement et finement ce que la nation ressent : « Après quarante-quatre années d'une douloureuse attente... » Eh oui ! l'on sait bien que tout n'est pas fini ; on sait bien qu'il faudra de longs et douloureux sacrifices... : « le sacrifice de leurs vies ». Mais cela, il le sait et il le dit ; le général, en parlant de ses enfants, les soldats, les appelle comme il convient : « les premiers ouvriers de la grande œuvre, la revanche ». Voilà ce qui importe ! Il parle à l'armée, à la nation, le langage qu'à toutes deux il leur plaît d'entendre.

Ce fut un premier frisson, un frisson vite réprimé, qui agita un grand peuple quand cet acte fut expliqué par ces paroles. L'Alsace !... La France se souleva d'espérance, et tandis que le premier sang venait de couler, elle se ceignit pour la lutte.

PERTE DE MULHOUSE Dès le lendemain, les événements tournèrent. Les troupes françaises qui occupaient la ville avaient été cantonnées chez l'habitant ou dans des bâtiments industriels, par crainte, dit-on, que les casernes ne fussent minées. Toute la brigade d'avant-garde s'était d'abord engouffrée dans une vaste usine de draps, au centre de la ville ; toutefois, des régiments cantonnèrent dans les rues, sur les places, à la belle étoile. On a dit que les précautions de défense intérieure et extérieure avaient été insuffisantes. Pourtant, l'artillerie traversa la ville et s'installa en demi-cercle sur les hauteurs avoisinantes, Riedesheimerberg et Rebberg, jusqu'aux villages d'Habsheim, de Rixheim, à l'Ile Napoléon, et au nord jusqu'à Sausheim. Pendant la nuit du 8 au 9 août, des tranchées furent creusées en hâte et l'artillerie mise en position.

Les Allemands, en se retirant, avaient mis le feu à un grand nombre de bâtiments, aux magasins à vivres et à fourrages. Une partie de la forêt de la Hardt qui s'étend du nord au sud, à quelques kilomètres à l'est de Mulhouse, avait été déboisée ; les communes situées sous le feu du fort d'Istein avaient reçu l'ordre d'évacuer.

Avec cette proximité des troupes allemandes, on était sur le qui-vive. La nuit du 8 au 9 fut marquée par plusieurs alertes.

L'état-major allemand, bien renseigné, autant par ses espions que par ses aviateurs, avait appris que l'offensive française était relativement faible comme nombre : il n'était pas fier de s'être laissé refouler sans combat. Des renforts furent appelés, d'une part de Huningue et de la Hardt, d'autre part de Strasbourg. Le général commandant le 14e corps (Carlsruhe), général baron von Hœningen (Huehne), se sentant en force, prépara une attaque immédiate. Le général Deimling reçut, de son côté, l'ordre d'accourir de Strasbourg avec deux divisions du 15e corps. De l'aveu des Allemands, le plan consistait à attaquer de front les Français sur Mulhouse, tandis que les forces très supérieures, venant de Strasbourg, essaieraient de couper leur retraite vers Cernay, ou de les rejeter en Suisse.

Le 9 août, le 7e corps français avait une division au nord-ouest de Mulhouse, entre Lutterbach et Aspach où la liaison s'établissait avec les chasseurs à pied occupant Vieux-Thann ; l'autre division avait une brigade couvrant Mulhouse face au nord, entre Lutterbach et Illzach et une brigade sur la ligne Illzach-Riedisheim-Rixheim occupée par un régiment, l'autre se trouvant en réserve sur le plateau du Zureinwald ; la cavalerie divisionnaire couvrait la droite à Habsheim et la division de cavalerie au sud envoyait de Brubach des patrouilles dans la forêt de la Hardt.

Les troupes allemandes du général Deimling (15e corps) avaient quitté Strasbourg dans la nuit du 7 au 8 août ; elles avaient pris le train jusqu'à Colmar où elles étaient arrivées au matin ; de là, elles se portèrent à pied jusqu'à Hattstatt. Le 9, vers 3 heures du matin, les Allemands marchèrent sur Uffholtz ; les Français étaient à Cernay ; le combat s'engagea vers midi.

Nous avons un récit de ce combat dont le résultat pouvait compromettre si gravement le sort de la brigade lancée en flèche au delà de Mulhouse : un régiment d'infanterie française et les 7e et 9e batteries d'un régiment d'artillerie se trouvaient en cantonnement à Cernay, lorsqu'ils sont surpris par l'offensive soudaine du 15e corps allemand. Malgré une résistance énergique, l'ennemi enlève Cernay, mais ne peut progresser. Le soir, à 9 heures, infanterie et artillerie bivouaquent à Vieux-Thann, au bord de la route de Mulhouse. A 11 heures, des renforts français arrivent (venant sans doute d'Altkirch). Ordre d'enlever Cernay aux Allemands. On arrive à Aspach-le-Bas, le 10 au matin, à 4 heures ; les 7e et 9e batteries vont prendre position de bataille à Aspach-le-Haut, où elles retrouvent une autre batterie de leur régiment, la 8e, et un bataillon de chasseurs, le 45e (1).

Les douze canons de 75 sont mis en position, prêts à ouvrir le feu sur les lisières de Cernay. A 5 h. 1/2, le soleil se lève et le combat s'engage d'un seul coup, très violemment. Les

(1) « C'est vers Aspach et Exbrücke, où les maisons sont en grande partie démolies, que commence le champ de bataille de Cernay, où nous perdîmes pas mal de monde après la première occupation de Mulhouse. Beaucoup de tombes fraîches, notamment du 45e bataillon de chasseurs. » (Cb. Nordmann, *Impressions d'un combattant. Revue des Deux-Mondes*, 1er novembre 1915.)

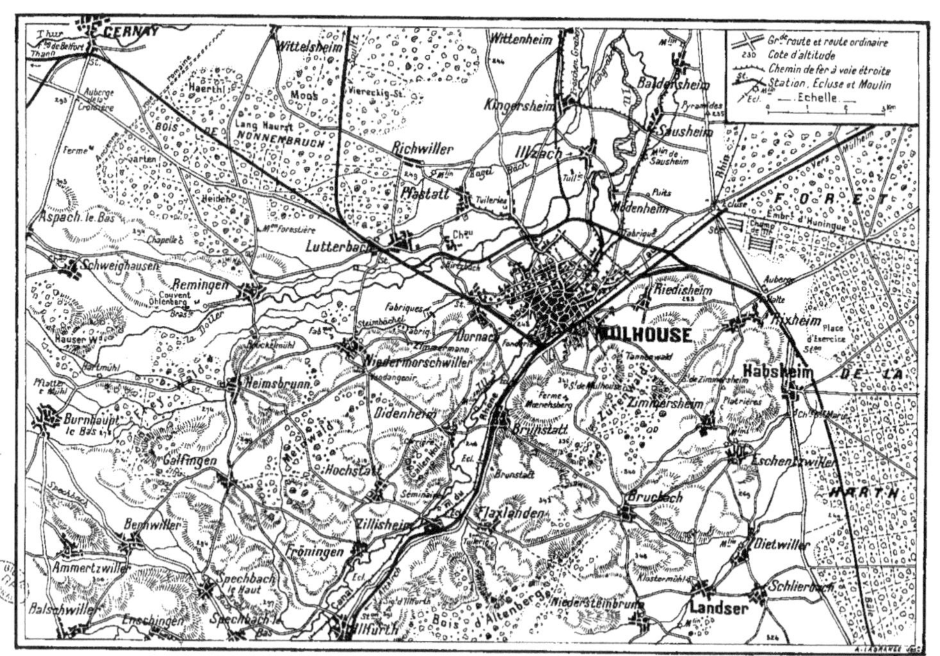

CARTE DE MULHOUSE ET DES ENVIRONS

Allemands n'ont pas mis en ligne moins de 48 pièces, des obusiers de 105 et des canons de campagne de 77. La supériorité du nombre et le vacarme terrible du tir allemand n'effrayent pas nos artilleurs : « Les 77 éclatent trop haut et ne font que du bruit. Les marmites sont longues ou courtes. » Les batteries françaises, bien abritées, règlent mieux leur tir. Les batteries allemandes sont prises sous notre feu : pièces et caissons volent en l'air ; elles se déplacent, mais sont repérées et suivies par un tir très bien réglé. Les avions allemands découvrent nos batteries qui se déplacent à leur tour. De l'aveu des Allemands, la victoire nous appartenait et Cernay fut même réoccupé, quand l'infanterie reçoit l'ordre de repli ; l'artillerie doit la suivre et fait une magnifique retraite sous le feu (1).

On comprend les raisons qui déterminèrent le commandement français à ne pas tenir à Mulhouse. A vrai dire, une autre hypothèse aurait pu être conçue et réalisée. Le communiqué du 21 août l'explique ainsi : « Les éléments que nous avions laissés à Altkirch n'avaient pas été attaqués. Dans ces conditions, il eût été possible de contre-attaquer l'ennemi marchant vers Cernay, en utilisant nos réserves. Pour des causes encore mal connues, cette conception n'a pas prévalu. Notre gauche étant attaquée vers Cernay par des forces nettement supérieures, notre centre étant attaqué par Mulhouse et notre droite restant inactive, la bataille était mal engagée. »

Au centre, en effet, nous étions attaqués par le 14ᵉ corps badois (général Hühne). Toute la journée, en plein soleil, le régiment français qui était en réserve sur le plateau du Zureinwald, au sud-est de Mulhouse, avait organisé une solide position défensive qui, malheureusement, ne put être utilisée. Et tandis que le canon tonnait vers Sennheim (Cernay), le calme régnait entre Mulhouse et la forêt de la Hardt. « Des alouettes chantaient, en voletant çà et là au-dessus des blés saccagés », écrit le capitaine P. P.

Or, à 4 heures exactement, ce dimanche 9 août, la première attaque allemande se déclancha, issue de l'Ile Napoléon : c'était le 14ᵉ corps allemand qui, de concert avec le 15ᵉ corps venu de Strasbourg, allait chercher à envelopper les forces françaises par les deux ailes et surtout à couper toute retraite sur Belfort.

« Cette manœuvre, écrit le témoin, m'a semblé remarquablement conçue. Son exécution fut timide ; la lourdeur, la lenteur allemande nous ont sauvés. » Sous les rafales de shrapnells, la position de réserve du Zureinwald est abandonnée ; on se porte en avant avec ordre d'attaquer l'Ile Napoléon. L'ennemi progressait jusqu'à 400 mètres des tranchées françaises : nous réussîmes, par une contre-attaque brusque, à le refouler jusqu'au talus du chemin de fer de Mülheim :

« A 100 mètres du remblai, les baïonnettes jaillirent toutes seules du fourreau, et ce fut, sans qu'on ait donné d'ordres, une ruée spontanée et magnifique. En un clin d'œil, la voie ferrée était à nous. Pendant ce temps, notre artillerie avait allongé son tir et écrasait l'Ile Napoléon de ses obus. Le soir tombait. Le couchant empourprait les Vosges. Comme une torche, le village flambait... Le combat s'était localisé autour de la gare bientôt prise, puis dans le village bientôt conquis à son tour. Mais où aller ensuite ? La nuit tombait rapidement. L'immense forêt, repaire des Allemands, nous encerclait et s'y engager ainsi avec des troupes victorieuses, mais en désordre, eût été folie. L'attaque, désormais sans but, s'arrêta d'elle-même sur l'objectif enlevé (1). »

A 9 heures du soir, la seconde attaque allemande, forte d'une division (2), se déclanche de la forêt sur Rixheim ; un bataillon et demi d'infanterie française, le colonel en tête, s'engage et s'empare de la moitié du village, luttant un contre dix ; après un très dur combat de rues (3), on se replie sur Mulhouse, en silence ; le succès de l'Ile Napoléon n'avait pu compenser l'échec de Rixheim : il y avait danger d'encerclement, car l'ennemi, qui tournait

(1) Lieutenant Z., Récit reproduit par le *Courrier des États-Unis* du 16 septembre 1915.

(1) *Nouvelle Revue*, 1ᵉʳ janvier 1916 : « Le premier combat de Mulhouse », par le capitaine P. P.
(2) Effectif confirmé par la *Liberté de Fribourg*, du 19 août 1914.
(3) D'après les *Basler Nachrichten*, il est tombé 200 hommes dans Rixheim.

CITÉ OUVRIÈRE A MULHOUSE

Mulhouse par le sud, allait marcher sur Illfurt par la vallée de l'Ill.

Or, à 11 heures du soir, une troisième colonne allemande venue du nord et cherchant à couper notre retraite vers le nord-ouest, attaqua Illzach et les faubourgs de Mulhouse, vers Modenheim. Le régiment français se replia sous le nombre par Pfastatt-Lütterbach sur Niedermorschweiler. L'ennemi ayant probablement reçu l'ordre de ne pas entrer de nuit dans Mulhouse, s'arrêta en face des tranchées que nous venions d'abandonner.

En effet, les Français avaient reçu définitivement l'ordre de se replier. La bataille avait été chaude, notamment dans les vergers du Mühlenfeld, où fut tué le général allemand Koschpar, commandant la 84ᵉ brigade de Lahr (169ᵉ et 170ᵉ d'infanterie), et à Burzweiler, où 350 Français luttèrent héroïquement contre le 112ᵉ allemand (58ᵉ brigade de Mulhouse).

« La troupe française était dans la plaine éclairée par une lune argentée, entre le Nouveau-Bassin et Modenheim, quand le général Bonneau arrive, suivi de ses officiers d'ordonnance. Il ordonne de lever le camp et l'armée part pour une destination inconnue. On juge de la surprise et du désappointement de la population, quand, le lendemain matin, elle apprend que les Français sont repartis pendant la nuit (1). »

Or, voici ce qui s'était passé durant la nuit, d'après un témoin, le capitaine P. P., dont le régiment s'était replié sur la ville après la seconde attaque de l'ennemi :

« Enfin, voici Mulhouse! Nous nous précipitons... Et alors la chose horrible arriva. Toutes les maisons s'illuminent. Des toits, des caves, des portes, des fenêtres, partent des coups de fusil. En queue de colonne, les éclaireurs ennemis nous tirent dans le dos. Le commandant et dix hommes se jettent dans une rue. C'est une impasse. Le commandant enfonce une porte, puis une autre et ils fuient tous ensemble dans les jardins et les vergers. Un de mes camarades tombe frappé à la tête. Mon capitaine fuit par une rue. J'en prends une autre. Tout tourbillonne.

(1) *Récit d'un Mulhousien*, dans l'*Echo de Paris* du 23 décembre 1915.

La place est nette en quelques secondes. Au pas de course, nous traversons la voie ferrée. On nous tire dessus de la gare. Nous galopons. A un coin de rue, je retrouve mon capitaine. Les soldats qui nous suivent sont 150 environ. D'autres nous rejoignent en route, d'autres s'échappent peut-être, qu'en sais-je ? Il y a 400 hommes avec nous. D'où sortent-ils ? Mystère inexplicable. Mulhouse a un aspect extraordinaire. Tous les réverbères sont allumés, toutes les maisons verrouillées, tous les volets fermés, absolument personne dans les rues. Il est environ minuit. Dans le silence impressionnant qui remplace tout à coup le vacarme inattendu de notre brutale entrée en ville, on entend distinctement la fusillade qui crépite au nord-ouest, au nord, à l'est et au sud-est. On a l'impression d'être dans une cuvette, tous les bords étant garnis de fusils allemands. »

Après avoir réorganisé la cohue égarée en troupe bien encadrée, on marche au feu vers les faubourgs nord, les éclaireurs éteignant les réverbères au fur et à mesure. Après une heure de tiraillerie inutile avec l'ennemi qui est à 200 mètres et ne veut pas avancer, la troupe, qui va manquer de munitions, doit quitter la ville avant le jour, de crainte de rester prisonnière ; elle traverse Mulhouse à nouveau :

« Nous eûmes alors la réédition de ce qui s'était passé tout à l'heure à l'est de la ville, vers la gare. Les maisons s'illuminèrent des caves aux greniers, les coups de fusil claquèrent dans les rues, semblant venir de partout. »

On s'égare de nouveau, nouveau désordre ; enfin, on atteint le faubourg de Dornach. Au petit jour, un bataillon de troupes fraîche, couvre Heinsbrunn, face à l'est, et le régiment, se reformant peu à peu à la corne du bois entre Bernweiller et Galfingen, sert de soutien à l'artillerie de corps.

Quant à l'ennemi, le matin du 10 août, sa situation était celle-ci : les troupes venues d'Illzach avaient rejoint vers Reiningen les forces du 15e corps descendant de Cernay (Sennheim) sur la Doller ; la colonne arrêtée à l'Ile Napoléon avait repris Mulhouse, mais ne dépassait pas Niedermorschweiler ; celle venue de Rixheim gagnait du terrain dans la vallée de l'Ill.

Ainsi, les Allemands avaient réoccupé Mulhouse. Parlant, à l'Hôtel Central, de la bataille du 9 août, le commandant du 14e corps, général Hühne, dit aux officiers qui l'entouraient :

« Meine Herren, wir hatten gestern mit Löwen zu thun » (Messieurs, nous avons eu, hier, affaire à des lions.)... Quelques jours plus tard, le général était privé de son commandement pour sa harangue aux officiers.

« Les Français avaient quitté le champ de bataille le lundi 10 août à 7 heures du matin, après une lutte héroïque qui n'avait pas duré moins de vingt-quatre heures, et dans la proportion d'un contre cinq. La retraite se fit en bon ordre : les Allemands n'ont eu ni butin, ni prisonniers. Une demi-heure à peine après ce pénible départ, les Allemands préludèrent, par l'envoi de quelques obus sur la ville, aux représailles qu'ils réservaient aux Mulhousiens, en réponse au cordial accueil que ceux-ci avaient fait aux Français deux jours auparavant. L'artillerie avait pris position sur le champ de manœuvre de la Doller, et les premiers projectiles tombèrent surtout sur les villas du Rebberg, qui dominent la ville... Des centaines d'arrestations furent opérées. Dès que les Allemands eurent réintégré leurs casernements, le général Hühne fit placer des mitrailleuses à tous les carrefours, donnant ordre aux hommes de faire feu aux moindres velléités de révolte. » (*Echo de Paris* du 5 février 1916.)

Et aussitôt, ce fut l'heure des représailles contre ceux qui avaient manifesté des sympathies françaises. Parmi la troupe circule le fameux : « Man hat geschossen. » (On a tiré.) Le maire Cossmann se porte fort pour les habitants de la ville et promet une récompense de 1.000 marks à qui pourra nommer un civil ayant fait feu. Cet appel resta, bien entendu, sans résultat.

D'après un récit publié par un journal alsacien et reproduit par le *Journal de Genève* du 1er octobre, les officiers allemands, revolver au poing, forçaient les habitants à saluer non seulement les drapeaux, mais tous les officiers. Les soldats allemands, surexcités par la chaleur des combats, par une température torride, en proie, sans doute, à l'ivresse, se mirent à tirer, croyant à une surprise des Français : ces faits ne sont pas niés par les sources allemandes qui essayent simplement de les excuser. Rue de Rixheim, huit soldats allemands regagnant leur cantonnement furent fauchés par les mitrailleuses, parce qu'ils furent pris pour des assaillants français. La nuit fut terrible : portes

BLESSÉS ALLEMANDS PASSANT DANS UN VILLAGE D'ALSACE

enfoncées, salves tirées de la rue dans les appartements où logeaient parfois des soldats allemands. Les habitants, chassés des maisons, furent parqués sur des places découvertes jusqu'au lendemain matin.

Le tenancier de l'Hôtel Central, où logeaient l'état-major du 14e corps badois, le général von Hœningen et le prince Max, héritier du Grand-duché de Bade, subit le même sort, quoique bon Bavarois. « Officiers et soldats avaient perdu la tête », conclut le témoin.

Disons plutôt qu'en Alsace, comme en Belgique, comme dans les Vosges, les mêmes causes, la panique et l'ivresse, causèrent les mêmes effets, non seulement tolérés, mais encouragés par les ordres supérieurs : la violence et la terreur.

Pendant ce temps, les Français battaient en retraite, quoique les combats de Cernay eussent tourné à leur avantage. Mais le commande-

ment avait l'impression qu'il était attaqué par des forces supérieures. « La retraite, dit le communiqué du 21, était, en somme, la solution la plus sage. Vers 2 heures de l'après-midi, le 10 août, tandis qu'une des divisions du 7e corps abandonnait Heinsbrunn, l'autre reculait à Exbrücke. La cavalerie allemande, sans doute épuisée ou plutôt peu nombreuse, resta inactive. Nos régiments se replièrent en colonnes de route, suivis par les files interminables de voitures. « La tenaille allemande, conclut le capitaine P. P., se refermait dans le vide. »

Le lendemain, ses têtes de colonnes se heurtaient aux troupes de la défense de Belfort, vers Montreux-Château.

Sur l'affaire de Mulhouse, les bruits les plus excessifs, les plus tendancieux même, ont été lancés : il a été dit en France et à l'étranger que le nombre des tués et des blessés dépassait 20.000. Vantardise des communiqués allemands, puisque nos effectifs combattants n'atteignaient pas eux-mêmes ce chiffre. (*Bulletin* du 12 août.)

L'ennemi avait beau jeu pour grossir un succès incontestable. Le communiqué allemand du 11 août annonça que le 7e corps français et une division d'infanterie de la garnison de Belfort venaient d'être délogés d'une forte position à l'ouest de Mulhouse. Un autre communiqué du 13 août mentionna la capture de 10 officiers et de 513 hommes, de 4 canons et de 10 attelages et d'un grand nombre d'armes.

Un correspondant berlinois du *Journal de Genève* écrit sur son carnet, à la date du 10 août :

« Des feuilles spéciales annoncent ce soir que les Français qui occupaient une position fortifiée à l'ouest de Mulhouse ont été repoussés avec de grosses pertes vers le sud. Les pertes du côté allemand sont, paraît-il, minimes. La nouvelle, répandue Sous-les-Tilleuls, occasionne une grande joie. La population fait une ovation aux soldats qui relèvent la garde, les gamins se mettent dans les rangs et portent les fusils ; des fleurs sont lancées de tous côtés. » (*Journal de Genève*, 28 août.)

« En réalité, dit le communiqué français du 21, l'ennemi avait beaucoup souffert du feu de notre artillerie. De notre côté, nous avions été gênés par les obusiers allemands se défilant dans des ravins difficiles à repérer » et dont l'efficacité avait été d'ailleurs plus morale que matérielle.

Des fautes avaient été commises et le général commandant le 7e corps d'armée fut relevé de son commandement ; le 29 octobre il fut placé, sur sa demande, pour convenances personnelles et par anticipation, dans la section de réserve.

Les forces françaises avaient besoin de se refaire à l'abri de la position de Belfort. Il paraît certain que nos aviateurs avaient signalé la présence d'avant-gardes autrichiennes.

Nous verrons que, bientôt, une deuxième offensive dans le Sundgau eut un plein succès sous la direction du général Pau.

LES OPÉRATIONS EN LORRAINE Tandis que les premières manœuvres des troupes de couverture attiraient l'attention sur l'Alsace et couvraient le flanc de nos prochaines opérations en Lorraine, l'état-major français ne perdait pas de vue sa pensée principale pour l'heure où la concentration de ses forces serait achevée : d'une part, agir sur la gauche au nord de la ligne Verdun-Toul, vers le Luxembourg ; d'autre part, tenter une offensive entre la Moselle et les Vosges, dans la vallée de la Sarre.

Nous ne le répéterons jamais assez : l'état-major français considère que sa force principale est autour des places de l'Est ; il est résolu à ne jamais lâcher le roc solide que la ligne de ces places, appuyées par une armée indépendante, lui offre dans l'Est.

S'il peut mener à bien son offensive en Alsace et en Lorraine, elle lui servira à couper l'aile marchante allemande de sa base d'opérations ; si cette offensive ne réussit pas, ses armées se reformeront à l'abri des places et serviront, en tous cas, de pivot à une retraite générale qui lui permettrait de reprendre haleine et de prendre du champ, s'il le fallait, sur la Marne et même jusque dans le Morvan.

Les Allemands exécutent avec une grande hardiesse la manœuvre inverse : ils vont se jeter sur les plaines de la Belgique et porter à leur droite des forces énormes, très supérieures à celles que l'on avait prévues et même signalées : mais il ne semble pas, cependant, qu'ils aient jamais abandonné le principe de Moltke déclarant que l'action principale doit être toujours, et quoi qu'il arrive, celle du *centre*, même au prix des plus lourdes pertes. Le plan allemand paraît n'avoir jamais renoncé à isoler les places et l'armée de l'Est et même à asséner de ce côté le coup décisif, tandis que l'aile droite menacerait Paris et accomplirait le mouvement tournant et enveloppant.

Ce dessein explique pourquoi le prince impérial est désigné pour l'armée à laquelle on

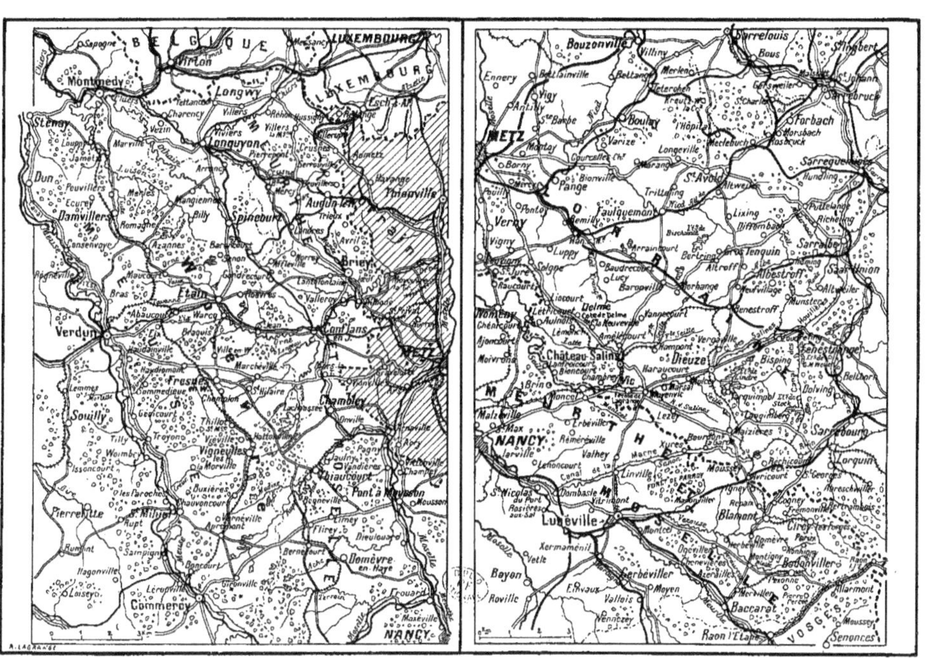

CARTES DE LA WOËVRE ET DE LA LORRAINE

attribuait, en somme, le rôle le plus important et le plus glorieux, à savoir, de vaincre l'armée de l'Est.

Je dirai plus : les faits portent à croire que le projet des Allemands, tout à fait conforme à leur manière d'agir sur d'autres fronts au cours de cette même guerre, — par exemple sur le front russe, — semble avoir été plus complet encore : en raison de l'importance de leurs effectifs, en raison de la nécessité de faire vite pour se retourner contre le front russe, ils avaient probablement projeté de recourir au système de la *tenaille*, c'est-à-dire au mouvement enveloppant par les deux ailes : une armée, concentrée en Lorraine, paraît avoir eu pour mission de se glisser entre Vosges et Moselle en vue d'enserrer nos places et nos armées par l'Est, tandis que l'armée de Von Kluck faisait le grand tour pour les isoler de Paris par l'Ouest et que l'armée du kronprinz fonçait sur Verdun pour les briser au centre.

Ainsi, tout se tient et tout s'explique. La manœuvre allemande a une toute autre portée que si elle s'en tient à une simple tentative de l'aile droite sur Paris, tandis que le centre allemand aurait marqué le pas sur place, satisfait de contenir l'offensive de la principale armée française.

Il est conforme à l'énergie du commandement allemand d'employer tout de suite tous ses moyens et de foncer sur l'ennemi pour briser sa force principale.

Ce plan général expliquerait, en outre, certains faits qui se produisent dans l'Est et qu'il faut bien rattacher à une directive d'ensemble.

Le plan allemand étant tel — et rien n'empêche que l'état-major français en ait eu la connaissance ou l'aperception, — on comprendra la haute sagesse de ce commandement qui, malgré les instances, les besoins et même les nécessités du moment l'appelant sur d'autres points, ne sacrifie jamais sa puissante liaison avec les places de l'Est et maintient à tout prix ses attaches avec le pivot d'où dépend, en somme, l'espoir du succès.

En général, les Allemands s'abandonnent volontiers à l'hypothèse. Le génie français est plus proche de la réalité.

SUR LA FRONTIÈRE Nous avons dit la première tentative sur Mulhouse confiée aux troupes de couverture, sa réussite d'abord, puis son prompt échec : cependant, l'œuvre de la concentration se poursuit de part et d'autre. Elle ne s'achèvera, en fait, que vers le 12 août.

Mais les deux commandements, animés par une volonté analogue, à savoir la recherche d'une première offensive en Lorraine, se tâtent, en quelque sorte, mesurent leur valeur réciproque sur cette frontière dans un certain nombre d'engagements dont ils prennent alternativement et assez confusément l'initiative.

Ces premières rencontres, qui précèdent l'achèvement de la concentration, sont encore des préliminaires : leurs résultats importent peu à l'issue générale des événements et on pourrait presque les passer sous silence, si elles n'avaient eu pour avantage de mettre à l'épreuve la solidité réciproque des troupes, de donner de l'entrain et de la confiance au soldat français, de commencer à confirmer sa valeur morale à ses propres yeux et aux yeux de la nation.

Il se fait ainsi, peu à peu, une première construction psychologique plus forte que toutes les places fortes et dont il convient de recueillir avec soin les moindres matériaux.

Pendant l'opération sur Mulhouse, les escarmouches s'étaient multipliées sur la frontière lorraine. Près de *Nomény*, une patrouille allemande est surprise par des cavaliers français.

Aux environs de *Réméréville*, le 5 août, une reconnaissance de 7 chasseurs à cheval commandée par le lieutenant Bruyant rencontre une patrouille de 27 cavaliers allemands du 14e uhlans. Les Allemands hésitent à attaquer : l'officier français s'élance, brûle la cervelle à l'officier ennemi, 7 uhlans sont

HAUTS FOURNEAUX A LONGWY

tués ou blessés, le reste est mis en fuite. Le lieutenant Bruyant est fait chevalier de la Légion d'honneur et la première médaille militaire de la guerre est conférée au brigadier de dragons Escoffier pour avoir chargé avec la plus grande bravoure et avoir reçu plusieurs blessures (1).

Déjà, on pouvait constater que les Allemands étaient décidés à appliquer en France le même système de guerre par la terreur et par la violation du droit des gens qu'ils faisaient subir à la Belgique. On invoque, ici aussi, comme prétexte, la présence de francs-tireurs, et, à ce sujet, la France protesta énergiquement par un mémorandum adressé aux puissances le 19 août (2). A *Villerupt*, voici notamment ce qui s'était passé, de l'aveu même d'un lieute-

nant allemand qui écrit sur son carnet de notes : « Nous avons incendié l'église de Villerupt et fusillé les habitants. On a prétexté que des observateurs s'étaient réfugiés dans la tour de l'église et que, de là, on avait tiré sur nous des coups de fusil. Le fait est que ce ne sont pas des habitants de Villerupt, mais des douaniers et des forestiers qui nous ont canardés. »

Le samedi 8 août, une patrouille de uhlans allemands avait été chassée du village d'*Afléville*, en Woëvre, par une patrouille de chasseurs à cheval. Les Allemands reviennent en force le lendemain dimanche. Ils mettent le feu, soutenant que les civils ont tiré. L'aprèsmidi, ils incendient d'abord une ferme, puis le village, bloquent dans l'église la population qui s'y était réfugiée à l'heure des vêpres. Ceux qui échappent sont dispersés : vieillards, femmes, enfants sont recueillis à Étain. On est sans nouvelles du curé. Les pauvres

(1) Voir *La Vie en Lorraine* (août 1914), pp. 95 et 109.
(2) *Les Violations des lois de la guerre par l'Allemagne*, I, p. 57.

gens sont dirigés sur Verdun : c'est la première vague de « réfugiés ».

Le 9 août, dans la région de *Longuyon-Spincourt*, des forces nombreuses de cavalerie allemande, appuyées par de l'infanterie, pénètrent sur le territoire français : elles obligent un bataillon de chasseurs à pied à céder du terrain. Dans la vallée de la Seille, les Allemands tendent des inondations en vue d'arrêter une offensive française : dès la déclaration de guerre, ils avaient levé les écluses de Lindre-Basse, près de Dieuze. Engagements d'avant-garde à *Blamont*. Dans ce village, les Allemands ont, sans aucune raison et sans avoir été provoqués, mis à mort trois personnes, dont une jeune fille et un vieillard de quatre-vingt-six ans, M. Barthélemy, ancien maire de Blamont.

A *Pillon*, on entraîne le curé hors du presbytère (10 août). On le frappe à coups de crosse. On le met en joue : « Votre compte est bon! » Il est amené devant le général. Celui-ci lui dit : « *Je sais bien que vous n'avez pas tiré, mais vous êtes l'âme de la résistance ; je vais brûler le village.* » (C'est tout le système des atrocités en trois phrases.) Le village est brûlé. Le curé est gardé à vue. A six heures du soir, les Allemands sont battus. Le curé réussit à s'échapper, non sans avoir vu un soldat allemand tuer d'un coup de fusil un habitant de Pillon caché derrière une haie.

Dans cette même journée du 10, les avions signalent de nombreux mouvements de troupes en arrière de Metz et de Thionville et des travaux de fortification exécutés au sud de Metz, vers Luppy et la côte de Delme. Des troupes allemandes s'amassent vers Morhange.

Une tentative d'éléments du 1er corps bavarois, qui n'est plus une simple reconnaissance, mais semble avoir comme but de tâter les abords de la Meurthe, se produit sur *Ogéviller* et *Hablainville* ; elle est repoussée grâce à l'appui des canons du fort de Manonviller.

Ce mouvement est un indice : si l'offensive française se déclanche de ce côté, elle aura affaire à forte partie.

COMBAT DE MANGIENNES Plus significatif encore est le mouvement en avant d'une division de cavalerie ennemie de l'armée du kronprinz sur la Chiers et l'Othain, vers Longuyon et Marville. Cette région était occupée par notre 9e division de cavalerie et par le 2e corps d'armée en couverture. Le 2e corps, dont les éléments avaient débarqué sur la Meuse, vers Stenay, avait son quartier général au château de Louppy-sur-Loison. Au sud-est, le 4e corps, dont le quartier général était à Consenvoye, avait ses avant-postes sur l'Othain.

C'est là, vers *Mangiennes*, que s'engagea, le 10 août, le premier combat important sur cette frontière. Le matin, deux bataillons du 130e (8e division du 4e corps) furent attaqués aux avant-postes et durent se replier sous le nombre. Une forte et énergique contre-offensive, l'après-midi, nous permit d'infliger à l'ennemi un véritable échec. Des éléments des 4e et 2e corps prirent part à cette action et deux généraux furent cités à l'ordre du jour, le général Lejaille, commandant la 7e brigade du 2e corps : « A livré dans la journée du 10 août un brillant combat à la suite duquel 4 canons sont restés entre nos mains » et le général Cordonnier, commandant la 87e brigade : « A lancé, le 10 août, avec beaucoup d'à-propos, une contre-attaque à la suite de laquelle l'ennemi a abandonné 4 mitrailleuses ».

Ainsi, l'ennemi nous avait abandonné du matériel et un de ses régiments de cavalerie avait été particulièrement éprouvé.

Le lendemain, les Allemands se présentent devant *Longwy* et somment la ville de se rendre. Longwy est à quelques centaines de mètres de la frontière. Ce n'est pas à proprement parler une place forte, car elle n'a pas d'ouvrages détachés ; elle ne possède qu'une simple enceinte à la Vauban. Pour des raisons topographiques, on a renoncé à la munir des moyens de défense modernes ; on sait d'avance qu'elle est à la merci d'un coup de main. Le commandant de la place, lieutenant-colonel Darche, refuse fièrement de répondre à la sommation de l'ennemi.

CADAVRES AU BORD D'UNE MEULE DANS UN CHAMP DE LORRAINE

Or, le 12, notre avance sur l'Othain s'était poursuivie : une de nos batteries surprit le 21e régiment de dragons allemands, pied à terre, et l'anéantit. Une véritable panique s'ensuivit dans le 5e bataillon de chasseurs allemands, que soutenaient les 7e, 8e et 21e dragons, un groupe d'artillerie et six compagnies de mitrailleuses.

Le résultat de ce double succès en Woëvre septentrionale fut immédiatement sensible, car non seulement le mouvement en avant des forces allemandes s'arrêta momentanément dans cette région, mais leurs colonnes se replièrent, suivies de près par les nôtres et nous abandonnant neuf officiers et un millier d'hommes prisonniers ou blessés.

Plus au sud, sur la route de Nancy à Château-Salins, il s'agit, de part et d'autre, de s'assurer le débouché de la Seille ; Moncel et Chambrey s'y font face, de chaque côté de la frontière. Le 6 au soir, notre 4e bataillon de chasseurs (20e corps) s'installe sur les hauteurs de *Moncel* et le 7, à l'aube, *Chambrey* est occupé après une escarmouche avec des cyclistes allemands. *Vic*, qui avait été également occupé par une compagnie de ce même bataillon et un escadron du 8e dragons de Lunéville, dut être abandonné, le téléphone d'une Bavaroise ayant fait son œuvre ; l'ennemi réoccupa le village ; le 10 août, un léger engagement eut lieu entre une compagnie du 17e allemand et un groupe de nos chasseurs à pied près de la ferme de Lagrange, sur le territoire de Vic (1). Le lendemain, vers *Moncel*, un bataillon et une batterie allemands qui ont refoulé nos avant-postes à Vic tentent de pénétrer sur le territoire

(1) *La Vie en Lorraine*, septembre 1914, p. 169.

français : ils sont repoussés avec d'assez fortes pertes.

Ainsi, partout, les avant-postes étaient en contact.

Plus à l'est, nos premiers éléments s'étaient portés sur le village de *Lagarde*, situé en territoire annexé, sur le canal de la Marne au Rhin. L'offensive française se prononce. Lagarde est enlevé à la baïonnette par deux bataillons du 15e corps « avec un courage admirable ». (*Communiqué* du 11 août, 23 h.30.) Mais, ici aussi, nos troupes rencontrent un ennemi fortement préparé. Le 12, nos soldats (les Allemands affirment qu'il y avait là une brigade du 15e corps) furent attaqués par des forces supérieures en nombre et rejetés sur *Xures* et la *forêt de Parroy*. L'échec fut dur ; il eut, en France, un certain retentissement. L'importance de l'engagement fut immédiatement grossie en Allemagne ; les agences annoncèrent une grande victoire, affirmant que les pertes françaises étaient d'un général tué, plus de 1.000 prisonniers, un drapeau, 2 batteries et 4 mitrailleuses.

Dès le 13, cette fâcheuse journée était en partie réparée à *Chambrey* : deux compagnies du 18e d'infanterie bavarois (2e corps bavarois) étaient surprises par nos troupes et refoulées vigoureusement après avoir abandonné leurs morts et leurs blessés.

De part et d'autre, on avait le sentiment que les affaires n'étaient plus de simples escarmouches : les *gros* entraient en jeu.

En somme, de ces premiers engagements, il résultait que le soldat français ne se laissait pas intimider. Il s'habituait à regarder en face ce terrible adversaire tant vanté et si puissamment organisé. On allait bientôt sentir les premiers effets de l'artillerie lourde et des premiers « barrages » plus démoralisants que véritablement destructeurs ; d'autre part, la supériorité du 75 français sur le 77 s'affirmait.

Depuis huit jours que la guerre était commencée, avant même que la concentration fût un fait accompli, les énergies françaises prenaient l'expérience de la guerre avec ses alter-natives et ses surprises locales, parfois émouvantes, mais subordonnées au vaste ensemble que seul discerne l'œil du maître. Les premiers mouvements nerveux s'atténuent, tandis que la belle disposition générale du soldat se manifeste presque partout.

Cette période préliminaire permit, par contre, aux Allemands de manifester non seulement leurs qualités militaires natives, que personne ne songeait à mettre en doute, mais leur résolution de ne tenir compte d'aucune considération de droit ou d'humanité pour atteindre rapidement le but qu'ils se sont proposé.

Dès le 11 août, leur artillerie se livre au bombardement de *Pont-à-Mousson*, ville ouverte. Le Gouvernement en avise les puissances signataires des conventions de La Haye :

« Le 11 août, à 3 h. 30, le 12 août, de 10 heures à 12 heures, et le 14 août, de 4 heures à 6 heures, sans aucune sommation ni avertissement préalable, la ville de Pont-à-Mousson (Meurthe-et-Moselle, 13.000 habitants), ville ouverte et non défendue, a été bombardée par les forces allemandes, dans les conditions suivantes : Le bombardement a été effectué au moyen de canons placés et dissimulés de l'autre côté de la frontière. Un aéronef, ayant pris position au-dessus des batteries, permettait de rectifier le tir. Celui-ci a porté plus particulièrement sur l'hôpital, monument historique régulièrement signalé par le drapeau de la Croix-Rouge. Les obus tombés dans la ville ont tué 7 personnes, et en ont blessé 5 autres, toutes des femmes et des enfants (1). »

Les violences allemandes s'étaient multipliées : otages fusillés contre tout droit, sévices barbares exercés sur la population civile, incendies, etc. Les Allemands fusillèrent notamment le maire d'Igney, sous prétexte que la population de ce village avait favorisé la fuite d'un prisonnier. Déjà ils procèdent au maquillage ; le 13 au matin, un avion allemand portant un drapeau français jette des bombes sur les gares de Vesoul et de Lure.

Dans la région de Belfort, des prisonniers français ont été traités avec la dernière sauvagerie. Les Allemands les ont déshabillés, poussés

(1) Voir le *Figaro* du 19 août, qui reproduit les détails donnés par le *Journal de la Meurthe*.

APRÈS LE BOMBARDEMENT DE PONT-A-MOUSSON

PAYSANS QUITTANT LEURS VILLAGES MENACÉS PAR L'ENNEMI

en avant de leurs lignes en les exposant presque nus aux balles françaises ; des blessés ont été frappés à coups de crosse, d'autres achevés. A Magny, un enfant de sept ans, s'amusant à mettre en joue une patrouille avec son fusil de bois, a été fusillé sur place. En Alsace, des immigrés ont tiré sur les soldats français. (*Communiqué du* 17 août.)

Mais c'est surtout dans la région de Badonviller, Nonhigny, Parux, que l'ennemi commit en France ses premières atrocités, du 10 au 12 août. Nous aurons à en faire le récit au moment où nous aborderons l'offensive de notre 1re armée, offensive qui permit d'en constater toute l'étendue. Notons déjà que dans les deux enclaves faites par les Allemands sur notre territoire durant cette première semaine de la guerre, vers Spincourt (Woëvre) et vers Badonviller (Lorraine), le régime de terreur, inauguré systématiquement à la même date dans la province de Liége, l'était également en France avec la même rigueur.

SITUATION GÉNÉRALE Au 11 août, l'armée allemande achève à peine sa concentration; cependant, les premières rencontres qui précèdent le corps à corps des deux armées permettent de suivre déjà sa marche audacieuse et son avancée puissante.

Les positions par rapport aux armées françaises apparaissaient alors à peu près comme les suivantes :

En *Belgique*, des forces considérables, dont font partie le 9e et le 7e corps, évoluent au nord de la Vesdre ; d'autres, notamment le 10e corps, sont signalées entre la Vesdre et l'Ourthe, le 11e entre Plainevaux et Neuville (au sud-ouest de Liége) ; le 3e dans les mêmes parages. La ville de Liége est occupée par une brigade environ. Les Allemands ont lancé un rideau de cavalerie extrêmement puissant — une division de cavalerie vers Saint-Trond, une autre vers Seny (S.-E. d'Huy), — pour voiler la marche des armées qui progressent vers le centre de la Belgique.

De même, plus au sud, le 4e corps avance vers l'Ourthe; il organise la haute Ourthe, vers Laroche, tandis que deux divisions de cavalerie opèrent dans la région de Marche.

Sur la frontière du *Luxembourg*, le 19e corps saxon a poussé des éléments avancés vers Bastogne ; le 12e corps saxon opère dans la région Diékirch-Martelange ; une division de cavalerie se porte de Martelange vers Neufchâteau et Rulles, cherchant le contact avec les forces françaises.

En *Lorraine* et en *Woëvre*, les rencontres ont signalé le 18e corps près de Longuyon; le 16e dans la région de Metz-Thionville ; le 3e bavarois dans la région de Remilly ; le 2e bavarois s'est concentré au nord de Château-Salins ; le 21e à l'ouest de Dieuze ; le 1er bavarois vers Sarrebourg; le 13e corps semble à ce moment devoir opérer dans la région du Donon. En avant de ces groupements, une division de cavalerie qui s'était portée vers Marville, sur l'Othain, a été repoussée par notre 9e division de cavalerie au delà de la Chiers. Une brigade de cavalerie bavaroise semble occuper la région de Noueny, tandis que la division de cavalerie bavaroise (général Von Stetten) est dans la région d'Avricourt.

Sur les *Vosges*, nos troupes ont affaire au 15e corps, dont la 30e division occupe la région de Schirmeck et la 39e la région de Munster.

En *Haute-Alsace*, nous avons vu que le 7e corps français était aux prises avec les troupes allemandes du 14e corps. Peu de troupes dans la région de Huningue et de Fribourg.

Nous interromprons, vers la date du 12 août, l'exposé de ce qui se passe dans l'Est. L'achèvement complet de la concentration permettra bientôt aux deux commandements de mettre véritablement aux prises les gros des deux armées.

CHAPITRE VI

DÉBUT DE L'ACTION NAVALE. —
SUR LES AUTRES FRONTS

Les premières opérations navales. — Bône et Philippeville. — Les Mers du Nord.
Les Opérations sur le front serbe. — Concentration sur le front oriental.

A violation de la neutralité belge avait déterminé, dans les conditions exposées ci-dessus (1), l'intervention de l'Angleterre contre l'Allemagne aux côtés de la France et de la Russie.

Or, la puissance britannique étant surtout navale, la guerre sur mer prenait, de ce fait, une importance considérable. La maîtrise de la mer devenait un élément de succès incomparable et que toutes les probabilités assuraient à l'Angleterre.

Il est difficile de comprendre l'erreur commise par l'Allemagne quand elle accepta le risque d'attirer sur elle un ennemi si redoutable.

Maximilien Harden, avec cette franchise qu'il affecte parfois, a écrit en décembre 1915 : « Bismarck aurait évité les fautes commises par le gouvernement actuel de l'Allemagne. D'abord, il aurait reculé toute déclaration de guerre jusqu'au moment où il aurait été certain de ne pas se trouver en face d'une coalition ennemie écrasante, tandis que l'Allemagne s'est jetée dans le conflit *avec la*

conviction erronée que l'Angleterre resterait neutre ! »

C'est une explication; mais il faut tenir compte aussi de la jalousie violente qui excitait l'Allemagne contre l'Angleterre. Il convient, en outre, de ne pas laisser tomber dans l'oubli l'aveu échappé à M. de Jagow que, dans les derniers conseils qui ont décidé de la guerre, les *militaires l'ont emporté sur les civils.* Cela veut dire, sans doute, que les militaires ont répondu d'une victoire si rapide par suite de la marche sur Bruxelles et Paris que la question de la maîtrise de la mer au profit de l'Angleterre n'aurait pour ainsi dire pas le temps de se poser (1).

(1) Ce point de vue est confirmé par une communication faite au *Temps* par un neutre revenant d'Allemagne, et qui signe Hendrick Hudson (n° du 21 janvier 1916) : « Ce fut le 5 juillet que le gouvernement allemand — qui a pourtant osé nier avoir prémédité cette guerre — accepta froidement la possibilité d'un conflit européen. C'est là un détail que l'on connaît peu en France, mais que nul n'ignore dans les milieux bien informés de Berlin. Ce jour-là, tandis que les diplomates quittèrent Berlin pour gagner leurs résidences d'été, il y eut à Potsdam un conseil de la Couronne (*Kronrat*) dans lequel l'empereur Guillaume décida de donner carte blanche à l'Autriche-Hongrie vis-à-vis de la Serbie. L'empereur paraît avoir cédé, à ce moment, à la forte pression de son entourage militaire. M. de Bethmann-Hollweg, quoique chancelier de l'Empire, ne fit rien pour le retenir sur cette pente dangereuse. Quand on parle du militarisme allemand, on devrait toujours, pour préciser le sens même de ce mot, citer en exemple les dernières semaines qui précédèrent la guerre. L'histoire de ce mois de juillet 1914 montrerait comment un petit nombre d'officiers prussiens, investis de la confiance de l'Empereur, réussirent à déchaîner la guerre

(1) V. t. II, pp. 184-200.

Mais il faut toujours en revenir à la volonté qu'avait l'Allemagne de s'en prendre un jour ou l'autre à l'Angleterre et d'abattre la puissance britannique. C'était le sens intime de la devise impériale : « Notre avenir est sur les eaux ! »

Dès 1900, von der Goltz avait écrit :

> Quant à une opération de débarquement sur les côtes de la Grande-Bretagne, c'est à tort qu'on la considère comme chimérique. La route est courte et peut être facilement franchie par un amiral entreprenant qui parviendrait, grâce à l'excellence de sa flotte et à sa conduite audacieuse, à posséder quelque temps la maîtrise de la mer du Nord.

Tel était le véritable objectif. L'Allemagne n'avait construit sa flotte que pour cela ; ayant conçu le dessein d'en finir en une fois et de battre ses adversaires isolément, une action rapide sur Anvers et sur Calais devait mettre l'Angleterre à sa merci. Alors, ses propres forces navales entraient en jeu et, à ce point de vue encore, l'Allemagne se croyait prête. Il y eut là un de ces accès d'illusionnisme qui caractérisèrent, au plus haut degré, la folie pangermanique.

Nous avons un aveu préventif de ces intentions et de ces projets dans la conférence que fit, à Bâle, dans les premiers mois de 1914, l'amiral allemand Breusing, conférence qui n'était rien autre que l'exposé des raisons pour lesquelles l'Allemagne se croyait sûre de la victoire, même dans une guerre navale (1).

L'amiral allemand professait *ex cathedra*, que la « flotte de haute mer » allemande, renfermée dans le canal de Kiel, attendrait, pour se mesurer avec les *Home fleets* anglaises, que celles-ci fussent épuisées par la longueur du blocus exercé sur les eaux de la mer du Nord, mais surtout par l'action des torpilleurs et des sous-marins allemands. Il déclarait que les croiseurs-corsaires allemands, répartis sur les océans, détruiraient le commerce britannique de façon à mettre sur les genoux les marchands de la Cité, et, qu'en tous cas, ils maintiendraient dans les eaux lointaines des escadres volantes affaiblissant

L'AMIRAL VON TIRPITZ

MINISTRE DE LA MARINE ALLEMANDE

européenne... » Voir, à la suite, l'histoire du scénario organisé pour forcer la main à l'Empereur et le geste emphatique de celui-ci : « Cette fois-ci, le sort en est jeté, c'est la guerre ! » Quelle que soit l'exactitude du récit, qui paraît au moins dramatisé, on peut accepter désormais comme un fait historique l'action de la camarilla militaire, suprême expression du militarisme prussien, intervenant au dernier moment et décidant des destinées du monde. Dans l'administration de la marine, Tirpitz, Breusing et tant d'autres secondèrent certainement l'entreprise du parti et se refusèrent à tenir compte des conséquences de l'intervention de l'Angleterre aux côtés de la France et de la Russie.

(1) Voir l'analyse et la critique de cette conférence par le contre-amiral Degouy, dans *la Revue de Paris* du 15 juin et du 15 décembre 1914.

VUE DU PORT DE BONE

d'autant les forces britanniques dans les eaux européennes. Enfin, l'amiral, tenant compte de l'effet des mines et des explosifs, affirmait, en ces termes, la supériorité *réelle* de la flotte allemande sur la supériorité *nominale* de la flotte britannique :

« A partir du moment où les deux flottes seront sensiblement égales, l'avantage nous appartiendra. Nos vaisseaux possèdent six tubes lance-torpilles, au lieu de quatre qu'ont les Anglais. Nos canons sont en parfait état après deux cents coups ; les leurs perdent toute précision après soixante. De plus, les deux escadres arrivant en sens contraire, l'avantage sera d'abord à la flotte la plus apte au combat à longue distance. Or, nos canonniers, constamment exercés, obtiennent des résultats merveilleux à 10.000 mètres : il n'en est pas de même des Anglais..., etc. »

Les erreurs plus ou moins voulues de ce Bernhardi de la mer ont été relevées, au fur et à mesure des événements, par les techniciens compétents (1).

Les faits, d'ailleurs, sont plus éloquents que toutes les appréciations. Les Allemands furent, une fois encore, dans l'ordre d'idées qui nous occupe, victimes de l'hypothèse.

Voyons donc les faits, non sans avoir rappelé en face du « grand dessein naval » allemand, le simple exposé de la doctrine navale anglaise, doctrine tout imprégnée de réalité et telle que l'exposa au Guild Hall le premier lord de l'amirauté, M. Winston Churchill, en novembre 1914 :

« ...... Les conditions de la guerre navale sont étranges et nouvelles. Nous avons une grande supériorité en puissance et en nombre, mais nous avons aussi à remplir une tâche infiniment plus grande et plus difficile que celle de nos ennemis. Nous travaillons à dominer toutes les mers ;

(1) Voir notamment, outre les études précieuses de l'amiral Degouy dans *la Revue de Paris* et *la Revue des Deux-Mondes*, celles de M. L. Houllevigne, « Mines et Torpilles

sous-marines », dans *la Revue de Paris* du 15 mars 1915 ; du lieutenant ***, « Cinq mois de guerre navale » dans *la Revue de Paris* du 15 janvier 1915 ; les beaux exposés de E. Bertin, dans *la Nature* des 6 et 13 février 1915 ; *Les Sous-marins et la Guerre actuelle*, par G. Blanchon, lieutenant de vaisseau (Bloud et Gay); *Les Cahiers de la Guerre* : « Où en sont les opérations navales ? » *passim* ; enfin, les *Études* publiées par Mazzinghi : *Gli avvenimenti navali sul conflitto europeo.* (Roma, *Rivista Europea*.)

nous essayons de *protéger* le plus paisible *commerce* du globe contre une multitude de nouveaux dangers, contre des procédés qui n'ont jamais été employés dans des guerres de nations civilisées. Nous avons à *transporter* de grandes *armées* sur le théâtre principal de la guerre ; nous avons convoyé et nous convoyons encore des *expéditions* pour prendre toutes les *colonies* de l'Allemagne. Une œuvre si considérable fait que nous exposons aux coups de l'ennemi une cible incomparablement plus grande que celle qu'il présente aux attaques de nos vaillants marins. »

Lutte navale proprement dite, défense du territoire et des ports des puissances alliées, protection du commerce et, par contre, destruction du commerce adverse, transport des armées sur le front principal et sur les fronts secondaires, tels sont les principaux modes d'action de cette supériorité navale que les puissances alliées surent obtenir dès le début de la guerre et qui ne fit que s'affirmer par la suite. Nous exposerons, dès maintenant, les épisodes préliminaires, contemporains de la période de concentration des armées de terre.

En fait, c'est du côté de la France que les premières actions se produisent. La Méditerranée devait avoir, dès le début, une grande importance, puisque de la maîtrise de cette mer dépendait le transport en France des troupes africaines qui, comme on le sait, devaient jouer un rôle si considérable dans la suite des événements.

Dès le 25 juillet, la tension des relations diplomatiques s'affirmant, l'amiral Boué de Lapeyrère, commandant les forces navales dans la Méditerranée, avait réuni ses officiers pour que l'on fût prêt à tout événement. Il était décidé à porter toute sa vigilance sur le passage du 19ᵉ corps.

D'autres préoccupations urgentes s'imposaient en même temps aux chefs de notre marine. Le Président de la République était en mer à bord d'un cuirassé neuf non complètement achevé, la *France*, escorté d'une des plus puissantes unités françaises, le *Jean-Bart*. Il ne débarqua à Dunkerque que le 29 juillet. Si l'idée venait à l'Allemagne de surprendre le Président en mer et de se rendre maîtresse de ces deux unités? On dut trembler

à la rue Royale, jusqu'à ce qu'on eût reçu la bonne nouvelle. Il est probable que l'Allemagne, qui était résolue à la guerre puisqu'elle envahissait le Luxembourg dès le 30 juillet, s'abstint d'exécuter un coup de main si tentant, par la crainte de pousser définitivement à la guerre l'Angleterre encore hésitante.

Une fois le *Jean-Bart* et la *France* rentrés dans nos ports du Nord, il fallait, en outre, les faire rallier nos forces de la Méditerranée, et ce voyage non plus n'était pas sans danger.

Par contre, il y avait lieu de faire remonter sans retard, dans la Manche, les cuirassés anglais le *Dreadnought*, le *Bellerophon*, le *Temeraire*, l'*Invincible* et l'*Indomitable*, dont la présence était absolument nécessaire pour mettre la *Home fleet* en état de n'avoir rien à craindre d'une rencontre avec la flotte allemande dans les mers du Nord.

L'Allemagne avait, en effet, à cette date, sur ce champ d'opérations, une flotte active de 23 cuirassés (dont 17 dreadnoughts), plus les 4 croiseurs dreadnoughts du groupe des éclaireurs, à opposer aux 21 dreadnoughts dont l'amiral anglais pouvait seulement disposer à la même date.

Heureusement, vers la date du 1ᵉʳ août, la flotte de l'amiral Tirpitz, qui eût pu tenter un raid redoutable, n'était pas prête : on a affirmé que le ministre allemand avait supplié le kaiser d'attendre encore quelques semaines pour déclancher la guerre. La flotte allemande était en manœuvres au sud de Bergen d'où elle fut rappelée le 26, tandis que la flotte anglaise, qui venait d'achever une période de manœuvres importantes, n'avait pas désarmé et était en forme pour soutenir le choc si la flotte allemande l'eût cherché.

C'est d'un autre côté qu'allaient se produire les premiers événements maritimes.

BOMBARDEMENT DE BÔNE ET DE PHILIPPEVILLE La première tâche navale qui s'imposait aux puissances alliées était, comme on l'a vu, le transport du 19ᵉ corps d'armée français d'Algé-

VUE DU PORT DE PHILIPPEVILLE

rie en France. Pour cela, il fallait la mer libre ou une escorte tellement imposante qu'aucun trouble ne pût être apporté au passage des convois.

Contrairement à ce qui avait été annoncé, le mouvement des troupes se fit surtout par terre vers Alger et Oran. Il résultait des arrangements antérieurs qu'en cas de guerre, le commandement des forces navales de la Méditerranée appartiendrait à l'amiral français, c'est-à-dire à l'amiral Boué de Lapeyrère. L'amiral, ancien ministre de la Marine, avait assisté aux derniers conseils de guerre tenus à Paris. Marin expérimenté, il résolut de consacrer d'abord l'ensemble de ses forces à la protection du convoi transportant les troupes. Nous avons dit, ci-dessus, dans quelles heureuses conditions cette opération fut accomplie.

Mais, avant même qu'elle fût commencée, le dessein préconçu des Allemands d'y jeter le trouble se manifesta. Deux navires allemands avaient été envoyés dans la mer Méditerranée avec la mission apparente de soutenir, par leur présence, la politique du prince de Wied en Albanie : c'étaient le *Gœben*, puissant croiseur cuirassé du type dreadnought, 24.000 tonnes, vitesse 28 à 30 nœuds, 10 canons de 28 centimètres, 4 tubes lance-torpilles, 1.013 hommes d'équipage, et le *Breslau*, croiseur protégé, 4.550 tonnes, 28 nœuds, 12 canons de 105, 373 hommes d'équipage ; tous deux bâtiments ultra-rapides et, malgré leur force différente, parfaitement accouplés.

Dès le 3, le bruit se répandit dans les ports d'Algérie que des bâtiments suspects croisaient en vue des côtes : c'étaient le *Gœben* et le *Breslau* qui avaient quitté, probablement le 2, le port de Pola où ils étaient sous vapeur et étaient partis quarante-huit heures au moins avant la déclaration de guerre. S'ils n'étaient pas restés à l'abri près de la flotte austro-hongroise, à laquelle leur présence pouvait rendre les plus grands services, c'est que des raisons graves motivaient les instructions qu'ils avaient reçues de se rendre sur les côtes d'Algérie. Sans doute, ils comptaient y trouver les troupes du 19e corps embarquées dans les ports secondaires, sur les bâtiments qui devaient les transporter soit en France, soit au point de concentration (1).

Quoiqu'il en soit, ils étaient signalés sur les côtes de l'Algérie dans la journée du 3. La déclaration de guerre ne fut connue à *Bône* que le 4 août, à 2 heures du matin, par le télégramme officiel suivant : « *Cap de Garde d'Alger, Amirauté 403-4-8. 1 h. 55 m. — Marine à Sémaphore : Guerre déclarée entre France et Allemagne.* »

Dans la ville même, on ne savait rien encore ; les habitants commençaient à se rendre à la gare pour accompagner les tirailleurs allant prendre le train d'Alger à 5 heures du matin, quand à 4 h. 1 minute, un éclatement sec se produisit au-dessus de la statue de Thiers et des éclats d'obus tombèrent sur le kiosque de la musique et sur le sol environnant. C'était le *Breslau* qui signalait sa présence par ce premier acte de la guerre — acte vraiment caractéristique de la façon dont l'Allemagne entendait la conduire — le bombardement d'une ville ouverte.

Voici ce qui se passait à *Philippeville*, au même moment : « Le 4, dès l'aube, j'ouvris ma fenêtre sur l'admirable golfe de Stora. Le soleil se levait dans un firmament très pur... L'eau et le ciel n'étaient qu'azur. Une tache, cependant, parut au nord du Cap de Fer. Une fumée en montant signala la présence d'un navire de guerre. Quand il fut près de l'île Srigina, où se dresse le phare, il arbora un pavillon. C'était le pavillon russe ; il s'approcha encore. Le gardien du phare put lire le mot *Gœben*. »

Le croiseur amena alors le pavillon russe et déploya le pavillon allemand. En même temps, il envoya sur le port et sur la ville ses premiers projectiles.

Cette seconde manœuvre et surtout le déguisement du pavillon achèvent de découvrir les raisons de cette attaque brusquée : ce sont bien des ordres que l'on exécute, et ces ordres, ici comme à Bône, comme en Belgique, comme dans les Vosges, sont bien de procéder par le mensonge, la violation de la foi jurée et du droit des gens...

Philippeville fut bombardée dix minutes. On avait repéré le port, la gare et l'usine à gaz ; c'est là que se groupaient les projectiles. Dans la ville, les dégâts furent peu de chose. Malheureusement, un obus éclata dans un des magasins militaires et fit sauter les munitions entassées ; les morts et les blessés furent nombreux et cet accident répandit une grande consternation dans la population. Les forts de Philippeville répondirent au feu du *Gœben*. « Celui-ci vira de bord, fit force vapeur et ne tarda pas à disparaître, dans une épaisse fumée noire, vers l'ouest, du côté du cap Bourgaroun (1). »

Revenons sur ce qui se passait à Bône. Le *Breslau* avait été signalé, comme nous l'avons dit, dès 3 heures du matin. On le prit, d'abord, pour un navire français et le pilote se rendait au-devant de lui quand, à 4 h. 1 m, le tir commença. Le navire allemand s'approcha jusqu'à la jetée du Lion et tira plusieurs salves en longeant les jetées. Il prit à partie, avec une insistance remarquable, un vapeur qui se trouvait au port, le *Saint-Thomas*, et s'ap-

---

(1) Le dessein, prémédité par l'amirauté allemande dès l'envoi des deux croiseurs dans la Méditerranée, résulte d'un article paru, à cette époque, dans la *Magdeburger Zeitung* : « On ne se tromperait pas en donnant à cette division une corrélation avec le rétablissement du service de trois ans en France : « Guerre de revanche! » Le rôle de nos croiseurs sera d'empêcher le transport en France de deux corps d'armée (65.000 hommes) actuellement en Afrique. La flotte française ne possède aucun transport aussi rapide que les nôtres. Elle ne pourrait détruire notre division de croiseurs qui seraient appuyés de trois croiseurs italiens rapides. La flotte française ainsi ne peut assurer le transport des troupes françaises dans la mère-patrie ! » (*Le Temps* du 8 août 1914.)

(1) Voir l'intéressant récit publié par M. Maurice Olivaint, dans la revue *Algérie, Tunisie, Maroc*, n° du 15 mai 1915.

GABRIEL HANOTAUX
de l'Académie Française

HISTOIRE ILLUSTRÉE
DE LA
GUERRE DE 1914

24 PAGES DE TEXTE ET D'ILLUSTRATIONS

FASCICULE
N° 36

L'ÉDITION FRANÇAISE ILLUSTRÉE
(GOUNOUILHOU, Éditeur)
6, Boulevard des Capucines, Paris

PRIX NET
1 franc
ÉTRANGER, PORT EN PLUS

A NOS LECTEURS

Avec le fascicule 27 a commencé le tome III de l'*Histoire illustrée de la Guerre de 1914*; les deux premiers volumes parus ont donné l'exposé des faits historiques et diplomatiques qui ont précédé et amené la guerre, et qui engagent si lourdement la responsabilité de l'Allemagne. Il était nécessaire de faire connaître et comprendre les causes profondes qui ont déchaîné ces formidables événements.

Le volume III a commencé le récit de la guerre proprement dite. Les opérations militaires y sont exposées sur tous les fronts au fur et à mesure qu'elles se sont déroulées. Grâce à la quantité innombrable de documents parus ou inédits qu'il s'agissait de réunir, de compulser, d'étudier, l'historien est parvenu à s'arracher à la confusion des premières heures. Par les renseignements qu'il a recueillis, par les travaux d'enquête et de recherches auxquels il s'est livré, par les conversations qu'il a eues avec les personnages officiels et les hommes politiques de l'Europe entière, il a approché, d'aussi près que peut le faire un contemporain, de la source où peut se découvrir la vérité sincère et impartiale.

Si le lecteur veut bien considérer l'importance que l'auteur a donné à l'exposé qui ne forme que le prologue, il comprendra les proportions qu'exige la suite du récit. Toutes les questions y seront abordées de front et le drame se déroulera dans son ampleur magistrale.

L'*Histoire illustrée de la Guerre de 1914* va donc mettre à la disposition du lecteur l'instrument qui lui permettra d'atteindre la raison profonde des faits militaires qui ne peuvent manquer d'assurer le triomphe de la Justice et de la Civilisation.

LA COQUE DU *SAINT-THOMAS* ATTEINTE PAR LES OBUS DU *BRESLAU*

procha jusqu'à un mille tout au plus des jetées ; puis, comme le jour se levait, il cessa tout à coup le feu, mit le cap au large du Cap de Garde et partit à toute vitesse, faisant route au nord, sans doute pour rejoindre le *Gœben* à un rendez-vous fixé.

Les dégâts furent encore moins impor-tants qu'à Philippeville (un mort et quelques blessés). On peut évaluer à 140 le nombre des obus tirés sur la ville et le port. D'après le relevé qui a été fait sur le plan de la ville, il est facile de constater que les coups qui portèrent se sont concentrés sur le vapeur *Saint-Thomas*, les gares, le parc aux four-rages, l'hôpital civil et la fabrique de gaz.

Or, au moment même où les obus pleuvaient sur la ville, « le bataillon du 3e tirailleurs, musique en tête, drapeau déployé, descendait le cours Jérôme-Bertagna et se rendait à la gare du Bône-Guelma pour prendre place dans les trains spéciaux qui devaient le conduire à

Alger, où allait s'opérer la concentration des troupes du 19e corps » (1).

De cet ensemble de faits, il est permis de conclure que les navires allemands avaient reçu pour instructions de marcher sur les deux ports dans l'espoir d'y rencontrer des navires transporteurs chargés de troupes du 19e corps. La coïncidence des heures est significative et l'acharnement du tir sur le *Saint-Thomas* ne l'est pas moins. Mais, à la clarté du jour, on s'aperçut du bord qu'aucun transport n'était à quai, puisque la concentration se faisait par les voies ferrées dans un port unique. Le coup était manqué. Les deux bâtiments, sans insister, se réunirent pour courir ensemble à leurs nouvelles destinées.

Par le nombre des télégrammes échangés entre les forces navales françaises et britan-

(1) Voir le récit très complet et très documenté publié par M. A. Mons, dans la revue *Algérie, Tunisie, Maroc,* du 15 mars 1915. Nous remercions M. A. Mons de ses obligeantes communications.

niques, les commandants allemands savaient que celles-ci étaient assez puissantes pour empêcher deux simples unités de s'en prendre au grand convoi.

On a observé avec raison que le raid sur les deux ports de la côte algérienne était une faute, puisque, sans obtenir aucun résultat sérieux, il avertissait les flottes alliées de la présence des deux navires allemands, forcés bientôt de s'éloigner du bassin occidental de la Méditerranée sous peine d'y être rapidement enfermés. Une offensive soudaine sur le convoi en marche eût été, sans doute, beaucoup plus efficace.

Le *Gœben* et le *Breslau* passèrent la journée du 4 à chercher une sortie vers l'ouest ; on les signala aux approches des Baléares : ne l'ayant pas trouvée, ils marchèrent vers l'est. Le *Breslau* arriva à Messine le 5, à 6 heures du matin, et le *Gœben* à 7 heures. Ils quittèrent ce port le 6, vers 5 heures du soir. Ils évoluèrent quelque temps autour de la Sicile, puis prirent leur parti d'entrer dans le bassin oriental de la Méditerranée et de gagner, si possible, la mer Égée. Ils furent rencontrés par deux navires anglais, le destroyer *Gloucester* et le dreadnought *Indomitable*. Ceux-ci les laissèrent passer. On a dit qu'ils n'avaient pas encore reçu la nouvelle de la déclaration de guerre. L'amiral Milne, qui dut rendre compte en Angleterre, aurait fait observer que le commandement de la flotte alliée appartenait à l'amiral français Boué de Lapeyrère (1).

Le fait que le *Gœben* et le *Breslau* échap-

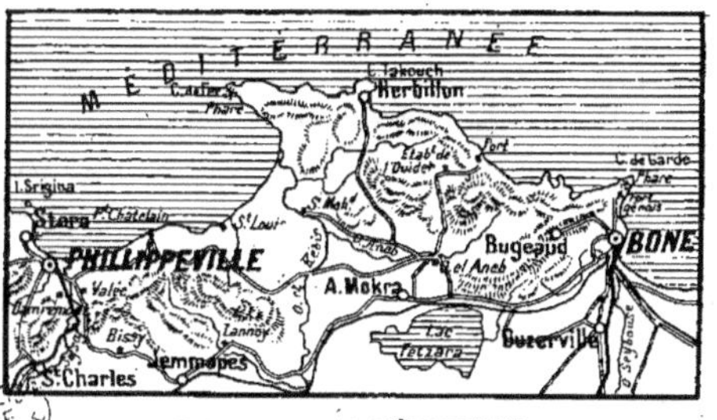

LA COTE ALGÉRIENNE
DE PHILIPPEVILLE A BONE

pèrent à la surveillance de la marine alliée eut, comme on le sait, les suites les plus regrettables. Entrés dans la mer Égée, ils firent du charbon à Syra et, enfin, se réfugièrent dans les détroits des Dardanelles et du Bosphore avec le consentement préalablement obtenu de la Turquie. En entrant dans les Détroits, le 10 août au matin, ils visitèrent les deux paquebots français le *Saghalien* et l'*Henry-Fraissinet*, et ne les laissèrent partir qu'après destruction des appareils de télégraphie sans fil.

Aussitôt à l'abri, sans être poursuivis, dans le port de Constantinople, les deux navires furent soi-disant achetés par le gouvernement ottoman, et prirent les noms : le *Gœben* de *Sultan-Sélim-Javuz*, et le *Breslau* de *Midillu* (Mytilène). L'affaire était arrangée de longue main : le gouvernement ottoman n'attendait que l'arrivée du commandant du *Gœben*, commandant A. Souchon, pour licencier la mission anglaise de l'amiral Limpus et donner au chef allemand le commandement de toute la flotte turque. Nous exposerons plus tard les suites diplomatiques de l'incident ; quant aux conséquences militaires, il suffit de constater, avec l'amiral Degouy, « qu'en faveur du corps de bataille de la marine ottomane, l'appoint d'unités de la valeur du *Gœben* et du *Breslau* avait une valeur considérable ! »

L'Angleterre, par contre, mit la main sur deux navires en construction pour la Turquie sur les chantiers anglais, l'*Osman* et le *Reshadié* qui prirent pour noms *Azincourt* et *Erin*.

---

(1) Une question a été adressée à la Chambre des Communes, dans la séance du 21 janvier 1916, dans les termes suivants : « Le ministre des Affaires étrangères possède-t-il une information officielle quelconque du gouvernement français démontrant que l'amiral français commandant en Méditerranée informe son gouvernement, en août 1914, qu'il poursuivait le *Gœben* et le *Breslau*, lesquels il se proposait de couler devant Constantinople et que le gouvernement français lui interdit un tel acte à la suite d'une objection de l'Angleterre demandant qu'il ne fût fait quoi que ce soit qui pût nuire à la Turquie. Quelle réponse le gouvernement britannique fit-il à cette communication ? » Sir Edw. Grey répond par la négative, ajoutant qu'il n'a jamais auparavant entendu parler de cette affaire.

LE *GŒBEN* ET LE *BRESLAU* FUYANT A TOUTE VAPEUR

Voyons, maintenant, ce qui se passait dans les mers du Nord.

LA SÉCURITÉ DES MERS BRITANNIQUES Dès la première heure, l'Angleterre avait pris ses dispositions pour le haut commandement de ses flottes par la nomination de l'amiral Jellicoë. Le vice-amiral Charles Mudden était nommé chef d'état-major.

Le roi Georges avait adressé à l'amiral Jellicoë le message suivant :

« A ce moment si grave de notre histoire nationale, je vous envoie et, par votre intermédiaire, j'envoie aux officiers et aux hommes des escadres dont vous prenez le commandement, l'assurance de ma conviction que, sous votre direction, ils feront renaître et renouvelleront les pages glorieuses de la marine royale et s'affirmeront à nouveau comme le sûr bouclier de la Grande-Bretagne et de son Empire à l'heure de l'épreuve.

« GEORGE R. I. »

Ainsi que nous l'avons indiqué, le problème des mers du Nord était celui-ci :

L'une des deux flottes adverses procéderait-elle à une attaque brusquée et laquelle des deux prendrait l'offensive? En fait, ni l'une ni l'autre n'a tenté « le coup de Port-Arthur ». Toutes deux, c'est-à-dire la flotte anglaise et la flotte allemande, se sont appliquées surtout à chercher des abris sûrs et à attendre les événements. Il semble que la caractéristique des tactiques navales dans cette guerre ait été dominée par la crainte d'exposer de coûteux cuirassés chargés de vies humaines.

Tandis que la flotte allemande cherchait un refuge dans la Baltique, la flotte anglaise se couvrait d'un réseau de surveillance et de protection, au moyen de « patrouilles » confiées à des bâtiments légers. Quant aux bâtiments de haut bord, les puissants et coûteux dread-

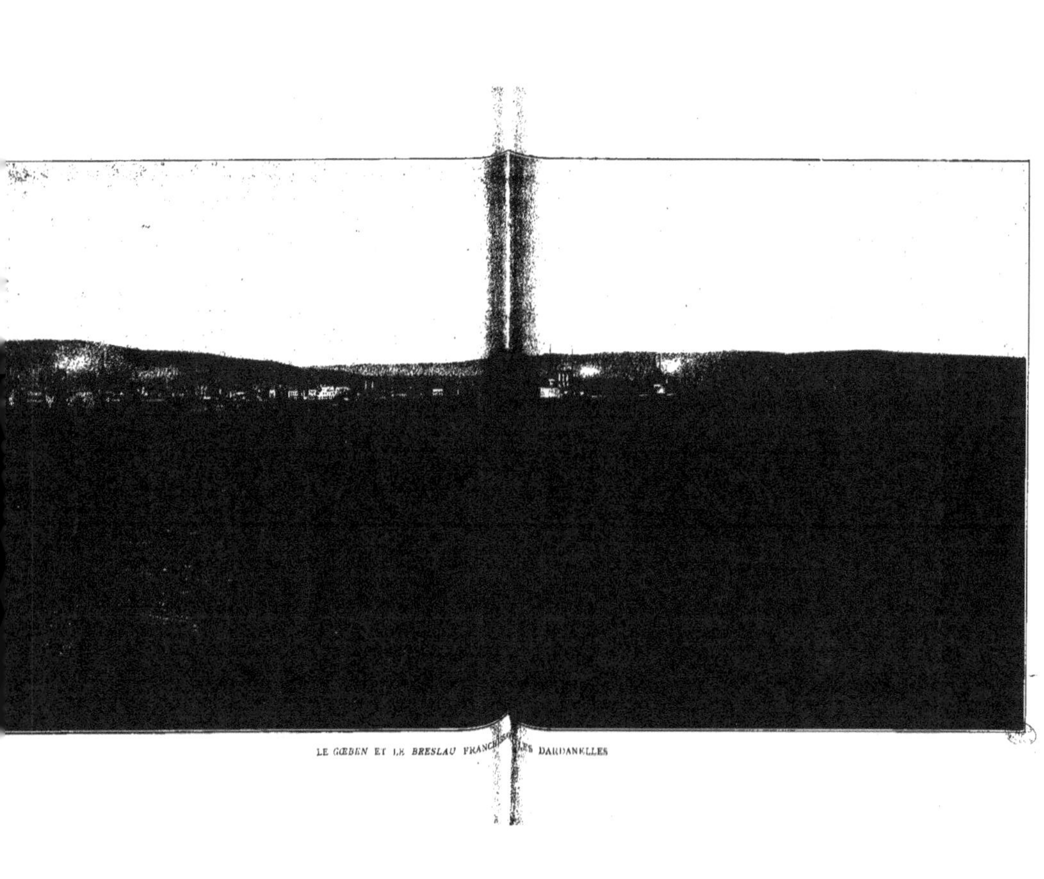

LE GŒBEN ET LE BRESLAU FRANCHISSANT LES DARDANELLES

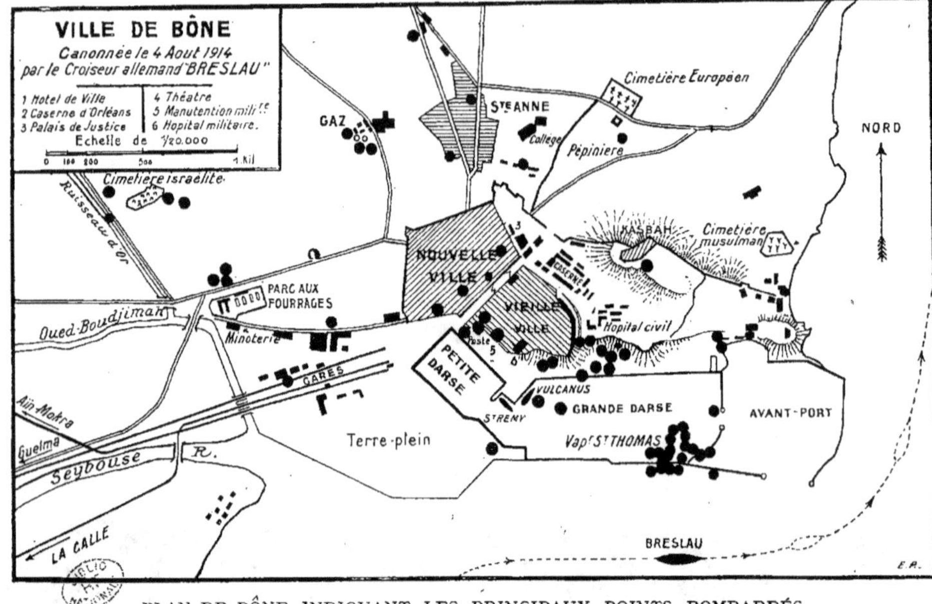

PLAN DE BÔNE INDIQUANT LES PRINCIPAUX POINTS BOMBARDÉS

noughts, ils étaient tenus à l'abri dans les ports, prêts à donner au moindre appel de la télégraphie sans fil. Au début, on exposa quelques croiseurs anciens et plus ou moins démodés comme soutiens des patrouilleurs, mais des pertes graves se produisirent et on devint plus prudent. En somme, sauf deux ou trois circonstances où les forces se risquèrent, les deux tactiques adverses furent les mêmes ; seulement la flotte britannique prit le dessus et finit par balayer les mers britanniques et les mers allemandes, de telle sorte qu'elle put remplir en paix le programme tracé par M. Winston Churchill : transport des troupes, convois, protection du commerce, — la grande flotte restant, d'ailleurs, intacte et prête en cas d'alerte du côté de l'Allemagne.

Pour obtenir ce beau résultat, quelques essais et expériences furent nécessaires.

L'amiral était à peine nommé qu'une lourde tâche lui incombait. Dans la journée du 5, trois contre-torpilleurs anglais, patrouillant à l'embouchure de la Tamise, observèrent les allures suspectes d'un bâtiment de commerce ; l'un des contre-torpilleurs s'approcha et, comme le bâtiment s'enfuyait, il le prit sous son feu et le coula. C'était le *Königin Luise* de la Compagnie Hamburg-America qui, suivant ce qui avait été annoncé par l'amiral Breusing, accomplissait le premier acte de la guerre des mines.

L'Allemagne affirmait ainsi, une fois encore, le mépris absolu qu'elle fait de sa propre signature mis au bas des protocoles de La Haye. Il n'y a pas de procédé de destruction plus barbare, plus aveugle que celui-là, puisqu'il frappe au hasard et automatiquement amis ou ennemis, belligérants ou non. Pour réglementer, autant que possible, l'emploi d'une arme si terrible et si désastreuse, les représentants des puissances aux conférences de La Haye s'étaient engagés mutuellement : 1º à ne pas mouiller de mines pouvant porter atteinte à la navigation commerciale ; 2º à munir les mines flottantes d'un appareil les rendant inoffensives si elles rompaient leurs amarres ; 3º à les fabri-

LE *KÖNIGIN LUISE* COULÉ PRÈS DE L'EMBOUCHURE DE LA TAMISE

quer dans des conditions telles qu'elles explosâssent après deux heures au plus. Toutes ces prescriptions furent suivies à la lettre par les puissances alliées ; toutes furent violées, dès la première heure, par l'Allemagne et l'Autriche. L'Allemagne fit semer de mines toutes les côtes anglaises, la mer du Nord, la Baltique, et même les abords de l'Irlande ; l'Autriche agit de même dans l'Adriatique.

Le premier exploit de ce genre de guerre fut la destruction du croiseur anglais l'*Amphion* faisant partie de la flottille qui surveillait le *Königin Luise*. Nombre de bâtiments de commerce anglais, français, et neutres, périrent également. L'Angleterre dut prendre des mesures pour la sécurité de la navigation. Une nuée de chalutiers, munis des appareils de dragage nécessaires, balaya méthodiquement les mers anglaises. Le 12 septembre, un com-

muniqué de l'Amirauté pouvait déclarer que le danger des mines était conjuré et que les routes de la mer, aux approches de l'Angleterre, étaient sûres.

Pour la protection des convois transportant les troupes, nous avons vu ce qui se fit dans la Méditerranée. En ce qui concerne le transport des troupes anglaises, de l'archipel britannique dans les ports français de Dunkerque, Calais, Boulogne, Le Havre et Rouen, à proximité des forces navales allemandes, on pouvait tout craindre. Il fallait absolument la mer libre et cela pour de longs mois.

Nous avons dit les précautions prises au sujet de l'immersion des mines ; quant au danger d'une incursion rapide de bâtiments de guerre, voici comment il fut procédé.

On s'est demandé si la flotte britannique

n'eût pas pu, tout au début, surprendre la flotte allemande et tenter de la détruire.

La flotte allemande ne s'étant pas sentie en force et craignant, sans doute, une attaque soudaine, s'était réfugiée, non pas dans la mer du Nord, mais dans la Baltique, où elle avait pris une position d'attente au Kieler-Bucht. Par le parti qu'avait pris l'amirauté allemande de semer de mines la mer du Nord et les approches du Pas de Calais, elle se fermait à elle-même les voies de la mer et mettait, pour ainsi dire, sa propre flotte hors de combat.

L'amiral anglais se borna donc à organiser deux barrages avec des bâtiments légers, l'un à l'entrée est du Pas de Calais, composé surtout de bâtiments anglais, l'autre à l'étranglement du Cotentin avec des éléments français, et la tranquillité du passage ne fut pas une fois troublée. Les reconnaissances poussées jusqu'à Héligoland ne signalèrent pas un seul navire ennemi.

Dans l'Atlantique, les transports, de Casablanca et de Dakar jusqu'à Bordeaux, ne furent pas davantage inquiétés.

Dès le 7 août, un communiqué français annonçait, en ces termes, l'heureuse arrivée des premières troupes anglaises sur le continent :

Le débarquement des troupes anglaises est commencé ; les unités débarquées ont été saluées par les acclamations des populations. Le débarquement s'est opéré vite et en très bon ordre, sous la direction de missions d'officiers français parlant couramment l'anglais. Les accords des deux états-majors ont assuré une exécution impeccable du programme de débarquement.

Le 8 août, 20.000 hommes étaient déjà mis à terre à Ostende, Calais, Dunkerque. On remarquait la belle humeur et l'entrain du soldat anglais.

Quant à la protection du commerce des alliés et aux atteintes portées au commerce adverse, il faudrait de longues énumérations fastidieuses pour en exposer le détail.

Un neutre qui naviguait à l'époque de la déclaration de guerre sur l'Océan Atlantique nous donne l'impression de la fuite éperdue qui fut celle des navires marchands cherchant une protection ou un refuge quand la télégraphie sans fil répandit la terrible nouvelle sur le grand espace des mers :

L'AMIRAL JELLICOE

COMMANDANT EN CHEF DE LA FLOTTE BRITANNIQUE

« L'*Alphonse XIII* sur lequel je voyageais naviguait tranquillement en suivant la route du Mexique à Santander... Tout à coup le « Marconi » s'est dressé comme mû par un ressort, et il a fixé, avec une expression de stupeur, les derniers mots qu'il avait écrits mécaniquement et qui s'étaient formés syllabe par syllabe sous son crayon distrait : — Quoi ? Que s'est-il passé ? lui avons-nous demandé, stupéfaits de sa stupeur. — La guerre européenne ? a-t-il répondu, et il a lu les cinq mots qui faisaient prévoir le cataclysme des nations... A l'aube, sur l'horizon s'est profilé au loin un transatlantique à deux cheminées. Il était hors de toute route, il déviait vers le sud, il fuyait. Il fuyait la France et l'Angleterre où il devait aborder, il fuyait l'Europe en armes, il allait peut-être aux

VAISSEAUX DE TRANSPORT ANGLAIS A ROUEN

Baléares avec son chargement de marchandises et d'hommes chercher un refuge neutre.

La radiotélégraphie ne transmettait aux navires que des ordres de fuite, en allemand, en français, en anglais, en langage conventionnel : « Dirigez-vous à toute force sur le port neutre le plus voisin. »

..Deux jours après la première déclaration de guerre, cinquante transatlantiques remplissaient le port de Ténériffe ; il y en avait autant à Las Palmas ; la rade de Vigo se remplissait de ces colosses en fuite et Lisbonne voyait des flottes apeurées remonter le Tage. Mais à peine les flottes sont-elles arrivées que le Portugal fait mine d'entrer dans le conflit et les navires se hâtent, en haletant le long des côtes, de chercher un autre refuge. Plus un coin n'est sûr. Les « lions » vont et viennent là-bas, au large et, de leurs ancrages, les bateaux voient, la nuit, les rayons des projecteurs surgir à l'improviste... Étrange pouvoir des couleurs sur un lambeau d'étoffe (1).

En fait, le commerce allemand disparut sou-

(1) Luigi Barzini. *Scènes de la Grande Guerre*, in-8°, 1916.

dainement de la surface de la mer. Le nombre des navires de commerce allemands capturés dès les premiers jours est énorme : des centaines dans la Méditerranée et dans l'Océan, trente ou quarante dans la Baltique, un très grand nombre dans les ports en France, en Belgique, en Angleterre, dans les colonies anglaises ; d'autres sont bloqués dans les ports neutres. Les grands paquebots allemands en partance des ports de l'Amérique, comme le *Vaterland* et le *Kronprinz-Wilhelm*, sont signalés à l'autorité des États-Unis : ils ont des réservistes à bord et leur départ en est, jusqu'à nouvel ordre, retardé. Ceux qui s'échappent sont saisis en mer. Des navires anglais surveillaient tous les bâtiments passant soit au canal de Suez, soit au détroit de Gibraltar ; des croi-

L'ÉPAVE DU *KAISER WILHELM DER GROSSE* COULÉ LE 27 AOUT

seurs cuirassés faisaient la police des océans.

Le 12 août, un communiqué de l'Amirauté britannique déclarait :

Que les armateurs étrangers faisant le commerce avec l'Angleterre pouvaient continuer hardiment de mettre en route leurs vaisseaux ou d'expédier leurs cargaisons à bord de vaisseaux neutres ou de vaisseaux britanniques. En ce moment, ajoutait le communiqué, les navires britanniques traversent l'Atlantique avec une sécurité presque égale à celle du temps de paix. Chaque jour qui passe voit s'étendre le contrôle exercé par la Grande-Bretagne sur les voies commerciales maritimes. Les principales difficultés s'étaient produites au début de la guerre ; maintenant les navires britanniques arrivent avec une très grande régularité. L'Amirauté fait tous ses efforts pour faciliter le commerce sur tous les points du globe. Elle s'occupe actuellement des mesures propres à assurer la protection du commerce entre l'Angleterre, la République Argentine, le Brésil, le Chili et l'Uruguay.

Nous verrons bientôt pourquoi ces contrées étaient particulièrement signalées : un péril grave, la présence de croiseurs allemands,

menaçait, de ce côté, les relations navales des puissances alliées.

Un résultat merveilleux n'en était pas moins obtenu en huit jours. L'autorité navale de l'Angleterre se manifestait ; elle jetait un immense filet sur toutes les mers du monde. Les postes de télégraphie sans fil, préparés par les Allemands comme à Dar-Es-Salam, dans le Togoland, etc., étaient immédiatement détruits ou réservés à l'usage des puissances alliées.

Nous exposerons dans un chapitre d'ensemble la série des campagnes qui anéantirent l'empire colonial allemand. Signalons, toutefois, que, dès le 8, la capitale du Togoland, Lomé, était occupée, grâce à l'action d'une force combinée franco-anglaise.

En échange de ces faits peu satisfaisants, les communiqués officiels allemands en étaient réduits à donner au public quelques maigres nouvelles favorables relatives aux événements maritimes. On vantait le bombardement de Bône et Philippeville *gênant considérablement le transport des troupes françaises* (véracité ordinaire des communiqués allemands) ; on annonçait le bombardement et la fermeture du port russe de Libau par le petit croiseur *Augsburg* et le *Magdeburg* ; on donnait de l'importance à l'occupation de l'île d'Aland, à l'entrée du golfe de Bothnie (6 août) ; on faisait grand état du bombardement du port monténégrin d'Antivari par la flotte austro-hongroise (9 août).

Pour ne pas laisser les esprits dans une attente trop longue au sujet de l'action qui devait être celle de la flotte allemande, on s'exprimait en ces termes au sujet du rôle des sous-marins : « Des sous-marins allemands ont croisé

des milliards dépensés par l'amiral Tirpitz!

LE FRONT SUD-ORIENTAL ET ORIENTAL Les Empires du centre avaient, d'ores et déjà, d'autres préoccupations plus instantes. Ils commençaient à sentir, sur toute l'étendue du front oriental, la pression des deux adversaires dont les armées de terre les menaçaient à revers : la Russie et la Serbie.

L'Autriche avait, dès le 28 juillet, déclaré la guerre à la Serbie. Nous avons dit comment les hostilités avaient commencé par le bombardement de Belgrade (1). Mais les dispositions générales de l'Autriche étaient obligées bientôt de tenir compte de l'entrée en ligne de la Russie.

Dès le 25 juillet, l'état-major austro-hongrois avait pris ses dispositions pour accabler

CARTE DES POINTS OU SE PORTA L'OFFENSIVE AUTRICHIENNE CONTRE LA SERBIE ET LE MONTÉNÉGRO

ces derniers jours le long de la côte orientale de l'Angleterre et de l'Écosse, jusqu'aux îles Sutherland », — sans ajouter qu'une tentative sur une division de croiseurs anglais, le 9 août, avait été facilement déjouée, et on concluait par cette phrase satisfaite : « Ces entreprises dénotent de quel esprit d'initiative est animée la flotte entière. » Des mots, en échange

la Serbie avant que la Russie fût entièrement prête. Aussi l'ordre de mobilisation avait-il d'abord destiné la plus grande partie des troupes de Bosnie et Herzégovine et de la Dalmatie du sud (les 6e, 5e et 2e armées), environ les deux cinquièmes des forces austro-hongroises, au front sud-oriental. Le commandement en chef des

(1) V. t. II, p. 226 et suiv.

troupes austro-hongroises opérant contre la Serbie est confié au général Potiorek.

Le plan de celui-ci paraît être de ne rien tenter de sérieux du côté du Danube et sur la Save inférieure, mais de profiter de la disposition géographique, qui lui permet de procéder à une attaque de flanc vers l'ouest, pour porter son offensive sur la Drina et sur la région avoisinant le confluent de cette rivière avec la Save. Cinq corps d'armée prendront part à cette offensive, soit du nord au sud : le 4e corps (Budapest), le 8e (Prague), le 13e (Agram), le 15e (Sarajevo), le 16e (Raguse) ; la moitié du 15e corps et le 16e faisaient face, vers le sud-est, aux 30.000 guerriers du Monténégro. Une partie du 9e corps (Josefstadt) se tenait en réserve dans la plaine de Syrmie, entre la Drave et la Save (1).

L'état-major austro-hongrois procède avec sa lenteur ordinaire. Malgré qu'il ait pris ses dispositions dès le 25 juillet, c'est seulement le 12 août qu'il se met en mouvement pour une action principale et tente de forcer la Save en amont de Chabatz, tandis qu'un mouvement d'ensemble portait les troupes des 8e, 13e et 15e corps sur la Drina qu'elles franchissaient à Lechnitza, Loznitza, Zvornik et Lioubovia.

Nous dirons bientôt comment les Serbes repoussèrent cette tentative d'invasion à la bataille de l'Iadar.

Sur tous les fronts, nous en sommes encore aux préliminaires. Mais sur celui-ci les pre-

(1) Champaubert, *Campagne de Serbie*, p. 72.

mières rencontres paraissent décidément favorables aux Serbes. Les Austro-Hongrois ont perdu du temps et du monde dans leurs premières tentatives pour passer la Save et la Drina, notamment à Losnitza (11 août). Le 7 août, les Serbes ont occupé la ville de Visegrad, dans le Sandjak de Novi-Bazar ; le 8 août, les Monténégrins prennent Spitza en face d'Antivari. Si Antivari est bombardé le 9 août par la flotte austro-hongroise, Cattaro est canonné par les Monténégrins. L'armée monténégrine prend Djelbejinth le 12 août. Les troupes serbes s'avancent en Bosnie, les Monténégrins en Herzégovine. Les Autrichiens n'ont pu empêcher la jonction des Serbes et des Monténégrins. Une force combinée sous les ordres de Jankovitch s'avance par trois colonnes en Bosnie. En Herzégovine, Boujak et Souhagara sont occupées.

Bien loin d'avoir facilement raison de ce faible adversaire, les armées austro-hongroises ne s'étaient pas encore sérieusement mesurées avec l'armée serbe quand la pression des armées russes commença à se faire sentir sur la frontière de Galicie.

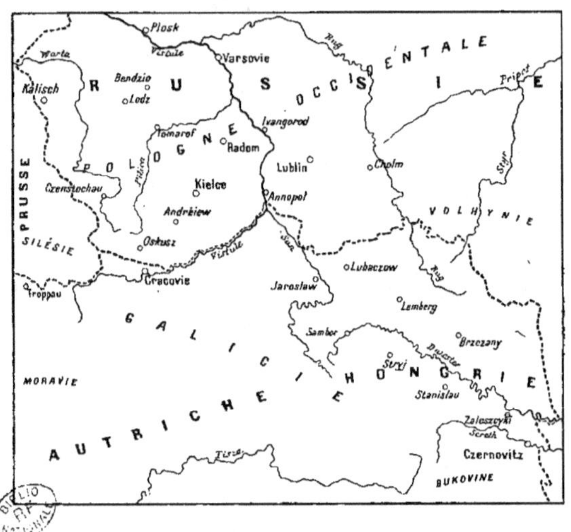

CARTE DES POINTS OU SE PORTA L'OFFENSIVE AUSTRO-ALLEMANDE CONTRE LA RUSSIE

CONCENTRATION AUSTRO-HONGROISE CONTRE LA RUSSIE — L'état-major austro-hongrois procède, de ce côté encore, à la concentration sans se hâter. Il sait que les masses principales de l'armée russe se portent contre la Galicie à l'est du San et contre la Prusse-Orientale. Il s'attend à recevoir, de ce

UN COIN D'ANTIVARI BOMBARDÉ PAR LES AUTRICHIENS

côté, le choc de 36 corps d'armée (27 corps européens, 2 corps caucasiens, 2 du Turkestan et 5 sibériens), sans compter, à bref délai, les divisions de réserve; le tout formant, même avant l'arrivée des troupes asiatiques, 80 divisions d'infanterie et une nombreuse cavalerie.

A ces forces, les Allemands ne peuvent opposer que 20 divisions, l'Autriche-Hongrie doit apporter 60 divisions; mais elles étaient loin d'être toutes disponibles dès le début des opérations.

Jusqu'au 13 août, c'est, de part et d'autre, la période de concentration.

Nous étudierons le champ des opérations et les deux plans opposés quand les armées seront aux prises tant dans le nord (Prusse-Orientale) que dans le sud (Galicie et Bukovine). Indiquons seulement, dès maintenant, dans leurs lignes générales, les données de la concentration telle qu'elle s'opère de part et d'autre.

Les Russes crurent qu'il était sage de ne pas risquer leurs troupes de couverture dans le saillant que forme la Pologne russe entre la Galicie et la Prusse-Orientale. Craignant d'être pris dans la tenaille par les armées des deux empires, ils préférèrent achever leur concentration derrière la Vistule, acceptant ainsi l'inconvénient de dégarnir la Pologne occidentale.

On vit ainsi, dans la toute première période de la guerre, les troupes de couverture allemandes : 1er corps (Kœnigsberg), 20e corps (Allenstein), 17e corps (Dantzig), s'avancer en territoire ennemi, occuper Kalisch, Bendzin, Plosk, Czenstochova, Lodz, Tomarof, Radom.

D'autre part, les Autrichiens, avant même que leur concentration ne fût achevée, s'étaient avancés jusqu'à Oskusz, Andreiew, Kielce, leur objectif étant Ivangorod. Ils essayaient même de pénétrer à l'est de la Vistule et entraient, pour ainsi dire, dans la gueule du loup en s'allongeant en formations volantes jusqu'à Kolm et Lublin. Peut-être espéraient-ils troubler, par cette avancée téméraire, les opérations de la concentration russe.

Vers le 15 août, les armées austro-hongroises, chargées de recevoir, en somme, le premier choc des armées russes, étaient disposées ainsi qu'il suit sur la frontière :

1° A l'extrême-droite, le général *von Kowess* avec le 3ᵉ corps vers Stryj, le 12ᵉ corps vers Stanislau, la 43ᵉ division à Zaleszcyki et la 35ᵉ brigade de landsturm à Czernowitz, devait être rejoint par la 2ᵉ *armée*, ramenée du front de la Save et commandée par le général de cavalerie *von Böhm-Ermolli*, dont la mission allait être de s'avancer sur le Dniester ;

2° Au nord du Dniester, près de Brzezany, un groupement composé de la 11ᵉ division d'infanterie et de quelques divisions de cavalerie lancées en avant. Lemberg était protégé par de fortes masses de cavalerie sur la ligne du Bug et, plus près, par le 11ᵉ corps et les forces de la place ; ces troupes étaient placées sous le commandement du général de cavalerie *von Bruderman*, chef de la 3ᵉ *armée* dont dépendaient encore le 14ᵉ corps ainsi que des formations de landsturm, vers Sambor ;

3° La 4ᵉ *armée* sous les ordres du général *von Auffenberg* opérait sur le San moyen : elle était composée des 6ᵉ, 9ᵉ et 2ᵉ corps ; elle se tenait vers Jaroslau et sa cavalerie opérait en avant vers Lubaczow ;

4° En redescendant le San, la 1ʳᵉ *armée* commandée par le général *Dankl* formait l'aile nord-ouest ; elle se composait des 10ᵉ, 5ᵉ et 1ᵉʳ corps avec deux divisions de cavalerie ;

5° Le flanc gauche près de Cracovie, composé de formations du landsturm et d'une division de cavalerie sous les ordres du général *von Kummer*, ayant franchi la frontière le 13 août, devait, en avançant le long de la rive gauche de la Vistule, couvrir les autres armées dans la direction d'Annopol.

Cette extrême-gauche était en liaison avec les forces allemandes (environ 17 divisions d'infanterie, opérant contre la Russie), par un corps de landwehr allemand concentré sur la ligne Kalisch-Czenstochau et commandé par le général *von Woyrsch*.

Le front étant ainsi constitué, divers engagements de cavalerie ont produit les premiers contacts, quand, vers le 15 août, les deux armées russes commandées par les généraux Samsonof et Rennenkampf franchissent la frontière et commencent l'offensive sur la Prusse-Orientale.

Nous aurons à exposer par la suite, dans leur ensemble, les opérations du front oriental.

Pour achever le circuit, ajoutons qu'à cette même date du 15 août, le Japon adresse au gouvernement allemand l'ultimatum suivant : « Se basant sur le traité d'alliance anglo-japonais, le Japon exige de l'Allemagne le retrait immédiat des vaisseaux de guerre allemands des eaux japonaises ou chinoises ou le désarmement de ces navires, la remise sans conditions aux autorités japonaises, avant le 15 septembre, de tout le territoire de Kiao-Tchéou cédé à bail à l'Allemagne, et l'acceptation sans condition de ces demandes avant le 23 août. »

CHAPITRE VII

LA VIE INTÉRIEURE DE LA FRANCE

*Les Mesures économiques. — L'Organisation des Secours et du travail.
Discipline de la vie publique. — L'Ame de la nation.*

E propre de cette guerre fut de jeter les uns contre les autres, non seulement des armées mais des peuples. Dans la paix, le pangermanisme avait porté un défi à l'univers : les hostilités à peine commencées, on sentit se lever un orage menaçant la base même des sociétés.

A l'approche d'un tel cataclysme, la France, avec sa sensibilité rapide et profonde, reprit soudain son âme des croisades et de la Révolution : ce fut une sorte de cristallisation spontanée et dont nous essaierons de déterminer le caractère moral; car il eut une grande influence sur la guerre elle-même. Mais nous devons dire, d'abord, par quelles manifestations d'ordre public le corps social prouva sa volonté de se donner tout entier et jusqu'à la dernière racine de son être, à cette œuvre de salut qui s'imposait à lui.

LES MESURES ÉCONOMIQUES Il y eut, d'abord, à prendre les mesures nécessaires pour assurer les conditions de la vie matérielle dans ces temps exceptionnels. Toute la partie virile de la population étant mobilisée, les rapports économiques étaient, pour ainsi dire, suspendus. Et pourtant, il fallait vivre. Les vieillards, les femmes, les enfants, tous ceux que l'inaptitude retenait au logis avaient à durer en l'absence du bras qui les soutenait. Les hommes eux-mêmes éloignés du foyer ne pouvaient combattre bravement que s'ils étaient tranquilles sur le sort des leurs.

L'immense activité d'un peuple laborieux était soudain frappée de léthargie. On laissait la charrue au milieu du sillon, la pièce commencée sur le métier pour courir aux armes. Comment le règlement de cette soudaine immobilisation civile, suite de la mobilisation militaire, allait-il se faire? Comment, en un mot, la vie pacifique de la nation allait-elle se transformer en vie de guerre, le peuple devenant une sorte d'immense service-arrière ayant pour mission de soutenir, de loin, la confiance et les efforts des combattants?

« Quand la tribu se sent en péril, elle se lève pour combattre. Les hommes se distribuent les postes ; les femmes mettent les aliments et les petits sur leur dos et se préparent aux longues marches des attaques ou des retraites : ceux qui commandent sont obéis. Des années de prospérité ont pu atténuer parmi nous ces instincts, mais ils subsistent. L'état de guerre, c'est l'état normal de l'humanité; l'état de paix,

UN HOPITAL DE LA CROIX-ROUGE INSTALLÉ DANS UN HOTEL DE PARIS

(Ph. Meyer.)

c'est l'exception. » (*Figaro* du 15 août.)

La première précaution prise par le gouvernement de la République, — avant même que la guerre se trouvât déclarée — fut de suspendre la réclamation des dettes par la mesure connue sous le nom de *moratorium*.

Le 31 juillet, fut pris un décret prorogeant les délais des effets de commerce et des protêts. En voici le texte :

Le Président
de la
République Française,

Sur le rapport du ministre du Commerce, de l'Industrie, des Postes et Télégraphes, du ministre de la Justice et du ministre des Finances..., le conseil des ministres entendu,

Décrète :

ARTICLE PREMIER.— Les délais dans lesquels doivent être faits les protêts et les autres actes destinés à conserver les recours pour toutes valeurs négociables souscrites antérieurement au 1er août 1914, échues depuis cette date ou venant à échéance avant le 15 août 1914, sont prorogés de trente jours francs.

La même prorogation de trente jours francs est accordée aux valeurs négociables venant à échéance avant le 15 août 1914.

ARTICLE 2. — Les ministres du Commerce, de la Justice. des Finances sont chargés..., etc...

Fait à Paris, le 31 juillet 1914.

R. POINCARÉ.

Par le Président de la République :
Le ministre du Commerce, de l'Industrie,
des Postes et Télégraphes,
Gaston THOMSON.
Le Garde des sceaux, ministre de la Justice.
BIENVENU-MARTIN.
Le ministre des Finances,
J. NOULENS.

MAURICE BARRÈS
PRÉSIDENT DE LA LIGUE DES PATRIOTES

Comme nous n'entreprenons pas ici une histoire économique et financière de la guerre, nous nous abstiendrons de suivre, dans le cours des transformations qui lui furent apportées, le décret du 31 juillet 1914. Pour la période qui nous occupe, ces modifications et atténuations résultent des décrets des 1er août, 2 août, 5 août et finalement de celui du 11 août qui abrogea tous les précédents.

Dès le premier jour, on avait pensé qu'il s'agissait d'un *moratorium* général. Le *Temps* insérait une note officieuse expliquant en ces termes les effets du décret :

Le moratorium ainsi conçu s'applique exclusivement aux dettes commerciales par traite ou simple convention. Mais on doit le concevoir aussi d'une façon plus étendue, comme s'appliquant à toutes les dettes, quels que soient leur origine et leur caractère, par exemple les prix d'achat d'immeubles, les emprunts hypothécaires, les loyers, des dettes de banque par suite d'avances sur garantie de valeurs mobilières..., etc. On faisait exception uniquement pour les salaires des ouvriers et des employés.

En ce qui concerne le dépôt des espèces et comptes courants dans les banques, la situation était réglée, sauf ces mêmes exceptions concernant le salaire, par un autre décret du 1er août :

ARTICLE PREMIER. — La prorogation de délai édictée pour les valeurs négociables par le décret du 31 juillet 1914 s'appliquera à la délivrance des dépôts-espèces et soldes

UN BUREAU DES ALLOCATIONS

créditeurs des comptes courants dans les banques et les établissements de crédit ou de dépôts sous les réserves suivantes.

Tout déposant ou créditeur dont le dépôt ou le solde en sa faveur sera inférieur ou égal à 250 francs aura le droit d'en effectuer le retrait intégral. Au-dessus dudit chiffre, les déposants ou créditeurs ne pourront exiger le payement, en sus de cette somme, que de 5 o/o au plus, etc.

Une loi du 4 août assura, sur des principes analogues, la protection des caisses d'épargne.

Le résultat du *moratorium* ainsi conçu fut de fermer la Bourse des valeurs, d'interposer la protection de l'état de guerre entre les établissements financiers et le public qui leur avait fait confiance, d'arrêter, pour ainsi dire, toutes transactions, sauf au comptant, de frapper d'interdit l'immense crédit financier du pays. Le citoyen ne sut plus exactement ce qu'il avait, quand sa fortune était uniquement en valeurs négociables ou en valeurs dans les banques : or, c'était vers cet ordre de place-ment que l'épargne nationale avait été entraînée depuis de longues années.

Il n'est pas étonnant que ce système de moratorium ait donné lieu à de nombreuses réclamations s'élevant de partout et qui lui imposèrent des fluctuations non moins nombreuses.

En 1870, un amendement établissant une mesure analogue avait été soumis à la Commission du Corps législatif chargée d'examiner le projet de loi relatif aux échéances. Cet amendement avait été écarté en vertu des considérations suivantes :

Les comptes courants sont indispensables pour la vie commerciale ; l'on ne comprend pas les ateliers ouverts, des fabriques marchant, des ouvriers occupés, sans l'existence de comptes courants. Il faut que les fabricants puisent chez les banquiers les sommes dont ils ont besoin pour payer les ouvriers qui travaillent à la fabrique et pour que le salaire ne soit pas en souffrance. Arrêter les comptes courants, c'est conduire le commerce à la mort.

On devait voir, par ce qui se passa en 1914, à quel point ces observations étaient fondées.

Un journal anglais fit observer que, par le caractère général donné au *moratorium*, la France de 1914 subissait une défaite économique dont elle ressentirait longtemps les effets.

On agissait malheureusement sous l'empire de la nécessité. A la façon dont la place de Paris et certains grands établissements étaient engagés, à la veille de la guerre (notamment par l'emprunt ottoman consenti dans les dernières semaines), l'Allemagne s'était vantée de débuter par la ruine du crédit français. En présence d'une telle situation, on pensa qu'il fallait, à tout prix, sauver les établissements en péril ; on craignait par-dessus tout de porter atteinte à la solidité de l'établissement national sur lequel reposait la fortune publique : la Banque de France ; il fallait éviter, à la place de Paris, une catastrophe que des spéculateurs étrangers lui avaient préparée... On passa outre aux autres considérations.

L'ensemble de ces mesures, l'espèce de surprise et de paralysie qu'elles causèrent n'en eurent pas moins de graves et lointaines répercussions. La déclaration de guerre, coïncidant avec l'époque ordinaire des vacances, on vit s'ouvrir une période de stagnation générale, un stade « des bras ballants », comme on l'a appelé, qui porta gravement atteinte à la prospérité du pays. Dès que ce péril apparut, il fut signalé : le commerce de Paris se mit en mouvement. Le *Figaro* publiait une série d'articles sur la « Reprise du travail » : « La guerre sera longue ; en attendant il convient que, dans la mesure du possible, l'existence normale reprenne son cours ; il convient qu'avant tout le pays reprenne son sang-froid financier ! » Maurice Barrès faisait paraître son article : « Non-combattants, retournons au travail ! »

Il fallut quelque temps pour que ces conseils fussent entendus !

Dans la séance du 4 août, le Parlement avait statué sur un certain nombre de projets de loi comportant des mesures financières : l'un des plus importants augmentait la faculté d'émission des banques de France et d'Algérie ; voté sans discussion par les deux Chambres, il fut le grand ressort de l'activité financière de la France pendant les hostilités :

ARTICLE PREMIER. — Le chiffre des émissions de billets de la Banque de France et de ses succursales, fixé au maximum de 6 milliards 800 millions (loi du 29 décembre 1911), est élevé provisoirement à 12 milliards. Il pourra être porté au delà de cette limite par décret rendu en Conseil d'État, sur la proposition du ministre des Finances.

ARTICLE 2. — Banque d'Algérie : chiffre d'émission porté à 400 millions.

ARTICLE 3. — Jusqu'à ce qu'il en soit disposé autrement par une loi, la Banque de France et la Banque d'Algérie sont dispensées de l'obligation de rembourser leurs billets en espèces.

ARTICLE 4. — Sont approuvées : 1° les deux conventions passées le 11 novembre 1911 entre le ministre des Finances et le gouverneur de la Banque de France ; 2° la convention passée entre le ministre des Finances et le directeur général de la Banque d'Algérie.

ARTICLE 5. — Afin de permettre au Trésor d'assurer le payement des dépenses occasionnées par la mobilisation générale, le ministre des Finances est autorisé à se faire avancer par la Banque de France, en vertu des conventions ci-dessus visées, au fur et à mesure des besoins de l'État, une somme de 2 milliards 900 millions de francs.

Ces précautions prises, il était nécessaire d'attribuer au gouvernement la faculté de disposer des ressources nécessaires aux besoins de la défense nationale. La loi du 14 décembre 1879 autorisait le gouvernement à ouvrir, pendant la prorogation des Chambres, des crédits supplémentaires et extraordinaires par décrets rendus en Conseil d'État après délibération et approbation du Conseil des ministres. C'est une sorte de blanc-seing accordé au Conseil des ministres, sauf approbation du Conseil d'État et seulement pendant la prorogation des Chambres. Il lui fallait plus de latitude encore : ce fut l'objet d'une loi, votée également le 4 août, « autorisant le gouvernement en cas de mobilisation et jusqu'à la cessation des hostilités, à ouvrir, par décrets rendus en Conseil d'État, les crédits supplémentaires et extraordinaires nécessaires aux besoins de la défense nationale, sauf à les soumettre à la sanction du pouvoir

A L'ENTRÉE D'UNE MAIRIE DE PARIS
LES FEMMES DES MOBILISÉS ATTENDENT POUR TOUCHER L'ALLOCATION

législatif dans le délai d'un mois lorsque les Chambres seront assemblées ou, dans le cas contraire, dans la quinzaine de leur plus prochaine réunion ».

Le gouvernement obtenait ainsi, des Chambres elles-mêmes, une plus grande liberté d'action, alors que le Parlement n'était pas assemblé.

ALLOCATIONS, ORGANISATIONS DES SECOURS

La sollicitude du gouvernement de la République s'était portée d'avance sur la situation des foyers dont les hommes appelés sous les drapeaux étaient soutiens de famille.

Parmi les projets de loi déposés par le gouvernement et votés par le Parlement dans la journée du 4 août figurait celui qui devint la loi des allocations :

ARTICLE UNIQUE. — Les familles des militaires de l'armée de terre et de l'armée de mer appelés ou rappelés sous les drapeaux, qui remplissent les devoirs de soutiens indispensables de famille, auront droit, sur leur demande, à une allocation journalière de 1 fr. 25 avec majoration de 0 fr. 50 par enfant âgé de moins de seize ans à la charge du soutien de famille. Ces allocations seront fournies par l'État pendant toute la durée de la guerre, quel que soit le sort du militaire, dans les conditions qui seront déterminées par décret.

Un décret du 4 août régla l'application de cette loi et des lois antérieures sur la matière.

LOUIS BARTHOU
ANCIEN PRÉSIDENT DU CONSEIL

Cet acte de solidarité nationale créa immédiatement, sur toute la surface de la France, une sorte de confiance mutuelle entre toutes les classes, apporta aux soldats pauvres la tranquillité morale, institua, comme une mesure de salut public, la foi du pays dans ses facultés présentes et futures. Le risque de guerre était, autant que possible, restreint aux hommes d'âge viril qui devaient leur sang et leur peine à leur pays.

Ces mesures d'entr'aide ne furent pas seulement œuvre gouvernementale. La charité ne se commande pas. La nation tout entière s'y donna d'un cœur généreux.

Les allocations officielles ne pouvaient subvenir à tous les besoins. Il est des familles pauvres qui n'ont pas de membres aux armées, il est des pauvres honteux, il est des ouvriers et des ouvrières contraints au chômage. Les institutions de bienfaisance du temps de paix ne pouvaient suffire en temps de guerre ; les bonnes volontés particulières se présentaient infiniment nombreuses : le mieux n'était-il pas de les coordonner et de les canaliser en quelque sorte ?

Sans entraver les activités fécondes qui se manifestaient de toutes parts, un « Comité de

UNE DISTRIBUTION DE SOUPES DANS UNE LOCALITÉ DE LA BANLIEUE DE PARIS

Secours National » fut fondé par l'adhésion de toutes les nuances de l'opinion, sous le haut patronage du Président de la République et du gouvernement. Le but qu'il se proposait était de venir en aide, à Paris et en province, aux femmes, aux enfants, aux vieillards dans le besoin, sans distinction d'opinions ni de croyances religieuses. Le Comité avait pour présidents d'honneur : MM. Émile Loubet, Armand Fallières, anciens présidents de la République; pour président M. Appell, président de l'Académie des sciences, président de l'Institut de France. Le Comité rapprochait les noms du cardinal Amette et du pasteur Wagner, de M. Maurice Barrès et de M. Jouhaux, de M. Louis Barthou et de M. Dubreuilh. Aussitôt que le Comité fut fondé les souscriptions affluèrent. Le Président de la République s'inscrivit personnellement pour une somme de 50.000 francs ; la Banque de France et la

Banque Rothschild frères, chacune pour 1 million. Les sommes recueillies de toutes les bourses, et même des plus modestes, permirent de faire beaucoup de bien.

Les soins à donner aux blessés de la guerre offrirent un autre emploi à la charité nationale. Les associations des Croix-Rouge existaient avant la guerre. *Société de Secours aux blessés militaires, Association des Dames françaises, Union des Femmes de France*, elles étaient affiliées à la Croix-Rouge internationale de Genève par l'organe du Comité central présidé par le marquis de Vogüé, de l'Académie française. Avec une activité éprouvée, ces trois sociétés multiplièrent leurs efforts pour venir seconder l'autorité et l'expérience des services sanitaires de l'armée. Des « hôpitaux auxiliaires » se multiplièrent comme par miracle sur toute l'étendue du sol français. Les plus riches hôtels des beaux quartiers de Paris et des grandes villes, les établissements publics, écoles, lycées, magasins, furent offerts ou réquisitionnés ; plus de 250.000 lits étaient prêts huit jours après la déclaration de guerre. Les infirmières bénévoles, les administrateurs, et surtout les médecins, les chirurgiens, se multiplièrent. Les uns et les autres étaient mobilisés auprès de chaque lit attendant un fils de la France, avant que les grandes batailles fussent engagées.

Les sociétés de Croix-Rouge n'enrôlèrent pas encore toutes les bonnes volontés. Partout où il y avait du bien à faire, on trouvait une œuvre toute prête. L'ingéniosité dans la création n'eut d'égale que la persévérance dans l'activité bienfaisante. Ouvroirs, repas populaires, vestiaires, dispensaires, fourneaux, assistance maternelle et enfantine, orphelinats, gouttes de lait, crèches, layettes, mutualités, aide aux soldats, aide aux femmes des combattants, œuvre des veuves, et, plus tard, œuvres des départements, œuvres des réfugiés, œuvres des prisonniers, c'est un effort inlassable qui naît, se reproduit, se multiplie, s'étend en des ramifications infinies, sans que l'on sente jamais ni le dégoût, ni la lassitude. A tous les appels, la charité privée répond toujours. On écrira, un jour, une histoire complète de la générosité française pendant la guerre : ce sera une Encyclopédie du Bien. Pas un genre de dévouement ou d'abnégation n'y manquera.

Jamais sur la terre, dans aucune guerre précédente, on n'avait vu rien de comparable. Le mouvement, d'ailleurs, ne fut pas spécial à la France. Cette innovation dans l'ordre des sentiments nationaux suffirait peut-être pour révéler ce qu'il y avait de mystérieux, de profond et presque de religieux, dans ce choc, dans cette hostilité implacable jetant les uns contre les autres les plus grands parmi les peuples civilisés. Dieu le voulait !

LE MARQUIS DE VOGUÉ
PRÉSIDENT DU COMITÉ CENTRAL DE LA CROIX-ROUGE

ORGANISATION DU TRAVAIL

Les secours n'eussent pas suffi si la subsistance eût fait défaut. La France se soumit d'elle-même à un état de siège économique qui subordonnait aux nécessités de la guerre les conditions habituelles du travail, des échanges et de l'approvisionnement. Nous consacrerons plus tard un chapitre spécial aux services de l'intendance militaire dont l'admirable organisation fut une des formes les plus heureuses de la défense nationale : le soldat bien nourri eut plus de cœur pour se battre.

GABRIEL HANOTAUX
de l'Académie Française

HISTOIRE ILLUSTRÉE
DE LA
GUERRE DE 1914

24 PAGES DE TEXTE ET D'ILLUSTRATIONS

FASCICULE N° 37

L'ÉDITION FRANÇAISE ILLUSTRÉE
(GOUNOUILHOU, Éditeur)
8, Boulevard des Capucines, Paris

PRIX NET
1 franc
ÉTRANGER, PORT EN PLUS

A NOS LECTEURS

AVEC le fascicule 27 a commencé le tome III de l'*Histoire illustrée de la Guerre de 1914;* les deux premiers volumes parus ont donné l'exposé des faits historiques et diplomatiques qui ont précédé et amené la guerre, et qui engagent si lourdement la responsabilité de l'Allemagne. Il était nécessaire de faire connaître et comprendre les causes profondes qui ont déchaîné ces formidables événements.

Le volume III a commencé le récit de la guerre proprement dite. Les opérations militaires y sont exposées sur tous les fronts au fur et à mesure qu'elles se sont déroulées. Grâce à la quantité innombrable de documents parus ou inédits qu'il s'agissait de réunir, de compulser, d'étudier, l'historien est parvenu à s'arracher à la confusion des premières heures. Par les renseignements qu'il a recueillis, par les travaux d'enquête et de recherches auxquels il s'est livré, par les conversations qu'il a eues avec les personnages officiels et les hommes politiques de l'Europe entière, il a approché, d'aussi près que peut le faire un contemporain, de la source où peut se découvrir la vérité sincère et impartiale.

Si le lecteur veut bien considérer l'importance que l'auteur a donné à l'exposé qui ne forme que le prologue, il comprendra les proportions qu'exige la suite du récit. Toutes les questions y seront abordées de front et le drame se déroulera dans son ampleur magistrale.

L'*Histoire illustrée de la Guerre de 1914* va donc mettre à la disposition du lecteur l'instrument qui lui permettra d'atteindre la raison profonde des faits militaires qui ne peuvent manquer d'assurer le triomphe de la Justice et de la Civilisation.

SALLE D'UN HOPITAL DE LA CROIX-ROUGE

Mais il convient de signaler aussi quelques-unes des mesures qui, au point de vue économique, assurèrent au pays les moyens de vivre et de durer, tant il est vrai qu'il n'est pas un atome de la vie nationale qui ne fut « en état de guerre » à partir du jour de la déclaration.

Par décret du 2 août, une mesure générale fut prise interdisant, sous les peines les plus graves, tout commerce avec l'ennemi. C'était frapper l'Allemagne à un point sensible. Ses exportations en France, à la veille de la guerre, s'élevaient à 810 millions. Par des voies indirectes ou dissimulées, ce commerce était, en fait, beaucoup plus considérable. Les matières que l'Allemagne se procurait en France étaient surtout des matières nécessaires à l'industrie et des objets d'alimentation. A une guerre économique on répondait par des mesures économiques, qui, bientôt, en s'étendant à toutes les

puissances alliées, devaient isoler l'Allemagne et la réduire à son commerce propre et à celui de ses alliés.

Une mesure militaire réglementait, dès le 2 août, les achats de bétail et la sortie des bestiaux des principales zones de production. L'approvisionnement de Paris et des grandes villes était assuré par l'affectation spéciale, d'accord avec l'autorité militaire, d'un certain nombre de trains par jour au transport des denrées essentielles : viande, lait, pommes de terre, farines, etc. Deux décrets en date du 2 août suspendaient les droits de douane sur les matières alimentaires, notamment les viandes frigorifiées, l'orge, l'avoine, les légumes secs, les viandes salées. La sortie et la réexportation du sel marin et du sel gemme étaient interdites.

En raison de la mobilisation des chevaux et

des automobiles, on se préoccupa d'assurer les moyens de transport aux petits détaillants ; pour assurer l'approvisionnement en farine, les généraux commandant les régions territoriales furent autorisés à accorder des sursis d'appel aux hommes de réserve dont la présence était nécessaire au fonctionnement des moulins. Une commission supérieure d'approvisionnement fut constituée à Paris : elle était chargée de réunir toutes les informations concernant les ressources provenant de l'extérieur et destinées à l'approvisionnement.

Un ensemble de mesures furent prises, déterminant les articles de commerce que l'autorité de l'État considérait comme contrebande absolue : les armes, les poudres, les projectiles, les canons et leurs accessoires, les harnachements militaires, les animaux de selle, de trait ou de bât utilisables pour la guerre, les bâtiments et embarcations de guerre, l'outillage servant aux engins de guerre, les aérostats et appareils d'aviation ; et comme contrebande conditionnelle : les vivres, les fourrages, les vêtements et tissus propres à des usages militaires, les véhicules, navires, etc., pouvant avoir cette destination, le matériel des chemins de fer, les combustibles et matières lubrifiantes, les fils de fer barbelés, les fers à cheval, les jumelles, télescopes, les chronomètres...

C'est comme si le pays avait dit : « Mon industrie est à moi et ne doit servir qu'à moi. » Au point de vue commercial, il consentait à vivre, en somme, sous le régime de la réquisition.

Nous ne pouvons prolonger indéfiniment ces énumérations qui deviendraient fastidieuses. Il suffit de donner un aperçu de la transformation que produit, dans un peuple, l'état de guerre moderne.

Il doit vivre pour la guerre : mais encore faut-il qu'il vive. A ce point de vue, l'agriculture, l'industrie appellent aussi l'attention du gouvernement. Peut-être la rigidité des lois militaires ne se prêta-t-elle qu'un peu tard aux nécessités générales de l'existence nationale. Il y eut, dans la mobilisation, un certain manque de souplesse qui, avec d'autres causes, contribua à l'arrêt du travail. Une période de mise au point et d'adaptation était nécessaire. L'Allemagne, plus inquiète sur ses conditions d'existence, fit, en tout cela, sinon mieux, du moins plus vite.

Dès le début, pour ménager les intérêts de l'agriculture, on assura le renvoi dans leur pays d'origine des chômeurs des villes et centres industriels.

PAUL APPELL
PRÉSIDENT DE L'ACADÉMIE DES SCIENCES

DISTRIBUTIONS DE DONS ET DE VÊTEMENTS POUR LES NÉCESSITEUX

PAYSANNES TRAVAILLANT AUX CHAMPS AVEC LES SOLDATS

UNE VOITURE D'AMBULANCE AUTOMOBILE DE LA CROIX-ROUGE

Partout, on vit les femmes, les enfants, les vieillards se multiplier pour achever l'œuvre de la moisson que le départ des hommes avait laissé interrompue. Ce fut un spectacle réconfortant que celui de l'activité paysanne se prolongeant de l'aube à la chute extrême du jour pour que « rien ne fût perdu », et assurant sur toute la surface du sol national la rentrée des belles moissons de 1914.

M. Viviani, président du Conseil, adressa, à ce sujet, une lettre « aux femmes françaises », qui mérite d'être rappelée :

« Au nom du gouvernement de la République, au nom de la Nation tout entière groupée derrière lui, je fais appel à votre vaillance... Je vous demande de maintenir l'activité des campagnes, de terminer les récoltes de l'année, de préparer celles de l'année prochaine... Il faut sauvegarder votre subsistance, l'approvisionnement des populations urbaines, — et surtout l'approvisionnement de ceux qui défendent à la frontière, avec l'indépendance du pays, la civilisation et le droit... Debout, femmes françaises, jeunes enfants, filles et fils de la Patrie! »

Cet appel fut entendu. L'été ne s'acheva pas avant que la moisson de la guerre fût faite, et nous pouvons ajouter que dès l'automne les semailles furent préparées.

DISCIPLINE DE LA VIE PUBLIQUE L'adaptation complète de la vie publique à l'état de guerre ne se fit pas en un jour; et pourtant, c'est avec une rapidité extrême que le pays se soumit à une discipline exceptionnelle et à demi militaire, jetant lui-même en holocauste devant l'autel de la patrie les jouissances les plus innocentes comme les plus antiques libertés.

Il fallait accorder au pays tout ce qu'il réclamait comme soumission, mesures de

EMILE LOUBET ET ARMAND FALLIÈRES, ANCIENS PRÉSIDENTS DE LA RÉPUBLIQUE
PRÉSIDENTS D'HONNEUR DU COMITÉ DE SECOURS NATIONAL

vigilance, de surveillance, de contrôle constant sur soi-même et sur les autres. Une mesure nationale résume tout : c'est *la loi de l'état de siège* votée par le Parlement le 4 août et qui ne fait que confirmer un décret du 2 août proclamant l'état de siège dans les quatre-vingt-six départements français, le territoire de Belfort et les trois départements de l'Algérie, pendant toute la durée de la guerre.

C'est par suite du principe de l'état de siège qu'est réglé le régime de la presse. La presse est la voix du public et elle s'adresse au public. Mais, au-dessus des frontières, elle est entendue par tout ce qui écoute. Le Français est confiant; il a parlé parfois dangereusement. On se souvient, qu'en 1870, un écho paru dans un journal officieux a révélé aux ennemis la marche de l'armée de Mac-Mahon sur Sedan.

La presse se soumit sans hésiter et d'elle-même au régime nouveau qui lui était fait par une note émanant du ministère de la Guerre :

Il est interdit de publier aucune nouvelle relative aux événements de la guerre, mobilisation, mouvements, embarquements, transports de troupes, composition des armées, effectifs, etc., etc., qui n'ait pas été communiquée par le bureau de la presse organisé par le ministre de la Guerre.

Les *communiqués* seront faits trois fois par jour : de 10 heures à 10 heures 1/2, de 14 heures 1/2 à 15 heures, de 23 heures 1/2 à 23 heures 59.

MM. les directeurs des diverses publications quotidiennes et périodiques sont invités à faire connaître par une déclaration écrite, à la préfecture de police, les jours et heures de leurs publications régulières ; toutes les éditions spéciales sont interdites ainsi que les annonces criées et placardées sur la voie publique.

Ils devront, en outre, faire remettre au ministère de la Guerre (bureau de la presse) les épreuves définitives de chaque numéro aussitôt que la dernière page aura été composée.

Le journal ou la publication intéressée sera d'ailleurs libre, après l'envoi de cette épreuve, de procéder au tirage et à la vente sans autre formalité. Mais il s'exposerait à la saisie immédiate si l'examen de l'épreuve permettait de constater l'insertion d'une nouvelle militaire quelconque qui n'ait pas été communiquée par les soins du bureau de la presse au ministère de la Guerre.

Par cette note s'appuyant à la loi du 4 août *sur les indiscrétions militaires ou diplomatiques,* fut consacré le régime de la publicité pendant les hostilités : c'est à-dire : 1º le *communiqué* qui allait donner le rythme des événements guerriers à l'opinion pendant de longs mois ; 2º la *censure* qui devait être soumise elle-même à de si nombreuses critiques et à de si singulières fluctuations ; 3º l'*échopage* qui devint une sorte de guillotine blanche, dure aux secrétariats de rédaction; 4º enfin, la *saisie,* mesure suprême affrontée seulement par les maîtres que leur témérité même assure de l'impunité.

Dans le plus sage esprit de patriotisme, la presse se conforma aux volontés du gouvernement. A la date du 6 août, le Président de la

HENRI BERGSON

PRÉSIDENT DE L'ACADÉMIE DES SCIENCES MORALES ET POLITIQUES

République, en présence du président du Conseil, du ministre des Affaires étrangères, du ministre de la Guerre et du ministre de l'Intérieur, reçut les directeurs des journaux de Paris et les remercia « de la si haute compréhension qu'ils avaient de leur tâche dans les circonstances actuelles ».

A la réunion du Syndicat de la presse, M. Clemenceau « avait constaté qu'en 1870 la presse, en dépit de son intention de bien faire et de rendre service au pays, avait plus gêné le gouvernement qu'elle ne lui avait été utile. Le meilleur moyen d'éviter de dangereuses indiscrétions, ajoutait-il, était de créer une sorte d'organe en collaboration avec le gouvernement, qui permettrait de s'abstenir d'aller aux renseignements dans les ministères et mettrait à la disposition de la presse les renseignements qu'elle pourrait publier sans inconvénients ». (*Temps* du 7 août.)

D'autres mesures de surveillance s'appliquèrent à la plupart des actes de la vie publique : interdiction de télégraphie et de téléphonie interurbaines, suppression ou réquisition des appareils de télégraphie sans fil, réquisition des autos, ou surveillance de la circulation au moyen de laissez-passer ou de

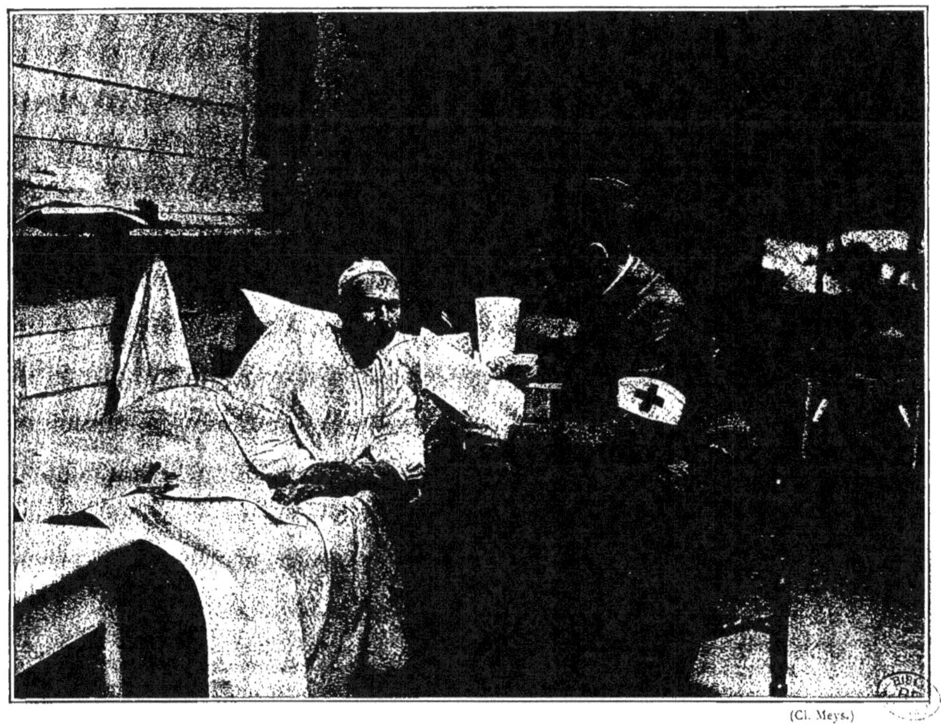

(Cl. Meys.)

AUMONIER AU CHEVET D'UN SOLDAT

sauf-conduit. Chaque personne voyageant en France dut être en mesure de répondre à la question des autorités : « Qui êtes-vous? Où allez-vous? Quelle est votre identité? »

Les personnes appartenant à l'une des nationalités avec lesquelles la France était en guerre durent regagner leur pays par les voies les plus rapides, sinon elles furent soumises à des conditions de séjour dans des zones déterminées ou même confinées dans des camps de concentration.

L'espionnage allemand dans la période d'avant-guerre s'était tellement développé qu'il fallut prendre des mesures rigoureuses pour y obvier : plus de cinq cents individus, arrêtés sous cette inculpation, passèrent devant les conseils de guerre. (*Temps* du 6 août.)

Sur les réseaux de chemins de fer, dans le Métropolitain, dans le Nord-Sud, le nombre des trains mis à la disposition des transports civils furent considérablement diminués. Dans les grandes villes, le couvre-feu fut fixé d'abord à huit heures, sauf en ce qui concernait les restaurants qui furent autorisés à se tenir ouverts jusqu'à neuf heures et demie. L'éclairage des villes fut diminué. Les nuits devinrent obscures. Les théâtres fermèrent.

Quelques pessimistes s'alarmèrent au sujet de la sécurité dans Paris : il fut question de la création d'une « garde civique recrutée parmi les volontaires de la protection sociale ». A Paris, 4 ou 5.000 hommes s'enrôlèrent. Mais, à la réflexion, l'idée fut abandonnée (8, 9 août). En fait, on comprit qu'il ne pouvait y avoir sur l'étendue du territoire national de forces publiques qui ne fussent pas sous les ordres de l'autorité militaire.

C'est une véritable levée en masse qu'avait

ordonnée la loi du 4 août 1914, prescrivant l'incorporation de l'armée territoriale dans l'armée active, loi donnant à l'autorité militaire la faculté de prononcer toutes les mutations nécessaires d'officiers, de gradés ou de simples soldats entre l'armée territoriale et l'armée active ou réciproquement.

L'ETAT D'AME DE LA NATION La France n'était désormais qu'une vaste unité guerrière, une personne morale debout, un seul corps animé d'une seule âme.

L'expression de cette soudaine cristallisation du caractère national avait été donnée, dès le 2 août, par une *Proclamation du gouvernement à la nation française :*

« A cette heure, il n'y a plus de partis. Il y a la France éternelle, la France pacifique et résolue. Il y a la patrie du droit et de la justice, tout entière unie dans le calme, la vigilance et la dignité. »

La déclaration de guerre par l'Allemagne, la séance de la Chambre du 4 août avaient porté au maximum d'intensité ce souffle héroïque.

Partout des manifestations du plus grand caractère s'étaient produites.

Dans le parti révolutionnaire, les sentiments sont tels que le gouvernement peut, sans danger, renoncer aux mesures prévues contre les militants syndicalistes ou socialistes « suspects » (carnet D). *La Bataille syndicaliste* écrit : « Le gouvernement fait confiance à la population française et en particulier à la classe ouvrière. » La Confédération générale du travail s'inclinait devant le devoir patriotique et renonçait à toute menée révolutionnaire : « Pouvions-nous demander à nos camarades un sacrifice plus grand? Quoiqu'il nous en coûte, nous répondrons : non ! »

Le 4 août, le prince Roland Bonaparte se présentait à l'Élysée et demandait à prendre du service. Le duc d'Orléans adressait au ministre de la Guerre la lettre suivante :

Monsieur le ministre,
Devant les événements actuels, toutes les lois d'exception, tout dissentiment politique doivent tomber ; tous les Français ont le devoir et le droit de reprendre leur place sous les drapeaux.

Ce droit et cet honneur, je viens vous le demander pour la durée des hostilités, certain que vous saurez comprendre à quel sentiment j'obéis.

J'attends donc avec confiance votre réponse télégraphique et vos instructions pour partir.

PHILIPPE, duc d'Orléans.

Le comité plébiscitaire publie une circulaire à ses membres : « Les événements imposent à tous les plébiscitaires un grand devoir : le ralliement autour du drapeau. Toutes nos divisions et nos discordes intérieures doivent cesser. » La « Maison des syndicats », la « Bourse libre du travail » mettent à la disposition du ministre de la Guerre les locaux de leurs sièges sociaux « pour les besoins de la guerre ». Le « Grand-Orient de France » exprime au président du conseil « les sentiments patriotiques de la franc-maçonnerie française ». Les Eglises réformées et israélites prescrivent des prières pour la France. Le cardinal Amette et les évêques de France célèbrent dans leurs basiliques des messes où l'intervention divine est implorée pour la victoire des armées françaises : le moindre curé des paroisses prie Dieu, entouré de ses fidèles.

L'Académie des sciences se met à la disposition du gouvernement. Son président, M. Appell, l'illustre savant d'origine alsacienne, prononce l'allocution suivante :

Mes chers collègues, dans la situation grave où se trouve la Patrie, je suis convaincu d'être l'interprète de tous les membres de l'Académie, non appelés à un service public, en déclarant en leur nom qu'ils se tiennent à la disposition du gouvernement pour aider à la défense nationale, chacun selon sa spécialité.

L'Académie française prend la délibération suivante :

L'Académie française charge son directeur d'exprimer au gouvernement ses sentiments unanimes de confiance et sa foi profonde dans la victoire de nos armées combattant pour le droit et la civilisation.

M. Henri Bergson, président de l'Académie des sciences morales et politiques, s'exprime en ces termes :

LA FOULE DEVANT LES BUREAUX DE RECRUTEMENT MILITAIRE

La lutte engagée contre l'Allemagne est la lutte même de la civilisation contre la barbarie. Tout le monde le sent, mais notre Académie a peut-être une autorité particulière pour le dire. Vouée en grande partie à l'étude des questions psychologiques, morales et sociales, elle accomplit un simple devoir scientifique en signalant dans la brutalité et le cynisme de l'Allemagne, dans son mépris de toute justice et de toute vérité, une régression à l'état sauvage.

Toutes les classes de l'Institut s'associent par leurs actes et leurs délibérations à ces fortes paroles.

Le mouvement fut le même, grave et fier, dans toutes les classes de la Nation.

Dans un article de *L'Homme libre*, M. Clemenceau constate cet élan unanime. S'adressant aux « Hommes de Germanie », il écrit :

« Envoyez-nous donc des parlementaires dont nous débanderons les yeux à la porte de nos bureaux de recrutement. Ils y verront les socialistes les plus farouches venir réclamer leur place au combat ; ils y verront de longues files d'hommes de tous âges et de tous pays qui viennent s'engager pour en finir avec la puissance de pression qui a tenu l'Europe depuis plus d'un demi-siècle sous la menace de ses armements. Des moines s'y présentent ; oui, des moines que nous avons chassés, comme ils le disent non sans exagération. Et ce geste de simple grandeur, et ce souvenir obsédant de ce simple curé de village, dont vous avez troué la soutane de vos balles, et ces deux enfants que vous avez fusillés à Morfontaine, et ce sous-officier français que vous avez achevé lâchement, tout cela cimente plus solidement les cœurs que vous avez cru divisés. »

D'une telle plume, la note qui touche la fibre délicate de l'émotion religieuse rend un son nouveau ; elle répond à une évolution intense qui répand soudain comme un frisson intime d'un bout à l'autre du pays ; c'était un respect imprévu, sinon un retour vers les croyances traditionnelles.

Les églises se remplirent ; des hommes élevés en dehors de tout sentiment religieux se « convertirent » subitement. Les prêtres suffisaient à peine dans les confessionnaux. Plusieurs suivaient les soldats et confessaient dans les gares, dans les wagons :

On croyait ce peuple sans religion : il a retrouvé en lui la religion qui unit et la religion qui relève. Quand on ne craint pas la mort, c'est qu'on croit à une autre vie, à une vie qui vainc la mort : c'est d'une logique rigoureuse. Nos ministres, on le disait hier, ont rallumé les étoiles et ils mettent des aumôniers dans les régiments et à bord de nos vaisseaux. (*Figaro* du 14 août.)

Une haute mesure religieuse et morale venait

d'être prise, en effet; M. Albert de Mun, dont l'éloquente polémique dans *L'Echo de Paris* répondait aux sentiments du pays, s'était adressé au gouvernement au nom d'un grand nombre de familles, et lui avait demandé de vouloir bien élargir le cadre des aumôniers militaires que le décret de 1913, en application dès la déclaration de guerre, avait fixé à un effectif trop restreint. Il faisait connaître, en même temps, au gouvernement qu'un nombre déjà considérable d'ecclésiastiques s'offraient à accomplir sans solde ce ministère de dévouement. Le gouvernement accéda à cette demande et il fut décidé que ces prêtres, libres d'obligations militaires et pourvus des autorisations nécessaires, pourraient être mis sans solde à la suite des régiments. Deux cent cinquante prêtres environ furent ainsi désignés, d'accord entre le gouvernement, M. de Mun et les autorités ecclésiastiques. Des mesures analogues furent prises pour les aumôniers de la flotte.

Paris devait revoir bientôt des spectacles auxquels il n'avait pas assisté depuis de longues années :

« Ce qui était aussi Paris, c'était la place du Parvis Notre-Dame, dimanche dernier (15 septembre), lorsque plus de vingt mille personnes, attendant ceux qui remplissaient l'église et en sortaient en procession, s'appelaient par la voix des cantiques et se répondaient par les versets des psaumes. Quelle majesté dans le spectacle quand l'on vit passer, portées par des soldats, suivies par des blessés, les images ou les reliques des patrons de la France et de la capitale : saint Denis, apôtre de Paris; saint Rémi, qui a baptisé la France : saint Louis , « vaillant dans la guerre et juste dans la paix »; saint Vincent de Paul, père des pauvres ; Jeanne d'Arc, libératrice de la Patrie ! Quelle émotion inaccoutumée lorsque les trois portes de la cathédrale s'ouvrirent, que la procession sortit et que, sur une estrade improvisée, apparut dans sa pourpre le cardinal de Paris ! Il harangua la foule, pria avec elle pour nos armées et, devant la place noire de monde, le pont d'Arcole, symbole de victoire, la Préfecture de police bondée d'assistants, il fit sur les têtes inclinées le geste qui bénit et fut acclamé par un peuple surélevé par les surnaturels espoirs (1). »

Ainsi, sous toutes les formes, se manifestait la foi du peuple français dans son idéal, dans sa survie, dans la nécessité de son existence pour le bien de l'humanité! On a beaucoup écrit sur le mysticisme de cette guerre. Par un singulier abus des mots, on a même caractérisé comme « mystique » l'ambition économique du peuple allemand, et le pangermanisme est devenu, en quelque sorte, une modalité de l'esprit religieux. Faut-il accepter cette étrange et trop complaisante confusion et interversion

LE COMTE ALBERT DE MUN

(1) Fernand LAUDET, *Paris pendant la guerre*, p. 75.

L'ENTHOUSIASME DES ENGAGÉS VOLONTAIRES ÉTRANGERS

des idées ? Le sens exact du mot mysticisme dans la langue française n'est pas douteux : par définition, le mysticisme est un mouvement de l'âme qui fait chercher la connaissance de la divinité et de la perfection sans intermédiaire et par la voie de la contemplation. Qu'a de commun une telle disposition si éminemment désintéressée, avec le dessein arrêté de la conquête brutale pour la jouissance, qui est celui du pangermanisme ? Si les Germains se considèrent comme le peuple-élu, c'est pour obtenir ici-bas à profusion tous les biens de la terre et pour imposer au monde l'exigence de leurs appétits matériels et de leur eugénisme. Est-ce là du mysticisme ? Quelle parcelle de sentiment élevé trouve-t-on dans ce concept voluptueux de l'existence individuelle, nationale et internationale (1).

Si c'est là de la religion et du mysticisme, il faut reconnaître que l'humanité rabaisserait à un usage bien vil ses plus hautes aspirations et ses plus nobles facultés; singulière recherche de la perfection qui se manifesterait par le massacre, le mensonge, le viol, le vol, l'expulsion du faible de tous les droits à la vie au profit du fort ! Le « Gott mit uns » est une devise de guerre, ce n'est pas l'expression d'une aspiration supra-terrestre; il ne faut pas confondre un *totem* avec un *labarum*.

Ne parlons donc plus du « mysticisme » allemand. Mais disons, par contre et hautement, que, dans ce conflit de forces et d'idées, ce qui appartient à la France, c'est le culte de l'idéal. L'idéal est une direction de vie, une ligne de conduite, une marche à l'étoile, un élan intime soulevant l'individu vers l'Éternel. L'idéal c'est une imagination préventive et affective du Bien et du Beau. Il conçoit le monde tel qu'il devrait être et intime à la volonté humaine l'ordre de se conformer, autant qu'il est en elle, à ce modèle entrevu.

L'idéal travaille à la perfection par l'action et par le désintéressement ; il suppose le dédain des jouissances matérielles, l'altruisme, le don de soi, le sacrifice au bien de tous et à l'ordre divin. L'idéal est une subordination volontaire de tous les êtres à la norme universelle de la vie, c'est-à-dire Dieu.

La « doctrine de puissance » qui tend à étendre chaque vie individuelle, à l'accroître, à la faire empiéter incessamment, fût-ce au détriment des autres vies, qui rompt de parti pris avec la justice, c'est-à-dire avec la loi d'équilibre entre toutes les vies, la « doctrine de puissance » ou *Kultur* a, tout au contraire, son principe dans la jouissance, son moyen dans la force, son dieu dans l'orgueil.

Entre la « doctrine de force » et l'idéalisme, la France depuis longtemps avait choisi.

Et c'est ce qui faisait l'étonnante grandeur de ces premières heures, de ces moments où l'âme française se retrouvait elle-même dans le désordre apparent des départs, des séparations, des larmes étouffées, des deuils entrevus. La nation se refaisait une âme de croisade, et, fidèle à son passé, elle allait au sacrifice : au sacrifice pour elle-même et au sacrifice pour l'humanité.

Il n'est pas douteux que les premières nouvelles des atrocités allemandes en Belgique aient eu pour effet de cristalliser soudain un sentiment encore diffus dans l'âme de la Nation. Un cri sortit de toutes les poitrines : « Oh! les Barbares ! » Comme les états-majors allemands avaient mal calculé, en comptant sur la peur ! Au lieu de la terreur ce fut l'horreur ! Depuis longtemps, la France avait rejeté, de sa conception de la vie commune des peuples, la possibilité de faits si atroces ; elle ne croyait pas que, dans l'état de la civilisation, de telles abominations fussent possibles. Ce n'était pas seulement son pacifisme, c'était sa sentimentalité native qui lui cachait ce fond bourbeux des possibilités humaines.

De ce sentimentalisme on a conclu à l'*effémination*. Non, la France n'était pas efféminée. La façon dont ses soldats se battent le prouve;

---

(1) *L'Outlook*, revue américaine (janvier 1916), rapporte un entretien de son correspondant avec Liebnecht : « Mais pourquoi la guerre ? — N'en doutez pas, c'est une guerre de conquêtes. Quelle qu'en soit la cause, nous savons que le gouvernement impérial veut en faire une guerre de conquêtes. »

MANIFESTATION DES VOLONTAIRES ITALIENS

sa douceur est la sœur jumelle de l'héroïsme militaire. Mais cette race brave et bonne s'essaye à ne pas séparer, dans son action, la loi de la force de la loi de justice et de la loi d'amour.

La France du passé fut chevaleresque, c'est-à-dire vaillante et religieuse ; la France de la Révolution fut stoïque et généreuse ; la France moderne est *humaine ;* et c'est pourquoi le scandale inouï causé par les premières atrocités allemandes et apporté par la première vague des réfugiés, se répercuta d'un bout à l'autre du pays en des échos rebondissant en indignation, en fureur, en soif de vengeance. Alors, les choses de ce bas monde, l'agrément de l'existence, le bien-être, la vie, la mort, tout fut confondu dans une unique pensée : épargner au monde ce que M. Bergson, dans son langage précis et scientifique, avait qualifié « une régression vers la barbarie ».

De là cette unanimité de la nation qui, en fait, n'avait plus qu'une âme, celle que lui avaient forgé son passé, son histoire, ses penseurs, ses poètes. Cette unité de volontés, cette aspiration de tous au même devoir, fut baptisée aussitôt : l'*union sacrée*. Tous les partis abdiquaient devant la nécessité de refouler ce mal, de tous les maux le plus grand, l'asservissement du monde à l'injustice, c'est-à-dire à la conquête allemande.

On s'étonnait et de l'unanimité et de l'union. Les ennemis de la France avaient annoncé la rapide déliquescence de ce peuple comme la suite fatale de la prétendue « corruption française ». L'erreur avait été commise par les Français eux-mêmes. L'amour de l'idéal suppose une critique constante sur soi-même ; et Dieu sait si les Français, par la presse, par le roman, par les polémiques des partis, l'avaient exercé ce sens critique dont ils sont si fiers !

LES ENGAGÉS VOLONTAIRES DÉFILENT DANS PARIS

Ils s'étaient mis à nu devant l'univers. Des écrivains, se servant de la langue française, avaient pris un plaisir presque sadique à dépouiller leurs vils personnages de tous voiles.

Eh bien, les voilà maintenant ces corps mis à nu dans la réalité, et ce sont des corps de conscrits, des corps d'athlètes ! Et l'âme apparut aussi, dure, résistante, fleurant la santé et l'audace jusqu'à la mort.

Pour exposer cet état de tout un peuple on trouva des paroles admirables :

D'où vient ce prodige, cette transfiguration de la France? Comment sommes-nous tous debout, unis, purifiés, enflammés?

La France a toujours été la terre des réveils et des recommencements. Ses ennemis la croient mourante : ils accourent haineux et joyeux ; elle se dresse au bord de sa couche et dit, en saisissant l'épée : « Me voilà ! Je suis la jeunesse, l'espérance, le droit invincible... » Nous vivons, aujourd'hui, un de ces moments sublimes, à la française, où tout est sauvé par l'embrasement du foyer profond.

Les Allemands disaient: « Cette France, épuisée par des siècles de grandeur et plus encore par les désirs où elle se déchire, nous allons en faire aisément notre esclave. C'est une proie riche et facile. Ses fils ont pris en dégoût la guerre ; ils ne veulent plus que se battre entre eux ! » Qu'ils nous regardent ces Germains! Ils verront nos jeunes gens, les yeux brillants, la poitrine gonflée par l'amour de la vraie gloire et par le mépris de la mort... Une force mystérieuse, qui ne s'incarne dans personne et qu'aucune volonté ne commande, nous relie étroitement, coudes à coudes et les pas dans les pas... Ce n'est pas nous qui avons posé la question : « Quel est l'esprit qui doit gouverner le monde? » Mais puisqu'on la posait, d'une seule voix la France a répondu : « L'esprit d'injustice ne peut pas prévaloir sous le ciel » (1).

Ces lignes étaient écrites et publiées le 22 août, quinze jours avant la bataille de la Marne; elles ne faisaient que constater le fait d'âme dans lequel la victoire de la Marne était incluse.

(1) Maurice Barrès, *L'Union sacrée*, p. 76.

CHAPITRE VIII

LA CHUTE DES FORTS DE LIÉGE
AUTOUR DE LIÉGE

Bombardement des forts. — Chute du fort de Loncin. — Conduite admirable du général Leman.
Les Nouvelles atrocités. — Les Incidents de Liége après l'occupation allemande.

A ville de Liége étant occupée le 7 août au matin, les troupes de Liége (3e division d'armée et 15e brigade mixte de la 4e division) ayant reçu l'ordre de se replier sur la Gette, les Allemands ayant passé la Meuse à Visé, les forts de Liége étaient livrés à eux-mêmes. Outre les garnisons des forts, une troupe de 800 hommes (1er bataillon du 34e et 8e bataillon du 14e) n'avait pas été touchée par l'ordre de repli : elle s'était retranchée au plateau de Rond-Chêne (nord d'Embourg) et barrait les vallées de l'Ourthe et de la Vesdre. Nous verrons quel fut son sort. Dans les forts, les garnisons étaient de 300 à 600 hommes environ.

Quoique les forts tinssent encore, la place n'ayant pas de mur d'enceinte avait été occupée presque sans coup férir par l'ennemi et, par conséquent, le premier objectif que se proposaient ses chefs était atteint. Malgré la résistance des forts, qui allait se prolonger, la route traversant Liége était libre. Le déploiement des forces allemandes en Belgique et le long de la Meuse, permettant même de tourner Namur, était un fait accompli. Il suffi-

sait d'attendre l'arrivée de l'artillerie de siège pour réduire les forts, l'un après l'autre.

Double leçon : 1º le mur d'enceinte n'est pas inutile, même pour une forteresse puissamment défendue par des forts modernes ; 2º la défense des places, si bien munies soient-elles, ne peut se passer de la présence d'une armée de soutien.

Tel était, d'ailleurs, l'avis du général Brialmont lui-même :

« Il estimait que les forts qu'on avait dû lui demander resteraient inefficaces si l'on n'avait pas assez d'hommes pour les défendre. Quoi de plus sensé ? Aussi, avant la récente (et trop tardive) réorganisation de l'armée belge, m'étais-je permis de dire à la Chambre que, dans l'état actuel des choses, les forts de Liége pourraient être utilisés comme couches à champignons... Le général Brialmont avait fixé à 90.000 hommes, si ma mémoire me sert bien, le nombre d'hommes nécessaires pour défendre Liége. 90.000 ! Or, malgré la récente réorganisation, Liége n'en avait pas même le tiers dans les forts et les intervalles ! » (1)

Et encore ces troupes, comme nous l'avons vu, prirent, dès le 6 août, le parti de rejoindre le gros de l'armée belge. Ce repli eût été sage puisqu'il concentrait les forces. Mais le mouvement n'eût eu son plein et entier effet que si l'armée tout entière fût restée à proximité de la ville pour la défendre et tenir tête à l'ennemi

(1) Demblon, député de Liége, *La Guerre à Liége*, p. 50.

jusqu'à l'arrivée des troupes alliées. La chose n'ayant pu se faire, les places fortes de la Meuse se trouvaient, au bout de quelques jours, sans utilité stratégique, puisque le passage qu'elles avaient à défendre était forcé.

Les Allemands attendirent donc l'arrivée de leur grosse artillerie. Les pièces de siège de 210, de 280, les fameux mortiers de 420, dont le public ignorait encore l'existence, enfin les batteries à moteur autrichiennes de 305 (1) étaient en route et leur intervention irrésistible devait décider du sort du système de fortification conçu et exécuté par le général Brialmont (2).

L'ATTAQUE DES FORTS DE LIÉGE Les forts de Liége, abandonnés à eux-mêmes, résistèrent quelques jours encore. Le bombardement commença le 12 août, vers midi, par les ouvrages de la rive droite : Barchon, Fléron, Chaudfontaine, Embourg et Boncelles, et s'étendit bientôt sur ceux de la rive gauche : Pontisse, Liers, Lantin, Loncin, Hollogne et Flémalle.

(1) Le gouvernement belge fait observer avec raison que l'artillerie autrichienne servait en territoire belge contre la Belgique, alors que la guerre n'était même pas déclarée entre cette puissance et l'Autriche-Hongrie.

(2) Les détails sur le 420 allemand étant jusqu'à présent peu connus — on affirme que les photographies publiées ne sont pas exactes, — il n'est pas inutile de donner ici certains renseignements publiés en septembre 1915 :
Pour servir un canon de 420, il faut 200 hommes, et le montage du canon nécessite au moins 25 à 26 heures. La durée de montage (six heures) provient de ce que le 420 est composé de 172 parties, dont l'ensemble pèse 88.750 kilos. Le poids des soubassements sur lesquels repose le canon est de 37.000 kilos et les fondations atteignent une profondeur de 8 mètres. Le transport d'un 420 nécessite douze wagons de chemin de fer.
Les hommes occupés au chargement et au déchargement du canon portent des protège-oreilles, yeux et bouche, et reçoivent l'ordre, avant de tirer, de se coucher à plat sur le ventre. Cette mesure n'est pas inopportune, vu que, dans un rayon de 4 kilomètres, les carreaux sont cassés quand un 420 tire. Le canon est tiré électriquement, d'une distance de 300 mètres. Le projectile ne pèse pas moins de 400 kilos et a une longueur de 1.268 millimètres. Le canon lui-même mesure 7 mètres et chaque coup coûte 11.000 marks.
La portée des 420 est d'environ 23 kilomètres. Leur précision est très grande et se calcule par demi-mètre.
Le premier coup de canon de 420 a été tiré sur le fort de Loncin, près de Liége.
Au-dessous des fondations, il y a toujours une quantité de dynamite, dans le but, dès qu'il y a danger que la pièce soit prise par l'ennemi, de la faire sauter.

Le fort d'*Embourg* fut bombardé exclusivement par des canons de 21 cm. Des 480 hommes qui composaient sa garnison, 30 furent tués, un grand nombre blessés. Les coupoles résistèrent, mais le béton céda et le fort dut se rendre.

Le fort de *Chaudfontaine* commande la route de Verviers à Liége. La garnison était commandée par le major Namèche. A la suite d'un bombardement intense le fort n'étant plus qu'un amas de décombres, toute résistance était devenue impossible. Le major Namèche fit installer dans le tunnel du chemin de fer, au sud du fort, quelques locomotives, et ayant fait de sang-froid les préparatifs nécessaires, il fit sauter le fort, le 14 août.

Le fort de *Flémalle* se rendit le 16 août, à midi ; 200 civils de Flémalle-la-Grande avaient été faits prisonniers le matin par l'ennemi et devaient être fusillés si le fort ne se rendait pas avant midi.

Le fort de *Loncin* était de beaucoup le plus important ; c'était là que le général Leman avait transporté son quartier général. Muni d'excellentes coupoles difficiles à repérer, on pouvait le croire en état de résister longtemps. Les pièces de 210, après un bombardement de douze heures, ne produisirent aucun effet appréciable. Mais, le 14 août, les obusiers de 420 entrèrent en jeu. Citons le récit d'un témoin, placé dans la ville de Liége :

« Comme nous étions, quelques amis et moi, près du square Saint-Pierre, nous vîmes tout à coup déboucher par la rue de Bruxelles, au milieu des soldats allemands, une pièce d'artillerie si colossale que nous n'en pouvions croire nos yeux. C'était l'un des huit canons gigantesques que les Allemands ont qualifié de « surprise de la guerre », les « 420 » ! Leur fabrication avait été tenue secrète, elle était connue seulement de l'Empereur et de quelques intimes. Le monstre de métal avançait en deux parties traînées, si j'ai bonne mémoire, par 36 chevaux. Le pavé en tremblait. La foule restait muette d'admiration. Lentement, il traversa la place Saint-Lambert devant le théâtre du Gymnase et le Grand Hôtel dit de Charlemagne, tourna la place Verte et la place du Théâtre, puis s'engagea sur les boulevards de la Sauvenière et d'Avray, attirant toujours quantité de curieux sur son lourd et lent passage. Les éléphants équipés d'Annibal n'étonnèrent pas plus les Romains ! On eût dit quelque monstre antédiluvien

TRANSPORT D'UNE PIÈCE DE SIÈGE ALLEMANDE

pétrifié. Les soldats l'accompagnaient roidement, avec une solennité presque religieuse.

« A l'extrémité du boulevard d'Avray, au large carrefour de la Fragnée, de la rue Paul-Forgeur et de la rue de Guillemins, — à l'angle du vaste et gracieux parc d'Avray qui finit là, en face de la statue de Charles Rogier, le monstre fut remonté et soigneusement pointé, son ouverture béante dirigée comme une caverne de mort du côté de la Hesbaye. Effroyable fut la détonation ! Les curieux avaient été refoulés ; le sol fut secoué comme par un tremblement de terre, et toutes les vitres du voisinage volèrent en éclat. Le fort, dit-on, ne fut atteint qu'au troisième coup » (1).

LE FORT DE LONCIN Ceci se passait le 14 août, de 2 à 4 heures. Au bout de quelques heures, la situation était intenable dans le fort de Loncin : les Allemands envoyèrent un parlementaire avec promesse de vie sauve. Mais le général Leman refusa de capituler. Le bombardement recommença. Le poids des pro-

jectiles s'abattant sur les coupoles, disloquant le béton, rendait tout l'appareil de la défense inutilisable. L'atmosphère était irrespirable par suite des gaz délétères. Les survivants étaient abasourdis ou asphyxiés. Le 15 août, vers 5 heures du soir, un projectile de 420 éventra et fit exploser un magasin à munitions. Les trois quarts de la garnison périrent. Le général Leman resta enseveli sous les décombres. C'est là que les Allemands le trouvèrent quand ils purent pénétrer sur les débris du fort.

Quelques jours plus tard, le glorieux vaincu de Liége rendit compte de sa mission au roi dans les termes suivants :

Sire,

Après les combats honorablement livrés les 4, 5 et 6 août par la 3e division, renforcée, à partir du 5, par la 15e brigade, j'ai estimé que les forts de Liége ne pouvaient plus jouer que le rôle de forts d'arrêt. J'ai néanmoins conservé le gouvernement militaire de la place afin

(1) Célestin Demblon, député de Liége, *La Guerre à Liége*, p. 410.

d'exercer une action morale sur les garnisons des forts.

Le bien-fondé de ces résolutions a reçu, par la suite, des preuves sérieuses.

Votre Majesté n'ignore du reste pas que je m'étais installé au fort de Loncin à partir du 6 août, vers midi.

Sire !

Vous apprendrez avec douleur que ce fort a sauté hier, à 17 h. 20 environ, ensevelissant sous ses ruines la majeure partie de la garnison, peut-être les huit dixièmes.

L'explosion y a été provoquée par l'action d'une artillerie extraordinairement puissante, après un bombardement violent. Le fort était loin d'être constitué pour résister à d'aussi forts moyens de destruction.

Si je n'ai pas perdu la vie dans la catastrophe, c'est parce que mon escorte composée comme suit : capitaine-commandant Collard, un sous-officier d'infanterie qui n'a sans doute pas survécu, le gendarme Thévenin et les deux ordonnances (Ch. Vandenbossche et Jos. Lecoq), m'a tiré d'un endroit du fort où j'allais être asphyxié par les gaz de la poudre. J'ai été porté dans le fossé où je suis tombé. Un capitaine allemand, du nom de Gruson, m'a donné à boire ; mais j'ai été fait prisonnier, puis emmené à Liége dans une ambulance.

L'artillerie allemande, en faisant *crouler* le fort, avait produit dans le fossé un tel amoncellement de décombres et de blocs de béton qu'il s'était créé en travers du fossé de gorge une véritable digue allant de la contrescarpe et ouvrant un passage direct à l'infanterie allemande.

Je suis certain d'avoir soutenu l'honneur de nos armes. Je n'ai rendu ni la forteresse ni les forts.

Daignez me pardonner, Sire ! la négligence de cette lettre ; je suis physiquement très abîmé par l'explosion du fort de Loncin.

En Allemagne, où je vais être dirigé, mes pensées seront ce qu'elles ont toujours été : la Belgique et son roi. J'aurais volontiers donné ma vie pour mieux servir, mais la mort n'a pas voulu de moi.

Les paroles les plus célèbres des héros de l'antiquité dépassent-elles la grandeur de cette lettre ?

On a cité le rapport d'un officier allemand au sujet des conditions dans lesquelles le fort succomba et le général gouverneur fut fait prisonnier :

La défense de Liége par le général Leman est la réunion de tout ce que l'on peut voir de noble et de tragique. Aussi longtemps qu'il le put, il inspecta chaque jour les forts pour voir si tout était en ordre. Un pan de maçonnerie arraché par nos obus le blessa aux deux jambes... Il s'était enfermé au fort Loncin, décidé à périr sous les ruines. Quand toute résistance devint impossible, les Belges enclouèrent leur trois derniers canons et firent exploser les obus. Le général Leman avait détruit tous les plans, cartes et notes relatifs à la défense ; les appro-

visionnements furent également détruits. Le général Leman essaya de se rendre avec 100 hommes à un autre fort ; mais nous lui avions coupé la retraite. L'explosion de la poudrière fut déterminée par un coup de canon bien placé ; des blocs de pierre et de ciment de 25 mètres cubes furent projetés en l'air. Quand la fumée et la poussière furent un peu dissipées, nous nous précipitâmes à l'assaut à travers un sol littéralement jonché de cadavres de soldats allemands, qui, lancés à l'assaut une première fois, avaient succombé. Tous les hommes du fort étaient blessés et la plupart évanouis. Un caporal blessé nous visait encore de son fusil. Le général Leman disparaissait sous les débris ; il était pris sous une grosse poutre : « Respectez le général ; il est mort », dit un aide de camp. Avec le plus grand soin, nos fantassins dégagèrent le général et l'emportèrent. Nous le croyions mort ; mais, revenant à lui, il dit : « C'est ainsi !... Les hommes se sont vaillamment battus !... Mettez dans vos dépêches que j'avais perdu connaissance. » Nous l'emportâmes vers le général von Emmich. Les deux généraux se saluèrent. Nous avons essayé de lui dire quelques paroles réconfortantes. Mais il garda le silence : « J'étais évanoui, répétait-il ; soyez-en sûrs ; mettez-le dans vos dépêches. » Il n'ajouta rien. Le général von Emmich lui tendit la main et dit : « Général, vous avez noblement et vaillamment défendu la place qui vous était confiée. » Le général Leman répondit : « Merci ! Nos troupes ont été égales à leur réputation. » Puis, il ajouta avec un sourire : « La guerre, ce ne sont pas les manœuvres ! » (Allusion aux dernières manœuvres belges auxquelles le général von Emmich avait assisté).

Le défenseur de Liége fut dirigé sur Cologne où il arriva le 19 août. On l'envoya ensuite à Magdebourg où il fut interné à la citadelle. Les journaux allemands ont publié un récit fait par lui-même des événements qui amenèrent la destruction du fort de Loncin : il distingue, dans l'attaque du fort, quatre périodes de bombardement :

A deux heures, le bombardement reprit pour la quatrième fois, avec une violence dont on ne peut se faire idée. Nous avons appris plus tard que les Allemands tiraient cette fois avec des mortiers de 42 centimètres et que chaque obus pesait 1.000 kilogrammes et était doué d'une force d'explosion jusque-là inconnue. Quand ils arrivaient, nous entendions d'abord le sifflement dans l'air et ce sifflement se transformait peu à peu en un hurlement, en un ouragan terrible qui s'achevait en un épouvantable coup de tonnerre. D'énormes nuages de poussière et de fumée s'élevaient du sol ébranlé. A un certain moment je voulus retourner dans le poste de commandement. A peine avais-je fait quelques pas qu'un coup de vent formidable qui balayait la galerie me renversa face contre terre. Je me relevai pour conti-

UN FORT DE LIÉGE ÉCROULÉ

nuer ma route : mais je fus fixé sur place par un souffle d'air asphyxiant qui m'enveloppait de son tourbillon. Nous fûmes donc forcés de revenir vers l'endroit que nous venions de quitter ; mais l'air n'y était plus respirable. Je voulus me rendre sur la contrescarpe ; je me suis glissé par une lucarne dans le fossé. Mais quelle fut mon épouvante quand je constatai que le fort s'était effondré et que les décombres, remplissant les fossés, formaient une digue réunissant l'escarpe à la contrescarpe. Des soldats couraient sur cette digue. Je les pris pour des gendarmes belges et je leur criai : « Gendarmes ! » Mais une crise d'étouffement et de vertige me saisit ; je tombai sur le sol. Quand je revins à moi, je me trouvai entouré de mon escorte qui essayait de m'aider. Parmi eux se trouvait un capitaine allemand qui m'offrit à boire. Il était environ 6 heures 1/2 du soir (je l'ai su après). J'étais prisonnier sans m'être rendu. J'ai su plus tard que le fort de Loncin avait sauté à 5 heures 20 environ, c'est-à-dire au moment où j'avais été projeté à terre dans la galerie et que les gens que j'avais pris pour des gendarmes belges étaient des soldats allemands... Une voiture d'ambulance me conduisit à Liége. Le général Kolewe, gouverneur militaire de cette ville, m'offrit, en présence du capitaine Collard et d'un commandant allemand, un sabre en signe d'estime. J'ai cette arme, ici, dans ma chambre de la citadelle de Magdebourg. Les souffrances morales que j'endurai sont effroyables : elles me firent oublier mes souffrances physiques, quoique le séjour dans l'air empoisonné du fort de Loncin m'eût rendu tout à fait malade... Le 23 août, je fus conduit à la citadelle de Magdebourg.

Les derniers forts de Liége tombèrent le 16 et le 17 août.

Nous avons dit qu'une petite troupe de 800 hommes était restée dans les environs de la place, au plateau de Rond-Chêne ; de là, elle harcelait les fractions du VIIe corps allemand qui tentaient de s'approcher de la place. Le 13, la troupe était cernée et bombardée. Le commandant du détachement résolut de s'échapper en contournant la place par le sud et de gagner Awans. Dans la nuit, la colonne passa l'Ourthe, se glissa dans les bois et atteignit la Meuse. Elle passa au pont du Val-Benoît à moitié détruit, homme par homme, et arriva à Awans le 14 août, à 3 heures. Après quelques escarmouches avec les troupes allemandes qui attaquaient le fort de Loncin, on poursuivit la retraite dans la direction de Namur. 602 hommes y arrivèrent sains et saufs le 16 août, après cinquante-deux heures d'aventures et d'escarmouches dont vingt-sept

de marche par des chemins détournés (1).

Pendant les journées de Liége, l'armée du général von Emmich avait été sérieusement éprouvée. Deux drapeaux avaient été pris. Les pertes officielles avouées s'élevaient à 42.000 hommes (2). Le général Charles de Bülow et le prince de Lippe restèrent parmi les morts.

LIÉGE ET L'OPINION ALLEMANDE La résistance de Liége n'eut pas seulement pour effet d'arrêter pendant quelques jours le grand mouvement conçu par l'état-major allemand et dont le succès dépendait en grande partie de la surprise; elle causa en Allemagne une incontestable émotion. Un coup si bien préparé, si magnifiquement organisé, avec des armes si terribles, se heurtait à une résistance tenace et imposait aux armées allemandes les plus sérieux sacrifices.

L'empereur Guillaume, affirmait-on, avait dit à ses familiers, en coupant l'air de sa main : « Je traverserai la Belgique comme cela ! » Et ce n'était pas tout à fait *cela* (3). La résistance belge était sérieuse ; le soldat belge, comme l'avait dit le général Leman, était digne de sa réputation.

Le gouvernement allemand sentit le besoin

(1) Un incident analogue s'était produit le 6, lors de la prise de la ville par les Allemands:
Une compagnie du 14e de ligne, combattant près du fort de Chaudfontaine, ne fut pas touchée par l'ordre, si bien qu'elle continua à lutter glorieusement jusqu'à la soirée.
Lorsqu'elle s'aperçut du départ de l'armée de défense, il était tard déjà et les Allemands occupaient la ville. La compagnie descendit vers la gare des Guillemins, où elle comptait prendre un train pour la Hesbaye... L'arrivée à la gare se fit sans incident vers 8 heures... Le commandant entra dans le bureau du chef dans l'intention de réquisitionner un train pour transporter ses hommes vers l'intérieur du pays... Stupéfaction, l'officier trouve le chef en pourparlers avec quelques officiers allemands... Sans se départir de son calme, le commandant adresse sa demande au chef de gare, lequel répond, montrant les officiers ennemis: « Un train est prêt à partir, mais ces messieurs viennent de prendre possession de la gare. — Qu'à cela ne tienne, dit l'officier belge, ces messieurs nous accompagneront. » Là-dessus, il fait signe à ses hommes, qui pénètrent dans le bureau fusil au poing. Les Allemands, jugeant toute résistance inutile, se rendent...

(2) *La Campagne de l'armée belge*, d'après les documents officiels. Bloud et Gay, p. 30.

(3) Récit de M. W.-L. Courtney dans *One Campaign around Liége*, par M. J.-M. Kennedy.

GABRIEL HANOTAUX
de l'Académie Française

HISTOIRE ILLUSTRÉE
DE LA
GUERRE DE 1914

24 PAGES DE TEXTE ET D'ILLUSTRATIONS

FASCICULE
N° 28

L'ÉDITION FRANÇAISE ILLUSTRÉE
(GOUNOUILHOU, Éditeur)
8, Boulevard des Capucines, Paris

PRIX NET
1 franc
ÉTRANGER, PORT EN PLUS

A NOS LECTEURS

vec le fascicule 27 a commencé le tome III de l'*Histoire illustrée de la Guerre de 1914;* les deux premiers volumes parus ont donné l'exposé des faits historiques et diplomatiques qui ont précédé et amené la guerre, et qui engagent si lourdement la responsabilité de l'Allemagne. Il était nécessaire de faire connaître et comprendre les causes profondes qui ont déchaîné ces formidables événements.

Le volume III a commencé le récit de la guerre proprement dite. Les opérations militaires y sont exposées sur tous les fronts au fur et à mesure qu'elles se sont déroulées. Grâce à la quantité innombrable de documents parus ou inédits qu'il s'agissait de réunir, de compulser, d'étudier, l'historien est parvenu à s'arracher à la confusion des premières heures. Par les renseignements qu'il a recueillis, par les travaux d'enquête et de recherches auxquels il s'est livré, par les conversations qu'il a eues avec les personnages officiels et les hommes politiques de l'Europe entière, il a approché, d'aussi près que peut le faire un contemporain, de la source où peut se découvrir la vérité sincère et impartiale.

Si le lecteur veut bien considérer l'importance que l'auteur a donné à l'exposé qui ne forme que le prologue, il comprendra les proportions qu'exige la suite du récit. Toutes les questions y seront abordées de front et le drame se déroulera dans son ampleur magistrale.

L'*Histoire illustrée de la Guerre de 1914* va donc mettre à la disposition du lecteur l'instrument qui lui permettra d'atteindre la raison profonde des faits militaires qui ne peuvent manquer d'assurer le triomphe de la Justice et de la Civilisation.

SUR LES RUINES D'UN FORT DE LIÉGE

de s'expliquer devant l'opinion allemande évidemment préoccupée. D'où le «communiqué» daté du 18 août et qui plaide en termes assez embarrassés la cause de l'état-major allemand :

Le quartier général dit que le *secret de Liége* peut maintenant être dévoilé. Les Allemands avaient reçu, avant la déclaration de guerre, l'assurance (*de qui?*) que des officiers français et peut-être aussi des troupes avaient été envoyés à Liége avec la mission d'instruire les troupes belges sur le service des forts. (*Quelles troupes? A-t-on trouvé un seul Français dans les forts ou dans la place ; un état-major peut-il mentir officiellement avec un tel aplomb?*) Avant l'ouverture des hostilités, nous n'avions rien à dire à cela ; mais, dès le début de la guerre, cela constituait une violation de la neutralité de la part de la France et de la Belgique (1).

Les Allemands devaient agir rapidement. Des régiments non mobilisés furent jetés à la frontière et mis en marche sur Liége. Six faibles brigades, avec un peu d'artillerie et de cavalerie prirent la ville. Deux autres régiments qui venaient de terminer leur mobilisation purent aussi être envoyés. (*On sait la vérité par la mention des corps présents devant Liége.*) Nos adversaires annoncèrent

que, devant Liége, se trouvaient 120.000 Allemands ne pouvant continuer leur marche en avant, en raison des difficultés du ravitaillement. Ils se trompaient, car cette pause avait d'autres raisons. (*On se décide donc à l'avouer.*) C'est seulement alors que commença la marche en avant des Allemands. Nos adversaires auront la preuve que nous ne l'avons entreprise que bien munis et équipés. L'empereur a tenu sa parole de ne pas sacrifier inutilement une goutte de sang allemand. (*Voilà le plaidoyer en présence des pertes graves que l'on tente de dissimuler.*) L'ennemi ignorait nos puissants moyens d'attaque (*c'est vrai, mais ils prouvent le dessein concerté et prémédité sur les forts belges*) ; c'est pour cela qu'il se croyait en sûreté dans les forts. Cependant, les pièces les plus faibles de notre artillerie lourde obligèrent, au bout de peu de temps, les forts qu'elles avaient bombardés à se rendre (*inexact ; on sait que les forts importants ne cédèrent qu'après avoir subi le tir des gros obusiers*) ; ce qui a permis à une partie de la garnison d'avoir la vie sauve.

Les forts bombardés par notre artillerie ont été en très peu de temps réduits en monceaux de ruines sous lesquels les défenseurs sont restés ensevelis. Depuis, les forts ont été déblayés et ils sont maintenant réorganisés pour la défense. La forteresse de Liége ne servira plus les plans primitifs de nos adversaires, mais sera un point d'appui pour l'armée allemande.

La résistance de Liége et de la Belgique avait un retentissement plus profond encore sur les desseins diplomatiques du gouvernement allemand. La grandeur de la faute commise frappait tous les esprits. La Belgique

(1) On saisit là, dès le 18 août, avant la prise des archives belges, le fameux système qui consiste à accuser la Belgique d'avoir violé d'avance, elle-même, sa propre neutralité. Voir, sur ce point en particulier, la très poignante étude publiée dans la *Revue des Deux-Mondes* du 15 février 1916 : *La nuit du 2 au 3 août 1914 au ministère des Affaires étrangères de Belgique*, par M. Alb. de Bassompierre. V. notamment, sur la mutilation qu'ont subie les documents belges publiés par le *Livre Blanc* allemand, la note p. 895.

formant une première barrière, l'Angleterre obligée de prendre part à la lutte... s'il était temps encore de corriger les conséquences d'une telle erreur. On voit, dès cette époque, apparaître le système dont la lourdeur présuppose toujours, chez les autres, la mauvaise foi et qui travaille à diviser les adversaires par l'offre d'une paix séparée. Le 9 août, quelques jours avant la chute des forts, l'Allemagne fait de nouvelles propositions pacifiques à la Belgique :

La forteresse de Liége a été prise d'assaut après une défense courageuse. Le gouvernement allemand regrette le plus profondément que, par suite de l'attitude du gouvernement belge contre l'Allemagne, on en soit arrivé à des rencontres sanglantes. L'Allemagne ne vient pas en ennemie en Belgique. C'est seulement par la force des événements qu'elle a dû, à cause des mesures militaires de la France, prendre la grave détermination d'entrer en Belgique et d'occuper Liége comme point d'appui pour ses opérations militaires ultérieures. Après que l'armée belge a, dans une résistance héroïque *contre une grande supériorité*, maintenu l'honneur de ses armes de la façon la plus brillante, le gouvernement allemand prie Sa Majesté le Roi et le Gouvernement belge d'éviter à la Belgique les horreurs ultérieures de la guerre. Le gouvernement allemand est prêt à tout accord avec la Belgique, qui peut se concilier de n'importe quelle manière avec son conflit avec la France. L'Allemagne assure encore une fois, solennellement, qu'elle n'a pas été dirigée par l'intention de s'approprier le territoire belge et que cette intention est loin d'elle. L'Allemagne est encore toujours prête à évacuer la Belgique aussitôt que l'état de la guerre le lui permettra.

Le gouvernement belge, après communication aux puissances garantes, adresse sa réponse le 12 août :

La proposition que nous fait le gouvernement allemand reproduit la proposition qui avait été formulée dans l'ultimatum du 2 août. Fidèle à ses devoirs internationaux, la Belgique ne peut que réitérer sa réponse à cet ultimatum, d'autant plus que, depuis le 3 août, sa neutralité a été violée, qu'une guerre douloureuse a été portée sur son territoire, et que les garants de sa neutralité ont loyalement et immédiatement répondu à son appel.

Cette communication diplomatique s'était faite par l'intermédiaire du gouvernement hollandais. Après la réponse belge, la parole restait aux armes (1).

(1) *Récits de combattants*, par le baron C. Buffin.

NOUVELLES ATROCITÉS Un mot de cette réponse eût pu fournir au gouvernement belge le texte d'une solennelle protestation : *Une guerre douloureuse*, disait-il sur le ton le plus modéré ; en fait, les horreurs de la violence la plus atroce sévissaient sur la malheureuse province de Liége et commençaient à gagner comme une marée de sang au fur et à mesure que les armées allemandes s'avançaient dans le pays.

Malgré la monotonie de ces énumérations tragiques, il est impossible à l'histoire de passer ces événements sous silence. Les Allemands, constatant l'effet sur le monde du système de terreur qu'ils employèrent d'abord, se sont appliqués depuis, avec une méthode pareille à celle qui avait médité le forfait, à le nier ou à en effacer la trace. Les plus hautes autorités neutres, victimes de cet artifice, ont cru faire acte d'impartialité en se renfermant dans le doute. Il importe de ne laisser aucune ombre s'étendre sur les crimes épouvantables qui se sont produits et dont la mémoire seule sera, pour ceux qui les ont commis, un éternel châtiment.

Le système de la dénégation consiste à rejeter en bloc les récits des atrocités comme purement légendaires. On ne nie pas précisément, on atténue, on dilue. C'est ainsi que le colonel américain Emerson, correspondant de guerre du *New-York World*, c'est ainsi que le journaliste américain Edw. Fox vont répétant, sans doute de bonne foi :

« Au moment où les bruits d'atrocités commises par les Allemands commencèrent à se répandre, je me rendis dans ce pays. Je soumis tous ces bruits à une enquête : toujours j'arrivai à ce résultat, que celui qui s'en faisait l'écho les tenait d'un autre, auquel un troisième les avait racontés, lequel, à son tour, avait entendu dire par un ami inconnu... etc. »

(Cité dans *Kœlnische Volkszeitung* du 28 mars 1915) ; ou encore :

« Je ferai tout de suite observer ici, que je ne suis parvenu à établir aucune des atrocités imputées aux Allemands. Ce qui m'a été raconté à ce sujet provenait tou-

COUPOLE DU FORT DE LONCIN ÉCROULÉE

jours soit d'un ami, soit de l'ami d'un ami du narrateur. Malgré le zèle de mes recherches, je n'ai pas pu trouver un homme en mesure de me dire : « Telle ou telle action cruelle des Allemands, je l'ai vue de mes propres yeux... »

Ces dénégations sont vagues ; elles ne nient directement aucun des faits allégués ; présentées dans des termes à peu près identiques, elles traduisent le point de vue allemand. Mais elles perdent évidemment toute valeur en présence de faits précis : ce sont donc ces faits et des documents précis qu'il faut leur opposer.

Les articles de la presse allemande, les citations empruntées aux carnets d'officiers ou de soldats, ainsi qu'aux manuels de guerre, ont établi la disposition des esprits quand l'armée allemande pénétrait en Belgique. Les premières résistances surprirent le soldat et les premières tentatives du pillage et de l'ivresse lâchèrent la bride à des appétits et à des violences que le calcul des chefs encourageait plutôt qu'il ne les réprimait.

Un volontaire du 1er régiment à pied de la garde écrit le 10 août, *alors qu'il est encore en Allemagne :*

« Nous avons déjeuné à midi à Minden dans une brasserie. C'est ici que *nous avons appris* les horreurs et les cruautés commises à Liége par les Belges. Un chirurgien général avait été logé chez le maire. Quand il se mit à table, son hôte le saisit par derrière et lui coupa la gorge. Des blessés ont été transportés dans un prétendu hôpital. Quand l'homme de la Croix-Rouge est revenu, avec des bandages, tous les blessés avaient eu les yeux crevés et les mains attachées derrière le dos. Sur un des prisonniers on a trouvé les doigts coupés d'un officier avec des bagues. Un convoi de 300 Belges a traversé Duisburg ce matin ; on en a fusillé 80, y compris le maire. » (1)

La *Gazette de Cologne*, ainsi que la plupart des journaux allemands, insérait le 9 août, évidemment avec l'approbation de la censure, des récits les plus odieux et les mieux faits pour mettre le soldat dans l'état d'exaspération où on voulait l'amener :

« Dès les premiers jours, nous avons eu quantité de morts ou de blessés par la population civile : à Gemmenich (à une heure à pied d'Aix-la-Chapelle), une colonne de trains

(1) Appendice du Rapport de la Commission d'enquête anglaise, p. 237.

sanitaires automobiles est attaquée, mercredi soir, par un feu de toutes les maisons. Les hussards d'escorte, trop faibles, *ne peuvent prendre que trois des criminels, les fusiller et incendier la maison d'où sont partis les coups.* Les insignes de la Croix-Rouge ne protègent nullement nos médecins. Maintes fois les blessés sont arrachés des voitures où on les transporte et achevés. *Et l'on nous ferait un crime de détruire les villages où de pareils attentats se produisent ! »*

Donc des paysans fusillés, des villages incendiés; ces faits, s'ils sont excusés, ne sont pas niés. Si le colonel Emerson et le journaliste Fox avaient pris la peine de lire ces lignes et tant d'autres qui paraissaient alors dans la presse allemande, sans doute ils ne se seraient pas compromis jusqu'à répéter que les faits d'incendie, de fusillade et de meurtre appartenaient au domaine de la légende et des on-dit colportés de bouche en bouche. Ce n'est pas « l'ami d'un ami » qui répète les faits de Gemmenich ; ce sont les journaux officieux et censurés qui applaudissent, justifient et encouragent le soldat.

Qu'on ait mis sciemment le soldat allemand dans l'état d'esprit où il voyait des francs-tireurs partout (1), c'est ce qui résulte d'une campagne de presse si savamment menée, et, avec plus de précision encore, des documents trouvés sur les soldats allemands eux-mêmes. Nous citerons celui-ci d'après la publication qu'en a faite la *Commission d'enquête sur la violation des règles du droit des gens* (17e rapport). C'est une lettre écrite à un soldat allemand par son frère resté au pays.

Schleswig, le 25-8-14.

Cher frère,

Par Frédéric, j'ai eu récemment ton adresse et j'espère que tu recevras la présente lettre assez à temps avant que ton régiment parte pour Bruxelles... Tu iras

(1) Le cas est prévu dans les manuels de conversation française destinés aux soldats allemands. On y trouve, avec la prononciation figurée, des phrases comme celles-ci : « Des francs-tireurs y a-t-il ? — Le village sera détruit s'il y a des francs-tireurs ! » (Däh frangtirör iatil ? — Lö willassch ssera detrüih silja däh frangtiror!) — « Je vous ferai fusiller et détruire le village ! » (Schö wuh ferräh füsijeh eh dehtrüir lö willasch!)
Deutsch-franzosischer Kriegs-Dolmetscher für Soldaten, von Dr F. Wolfson, Leipzig.
Cité par Pierre Boutroux dans la *Revue de Paris* du 15 septembre 1915: *Les Soldats allemands en campagne.*

LA RUE DE L'UNIVERSITÉ A LIÉGE APRÈS L'OCCUPATION ALLEMANDE

probablement à Bruxelles avec ton régiment, comme tu le sais. Tiens-toi bien en garde *contre les civils*, notamment dans les villages. Ne te laisse approcher par aucun d'eux. *Tire sans pitié sur chacun d'eux qui approche de trop près.* Ce sont des compagnons très rusés et très raffinés, les Belges ; les femmes et les enfants sont aussi armés et tirent. N'entre jamais dans une maison, surtout seul. Si tu bois, fais boire les gens avant toi et éloigne-toi toujours d'eux : dans les journaux sont relatés de nombreux cas où ils ont tiré sur des soldats en train de boire. Vous, soldats, *devez répandre tellement la crainte autour de vous qu'aucun civil ne se risque à vous approcher.* Reste toujours ensemble avec les autres. J'espère que *tu as lu les journaux* et que tu sais comment te conduire. *Surtout pas de compassion pour ces bourreaux. Y aller sans pitié à coups de crosse et de baïonnette...* etc., etc.

Voilà l'incontestable genèse des événements : la presse colporte, sous l'œil des autorités, des récits pouvant semer la panique et la fureur ; l'ivresse et le goût du pillage s'en mêlent ; la foi en la victoire calcule que les faits resteront impunis ; une volonté occulte conduit le tout. Finalement, la terreur est adoptée comme système et les atrocités comme moyen : « Y aller sans pitié, à coups de crosse et de baïonnette ! » Voilà ce qu'un frère écrit à son frère.

Le résultat, le voici, tiré du carnet d'un soldat du 9e bataillon de pionniers (IXe corps).

12 août (Belgique). — On se fait une idée de l'état de fureur de nos soldats quand on voit les villages détruits... Les habitants me font peine. S'ils emploient des armes déloyales, ils ne font après tout que défendre leur patrie. Les atrocités que ces bourgeois ont commises ou commettent encore sont *vengées d'une façon sauvage. Les mutilations des blessés sont à l'ordre du jour.*

Nous avons cité un certain nombre des faits qui se sont produits dans la province de Liége du 4 août au 8 août. Il faut reprendre le triste martyrologe :

Herve, où 327 maisons sont incendiées du 8 au 10, parce que, de l'aveu des officiers d'état-major allemands eux-mêmes qui y ogeaient dans un hôtel, « les habitants de la ville n'avaient pas voulu demander le passage libre pour les Allemands au fort de Fléron » ; le village de *Fléron*, totalement incendié le 13 août ; *Visé*, comme nous l'avons vu, a été brûlé, pillé, détruit du 15 au 20 août. Le pillage et l'incendie continuèrent jusqu'à l'entière destruction de la ville (qui comptait 3.878 habitants). De Visé, il ne reste plus que le collège de Saint-Adelin, bâti sur une hauteur dominant la ville, quelques maisons le long de la route de Mouland ; 28 personnes ont été assassinées. Les hommes, au nombre de 300 ou 400, furent dirigés sur Aix-la-Chapelle et de là au camp de Münster ; d'autres furent forcés d'exécuter des travaux militaires.

Un témoin expose de la façon suivante les faits qui se sont passés dans la commune de *Barchon* :

« Du 14 au 15 août, une grande troupe de soldats, parmi lesquels des hommes appartenant au 66e et au 165e d'infanterie (IXe corps), est venue camper dans la commune. Dès leur arrivée, ils ont pillé les caves du marchand de vins Garçon-Delsupesche. A l'endroit dit « Aux communes », il a dû y avoir une effroyable boucherie, car j'y vis les cadavres de Gérard Mélotte, âgé de 35 ans; Henri Rensonnet avec sa mère Ida Rensonnet ; Jean-Denys Laberge ; la famille Renier-Lens se composant du père, du fils Olivier et de la fille Thérèse ; les époux Flament-Lens, le garde-pêche. J'ai appris que tous furent tués par les balles allemandes, la nuit du 14 au 15 août, sans aucune provocation de leur part. Le sentiment général est que cette boucherie eut lieu à raison de la résistance du fort *(la cave de Garçon-Delsupesche dut aussi y contribuer)*. Cette même nuit, les Allemands firent une cinquantaine de prisonniers *dont j'étais*. On nous emmena la corde au cou et les mains liées derrière le dos, cependant qu'on me gratifiait à coups de crosse... C'est ce même soir que tout Barchon fut, à part quelques maisons, incendié. »

A *Saives*, 13 août, incendie ; 4 habitants tués.

A *Francorchamps*, le 8 août, fusillade générale sur le village, villas incendiées et saccagées, 12 personnes fusillées ; on a les noms. Le curé de *Hockai* a été tué. *Cornesse* a été saccagé le 12 août, le bourgmestre fusillé.

Un réserviste du 17e hussards de Brunswick écrit :

Dimanche, 9 août. — A 4 heures de l'après-midi, à *Louveigné*, qui a été totalement incendié et dont tous les habitants sont morts...

Et un officier du VIIe corps, passant dans ce village le 17 août, écrira :

Que d'innocents fusillés séance tenante parce que le temps fait défaut pour une enquête !

Sur la rive gauche de la Meuse, les mêmes faits se reproduisent. Le 11 août, le 36e d'infanterie et le 40e d'artillerie (IVe corps) passent à *Hermalle*, se dirigeant vers la rive gauche, tirent sur des fugitifs venant d'Haccourt et emprisonnent dans l'église pendant 17 nuits 368 civils qu'ils forcent à creuser des tranchées pendant le jour... Le 17 août, à *Haccourt*, pillage ; le 18 août, assassinat du fermier Colson, accusé d'avoir tué ou blessé un cheval allemand ; un habitant pendu à un arbre au bord du canal. Le curé de la paroisse de Thielen est tué d'un coup de baïonnette au cœur au moment où il entrait dans la chapelle pour y chercher le Saint-Sacrement. A *Hallembaye*, 16 personnes, dont plusieurs femmes, sont massacrées.

A *Heure-le-Romain*, les soldats allemands sont inoffensifs jusqu'au 15 août. Le 15, ils perquisitionnent dans les maisons et vident les caves. Aussitôt, coups de feu, violence ; les habitants sont parqués dans l'église, une mitrailleuse braquée sur eux ; on attache quatre ouvriers devant cette mitrailleuse et les soldats se livrent à un simulacre d'exécution. Le curé, le frère du bourgmestre sont tués à coups de baïonnette ; 72 maisons incendiées, 27 personnes tuées, dont plusieurs femmes et enfants.

Témoignage précis sur le massacre d'une famille à *Vivegnis*, le 13 août :

Les habitants ont été chassés du village ; pendant ce temps, la commune a été pillée. Nous nous étions retirés dans nos chambres à coucher à l'approche de l'ennemi qui tirait dans toutes les directions. Mon beau-père, croyant que les soldats voulaient pénétrer chez nous, alla ouvrir la porte devant eux. Il n'eut que le temps de placer un seul mot avant de tomber inanimé sous le coup de leurs balles. Ils ont pénétré alors dans la maison et ont toujours continué à tirer. Bien que mon beau-frère et moi étions postés à l'entrée de la chambre, les bras levés, les soldats ont toujours tiré et criblé de balles mon malheureux beau-frère qui était à mes côtés.

A *Fexhe-lez-Slins*, la troupe allemande fait halte dans la nuit du 15 au 16 août ; 2 ouvriers

UNE RUE DE LA VILLE DE VISÉ

mineurs, ainsi qu'un ouvrier chapelier, sont abattus à coups de fusil.

Flémalle-la-Grande est mise au pillage, 20 maisons incendiées, les habitants alignés contre un mur et menacés de mort s'ils ne tiennent pas les mains levées. M. R. Pirotte qui ferme la porte de sa maison a la tête fendue d'un coup de sabot, le corps lardé à coups de baïonnette, sous les yeux de sa jeune femme et de son enfant.

LES « JOURNÉES » A LIÉGE. La ville de *Liége* elle-même, malgré la présence de ce général gouverneur Kolewe, qui avait manifesté des sentiments de courtoisie à l'égard du général Leman, et malgré l'autorité de toute une administration allemande, n'échappa point au système de la terreur organisée.

Les 17 et 18 août, les soldats du 39ᵉ régi-

ment de réserve (VIIᵉ corps de réserve) se mirent en quête de vins. Ils vidèrent les caves de plusieurs bourgeois. Le 19 et surtout le 20, les soldats et plusieurs officiers étaient ivres. Un témoin qui savait l'allemand entendit : « Il va se passer quelque chose ce soir ; il nous faut des femmes, sinon il fera beau. » Au bâtiment dit l'Emulation, un coup de feu fut tiré dans la direction de l'Université qui servait de caserne ; le bâtiment de l'Émulation était occupé *exclusivement par des soldats allemands :*

« Instantanément, la place s'est couverte de soldats complètement équipés qui tiraient dans tous les sens. Le crépitement irrégulier de la fusillade alternait avec le mouvement d'horlogerie des mitrailleuses crachant leur feu et ce bruit infernal était dominé par les hurlements lugubres des soldats et les cris rauques des chefs. En même temps, les portes et les volets étaient défoncés à coups de hache. Des officiers pénétraient dans les vestibules et criaient en français : « Les femmes et les enfants

« doivent sortir; quant aux hommes, ils doivent mourir, « soit par le fer, soit par le feu! » Et aussitôt, les soldats incendiaient le rez-de-chaussée au moyen de bidons d'essence, enflammée à l'aide de torches. Entre temps, tous les hommes sur lesquels on avait pu mettre la main dans les caves, dans les escaliers, aux étages, furent amenés sur la place, à proximité de la statue d'André Dumont et fusillés au nombre de neuf. Cinq étaient Espagnols et se réclamèrent en vain de leur nationalité. »

Les mêmes scènes (sauf l'incendie) se renouvelèrent vers Cockerill. Sept autres victimes furent amenées au pied de la statue et tuées à bout portant. Les pompiers accourent pour éteindre les incendies ; ils sont bousculés, forcés à se dévêtir ; on les autorise seulement à « limiter » le feu. Un quartier est ainsi brûlé méthodiquement. Plusieurs cadavres furent retirés des ruines, carbonisés ; tout le quartier fut mis au pillage.

Le général Kolewe déclara par voie d'affiche que des étudiants russes avaient tiré. Le témoin digne de foi auquel nous empruntons ces détails observe que, depuis quelques jours, les étudiants russes n'étaient plus venus dans l'immeuble. « En réalité, le coup de feu initial fut tiré du premier étage de l'Émulation par un soldat allemand. Toute la scène fut organisée sur un mot d'ordre... »

Le mal est contagieux : le quai des Pêcheurs, la rue des Pitteurs furent incendiés ! Les soldats allemands tiraient et tuaient. Une famille fut brûlée dans les caves. M. G. Somville a raconté, d'après des témoignages précis, le « drame du café Martin-Banneux », la « fusillade de *Cornillon* », les autres fusillades de *Robermont*, de *Bois-de-Breux*, de *Grivegnée*, où ce sont encore des morts, avec tout le cortège habituel du pillage, violence, ivresse.

Le plus modéré des témoins, M. Célestin Demblon, écrit :

« On a saisi un prétexte pour terroriser la population, en enveloppant dans une répression (explicable ou non), une douzaine au moins de malheureux, étrangers au conflit,

qui s'enfuyaient éperdument. Dix-sept furent abattus par les mitrailleuses... De plus, sur l'ordre d'officiers que les soldats étaient allés quérir, on jeta des grenades incendiaires ou de la parafine dans les maisons du voisinage d'où personne assurément n'avait tiré. Voilà les faits, exposés avec autant de sang-froid qu'il est possible d'en garder devant des abominations pareilles... »

On ne veut pas en croire les gens qui étaient là et qui ont *vu* ! En croira-t-on, du moins, le témoignage du soldat allemand écrivant sur son carnet :

« Nous avons franchi la frontière belge le 15 août 1914, à 11 heures 6 du matin et avons continué d'avancer le long de la grand'route jusqu'au moment où nous nous sommes trouvés à l'intérieur du pays. A peine y étions-nous que nous vîmes un horrible spectacle. Les maisons étaient incendiées, les habitants chassés et quelques-uns d'entre eux passés par les armes. L'on n'épargna pas une seule sur des centaines de maisons. Tout fut pillé et brûlé. A peine avions-nous traversé ce grand village que le village suivant était incendié, et ainsi de suite. Le 16 août 1914, le grand village de *Barchon* fut détruit par le feu. Le même jour, nous traversâmes le pont sur la Meuse à 11 heures 50 du matin. Nous arrivâmes ensuite à la petite ville de *Wandre*. Là les maisons furent épargnées, mais tout fut visité. Enfin, nous fûmes hors de la ville et tout fut détruit. Dans une maison on trouva toute une collection d'armes; *on fit sortir les habitants sans exception et on les fusilla. C'était à fendre l'âme, tous s'agenouillèrent et prièrent; mais il n'y avait pas de place dans le cœur pour la pitié: quelques coups de feu retentirent et ils tombèrent en arrière sur l'herbe verte et s'endormirent pour toujours.* »

« Récits légendaires colportés de bouche en bouche et d'amis à amis! » Si les soldats d'Attila eussent écrit des carnets, comment eussent-ils dépeint leur marche et l'aspect des contrées qu'ils traversaient? (1)

---

(1) Pour l'ensemble des faits d'atrocités du 8 au 20 août, dans la province de Liége, je me suis servi des *Rapports de la Commission d'enquête belge sur la violation des règles du Droit des gens*, 17ᵉ rapport, 20 mai 1915. — *Rapport anglais de la Commission d'enquête présidée par lord Bryce sur les atrocités allemandes*. — *Quels témoignages et quelles preuves établissent les violations du Droit des gens en Belgique*, Cahiers supplémentaires belges, 24 juillet 1915. — Gustave Somville, *Vers Liége, le chemin du crime* ; les noms des victimes civiles sont presque toujours cités. — Célestin Demblon, député de Liége, *La Guerre à Liége*, passim, 1915, etc., etc. — Les citations sont empruntées directement à la presse allemande.

CHAPITRE IX

L'INVASION DE LA BELGIQUE

Premières évolutions des armées allemandes en Belgique. — Résistance de l'armée belge.
La Ligne de la Gette. — Combat de Haelen.

A marche des armées allemandes en Belgique a un double objet : 1º accomplir le mouvement tournant qui doit atteindre la France par la rive gauche de la Meuse, la Sambre et l'Oise ; 2º occuper la Belgique elle-même, et y anéantir l'armée belge ou, du moins, la tenir en respect, en tous cas empêcher sa jonction avec les forces françaises ; plus tard, vers le 20 août, isoler l'armée anglaise.

LE GRAND MOUVEMENT TOURNANT Nous avons donné la composition des armées allemandes qui ont à remplir ce rôle. Dès que l'occupation de la ville de Liége est accomplie et que le passage est assuré, l'armée de von Emmich (armée de la Meuse) se dédouble en quelque sorte et elle laisse apparaître les deux armées qui sont chargées principalement du grand mouvement tournant : c'est l'armée de von Kluck portée à l'extrême droite, et, à sa gauche, l'armée de von Bülow.

Plus au sud, une armée, qui se forme vers Saint-Vith, commandée par von Hausen, se rapproche du pivot ; elle a pour objectif Dinant ; sa gauche est en liaison avec l'armée du duc de Würtemberg qui a pour objectif Sedan, et celle-ci, au sud-est, avec l'armée du kronprinz qui, partant de Trèves et du Luxembourg, marche sur l'Argonne et vise à l'encerclement de Verdun.

Le groupe de ces cinq armées forme, à proprement parler, la branche droite puissante de la tenaille qui menace la France. En relevant l'ensemble de leur mouvement et en le rattachant à celui des autres armées allemandes de Lorraine et d'Alsace, il ne peut faire de doute que leur objet principal est, conformément aux règles classiques, de détruire ou d'entourer l'armée française, massée des Ardennes aux Vosges, partout où on la rencontrera, plaines, plateaux boisés et difficiles, lignes avancées des forteresses, forteresses elles-mêmes.

Paris n'est qu'un objectif pour ainsi dire accessoire. Peut-être l'état-major allemand, en n'écartant pas à priori l'idée d'une marche sur Paris, veut-il flatter le goût de l'empereur Guillaume pour les manifestations d'apparat et pour le « tableau » ; peut-être aussi, selon le conseil qu'avait laissé le vieux Moltke, court-il la chance d'un coup de main heureux. Mais il ne se fait pas grande illusion ; il sait bien qu'on ne prend pas une ville de 3 millions d'âmes entourée de forts et d'un mur d'enceinte avec 200.000 hommes épuisés d'une longue marche, sans artillerie de siège et en laissant sur son flanc une armée intacte.

Nous avons déjà dit la *principale* raison qui oblige, pour ainsi dire, l'armée allemande à chercher vers le Nord les vastes espaces et la manœuvre : c'est la puissance militaire de la frontière française de l'Est où nos forces principales se sont massées. Disons aussi les raisons *secondaires* qui, toutes, ont dû agir à la fois sur l'esprit de l'état-major allemand pour l'amener à prendre un parti dont il devait comprendre le risque, à supposer qu'il n'en sentît pas l'erreur.

ARDENNES ET BELGIQUE — A considérer d'ensemble la frontière stratégique entre l'Allemagne et la France, il saute aux yeux que les vieilles constructions géologiques des Vosges, du Hardt, du Taunus, de l'Eifel, des Ardennes et de l'Argonne font comme un bloc interposé entre les deux pays et qu'il faut, pour pénétrer d'une région dans l'autre, ou le percer ou le tourner. Plus on s'approche de la mer du Nord, plus le terrain s'abaisse : c'est comme si l'on descendait les marches d'un escalier. Au plus haut degré, les terrains jurassiques du Luxembourg, qui s'arrêtent à peu près avec la frontière (Arlon-Sedan); au second degré, le massif schisteux des Hautes-Fagnes qui forme le point culminant (Zitterwald 710 m.); à l'ouest, les contrées encore rudes de Famenne, Condroz, Entre-Sambre-et-Meuse; plus au nord encore, la richesse de la Hesbaye, du Limbourg, du Brabant et de la Campine; puis ce sont, les grasses Flandres trempées des brumes douces et fécondes de l'Océan ; enfin, tout au bord, le terrain quaternaire, récemment déposé par la mer, resté souvent inférieur au niveau des marées et que les digues protègent contre l'invasion des eaux.

Cette disposition du terrain a dicté l'histoire de ces provinces : elles servent de passage à la fois pendant la paix et pendant la guerre. Leur sol est jalonné de noms historiques ; nous avons dit déjà les origines franques et carolingiennes partant de Tongres et de Landen ; mais il faudrait relever, pas à pas, l'histoire militaire de l'Europe pour rappeler l'importance, sur la civilisation universelle, des versants et des plaines où tant de lieux sont marqués au signe des épées croisées : Liége, Namur, Nerwinden, Ramillies, Waterloo, Ligny, Fleurus, Fontenoy, Bouvines, Wattignies, Sambre-et-Meuse, Maubeuge, Malplaquet, Rocroi, Sedan, Verdun, Valmy.

L'état-major allemand ne dédaigne pas l'étude de l'histoire : il serait plutôt « livresque ». Tout ce passé certainement l'inspire.

Pour qui vient du Nord, la Meuse est la première voie de pénétration en France tournant le massif de l'Ardenne (1). Son cours, à partir de Namur, forme une ligne nord-sud qui, par la région d'accès difficile de Chimay, ne se rattache que malaisément à la vallée de l'Oise, mais qui, par Mézières et Rethel, conduit à la vallée de l'Aisne, et, par Stenay et Dun, aux défilés de l'Argonne. Certes, le chemin est hérissé d'obstacles. La vallée proprement dite est enserrée entre des falaises à pic, de Namur à Dinant ; elle s'élargit un peu vers Givet ; mais jusqu'à Mézières, elle coule dans une profonde fissure du terrain schisteux de l'Ardenne ; c'est un étroit couloir dominé souvent par des escarpements de 200 mètres de hauteur. Mais un ennemi qui peut suivre jusqu'au bout cette âpre vallée est payé de ses peines ; car il débouche, en France, sur Verdun.

Verdun sur la Meuse est au point précis où la France centrale se rattache à la France de l'Est. Un coin, enfoncé sur ce point, séparerait les deux frontières, menacerait Nancy à l'est et Châlons à l'ouest. On ne peut briser ou tourner notre frontière de l'Est que par Ver-

(1) Dès 1880, le général Liagre, ministre de la Guerre de Belgique, disait à la tribune : « La vallée de la Meuse est devenue une ligne d'opérations extrêmement importante depuis que la France a perdu l'Alsace-Lorraine. Elle est devenue, ainsi que l'a dit Thiers, la ligne d'opérations des armées belligérantes dans le cas d'une guerre entre la France et l'Allemagne. Si l'Allemagne attaque la France, elle a un intérêt immense à passer la Meuse à Liége ou à Namur pour attaquer la France par le Nord. »

CARTE DE LA BELGIQUE CENTRALE

dun ; on ne peut dominer les grandes voies d'accès sur Paris que si l'on est maître de Verdun. L'état-major allemand le sait bien ; les armées du duc de Brunswick avaient suivi ce chemin en 1792. Mais c'est aussi en cette région que se porte infailliblement le plus fort de la défense française. C'est toujours pour la possession de Verdun que se livrera la véritable bataille catalaunique.

Sur le territoire français ou à proximité de ce territoire, la Meuse ne reçoit que deux affluents intéressants au point de vue stratégique ; ils constituent l'un et l'autre une sorte de double tranchée parallèle de chaque côté de la frontière franco-belge ; c'est la *Chiers*, qui prend sa source auprès de Longwy et se jette dans la Meuse entre Mouzon et Sedan ; et c'est la *Semoy*, petite rivière profondément encaissée qui, belge sur presque tout son parcours, se jette cependant à la Meuse en France, à Monthermé. Ces deux rivières forment barrière pour un ennemi essayant de tourner l'Argonne au nord vers Mouzon et Sedan. Nous retrouverons leurs noms.

En pleine Belgique, la Meuse reçoit un affluent autrement important, c'est la Sambre. La Sambre parcourt les terrains intermédiaires qui se tiennent à mi-côte des hauteurs ardennaises, et évite la proximité de la mer et la zone basse et marécageuse qui la borde. La Sambre forme le degré sain et net du grand escalier belge. Elle prend sa source sur le faible plateau boisé de La Capelle et touche pour ainsi dire les premiers affluents de l'Oise ; elle est, dans cette direction, la voie la plus directe et de beaucoup la plus facile vers la France parisienne ; sa largeur ne dépasse jamais 35 mètres ; son cours est sinueux, mais les ponts y sont très nombreux ; elle traverse un des plus riches pays du monde ; le canal qui porte le nom des deux rivières la réunit à l'Oise : de Landrecies à La Fère, ce canal forme une magnifique voie de pénétration et de ravitaillement pour seconder la marche d'une armée.

Cette considération doit être une de celles qui frappe le plus l'état-major allemand. Avant tout, pour la rapidité de la marche, pour la surprise, l'arrivée des réserves, des munitions, du ravitaillement, il a besoin de moyens de transport et surtout d'un excellent réseau de chemins de fer. Nous savons maintenant que la stratégie allemande de la guerre de 1914 est une stratégie de voies ferrées.

Voyez le réseau dans le quadrilatère Liége, Mézières, Saint-Quentin, Bruxelles : il n'en est pas dans le monde dont les mailles soient plus serrées et les fils plus puissants (1). Aix-la-Chapelle, Liége, Namur, Charleroi, Maubeuge, Saint-Quentin, Compiègne, c'est la grande ligne de la Compagnie du Nord, la plus courte pour gagner Paris. Les Allemands n'ont pas besoin de la chercher sur la carte ; ils la connaissent et l'ont assez fréquentée !

Dinant, Hirson, Vervins, Laon, Soissons, c'est l'autre voie, non moins importante ; ces deux lignes se rapprochent et, le long de la voie Compiègne-Soissons, laissent entre elles juste l'espace nécessaire pour réunir deux armées en marche sur Paris.

Mézières, Reims, Meaux, c'est une troisième ligne à grand rendement, s'appuyant, en cas de succès sur Verdun, aux lignes de l'Est, Sainte-Menehould, Châlons-sur-Marne, Epernay. A-t-on assez passé de temps sur ces tracés, et sur ceux des réseaux secondaires qui les doublent et les triplent, dans les bureaux de l'état-major allemand !

Donc, les armées allemandes, par l'occupation des ponts de Liége, se sont ouvert cette voie multiple. Elles marcheront sur Paris et elles marcheront sur Verdun, en soignant les contacts et les bifurcations à Dinant et Namur.

La Belgique sera la route facile pour la marche directe sur Paris. Ses vastes plaines permettront de déployer la cavalerie prête à couvrir avant tout la manœuvre un peu risquée de l'aile marchante.

La richesse des greniers belges, surpris en pleine récolte, parera, le cas échéant, à la diffi-

(1) V. dans le t. III, p. 2, la carte des chemins de fer ; p. 82, la carte de la concentration.

culté de nourrir ces immenses armées. Et, revenant au point de vue stratégique, l'état-major impérial pense que si la marche de flanc, en présence de l'armée française concentrée, présente quelque péril, elle est, sur presque tout son parcours, abritée par le bloc compact du Luxembourg, des Hautes-Fagnes et de l'Ardenne belge, terrain difficile et propice à la défensive contre une armée venant du Sud, qui, s'y aventurant, ne pourrait, sans doute, jamais en déboucher.

Faut-il prévoir les choses de plus loin encore? L'état-major allemand se dit que l'occupation de la Belgique, du Luxembourg, et peut-être des départements français limitrophes, lui apporte un premier et inappréciable bénéfice. Cette région est extrêmement riche et prospère. Dès la première étape, à Liége, on met la main sur les grandes manufactures d'armes de la Belgique et l'on n'oublie pas que la fabrique nationale d'armes de guerre de Herstal appartient en grande partie à la maison Lowe de Berlin; puis ce sont les mines du pays de Liége, de Charleroi et du Borinage où travaillent des officiers de réserve allemands; ce sont partout des hauts fourneaux, des industries prospères, d'ailleurs minutieusement repérées, une activité et un rendement merveilleux de tout le travail humain. Pour une occupation qui se prolongerait, c'est une installation de cocagne ; partout de belles demeures, des villes abondantes, des villages cossus, un peuple que l'on croit placide et facile à mâter : la défense se prolongerait là des années sans charge pour le Vaterland ; même celui-ci se sustenterait, au besoin, en puisant dans ces inépuisables ressources; la région, mise en coupe réglée, parerait au blocus maritime. Sur la mer elle-même, une porte s'ouvrirait pour rompre ce blocus : Anvers deviendrait le nouveau débouché de l'Allemagne dans la mer du Nord. Et puis, Ostende, Dunkerque, Calais constitueraient, au cas où l'Angleterre se mêlerait au conflit, le front maritime indispensable contre la grande puissance insulaire.

Reconnaissons que l'ensemble de ce plan présente les avantages les plus sérieux. Il a pour lui la géographie, l'histoire, l'économie politique ; une stratégie de proie s'en satisfait volontiers. Elle a vu, dans son rêve, cette immense et magnifique rafle d'un pays surpris

LE GÉNÉRAL ALLEMAND VON BULOW

COMMANDANT LA 2ᵉ ARMÉE

et désarmé, et, au bout de cette course rapide qui ne doit rencontrer que les deux obstacles de Namur et de Maubeuge faciles à vaincre sans même s'arrêter, une prodigieuse randonnée vers la capitale resplendissante et éternellement jalousée. Ce plan que l'organisation allemande a préparé jusque dans ses moindres détails se traduit pour le soldat dans ces deux mots qui l'hallucinent : *nach Paris !*

Le programme que d'urgentes nécessités ont dicté et que des raisons si spécieuses ont confirmé, a pourtant ses lacunes et ses tares. Conçu dans le cabinet d'après des formules et des doctrines un peu schématisées : inviolabilité du front, infaillibilité du mouvement par les ailes, etc., imposant aux chefs et aux soldats un effort prodigieux, tablant sur le succès toujours et partout; préparé sur des cartes et des fiches où la Belgique est divisée en secteurs, répété dans les nombreux « kriegspiel » des états-majors, ce programme se heurte dans son exécution à des réalités dont on ne tient pas assez compte : l'armée belge est une petite armée, mais elle n'est pas absolument négligeable; l'armée anglaise est aussi une petite armée, mais sa présence à proximité des places du Nord allongera la trajectoire de l'invasion allemande et laissera son aile marchante exposée à une offensive venant des lignes extérieures. Enfin, si l'armée française est massée sur un étroit espace, elle a l'avantage d'être fortement unie et groupée dans la main de ses chefs. Au débouché de la Meuse, devant Verdun, elle tiendra tête; même elle peut être lancée contre le milieu de l'immense arc de cercle et, fût-ce au prix de grands sacrifices, parvenir à le briser. Si on marche sur Paris sans avoir pris Verdun, on laisse l'adversaire sur son flanc, et un jour ou l'autre on le retrouvera.

Dans cette critique de l'action directe des forces allemandes et françaises sur la frontière de Belgique, nous n'avons pas envisagé le contre-coup au delà de l'Argonne, sur la Moselle et sur les Vosges. Si l'autre branche de la tenaille allemande ne peut se refermer à

temps vers l'Est, l'armée française, se dégageant sur sa droite, peut être en mesure de protéger sa propre gauche et Paris en se précipitant, grâce à ses voies ferrées, sur les troupes épuisées qui auront accompli le fameux mouvement tournant. L'encerclement et la convergence des feux se retourneraient alors contre ceux qui les auraient théoriquement cherchés et escomptés, et c'est précisément ce que nous verrons se dessiner dès la fin d'août.

L'ARMÉE BELGE AU NORD DE LA MEUSE Suivons maintenant, sur le terrain, la première partie de l'immense opération, celle qui est à proprement parler le début du mouvement tournant et où les armées allemandes se trouvent en contact, d'abord, avec la petite armée belge.

L'armée allemande ne s'était pas attardée devant les forts de Liége. Avant même d'avoir occupé la ville, le mouvement en avant par masses profondes était commencé en contournant Liége par le nord.

Dès le matin du 4 août, deux divisions de cavalerie allemande (2e et 4e divisions), douze régiments environ, avaient franchi la frontière allemande-belge et, longeant la frontière belge-hollandaise, s'étaient dirigées vers Visé, soutenues par des éléments d'infanterie transportés en automobiles et par de l'artillerie. Le pont de Visé était coupé; un bataillon du 12e de ligne gardait le passage. Les Allemands étendirent leur mouvement vers le nord ; deux régiments de hussards avaient passé la Meuse, le soir, au gué de Lixhe. Pendant que les opérations devant Liége s'accomplissaient, des forces de cavalerie sans cesse accrues, et soutenues par des bataillons de chasseurs, battirent l'estrade dans la direction de Tongres. L'objet de cette manœuvre paraissait être de couper les communications de l'armée belge vers Bruxelles et Anvers, de façon à la forcer à se replier pour garder sa ligne de retraite : on éviterait ainsi d'engager la lutte contre l'armée belge et les deux voies libres de la Meuse et de la Sambre permettraient d'aborder rapidement la fron-

SOLDATS BELGES DÉFENDANT UNE ROUTE

tière française. Peut-être avait-on encore le sentiment que la résistance belge n'était que de pure forme et que le gouvernement royal, après la manifestation de Liége, se bornerait à attendre les événements à l'abri derrière les fortifications d'Anvers. En effet, le 9 août, une nouvelle proposition allemande, dont nous avons donné le texte, était adressée au gouvernement belge par l'intermédiaire de la Hollande, et le même jour une proclamation était lancée au peuple belge par le général von Bülow, commandant la 2ᵉ armée, de son quartier-général de Montjoie.

« Nous avons été obligés d'entrer dans le territoire belge pour sauvegarder les intérêts de notre défense nationale. Nous combattons avec l'armée belge uniquement pour forcer le passage vers la France... La population *pacifique (mot cynique après les atrocités déjà commises)* de la Belgique n est point notre ennemie : bien au contraire, nous la traiterons avec ménagement et bienveillance, pourvu qu'elle prouve, par le fait, ses sentiments paisibles. »

On comptait sans l'élan magnifique qui — dès que le sol belge fut touché — souleva la Belgique tout entière. Il est presque impossible d'exprimer par des paroles ce sursaut d'âmes : un peuple confiant et comme confit dans sa neutralité, qui, la veille, ne songeait qu'aux travaux, aux arts et aux plaisirs de la paix, un peuple médiocrement hiérarchisé et discipliné, bon enfant et goguenard, tournant volontiers les choses en drôleries et facéties, se trouva tout à coup transformé, ou, plutôt, il sentit sourdre en lui les vertus de ses ancêtres : soudain il se retrouva soldat.

COLONNE D'INFANTERIE BELGE MARCHANT AU COMBAT

Ces profondes émotions psychologiques doivent être saisies à leur naissance, car elles sont des témoignages incomparables et qui, pareilles aux souffrances des martyrs, jettent aux quatre vents de l'Histoire des semences de choix pour l'avenir de l'humanité.

Un Belge a raconté comment il fut témoin de cette évolution brusque qui le transformait lui-même. Il faisait partie d'un régiment de carabiniers qui, le 3 août, à Bruxelles, défilait vers 5 heures du matin sur l'avenue de Tervueren.

Tout à coup une rumeur :

« Qu'est-ce que cela ? Les mains se tendent vers les beaux soldats, on leur offre de la bière, des tartines : Voilà bien la chose la plus extraordinaire qui soit dans ce pays si peu militariste et si peu susceptible d'enthousiasme devant l'uniforme et le panache. — « Il doit y avoir quelque chose, me dit un artilleur. »

« Je vois un marchand de journaux grimper en courant la rue des Eburons. Et c'est par ce petit camelot et par son journal, qu'en ce 3 août, à 5 heures du matin, nous sûmes l'ultimatum de l'Allemagne à la France et à la Belgique. Et c'est par ce petit camelot que j'appris que notre régiment, déjà en marche, c'était *la réponse* la *seule* réponse qu'il fallait faire à l'ultimatum, la réponse ardente de nos milliers de cœurs jeunes, et de nos colères !

« Quel incendie de rage il y eut dans tous les yeux ! et de mépris ! L'Allemagne trahissait son serment, reniait sa signature ! L'Allemagne, soixante-cinq millions de traîtres qui venaient d'abattre le masque ! « *Valeureux Liégeois...* » scanda une voix, puis dix voix, puis mille voix. Les premiers, les Wallons chantaient leur hymne... C'était parti de toutes les poitrines de ce peuple frondeur, vif, optimiste et chanteur. L'hymne disait la fierté et la gloire des 600 Franchimontois qui étaient tous morts en combattant un contre cent. Quand ils eurent fini, des voix plus graves, plus basses, aussi ardentes, entonnèrent le *Lion de Flandre* qui parle aussi d'un passé lumineux où les communiers flamands se battaient un contre cent... » (1)

Ces rythmes alternés faisaient un chœur unique où chantait l'âme de la Belgique.

Qui sait, une méfiance, une haine latente de l'Allemand détendait-elle, à cette heure, toutes ces poitrines ; le monde et même les neutres commençaient à respirer plus à l'aise parce que l'ennemi du monde entier s'était enfin découvert et qu'on allait lui courir sus.

Ce fut la première surprise de cette guerre.

(1) Grimauty, *loc. cit.*, p. 20.

La Belgique était résolue à se défendre ; bien plus, elle était joyeuse à l'idée de se défendre ; elle courait, avec un entrain indicible, à ces rencontres redoutables, à ces combats, *un contre cent.*

C'est à ne pas y croire, mais il en fut ainsi : dès les premiers engagements, le soldat belge croyait fermement à la victoire.

Le roi Albert n'avait-il pas, le 5 août, lancé cette vibrante proclamation :

Soldats !

Sans la moindre provocation de notre part, un voisin orgueilleux de sa force a déchiré les traités qui portent sa signature et violé le territoire de nos pères.

Parce que nous avons été dignes de nous-mêmes, parce que nous avons refusé de forfaire à l'honneur, il nous attaque. Mais le monde entier est émerveillé de notre attitude loyale : que son respect et son estime vous réconfortent en ces moments suprêmes !

Voyant son indépendance menacée, la nation a frémi et ses enfants ont bondi à la frontière. Vaillants soldats d'une cause sacrée, j'ai confiance en votre bravoure tenace et je vous salue au nom de la Belgique. Vos concitoyens sont fiers de vous. Vous triompherez, car vous êtes la force mise au service du droit.

César a dit de vos ancêtres : « De tous les peuples de la Gaule, les Belges sont les plus braves. »

Gloire à vous, armée du peuple belge ! Souvenez-vous, devant l'ennemi, que vous combattez pour la liberté et pour vos foyers menacés. Souvenez-vous, Flamands, de la bataille des Éperons d'or, et vous, Wallons de Liége, qui êtes en ce moment à l'honneur, des 600 Franchimontois,

Soldats !

Je pars de Bruxelles pour me mettre à votre tête,

C'est avec cette foi et avec une tendresse soudainement épanouie que la population pressa sur son cœur, partant pour la frontière, ces soldats qui, dans le train-train de la vie ordinaire et sous leur costume bariolé, paraissaient si peu militaires, et bons seulement à figurer dans les fêtes et les décors pacifiques. Comme on était fier d'eux, maintenant, et de ces gendarmes stylés par le général Sellier de Moranville « qui ont une religion, leur consigne » et dont un chef disait : « Que n'ai-je dix mille gendarmes ! » et de ces carabiniers, ces *carapat's*, ces « diables verts », tireurs merveilleux, entraînés dans les stands, dont les coups infaillibles forment une barrière de

DÉPART DE CAVALIERS BELGES POUR UNE RECONNAISSANCE

plomb devant une colonne en marche, et de ces « piotes », ces « lignards » qui se montrèrent au feu si simplement tenaces et résolus. La cavalerie, dirigée par le général de Witte, était prête à soutenir partout le choc de l'immense cavalerie allemande. Les artilleurs, munis d'un bon canon, furent d'admirables pointeurs : les communiqués allemands, à diverses reprises, devaient leur rendre hommage (1).

Cette armée, sur les ordres donnés, se portait d'un seul mouvement au-devant de l'ennemi, dans une noble et volontaire méconnaissance du péril. Elle n'est pas encore irritée par la nouvelle des premières atrocités; mais on dirait qu'elle les pressent :

« D'abord, nous ignorons la force de l'ennemi. Nous pensons bien qu'il est plusieurs fois supérieur en nombre, mais nous ne connaissons pas le chiffre multiplicateur.

L'eussions-nous connu, eussions-nous su qu'ils s'avançaient à trois ou quatre cent mille contre notre division qui compte maigrement ses vingt mille hommes, que nous n'aurions pas encore douté du succès... Les journaux ne nous avaient-ils pas raconté, dès le début, que les Allemands étaient poltrons comme des poules, maladroits, affamés comme des loups?... « Une tartine au bout d'une baïonnette, ça fait toujours un prisonnier », nous disaient-ils. A ce moment d'ignorance et de confiance superbes, le moindre de nous aurait marché seul contre cent Prussiens. Ceci explique, avec la haine qui nous secouait, l'intrépidité de nos premières batailles, et, aussi, hélas! malgré le succès, les pertes douloureuses que nous éprouvâmes » (1).

Il faut ajouter à ces sentiments passionnels, excitateurs d'énergie et de courage, une autre foi qui s'était répandue avec la rapidité de l'éclair jusque dans la moindre des bourgades belges : « Les deux grandes puissances, l'Angle-

(1) Maurice Gauchez, *loc. cit.*, p. 18.

(1) F.-H. Grimauty, *Six mois de guerre en Belgique*, p. 50-53.

terre et la France, nous soutiennent. Tenons bon seulement jusqu'à ce que les Français arrivent ! »

Ce que l'on attend, c'est l'armée française avec les culottes rouges, la capote bleue, la forêt des baïonnettes... et la *Marseillaise*. Pas un village, pas un cœur où ne retentit plusieurs fois par jour le cri du salut : « les Français arrivent ! »

LE PLAN BELGE — Quelle est, d'autre part, la conception de l'état-major belge ?

Il l'explique, lui-même, dans les termes suivants : « Aussitôt sa réunion terminée, l'armée belge prit position sur la Gette, ligne de défense naturelle que prolonge la Meuse de Namur à Givet. *Elle y attendit l'arrivée des forces alliées franco-britanniques...* Cette ligne de défense, appuyée à gauche au Démer, protège une grande partie du territoire belge et elle barre le chemin à l'offensive allemande telle qu'elle paraît se dessiner. Pour garnir toute cette ligne, l'armée belge a des effectifs insuffisants, mais elle ne gardera que la Gette et Namur ; elle pourra attendre, sur cette position, que les forces des nations garantes viennent, *si elles en ont le temps*, occuper l'intervalle compris entre la Gette et la position de Namur, ainsi que la Meuse en amont de Namur.

« Enfin, massée le long de la Gette, l'armée, tout en couvrant la capitale du pays, Bruxelles, n'est pas menacée d'être isolée d'Anvers, qui constitue sa base d'opérations. *Cette circonstance a une importance prépondérante :* l'armée belge ne peut en effet, *à aucun prix*, courir le risque *de se laisser couper de sa base ;* c'est là que se trouvent réunies toutes ses ressources en vivres, munitions, ravitaillements de toutes sortes : c'est là que le gouvernement doit pouvoir se retirer. Toutes ces raisons font que le haut commandement décide de maintenir l'armée en observation sur la Gette, de s'y fortifier, et d'attendre sur cette ligne que la jonction avec les forces françaises et anglaises puisse *éventuellement* s'opérer » (1).

(1) *La Campagne de l'armée belge*, d'après les documents officiels. — *L'Action de l'armée belge pour la défense du pays et le respect de sa neutralité.* (Rapport du commandement de l'armée, 1915.)

Ces raisons, développées avec insistance, sont d'une grande force, tant au point de vue national qu'au point de vue territorial.

Si l'on se place plus spécialement au point de vue *stratégique*, c'est-à-dire de la convergence des efforts, l'unité du commandement eût peut-être décidé un repli de l'armée belge sur le gros de l'armée française, et une action commune sur la Sambre. La place d'Anvers, défendue par sa garnison renforcée, eût probablement été simplement masquée par l'ennemi qui, dans cette hypothèse, eût eu besoin de toutes ses forces pour attaquer les armées française, anglaise et belge réunies. Mais l'unité de commandement n'existait pas encore dans cette période initiale, et chacune des armées alliées combattait selon ses propres vues et au mieux de ses intérêts.

Le 6 août, l'armée belge est concentrée dans le quadrilatère Tirlemont - Louvain - Wavre - Perwez, à deux marches en arrière de Liége. La 3e division qui a défendu Liége est en marche pour rejoindre le gros de l'armée, par Hollogne-sur-Geer et Hannut, sans être inquiétée, sauf par quelques partis de uhlans dont un fut détruit à Hollogne. La gauche de l'armée se trouve à l'ouest de Tirlemont, la droite à Jodoigne. En première ligne sont placées les 1re et 5e divisions d'armée, en seconde ligne, à Louvain, la 2e division, et à Hamme-Mille, la 6e division. La 3e division arrivant de Liége le 8 août, fut intercalée entre les 1re et 5e divisions, en première ligne. La 4e division, dont la 8e brigade mixte est à Huy, demeure dans la position de Namur. La division de cavalerie couvre l'armée à Waremme, puis à Saint-Trond et s'éclaire vers Visé, Liége et Hasselt ; elle tient en respect, dans des escarmouches quotidiennes, les éléments des 2e et 4e divisions de cavalerie allemande. Cette disposition, toute d'attente, reste un peu en l'air, comme nous le verrons bientôt.

Le roi, avec le grand quartier-général, est à Louvain. Il est installé à l'hôtel de l'Univers et

APRÈS LE COMBAT DE HAELEN : LE CADAVRE D'UN CHEVAL DE UHLAN

de l'Europe (aujourd'hui complètement brûlé). Les bureaux des états-majors fonctionnaient à l'Hôtel de Ville et dans les locaux du café de la Rotonde. Les troupes étaient installées dans les villages des lignes Louvain-Liége, Louvain-Diest, Louvain-Jodoigne. Les « taubes » survolaient continuellement la ville, et cette première sensation d'une sorte d'espionnage aérien produisait sur le peuple et le soldat un effet d'irritation qui se manifestait par de perpétuelles mousquetades.

Les premiers contacts, en Hesbaye, eurent lieu le 7 août. La hardiesse de la cavalerie allemande amenait parfois des patrouilles jusqu'aux approches des cantonnements et de nombreuses escarmouches s'en suivaient. La plupart se terminaient à l'avantage des Belges, ce qui accrédita, peu à peu, le bruit que les Allemands tenaient mal. En fait, la cavalerie allemande exécutait, sans doute, les ordres qui lui avaient été donnés de ne pas se laisser « accrocher ».

Bientôt, vers le 10 août, les troupes allemandes se renforçaient devant le front belge. La tendance à menacer les forces belges vers leur gauche s'affirmait. Lorsque l'activité de l'ennemi s'étendit particulièrement vers Hasselt et Diest, la division de cavalerie belge (général de Witte), se porta de Saint-Trond vers Budingen et Haelen, prolongeant ainsi la gauche de l'armée.

L'armée belge resta ainsi, du 6 au 18 août, tandis que devant elle se massaient les forces de cavalerie allemande du général von Marwitz chargées de protéger, d'abord la concentration, puis, après le 10 août, la mise en mouvement des avant-gardes et des gros des deux armées von Kluck et von Bülow.

Les régiments belges avaient dû se concentrer avec une rapidité telle que certaines de leurs compagnies n'avaient que deux ou même un seul officier. L'armée ne se sentait pas en situation de prendre l'offensive, au moment où les armées allemandes n'étaient pas encore au complet. Celles-ci, par contre, confiantes en leur nombre sans cesse accru, commençaient à s'ébranler.

COMBAT DE HAELEN

Des engagements se produisaient presque chaque jour. L'un, le 10 août, entre Tirlemont et Saint-Trond, aux environs d'Orsmaël-Gussenhoven (3e lanciers) fut assez vif ; un autre entre Saint-Trond et Jodoigne. Un combat beaucoup plus sérieux eut lieu, le 12, à *Haelen*. Il fut tout à l'honneur des armes belges.

Une force allemande, suivant le cours de la Demer, avait pour mission d'enlever le passage de la Gette. Six régiments de cavalerie, appartenant aux 2e et 4e divisions de cette arme, soutenus par les 7e et 9e bataillons de

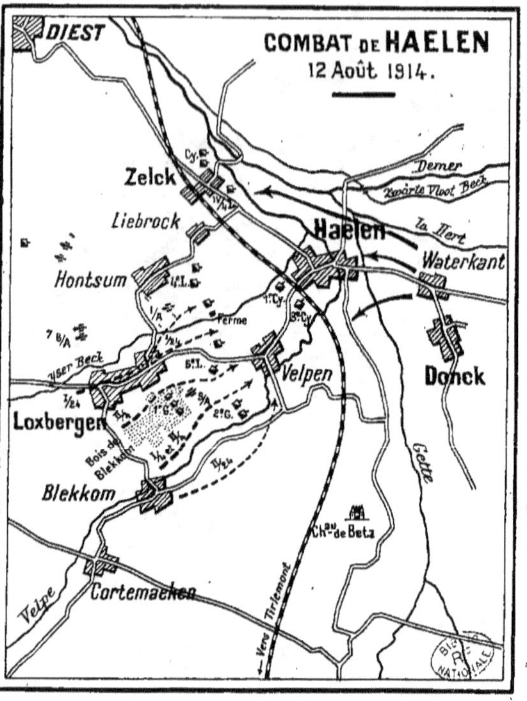

HAELEN ET SES ENVIRONS

SUR LA ROUTE APRÈS LE COMBAT DE HAELEN

chasseurs et par trois batteries, prirent part à cette action. C'était un total de 4.000 cavaliers, 2.000 fantassins et 18 canons. Les forces belges ne s'engagèrent que successivement, formant peu à peu un total de 2.400 cavaliers, 450 cyclistes et 12 canons.

Haelen est sur la rive gauche de la Gette, et commande le cours de cette rivière, la route de Hasselt à Diest, et la voie ferrée de Tirlemont à Diest ; forcer la Gette à Haelen, c'était à la fois se rendre maître du cours de la Demer, et de la route d'Anvers au nord ; et, au sud, c'était tourner Namur en dominant le triangle Aerschot, Namur, Liége. De tels avantages valaient l'effort sérieux qui fut accompli dans la journée du 12.

Les Allemands prononcèrent leur attaque vers 8 heures du matin. Le général de cava-lerie de Witte, qui commandait les forces belges, avait cru plus sage d'abandonner la défense du village : seul un poste de la 3e compagnie cycliste y fut maintenu et soutenu un peu plus tard par la 1re compagnie. Dès que les premiers éléments de la cavalerie allemande apparurent, ils furent reçus à coups de fusil par les cyclistes. Les cavaliers allemands mettent pied à terre, et s'engagent en attendant l'infanterie et l'artillerie, qui arrivent vers 9 heures.

Le général belge prend alors ses dispositions de combat : il n'a sous ses ordres que quatre escadrons de lanciers déployés près de la ferme de l'Yserbeek et appuyés en arrière par trois batteries à cheval. En outre, son flanc gauche à Zelck est gardé par un escadron de lanciers et deux pelotons cyclistes, son flanc droit au sud de Velpen-Loxbergen par cinq escadrons de guides.

Les Allemands mènent vigoureusement, vers 10 heures, leur attaque d'artillerie contre le village. Les cyclistes tiennent bon : mais la position devient intenable : les cyclistes se replient et font sauter le pont de la Gette. La deuxième partie du combat a alors pour objet la défense de la route et de la voie ferrée. A midi, l'ennemi attaque simultanément Zelk et la gare de Haelen. Après un léger succès d'artillerie et de mitrailleuses, les cyclistes, menacés d'enveloppement, se replient sur la ferme d'Yserbeek. Des lignes allemandes de tirailleurs sortent alors de Haelen et un escadron de dragons charge par deux fois les cyclistes qui déciment chaque fois l'ennemi; assaillants, chevaux et hommes entassés leur font un rempart derrière lequel ils attendent une nouvelle attaque. Les Allemands hésitent, mais déploient bientôt leurs réserves sur un front de 1.500 mètres entre Liebrock et Velpen; leur artillerie fait rage, leurs nombreuses mitrailleuses crépitent et la ferme de l'Yserbeek est emportée.

La journée semble compromise. Mais le commandement s'est assuré du renfort. Il avait ordonné à la 1re division d'armée, cantonnée à Hautem-Sainte-Marguerite, de détacher vers le nord la 4e brigade mixte (4e et 24e de ligne et trois batteries), pour porter secours à la division de cavalerie. Dès 9 heures et demie du matin, les quatre bataillons se mettent en route pour une étape de 25 kilomètres; ils suivent, par une chaleur torride, des chemins poussiéreux et sablonneux. L'artillerie, aussitôt en position, vers 3 heures et demie, au moulin de Loxbergen, ouvre le feu sur l'artillerie ennemie et sur le village d'Haelen. Six compagnies se portent sur Velpen, un bataillon sur l'Yserbeek, le dernier bataillon en réserve. La ferme de l'Yserbeek est reprise; le combat est acharné; Velpen est enlevé, après un feu d'enfer des mitrailleuses allemandes cachées dans les maisons. Sous la pression des nouvelles forces belges, l'ennemi cède; il lâche pied et recule

précipitamment sur Haelen. Dans la nuit, les Allemands abandonnent le village et les rives de la Gette sans être poursuivis. La tentative de forcer le passage avait échoué.

Les pertes de l'assaillant furent importantes à proportion des effectifs engagés. Il laissa sur le champ de bataille ses morts, ses blessés, un étendard, des canons. On enterra 3.000 cadavres d'hommes et de chevaux. Les Belges avaient été aussi très éprouvés : ils perdirent, dans cette première affaire sérieuse en rase campagne, 22 officiers et 1.100 hommes environ tués, blessés ou disparus. Avaient pris part au combat, du côté belge, le 1er et 2e guides, le 4e et 5e lanciers; l'artillerie à cheval, le bataillon cycliste et les pionniers cyclistes de la division de cavalerie; le 4e et le 24e de ligne, l'artillerie de la 4e brigade mixte (1).

AVANCE DE LA CAVALERIE ALLEMANDE Le combat de Haelen était un brillant incident militaire, mais ce n'était qu'un incident. Les forces allemandes continuaient à se masser et cherchaient à prendre, pour ainsi dire, le moule des positions belges.

Des informations reçues jusqu'au 17, il résultait, en effet, que des troupes très nombreuses avaient passé au pont de Lixhe, s'infiltrant sur la *gauche* de l'armée belge, vers Wilderen, Saint-Trond, Tongres, Hasselt, Herck-Saint-Lambert, Lummen, Kermpt, Stockroy, Genck, Asch, Beeringen, Bourg-Léopold, Moll; devant le *front* de l'armée, des gros de l'ennemi étaient annoncés dans la plupart des localités situées aux environs d'Esemaël, Landen, Waremme, Hannut; sur la *droite* de l'armée, l'ennemi avait des gros vers Huppaye, Jauchelette, Piétrebois; des troupes traversaient la Meuse à Ampsin, réparaient le pont de Huy et y passaient le fleuve.

Tous ces rassemblements, ces tentacules d'avant-gardes étaient, en réalité, les différentes phases des opérations de couverture du corps

(1) Voir le récit du colonel Baltia, chef d'état-major de la 1re division de cavalerie, dans les *Récits de combattants*, par le baron C. Buffin, p. 65.

GABRIEL HANOTAUX
de l'Académie Française

HISTOIRE ILLUSTRÉE
DE LA
GUERRE DE 1914

24 PAGES DE TEXTE ET D'ILLUSTRATIONS

FASCICULE N° 39

L'ÉDITION FRANÇAISE ILLUSTRÉE
(GOUNOUILHOU, Éditeur)
8, Boulevard des Capucines, Paris

PRIX NET
1 franc
ÉTRANGER, PORT EN PLUS

A NOS LECTEURS

VEC le fascicule 27 a commencé le tome III de l'*Histoire illustrée de la Guerre de 1914;* les deux premiers volumes parus ont donné l'exposé des faits historiques et diplomatiques qui ont précédé et amené la guerre, et qui engagent si lourdement la responsabilité de l'Allemagne. Il était nécessaire de faire connaître et comprendre les causes profondes qui ont déchaîné ces formidables événements.

Le volume III a commencé le récit de la guerre proprement dite. Les opérations militaires y sont exposées sur tous les fronts au fur et à mesure qu'elles se sont déroulées. Grâce à la quantité innombrable de documents parus ou inédits qu'il s'agissait de réunir, de compulser, d'étudier, l'historien est parvenu à s'arracher à la confusion des premières heures. Par les renseignements qu'il a recueillis, par les travaux d'enquête et de recherches auxquels il s'est livré, par les conversations qu'il a eues avec les personnages officiels et les hommes politiques de l'Europe entière, il a approché, d'aussi près que peut le faire un contemporain, de la source où peut se découvrir la vérité sincère et impartiale.

Si le lecteur veut bien considérer l'importance que l'auteur a donné à l'exposé qui ne forme que le prologue, il comprendra les proportions qu'exige la suite du récit. Toutes les questions y seront abordées de front et le drame se déroulera dans son ampleur magistrale.

L'*Histoire illustrée de la Guerre de 1914* va donc mettre à la disposition du lecteur l'instrument qui lui permettra d'atteindre la raison profonde des faits militaires qui ne peuvent manquer d'assurer le triomphe de la Justice et de la Civilisation.

UN FANTASSIN BELGE GARDE UN AMAS D'ÉQUIPEMENTS ALLEMANDS ABANDONNÉS
APRÈS LE COMBAT

de cavalerie du général von Marwitz qui, avec les 2e, 4e, 9e, 5e divisions de cavalerie et la division de la garde, cherchait, de la Campine à la frontière française, à assurer les débouchés et la protection des armées von Kluck, von Bülow et von Hausen, pour leur permettre, dès le 17 août, de déborder la Belgique centrale entre Bruxelles et Givet.

L'étude des carnets allemands montre que les formations de marche des différents corps des armées ne sont prises que vers le 14 août aux abords de la frontière allemande. Le quartier général de la IIe armée von Bülow est encore le 9 août à Montjoie. Des éléments du IIe corps sont à Visé le 15, et vers Diest le 18; des fractions du IVe corps partent d'Aix-la-Chapelle le 14 dans la direction d'Argenteau; le VIIe corps de réserve est vers Pépinster

le 12; le Xe de réserve part le 15 d'Elsenborn; des troupes du XIe corps passent à Francorchamps le 17; la garde est encore le 12 aux environs de Vielsalm et le 18 entre Huy et Eghezée; le XIIe corps saxon quitte le 17 la région nord d'Houffalize. Toutes ces colonnes qui se forment s'étirent vers la Meuse et au delà de la Meuse, sous la protection efficace de cet épais rideau de cavalerie qui s'approche, débordant bientôt au nord et cherchant à déborder au sud les positions de la Gette où l'armée belge reste en attente.

Au nord de la zone d'action des forts de Namur, un engagement avait eu lieu, le 13 août, à *Boneffe*. Un parti ennemi, fort d'environ 300 cavaliers, 400 cyclistes, des mitrailleuses, s'était arrêté au nord du village; 2 escadrons et 2 compagnies cyclistes belges les surprirent.

Les Allemands s'enfuirent en désordre, abandonnant autos, vélos, armes et chevaux. Pourtant cette région resta aux mains de l'ennemi, qui attachait à sa possession une grande importance et où nous verrons effectivement qu'il passa, le 19, vers Ramilliès-Offus, une partie des troupes nécessaires au siège de Namur. Or, le 15 août, alors que la cavalerie ennemie attaquait Dinant, la 8ᵉ brigade belge tenait toujours Andenne, d'où elle ne devait se replier sur Namur que le 19.

S'il semblait y avoir un temps d'arrêt dans la manœuvre allemande, cette apparence résultait uniquement de la nécessité de se grouper et d'orienter les armées d'invasion.

LES ARMÉES ALLIÉES EN BELGIQUE

Cependant, trois faits d'une haute importance s'étaient produits : la cavalerie française était entrée en liaison avec les formations belges ; l'armée anglaise commençait sa concentration en arrière de la place de Maubeuge; les Allemands, poussant hardiment leur pointe, au sud, vers le cours moyen de la Meuse, avaient tenté un hardi coup de main sur Dinant.

Reprenons chacun de ces événements, tous d'une portée si haute :

« ... Une ligne rouge brisée par des éclairs... cela débouche d'un bois, sur notre flanc... cela s'approche... De la cavalerie... — Ce sont les Français, crie le lieutenant, toute la figure dans ses jumelles... Une délégation de hussards bleu de ciel, de dragons et de cuirassiers à crinières flottantes vient saluer notre général de brigade — le général Delforge, à cent pas de nous... »

C'est dans ces termes qu'un témoin raconte le contact tant attendu des premières forces françaises avec l'armée belge.

Voici ce qui s'était passé.

Le commandement français, dès la violation de la neutralité belge par l'armée allemande, avait pris ses dispositions pour procéder à la *variante* qui devait achever notre concentration de façon à couvrir la frontière française menacée par le mouvement tournant des colonnes ennemies. Le 5 août, il reçut l'autorisation de pénétrer en Belgique.

La coopération des deux pays avait été établie par des arrangements publiés le 9 août : les ordres les plus précis ont été donnés par le gouvernement français et le gouvernement belge pour que les ressources industrielles des deux États soient intégralement mises en commun. Les usines belges et françaises procéderont à des échanges immédiats. Le charbon, le blé, seront utilisés pour le ravitaillement des deux armées. La France s'empresse de fournir du matériel militaire à la Belgique; les fabriques d'armes belges travaillent pour le ministère de la Guerre français.

Dès le 11 août, un premier communiqué belge, répondant au vœu des populations,

CROQUIS POUR L'INTELLIGENCE DU RAID DE CAVALERIE FRANÇAISE

ARRIVÉE DE CAVALIERS FRANÇAIS DANS UN VILLAGE BELGE

annonce que la jonction des armées belge et française est maintenant complète. On ajoutait que les Anglais débarquaient en France près de la frontière belge. Le communiqué français n'annonce les faits en train de s'accomplir que le 14 août au soir, dans les termes suivants :

« Des forces importantes françaises entrent en Belgique par Charleroi et se portent dans la direction de Gembloux. »

En fait, les avions français avaient survolé la Belgique à partir du 5 et la cavalerie française avait pénétré sur le territoire belge à partir du 6, par la région de Paliseul (1).

Les Allemands avaient déployé sur toutes les provinces belges avoisinant la frontière

(1) Voir plus haut p. 146.

française un rideau de cavalerie extrêmement nombreux et extrêmement serré, ayant pour instruction d'entrer partout en contact avec les formations adverses. Nous aurons à revenir sur les méthodes de la cavalerie allemande (1). Il y avait le plus réel intérêt à ne pas laisser ces formations, souvent peu importantes, terroriser le pays et couper les communications entre les deux armées.

(1) Le major Mélotte, détaché au début de la campagne auprès du corps de cavalerie française opérant en Belgique, dit, dans sa déposition devant la Commission d'enquête sur les violations du droit des gens : « J'ai pu constater au cours des opérations, tant sur la rive droite que sur la rive gauche de la Meuse, que l'invasion allemande s'était fait précéder à grande distance de fortes patrouilles ou reconnaissances d'officiers. Beaucoup d'entre elles furent faites prisonnières. Elles se rendaient d'ailleurs très aisément, parfois sans combattre et ne demandant qu'à en avoir fini. C'est d'autant plus étrange que ces patrouilles étaient composées d'éléments choisis... » 15e *Rapport officiel belge. Indépendance Belge*, 14 juin 1915.

LA CAVALERIE FRANÇAISE EN BELGIQUE L'état-major français répondit à cette manœuvre en donnant l'ordre au Ier corps de cavalerie de se porter hardiment en avant avec, comme objectif, les rives de la Meuse, Namur et même Liége.

Le Ier corps de cavalerie (général Sordet) comprenait les 1re, 3e et 5e divisions de cavalerie. La 1e (Paris) comprenait la 2e brigade de cuirassiers (Paris), la 5e brigade de dragons (Vincennes) et la 11e brigade de dragons (Versailles), un groupe d'artillerie du 13e régiment et un groupe cycliste du 26e bataillon de chasseurs.

Le IIIe (Compiègne) comprend la 4e brigade de cuirassiers (Douai), la 13e brigade de dragons (Compiègne), la 3e brigade de cavalerie légère (Meaux), un groupe d'artillerie du 42e régiment et un groupe cycliste du 18e bataillon de chasseurs.

Le Ve (Reims) comprend la 3e brigade de dragons (Reims), la 7e brigade de dragons (Épernay), la 5e brigade de cavalerie légère (Châlons), un groupe d'artillerie du 61e régiment et un groupe cycliste du 29e bataillon de chasseurs (1).

La marche rapide de la cavalerie française la met bientôt en contact avec les patrouilles allemandes. Celles-ci, dès le 5 août, avaient fait leur apparition dans le Condroz. Des escarmouches eurent lieu à Havelange et à Sorée, alors que la 8e brigade belge tenait Andenne. L'arrivée de la cavalerie française le 6 août, vers Paliseul, déblaya temporairement la région.

Signalons, d'autre part, que le corps de cavalerie du général Sordet n'opérait pas seul en Belgique. Les divisions de cavalerie affectées à la protection immédiate de nos IIIe et IVe armées opéraient dans leurs zones respectives proches de la frontière. C'est ainsi que les 7e et 10e divisions de cavalerie étaient chargées, dans la région de Virton et d'Arlon, de la sûreté de la IIIe armée Ruffey, concentrée en Woëvre, et que les 4e et 9e divisions éclairaient dans les directions de Neufchâteau et de Bouillon, au delà des avant-postes de la IVe armée de Langle de Cary. Nous aurons d'ailleurs à parler, plus tard, du rôle restreint qu'elles ont joué.

Le 9, à Houffalize, une de nos patrouilles se heurte à un escadron ennemi ; se déployant en fourrageurs, elle sabre les Allemands et fait dix-sept prisonniers. De nombreux cavaliers allemands sont capturés aux abords de la frontière franco-belge, entre Dinant, Rochefort, Givet. On les dirige sur Mézières et ils sont assez nombreux pour qu'on les transfère à Reims.

En général, les cavaliers français, dès qu'ils prennent contact avec l'ennemi, sont surpris de les voir se dérober et fuir devant eux. Mais, à la poursuite, ils tombent sur des organisations défensives d'infanterie avec mitrailleuses qui leur font beaucoup de mal. Le corps de cavalerie du général von Marwitz use d'une tactique nouvelle soigneusement étudiée, sur laquelle nous reviendrons. La cavalerie française s'épuise à ce jeu décevant. La chaleur est torride ; les chevaux sont sur les boulets, les hommes, qui ont commencé la campagne avec une allégresse admirable, sont las, inquiets, découragés. Ils voient l'ennemi partout et ne le saisissent nulle part.

On a cité le texte plus ou moins exact d'une conversation du général von Bülow définissant le rôle de la cavalerie et appréciant avec quelque sévérité le rôle de la cavalerie française avant la bataille de la Marne. En prenant soin de mettre au point cette appréciation d'un ennemi, elle peut être d'un enseignement utile :

« Vos armées sont belles, pas très pratiques, mais belles. Toutes les armes, pourtant, ne sont pas d'égale valeur. D'abord, pardonnez-le moi, mais j'estime que votre cavalerie n'existe pas. Elle est superbe dans la charge. Mais la charge, cela ne se fait plus, cela ne porte plus. La charge, c'est de la littérature, de la poésie, ce n'est plus de la guerre. Le véritable rôle de la cavalerie, c'est le service d'éclaireur et de reconnaissance. Elle ne

(1) Voir *Billet d'un mutilé.* Général B. « Dès que les Allemands eurent violé la neutralité belge, trois divisions de cavalerie sous le commandement du général Sordet furent envoyées vers Liége... Le corps de cavalerie arriva à 6 kilomètres de Liége. Là commença une retraite qui fut un peu rapide... car notre cavalerie, menacée d'être coupée, eut à fournir deux étapes de 100 kilomètres à bonne allure. »

PELOTON DE DRAGONS FRANÇAIS A L'ENTRÉE DU VILLAGE DE GEMBLOUX

le remplit pas régulièrement. Cela vous ennuie, vous autres Français, de prendre garde. La prudence n'est pas votre affaire. Vous considérez la guerre comme une série d'aventures héroïques. Vous augmentez sans cesse le risque. On doit, au contraire, le diminuer. Il faut tout risquer dans la bataille, mais il ne faut rien risquer en dehors d'elle » (1).

Dans l'impossibilité de donner un tableau de cette marche terrible et vaine, qui fut un si triste préambule de la campagne de Belgique, le mieux est de suivre un corps, le 16e dragons, appartenant à la 5e division et qui accomplit, du 6 août au 20 août, le vaste circuit où notre beau corps de cavalerie eut tant à souffrir pour un résultat si mince (2).

Le 6 août, le régiment ayant quitté Reims passe la frontière et entre en Belgique wallonne, à Muno.

« Après dix-sept heures de cheval avec casque, lance, carabine, sabre et paquetage complet, tantôt à travers la nuit que rend plus désagréable un brouillard glacé, tantôt sous un soleil équatorial qui nous grille, dans un tourbillon perpétuel de poussière, harcelés par une nuée de mouches et de taons qui s'abat sur nous, et suppliciés par la vue des cerisiers croulants de fruits qui bordent le chemin, nous approchons de la frontière... Nous progressons parmi les convois interminables, car toutes les voitures sont réquisitionnées; nous devons à chaque instant nous garer pour laisser passer des files d'autobus parisiens remplis de chasseurs et de fantassins, et nous mâchons la poussière fine qu'on respire avec l'air... Les avions nous suivent et nous précèdent, volant à tire d'aile vers l'Est. »

Accueil enthousiaste des populations. Elles abreuvent le soldat, le bourrent de victuailles et de gâteries :

« Partout le même accueil et la même générosité. A Resteigne, à Bertrix, à Rochefort, à Beauraing, à Ave, dans les grandes villes comme dans les petits bourgs, la foule nous acclame et nous nourrit. » — Le 7, pluie torrentielle, douze heures à cheval, cantonnement à Resteigne. Le 8, on annonce que l'ennemi est tout près. En marche pour le suivre vers Liége, on ne peut le rejoindre; 130 kilomètres et vingt heures de cheval; campement en plein champ. — Le 9, chaleur torride, hommes et chevaux fourbus; cantonnement à Ave. Un escadron tombe dans une embuscade, premier officier tué. — Le

11 août, pas un souffle d'air, un régiment de uhlans est signalé. On prend position de combat. L'ennemi se dérobe. Torture de la soif. Treize heures de cheval. Cantonnement à Beauraing. — 12 août, alerte. — 13 août, journée de combat extrêmement dure. — 14 août, alerte. Le régiment part. A l'arrière, « on voit arriver cinq hommes à pied, sans casques, fourbus : c'est le restant du 3e escadron du 16e (brigade de Reims) pris dans une embuscade (ou plutôt tombé sur une position organisée par l'infanterie allemande dans les bois). Ils ont été fusillés presque à bout portant sans pouvoir se défendre. Le convoi se met en marche à neuf heures et demie du soir au pas, à une allure exaspérante. Nous avons été en route toute la nuit pour faire 23 kilomètres. Je me demande quand nous rejoindrons le 22e et si le 22e existe encore...

« Le 15 août, bivouac à côté du village d'Anthée avec les convois du 61e et du 5e chasseurs. On entend le canon de Dinant à 8 kilomètres. Les différents convois défilent, 16e, 22e, 9e, 28e, 32e dragons. Tout à coup, nous restons frappés de stupeur en apercevant un bataillon du 33e de ligne ou plutôt ce qui reste du bataillon. Ils viennent de Dinant où les Français se sont battus comme des lions.

« On part pour cantonner à Florennes. Le lendemain 16, à Maisons-Saint-Gérard. La pluie et les orages rendent la marche difficile. Les chevaux et les hommes fatiguent beaucoup. Le 17, bivouac à Saint-Martin. Le 19 août, le 4e escadron est de reconnaissance ; il arrive, le soir, à Gembloux où l'accueil de la population civile est « triomphal ». L'ennemi est aux portes de la ville ; la foule délire de joie. Mais c'est la dernière étape, la pointe extrême du raid, du moins pour le régiment. Quelques autres forces de cavalerie française s'étaient approchées davantage encore de Liége. La retraite commence, le 19 août, à Gembloux : direction Charleroi. »

Quelques lignes résument, pour un cavalier qui y a pris part, l'impression de ce raid infructueux, impression en somme identique à celle qui résulte de la déposition du major Mélotte :

« C'est jusqu'au 19 août que nous avons progressé en Belgique ; la retraite de la division a commencé ce jour-là à Gembloux. Nous recherchons toujours, sans y parvenir, à prendre contact avec la cavalerie allemande. Seuls, des petits combats se livrent avec des fractions insignifiantes, un peloton au maximum, la plupart du temps des patrouilles, des reconnaissances, des petits groupes qui se rendent, à notre approche, d'une façon méprisable.

« J'ai vu un commandant allemand, le prince de R..., accompagné de deux ou trois cavaliers, se rendre à 200 mètres d'une de nos petites patrouilles, en levant les bras et en jetant ses armes. J'en ai été écœuré... Partout la cavalerie ennemie se replie, disparaît en fumée, devient un mythe pour le régiment, malgré nos marches forcées; chaque jour, nous restons dix, quinze,

---

(1) *Figaro* du 5 octobre 1914.

(2) Ces notes sont extraites du livre si poignant, — un des plus beaux livres militaires nés de la campagne : *Etapes et combats*, par Christian Mallet.

LA POPULATION D'UN VILLAGE BELGE ENTOURE UN OFFICIER FRANÇAIS

vingt heures à cheval. Un jour même, nous franchissons 130 kilomètres en vingt-deux heures et nous atteignons notre point culminant vers l'Est, presque sous les murs de Liége... »

En voyant les choses d'un peu plus haut, on peut déterminer le rôle du corps de cavalerie en Belgique. Lancé dans le parallélogramme formé par le cours de la Semoy, le cours de la Meuse jusqu'à Liége et celui de l'Ourthe, il s'était heurté d'abord dans ce pays difficile, marécageux et boisé, aux têtes des colonnes allemandes venues par le Luxembourg ; puis, après un raid vers Liége, il s'était retiré sur Namur et, alors, passant sur la rive gauche, le 15 août, après l'invasion du Condroz et du pays de Famenne par la cavalerie ennemie, il avait cherché à reconnaître et à inquiéter les masses allemandes signalées comme inondant la plaine vers Eghezée, Perwez et Wavre, alors que le 15 août, la 5ᵉ division de cavalerie allemande et la division de la garde attaquaient les passages de la Meuse plus au sud, à Dinant. C'est dans cette seconde partie de sa tâche qu'il eut plus sérieusement affaire aux tentacules insaisissables de l'armée allemande et surtout plus tard, le 19, vers Perwez. Ces randonnées, où l'on ne tenait pas compte de la fatigue des hommes et des chevaux, avaient surmené ce beau corps et, avant le 20, il avait perdu peut-être 10.000 chevaux.

Il n'est pas sans intérêt de rapprocher de ces faits quelques-uns des aperçus qui avaient été présentés, avant la guerre, par le général de Beauchesne dans sa brillante étude sur *la Cavalerie régulière d'une armée manœuvrière* : « A mesure que l'emploi de la cavalerie en stratégie d'opérations se dessine, dit-il, on ne tient plus compte, hélas ! de la fatigue, même dans les états-majors de cavalerie. »

Le général de Beauchesne était d'avis que le règlement, insinuant que le corps de cavalerie était un corps permanent d'exploration offensive, répondait à des idées périmées... « De toute façon, ajoutait-il, l'exploration offensive, telle qu'elle est généralement acceptée encore, ne doit être admise dans le règlement que parmi les occasions exceptionnelles... De nos jours, la petite guerre de détachements et de guérillas, à cheval comme à pied, ne peut plus être de mode. Toute l'armée, autant que possible, doit prendre part à la bataille.. Jamais un corps de cavalerie ne doit faire de détachements combatifs de découverte ; *jamais une armée ne doit détacher de corps de cavalerie pour des explorations offensives ou autres opérations spéciales, sans nécessité absolue : c'est ruiner la cavalerie aux dépens de l'action.* »

A ces observations, il convient d'ajouter, cependant, deux correctifs. Les Allemands paraissent bien avoir employé leur cavalerie en Belgique dans ce rôle « d'exploration offensive », de «petite guerre de détachements, d'opérations de destruction, de harcèlement, démonstration, diversion, occupation anticipée» que rejette, en principe le général de Beauchesne, et cela leur a servi tout au moins à jeter comme un rideau ou un voile devant les armées françaises, très surprises de cette continuelle apparition sans contact.

D'autre part, la Belgique tendait les mains vers le secours français ; l'armée belge était en attente sur la Gette. Comment ne pas lui répondre par l'arrivée, la plus rapide possible, de nos troupes les plus mobiles, c'est-à-dire la cavalerie. On insistait auprès du Gouvernement français et celui-ci avait hâte de répondre à cette insistance; le 11 août, des officiers français étaient arrivés à Bruxelles au milieu du plus grand enthousiasme; le contact était pris, la liaison était faite ; comme le déclarèrent les communiqués officiels, les alliés avaient répondu

à l'appel de la Belgique. Il y avait là un fait matériel et moral qui eût pu avoir la plus haute influence sur la suite immédiate des opérations en Belgique, si l'unité de commandement avait combiné tous les efforts.

NOUVELLE CONCENTRATION DES ARMÉES FRANÇAISES La cavalerie française n'avait pas seule franchi la frontière ; déjà le mouvement de concentration prescrit par la variante de l'état-major s'achevait. La « marche en crabe » portait une armée puissante en soutien de l'armée belge et au-devant des armées allemandes dont on connaissait, dès lors, le formidable mouvement (1).

Le communiqué français du 14 août donne ce renseignement : « Des forces importantes françaises entrent en Belgique par Charleroi et se portent dans la direction de Gembloux » ; et le bulletin du 15, dans son examen général de la situation, reprend la même indication en lui donnant son véritable caractère :

Coordination de nos mouvements avec les armées alliées. — Nous avons pu coordonner nos mouvements avec les armées alliées. L'armée belge a joué avec éclat son rôle de couverture. L'armée anglaise a pu débarquer son corps expéditionnaire. Enfin l'armée russe, accélérant sa mobilisation, pourra opérer en *même temps que les armées française, anglaise et belge.*

On établit donc une certaine corrélation et une certaine unité, notamment entre les armées du front occidental. A Bruxelles, le ministre de la Guerre prescrivait le silence absolu sur les opérations militaires des trois armées française, anglaise et belge, et refusait tout communiqué à la presse.

La France consacrait toutes les forces dont elle pouvait disposer à la défense du nouveau front qui s'établissait sur la Meuse belge.

Nous n'avons pas à revenir sur les raisons qui avaient porté l'état-major français à établir primitivement sa force principale vers l'Est et notamment vers la trouée que le Luxembourg ouvre sur la France. D'une part, il lui

(1) Voir la carte de la concentration p. 82.

était impossible de violer ou même de menacer la neutralité belge, dans la crainte de fournir aux Allemands un prétexte quelconque leur permettant de justifier la violation à laquelle ils allaient se livrer (1) ; d'autre part, l'occupation du Luxembourg par les armées allemandes signalait un péril grave de ce côté et peut-être même l'intention chez l'état-major allemand d'attaquer par la vallée de l'Alzette. Jusqu'au 14 environ, les mouvements de l'armée allemande en Belgique pouvaient être interprétés diversement; car, nous avons vu qu'elle ne s'était pas éloignée de la région de Liége et de la Haute-Ourthe, et qu'elle cachait ses mouvements derrière un rideau de cavalerie qu'il n'y avait pas moyen de percer : on ne pouvait savoir encore si le mouvement de l'aile droite avait simplement

LE GÉNÉRAL SORDET
COMMANDANT LE CORPS DE CAVALERIE FRANÇAIS
ENTRÉ EN BELGIQUE LE 6 AOUT

pour objet de contenir l'armée belge, de soutenir une attaque principale sur Dinant avec objectif Verdun et l'Argonne, ou s'il s'agissait d'un projet à plus large envergure et tendant à gagner Bruxelles et Mons pour déborder à

la fois l'armée belge en expectative, l'armée anglaise en pleine formation et l'armée française ayant son extrême gauche vers Signy-l'Abbaye.

Ces diverses hypothèses pouvaient paraître également plausibles à l'état-major français, du moins jusqu'au 14 août ; et c'est pourquoi le haut commandement restait fidèle à son plan général de concentration qui avait le mérite d'exister et de s'accomplir d'une façon remarquable. Avant tout, avoir son arme dans la main ! On s'en servirait dès que la lumière se ferait sur les intentions réelles de l'ennemi.

Le plan de concentration initial avait reçu à peine un commencement d'exécution. C'est la *variante* prévue qui, en réalité, fut exécutée : l'Allemagne avait, en effet, violé le territoire belge dès la nuit du 3 au 4 août, quelques heures seulement après sa déclaration de guerre à la France. Le 3 août, tandis que l'ultimatum allemand à la Belgique venait d'expirer à sept heures du matin, notre offre spontanée d'appui militaire avait été cependant refusée par la Belgique, aucune violation territoriale n'ayant encore eu lieu.

Mais, lorsque les armées allemandes eurent

(1) Ce prétexte n'existant pas, ils l'inventèrent. Répétons que les allégations des journaux allemands relatives à la présence d'artilleurs français à Liége ou d'infanterie française à Erquelines ou à Namur, ou de cavalerie française dans le Luxembourg avant le 6 août, sont fausses.

pénétré en Belgique, le Gouvernement belge demanda, le 4 août, l'appui de la France (*Livre jaune*, p. 161). C'est alors que le grand état-major français prit ses mesures pour faire face à ces nouvelles nécessités.

Le haut commandement se décida rapidement à prendre, conformément à des *variantes* mûrement étudiées d'avance, les décisions pouvant permettre de porter une rapide offensive en Belgique, dans la pensée sans doute de surprendre l'ennemi au cours d'une marche de flanc, sans se [démunir pourtant à l'Est, au cas où la menace résultant du fait que des forces considérables restaient massées vers le centre s'affirmerait contre la Meuse et Verdun.

C'est dans cette disposition d'esprit que le corps de cavalerie du général Sordet est jeté en Belgique dès le 6 août, à la fois pour assurer la liaison avec l'armée belge, prendre le moule des armées allemandes encore confinées dans la province de Liége, et couvrir le dispositif général du centre français, en vue d'une opération éventuelle en Ardenne et en Luxembourg belges. Du 6 août au 15 août, ce mouvement de la cavalerie française extrêmement difficile s'esquisse, puis s'exécute sur la rive droite de la Meuse jusque vers Liége.

Il est de toute évidence qu'en raison des précautions que réclame l'utilisation des voies ferrées, des routes, des passages, etc., la modification d'itinéraire de plusieurs armées eût été une pure folie si elle n'eût pas été étudiée d'avance et heurée, en quelque sorte, minute par minute.

Cette évolution, cette marche à gauche générale se produisit, pour ainsi dire, sans un

accroc et dans des conditions qui font le plus grand honneur à la puissante organisation du service militaire des transports.

Nous allons rappeler ses caractéristiques principales ; mais il est bon de faire observer que cette modification au plan de concentration primitif, ou mieux cette concentration annexe et effective, n'est pas le fait de quelques jours, et qu'elle se prolonge sans interruption jusqu'au moment où se livra la bataille générale, ne s'achevant qu'à l'heure même du choc et sur le terrain.

Les conditions chronologiques de cette concentration modifiée résultent de la note publiée par la Compagnie de l'Est :

« Le 5 août, les transports de concentration commençaient ; ils représentaient, venant de tous les points de la France, 4.064 trains de troupes et de matériel de guerre répartis sur 16 journées, mais de façon très inégale. L'effort maximum fut concentré sur les 9 août (388 trains), 10 août (395 trains) et 11 août (384 trains) ; par contre, le 19 août, nous ne recevions que 34 trains et le lendemain 20, dernier jour de la concentration, plus que 14 trains seulement. »

Confirmant ce renseignement la *Revue officielle des six mois de guerre* dit que les transports de concentration commencèrent le 5 août, à midi, et s'achevèrent le 12, à midi, pour les plus urgents, et le 18, à minuit, pour les moins urgents. Elle ajoute : « Il y a lieu de remarquer que ces excellents résultats furent obtenus malgré la modification apportée dans la destination originelle de quatre corps d'armée. »

LES BELGES ACCLAMENT AU PASSAGE
UNE AUTOMOBILE MILITAIRE FRANÇAISE

UN BELGE VERSE A BOIRE A UN DRAGON FRANÇAIS

C'est, en effet, dans cette fourmilière circulant sur les réseaux ferrés de l'Est que doit se glisser, en quelque sorte, le transport des troupes détournées de leur première destination pour être envoyées en Belgique.

La note officielle, en constatant la bonne foi de la France au point de vue du respect de la neutralité belge, ne peut s'empêcher d'exprimer un regret : « S'il y avait eu, de la part de l'état-major français, préméditation de violation de la neutralité belge, ce brusque déplacement de nos troupes n'eût pas été nécessaire et *nous aurions pu arriver à temps pour interdire à l'ennemi, en Belgique, le passage de la Meuse.* »

Nos armées furent, en effet, pompées en quelque sorte vers ce grand vide que représentait en Belgique l'intervalle entre les armées allemandes et la frontière française.

La mission particulière que recevaient, sur leur droite, nos troupes de Sambre-et-Meuse (armée Lanrezac) était ainsi définie : interdire à l'ennemi l'accès de la rive gauche du fleuve en amont de Namur, à l'exclusion de toute action sur la rive droite (1). Mais pour remplir cette mission, elles se précipitaient vers un terrain nullement préparé et sans trouver au-devant d'elles la couverture immédiate de l'armée belge, ni auprès d'elle le concours de l'armée anglaise attardée de quelques jours.

Voici comment s'accomplit la modifica-

(1) Disons, cependant, qu'après le combat de Dinant, Hastière, sur la rive droite, fut, par exception, tenu du 15 au 23 par une compagnie du 348ᵉ. V. *Bureau documentaire belge, Classement général* nᵒ 128, du 19 août 1915.

tion nécessitée par la constitution de ce que l'on peut appeler, désormais, le front de Belgique.

Notre Ire armée, celle des Vosges (général Dubail) n'eut pas à souffrir de ces déplacements partiels à gauche, bien que toutefois, des forces qui eussent sans doute été destinées à sa droite (général Pau) furent détournées de la direction de Belfort pour être acheminées vers la trouée de Rocroi-Hirson, telles les deux divisions du XIXe corps d'Algérie et la division du Maroc, dont une seule, la 38e (général Muteau) bifurquant à Is-sur-Tille, arrivera à temps sur la Sambre.

Le communiqué du 24 mars 1915 dit : « L'action de notre *deuxième armée* fut étendue jusqu'à la région de *Verdun*. » La IIe armée, dont nous étudierons plus loin la concentration, était celle que commandait en Lorraine le général de Castelnau. Alors même qu'on étendait sa zone d'action, deux corps d'armée lui furent enlevés : d'abord le XVIIIe corps (général de Mas-Latrie) qui, de la région de Domèvre-en-Haye, fut transporté dans la région d'Hirson pour renforcer l'armée Lanrezac; puis le IXe corps (général Dubois) dont deux brigades quittèrent la région nord-est de Nancy pour débarquer à Charleville afin de prolonger l'aile gauche de la IVe armée de Langle de Cary.

La IIIe armée (général Ruffey), qui s'est concentrée en Woëvre, garde sa situation générale tout en se ramassant vers le Nord, dans la direction de la Chiers.

La IVe armée (général de Langle de Cary),

dont la concentration s'est effectuée en Argonne, formait jusque-là une sorte de réserve puissante pouvant se porter rapidement sur le point menacé par l'ennemi ou choisi pour l'atteindre. Elle se porta vers le Nord, dans la direction Sedan-Stenay, sur la Meuse, s'intercalant par là même entre la IIIe armée et la Ve armée. Elle se renforcera, à l'aile gauche, comme nous venons de le voir, de deux brigades du IXe corps venues hâtivement de Lorraine.

Nous reviendrons, en détail, sur les concentrations respectives et les premières évolutions vers le front de bataille de ces quatre armées qui forment la droite et le centre français. Mais il faut, dès maintenant, étudier plus spécialement la concentration et les premières marches de notre Ve armée (général Lanrezac), qui attire particulièrement l'attention du fait de l'importante opération d'avantgarde du Ier corps d'armée, qui est son corps de couverture, au combat de Dinant.

POPULATION BELGE DE LA RÉGION MINIÈRE DU BORINAGE

LA Ve ARMÉE SUR LE FRONT DE BELGIQUE La Ve armée, dit la note officielle, glisse vers le Nord-Ouest, le long de la frontière belge, jusqu'à la hauteur de *Fourmies*. Cette armée est, à proprement parler, celle qui fut chargée d'opérer en Belgique : elle est l'armée de Sambre-et-Meuse.

C'est, en somme, le déplacement de cette armée, avec le raid du corps de cavalerie qui constitue d'abord le front français de Belgique. Quelques précisions permettront de pénétrer, sur ce point, les vues du haut commandement français.

UN SOLDAT BLESSÉ ÉVACUÉ PAR LES SOINS D'UN PRÊTRE INFIRMIER

D'après le plan de guerre, cette armée avait à se concentrer au sud-ouest de la Meuse, au sud de la ligne Signy-l'Abbaye-Sedan. Mais, à partir du 15, l'ordre lui fut donné de se diriger par une marche latérale sur l'objectif Beaumont en Belgique. Voici comment cette marche s'opéra :

Chargé de la couverture de la Vᵉ armée, le Iᵉʳ corps (général Franchet d'Espérey) devait, dès le 8 août, en vue d'une offensive générale, se porter dans la direction de *Neufchâteau* ; mais il dut rapidement obliquer sur sa gauche et prendre pour objectif la ligne *Givet-Namur*, afin de chercher la liaison avec l'armée belge : il commence ainsi cette marche de flanc qui va devenir bientôt celle de toute l'armée. D'autre part, le général Mangin, avec une brigade d'infanterie, 45ᵉ (Laon) et 148ᵉ (Rocroi), avait, le premier, péné-

tré en Belgique, avec ordre de garder les passages de la Meuse entre Namur et Givet. Mais déjà, au sud-ouest, le Iᵉʳ corps avançait ; le 14, il est dans la région de *Philippeville*, et se trouve même en contact par ses patrouilles avec la cavalerie allemande qui s'infiltrait déjà vers cette région. On apprend alors que la 5ᵉ division de cavalerie allemande et la division de cavalerie de la Garde avec des bataillons de chasseurs à pied s'approchent de Dinant.

On pouvait espérer, à ce moment, que la cavalerie du général Sordet, dont une partie, comme nous l'avons vu, rebroussait déjà sur la Sambre, allait être attaquée sur la Lesse, saisissant ainsi l'occasion de se porter avec 3 divisions sur le flanc de 2 divisions allemandes. Mais la cavalerie française était sur la Meuse, vers le Nord, et n'entendra que de loin, au moment même où elle repasse le fleuve, le canon du combat de Dinant.

Les Allemands attaquent Dinant le 15. Nous dirons plus loin l'importance et les détails de cet engagement où l'énergie des troupes du Ier corps permit à la division du général Deligny de garder le passage de la Meuse.

Le 16, la marche vers le Nord-Ouest est reprise avec plus de hâte encore ; car on est averti que de fortes masses de cavalerie allemande essayent de déborder de ce côté. Toute la Ve armée, couvrant dès lors le progrès des armées de Langle et Ruffey vers la frontière belge, de Bouillon à Longwy, accomplit, elle-même, une marche de flanc des plus difficiles, en contact sur sa droite avec l'ennemi, contact assez distant sans doute, grâce à la protection de la Meuse, mais dangereux cependant puisque, comme nous le verrons, l'armée von Hausen marche sur Dinant et que son effort se portera ainsi sur notre flanc.

Le 17 et le 18, le Ier corps couvre toujours le flanc droit de la Ve armée. Le corps tient la Meuse, la cavalerie en rideau jusqu'au nord de la Sambre ; des patrouilles de uhlans poussent jusqu'à Mettet. Le quartier général est à Anthée, en face de Dinant. Derrière le Ier corps, la Ve armée défile, allongeant son mouvement vers le Nord. Son quartier général, quittant Rethel, se portera à *Chimay*. Voyons quelle était la composition de cette armée.

Le IIIe corps (général Sauret), parti de Normandie, s'est concentré jusqu'au 10 août dans la région de *Novion-Porcien, Launois*, entre Rethel et Charleville, avec le quartier général à *Poix-Terron*, sur la Vence, au sud de Mézières ; jusqu'au 15 août, c'est une sorte d'attente qui se prolonge, au milieu du calme des cantonnements. Le 15, le mouvement est ordonné vers la Belgique, direction de Chimay. Alors commence, pour le corps, le déplacement latéral, si difficile pour les colonnes ; il y avait un véritable danger d'enchevêtrement, notamment avec les colonnes du Xe corps (général Defforges) qui suivaient ; il fallait une entente constante entre les états-majors pour que le défilé ne produisît pas de confusion. Le IIIe corps se met donc en marche vers *Haudrecy-Régniowez*, pénètre en Belgique, puis longe la frontière française par Chimay et Rance, où il arrive le 17 après-midi, ayant parcouru près de 70 kilomètres en moins de deux jours. Vers *Chimay*, le contact s'établit avec la 38e division d'Algérie (général Muteau), qui débarquait ; vers *Solre-le-Château* avec des éléments du XVIIIe corps qui, lui aussi, arrivait par chemin de fer ; vers Cousolre enfin, la liaison se fait avec des officiers anglais chargés du cantonnement. Le IIIe corps cependant continuait sa marche vers la Sambre et tandis que la 5e division, à droite, s'allonge vers Somzée, Tarcienne, Joncret, la 6e division, à gauche, s'appuie sur la rivière l'Heure. La cavalerie se porte vers la Sambre qu'elle franchit, mais pas un soldat d'infanterie ne passe sur la rive gauche de la rivière. Le quartier général s'établit à *Chastrès*, près de Walcourt.

La physionomie pittoresque de cette marche où on sent l'ennemi, où on le frôle plutôt qu'on ne prend le contact, est donnée par une charmante lettre écrite par un jeune soldat, Jacques Brunel de Pérard :

« *Lundi* 15 *août*. — Ça commence à barder. Je n'ai pas eu le temps matériel d'écrire quoi que ce soit depuis samedi et, dans cet intervalle, j'ai atteint ma majorité. Après une journée de repos à Warnecourt, singularisée seulement par l'émotion générale de la distribution des lettres (on n'en n'avait pas eu depuis le départ de Caen), nous sommes partis sur alerte à 4 heures de l'après-midi (15 août) : c'est le contre-coup du combat de Dinant. Bientôt, pluie battante et, à 1.500 mètres de Warnecourt, attente d'une heure et demie pour que le 74e d'infanterie nous dépasse. J'ai le sourire. Belles routes, mais défoncées, détrempées. Nous arrivons à Haudrecy avec la pluie et la nuit noire ; nous formons le parc au milieu de l'énervement du plus grand nombre. Après un pataugeage d'une heure à attendre un quignon de pain et un peu de confitures, arrosés de café et de schnicke, nous nous couchons : il est minuit.

Réveil en alerte à 3 h. 45. Il faut atteler et partir. Longue, longue journée ; on marche, en colonne au pas, l'infanterie nous précédant. Nous arrivons à Régniowez, à 1.500 mètres de la frontière belge.

Ce matin réveil à 2 heures. Arrivée à 16 heures à Rance en Belgique.

CARTE DE LA ZONE D'ÉVOLUTION DE LA Vᵉ ARMÉE

Le Xe corps (général Defforges) est parti de la Bretagne. La concentration se fait au sud de la Meuse, de part et d'autre de la rivière de la *Bar*, entre la région d'*Omont* (19e division) et la région de *Bulson* (20e division). Nous voyons ainsi le 71e arriver à *Attigny* le jeudi 6 ; de là, par une marche de 45 kilomètres, il gagne la Meuse (*Remilly-sur-Meuse* le vendredi 7). Le 15 commence la marche de flanc du corps d'armée, les deux divisions accolées, la 19e à gauche, la 20e à droite ; cette marche accompagne et suit, en quelque sorte, celle du IIIe corps ; les différentes formations du Xe corps entrent en Belgique par l'*Escaillère, Gourieux, Couvin*, le 17 août. Elles prennent la droite du IIIe corps et, le 19 soir, le quartier général s'installe à Florennes, les troupes du Xe corps occupant le front *Hanzinelle-Mettet*.

Nous avons déjà indiqué qu'à la veille de la bataille, des forces importantes ont obéi au même ordre de concentration sur cette extrême gauche de l'armée française.

Un groupe de divisions de réserve (général Valabrègue), comprenant les 51e, 69e et 53e divisions, était au début concentré dans la région de *Vervins*, en arrière de l'aile gauche du front de concentration ; ce groupe y organisait une position défensive entre l'*Oise* et le *Vilpion*, avec de nombreuses tranchées et des emplacements pour batteries. Deux de ces divisions, les 59e et 63e, se portèrent vers le Nord, dans la direction de la Sambre, et établirent la liaison entre l'armée anglaise et le XVIIIe corps, au nord de *Thuin*. Quant à la 51e division (général Bouttegourd), elle prit une direction nord-est et reçut pour mission de relever, le 22 août, le Ier corps dans la défense de la Meuse entre *Givet* et la zone d'action des forts de *Namur*.

Le XVIIIe corps (général de Mas-Latrie) s'était concentré, à partir du 8 août, dans les environs de Toul, entre Meuse et Moselle ; après des marches diverses dans le pays de Haye, il reçut, vers le 16 août, un ordre de départ pour la Belgique. Le 18 soir, le corps d'armée s'em-

barquait sur la ligne de Commercy et, le 19, arrivait à Hirson. Rapidement, il gagne *Trélon* le 20 et *Beaumont* le 21, s'intercalant entre le groupe de divisions de réserve à gauche et le IIIe corps à droite.

Or, au IIIe corps était venue s'adjoindre, vers Chimay, une forte division du XIXe corps d'Algérie, la 38e division (général Muteau) ; ayant son point de concentration vers Belfort, elle avait été aiguillée à Is-sur-Tille, sur la Belgique, où elle pénétra le 17 août. Elle fut mise d'abord à la disposition du IIIe corps, dont elle constitua provisoirement la réserve, puis, à partir du 24, fut rattachée au XVIIIe corps.

Comme dispositif pris en dernière heure, il faut signaler également la concentration, en seconde ligne, d'un groupement confié, le 18 août, au général d'Amade (quartier-général à Arras), et composé de 3 divisions territoriales. Ce groupement fut chargé d'opérer sur le territoire de la 1re région (Lille), prolongeant ainsi la gauche anglaise ; il devait peu à peu s'accroître, comme nous le verrons, à la suite des événements survenus sur la Sambre.

Les dispositions nouvelles de l'armée française au 18 août, c'est-à-dire à la veille de l'engagement général qui va se produire en Belgique et sur les frontières se résument ainsi : après s'être massées en quelque sorte en profondeur (la IVe armée de Langle occupait l'Argonne) et non alignées en cordon, comme on l'a prétendu à tort ; après s'être ainsi groupées, du 5 au 14 août, face à l'Allemagne, au Grand-Duché et au Luxembourg belge, l'armée française avait encore son aile gauche derrière Mézières à cette dernière date ; seul, le Ier corps en couverture s'échelonnait de Givet à Namur et le corps de cavalerie du général Sordet opérait autour de Namur.

Mais, à partir du 14, une armée puissante dont le gros est formé par la Ve armée primitive, qui se renforce progressivement, s'étire de Rethel, Le Chesne, Sedan, Mézières, Rocroi, jusqu'à Chimay, Beaumont, Walcourt, Flo-

LES HABITANTS DES VILLAGES BELGES DÉTRUITS PAR LES ALLEMANDS
FUIENT SUR LES ROUTES

rennes; elle s'enfonce dans le triangle Givet, Namur, Maubeuge; son quartier général se fixe à Chimay. Par Namur, elle s'est avancée au-devant de l'armée belge; par Maubeuge, elle tend la main à l'armée anglaise; par Givet, elle prendra contact avec l'armée de Langle.

Malgré sa force, sans cesse accrue, il faut reconnaître que, fatiguée de sa marche hâtive, disséminée de Givet à Avesnes, prise dans l'étau qu'allaient former les armées allemandes attaquant d'une part sur Dinant, d'autre part sur Namur, Charleroi et Mons, cette armée devait se trouver dans une situation difficile.

Sans doute, dans la pensée du haut commandement français, elle ne doit pas agir seule ; elle est appelée à coopérer sur sa droite avec la IVe armée, sur sa gauche avec l'armée belge qu'elle se dispose à rejoindre et avec

l'armée anglaise qu'elle doit attendre. La pointe risquée qu'elle fait en avant pour protéger, au passage de la Meuse et de la Sambre, à la fois le territoire belge et la frontière française, peut devenir soudain une offensive redoutable et s'enfoncer comme un coin dans le flanc des armées allemandes. Mais, pour obtenir un tel résultat, il faut une entière et parfaite coordination de tous les mouvements.

Avant de quitter les armées françaises, pour étudier la situation de l'armée anglaise et de l'armée belge à cette date décisive du 18-19 août, il convient de revenir sur un événement mentionné plus haut, mais qui, en raison de son importance à tous les points de vue, mérite une étude spéciale : c'est le violent engagement des troupes françaises et allemandes à Dinant, le 15 août.

COMBAT DE DINANT — L'intérêt de ce combat est grand, tant au point de vue stratégique qu'au point de vue tactique : l'offensive prise par l'état-major allemand, en avant et un peu en dehors de sa base d'opérations, révèle chez lui la volonté arrêtée, dès le début des hostilités, de chercher à s'emparer des passages de la Meuse, au sud de Namur, et de pénétrer le plus près possible de la frontière française. La marche sur Dinant est un coup droit destiné à seconder le grand mouvement tournant par l'aile droite et sans doute à troubler par une attaque vers le centre la marche de l'armée française. Au point de vue tactique, il n'est pas douteux que le résultat de cette journée, qui maintint entre nos mains les passages de la Meuse moyenne, donna confiance aux troupes françaises et confirma leur valeur par un premier succès.

Dès le 6 août, la cavalerie allemande avait fait son apparition à Dinant et à Anseremme. Les troupes belges qui occupaient alors les deux rives de la Meuse reçoivent ces patrouilles à coups de fusil. A *Anseremme*, le même jour, des soldats du génie belge mettent en fuite une patrouille de hussards allemands. Vers le 12, deux patrouilles ennemies sont décimées par un détachement français du 148e, l'une aux « Rivages », l'autre aux « Fonds de Leffe » (faubourg de Dinant). Mais bientôt, il ne s'agit plus de patrouilles : ce sont les « gros » qui s'approchent. Le 14, un poste français qui garde le pont d'Anseremne est attaqué et dispersé par quelques autos-mitrailleuses allemandes soutenues par un escadron de uhlans. L'ennemi poussa jusqu'à *Anthée*, mais là, il se heurta au 33e d'infanterie (2e division du Ier corps) qui était en cantonnement, et nos mitrailleuses le décimèrent.

Le 15 août, les Allemands se présentent en force devant Dinant. Deux divisions de cavalerie d'avant-garde, la division de la garde et la 5e division, appuyées de plusieurs bataillons d'infanterie et notamment des 12e et 13e bataillons de chasseurs, tentent de forcer le passage. Les documents officiels allemands s'expliquent avec précision sur les raisons de ce mouvement : « Dinant avait une importance particulière pour la marche en avant du XIIe corps (Ier corps saxon) ; car c'est dans cette ville qu'il devait traverser la Meuse. La ville, avec ses faubourgs, Leffe et Les Rivages sur la rive droite, Neffe, Saint-Médard et Bouvignes sur la rive gauche, est située sur la Meuse dans une vallée profonde. Les deux rives sont escarpées et rocheuses en bien des endroits et montent en terrasses jusqu'à une hauteur de 70 mètres environ ; la rive droite est un peu plus élevée que la rive gauche. Sur la rive droite, à peu près au milieu de la ville, le fort s'élève à une hauteur d'environ 100 mètres. Tout près, vers le nord, la route principale, qui vient de Sorinnes, débouche sur la ville.

« Deux autres voies d'accès, venant de l'Est, se trouvent dans les vallées latérales profondément encaissées qui aboutissent à Leffe et aux Rivages. »

Ce que ne dit pas ce document, c'est que la cavalerie allemande espérait, en attaquant les passages de la Meuse au sud de Namur, se rendre maîtresse, par un coup de main, soit de la trouée de l'Oise, soit du cours même du fleuve, de façon à seconder ultérieurement la pénétration des forces allemandes du centre sur notre territoire.

Les troupes françaises, appelées à défendre Dinant, comprenaient la 2e division (général Deligny) et quelques éléments de la 1re division (Ier corps). Elles arrivaient à temps de la région de Couvin pour renforcer la brigade du général Mangin (45e et 148e). Le 14, au soir, les cantonnements des divers régiments du Ier corps étaient encore relativement éloignés de la Meuse ; le 8e d'infanterie et le 27e d'artillerie venaient d'arriver à *Florennes* ; le 127e était à *Gochenée*. « Depuis deux jours, signale un carnet de route, on ne s'est guère reposé ; aussi tout le monde dort en marchant. On est exténué de fatigue. » A 8 heures du matin, le 8e d'infanterie arrivait à *Weillen* (1).

Dès la pointe du jour, la situation se pré-

(1) Rob. Cornilleau, *La Ruée sur Paris*.

VUE DE LA MEUSE A DINANT

sentait dans les conditions suivantes : un demi-bataillon du 148e, un bataillon du 33e, une section de mitrailleuses tenaient, *sur la rive droite*, la citadelle ; les issues de Dinant vers le faubourg Saint-Nicolas et le faubourg de Leffe étaient gardées par de simples postes de section. Le gros de l'infanterie avait ses unités sur la rive gauche, en bordure du canal et vers le cimetière (1).

Une première tentative des Allemands pour franchir la Meuse a lieu au pont de Bouvignes. Elle est repoussée. L'artillerie française les a repérés et par un tir de barrage empêche l'attaque de se développer. Les Allemands s'en prennent alors au pont de Houx. Une compagnie d'infanterie française, aidée d'une mitrailleuse, les repousse avec de grandes pertes. C'est alors que les Allemands s'emparent de plu-

sieurs habitants de Houx et les placent devant eux pour se protéger.

Cependant le gros des effectifs allemands a ordre d'attaquer Dinant. Un détachement du 33e occupe la citadelle : il est attaqué et tient bon jusqu'à midi. A midi, il se replie sur le pont où il est suivi par des fractions des 12e et 13e bataillons de chasseurs à pied saxons qui franchissent le pont avec lui et passent ainsi sur la rive gauche. Seules restèrent sur la rive droite deux sections du 148e qui se trouvèrent isolées dans les faubourgs de Leffe et de Saint-Nicolas.

La citadelle occupée, l'ennemi organise la rive droite : il dissimule des mitrailleuses dans les rochers et fait une sorte de bastion de la tour de Monfort, de façon à balayer les ponts par où des troupes françaises venant de la rive gauche peuvent déboucher. L'artillerie allemande, installée à Sorinnes, commence à tirer

DINANT SUR LA MEUSE. LA CITADELLE

PAYSANS BELGES ABANDONNANT LEUR VILLAGE DÉTRUIT

sur nos troupes qui se massent pour descendre sur la ville ; et les troupes allemandes pénètrent peu à peu dans Dinant.

De notre côté, le 33ᵉ d'infanterie est arrivé d'Anthée dans la nuit. Il avait pris position dès 6 heures du matin le long de la ligne du chemin de fer. Sur les collines de la rive gauche qui dominent le cours de la Meuse, le 27ᵉ d'artillerie s'était mis en batterie ; le 15ᵉ quitte Weillen et va le renforcer.

A 8 heures, les 10ᵉ et 12ᵉ compagnies du 33ᵉ reçoivent l'ordre d'aller occuper la citadelle : on ignore que l'ennemi s'y trouve déjà en force. Les Allemands laissent approcher nos soldats et brusquement un feu d'artillerie violent les accueille ; des murs s'écroulent. La 12ᵉ compagnie hésite, la 10ᵉ est lancée à son secours : les clairons sonnent, les tambours battent : nos soldats poursuivent le combat aux cris de : « Vive la France ! » mais le feu des mitrailleuses allemandes décime les deux compagnies. A ce moment, le colonel du 33ᵉ voyant, de la rive gauche, ce qui se passe, donne l'ordre d'aller secourir les combattants. Un bataillon franchit le passage à niveau et le pont au pas de charge. Mais l'artillerie allemande le prend en écharpe. Il hésite. Le 73ᵉ accourt en renfort ; il est obligé de se réfugier dans la gare. Le 127ᵉ arrive à marches forcées de Gochenée ; le 84ᵉ occupe Onhaye, le 110ᵉ atteint Bouvignes ; enfin le 8ᵉ, laissant un bataillon à Weillen, entre en ligne vers 11 heures :

« Pour arriver à Dinant, dit le carnet de route d'un combattant de ce régiment, c'est une terrible côte. Les Allemands sont en face de nous dans une forteresse dominant un rocher abrupt. Nous ne pouvons pas les voir, mais eux nous voient bien. Heureusement qu'un petit bois nous abrite et nous permet de nous approcher de la ville. Tout le 8ᵉ se groupe dans le bois. »

Le régiment entre dans la ville par la pointe du bois, traverse la voie ferrée, se joint au 73ᵉ et à quelques éléments du 33ᵉ. Vers midi, les survivants des deux compagnies qui avaient été bloquées dans la citadelle ont pu rejoindre nos lignes. Une masse solide est ainsi constituée. Le colonel Doyen, du 8ᵉ, attend que notre artillerie ait pris sous son feu les hauteurs de la rive droite et qu'elle ait imposé silence aux mitrailleuses allemandes. Puis, il donne l'ordre d'occuper les ponts et de passer la Meuse. Bientôt nos régiments franchissent la rivière au sud et au nord de la ville, sous le feu de l'ennemi. Le colonel Doyen est en tête et mène la manœuvre.

« Dans la ville, écrit un combattant, règne une animation extraordinaire. Les soldats français et la population dinantaise chantent *La Marseillaise*. Les Boches battent maintenant en retraite et notre artillerie les poursuit toujours. »

Un autre témoin oculaire écrit :

· « Vers 5 heures de l'après-midi, la canonnade redouble : les nuages de fumée noir et blanc se mêlaient et les projectiles se croisaient d'une rive à l'autre de la Meuse. Finalement, on ne vit plus que la fumée blanche des obus français. Les canons allemands se tai-

saient et l'ennemi commençait sous notre feu une retraite précipitée... Nous recevons l'ordre de traverser la ville et de monter à la citadelle. Le colonel Doyen, qui est un vrai brave, l'atteint déjà avec une section. La section entre dans la citadelle ; un homme grimpe et arrache le drapeau boche qu'il remplace par le drapeau français. Des cris, des bravos sont poussés par la troupe et par les Dinantais ivres de joie... En bas, dans la ville illuminée, toujours le chant de *La Marseillaise* et les cris mille fois répétés de « Vive la France ! »

Le succès est aux Français. La contre-attaque vigoureuse du 8ᵉ et du 73ᵉ d'infanterie avait rejeté les Saxons sur la rive droite. Un escadron du 6ᵉ chasseurs les poursuit et nettoie les approches de la ville. Le 8ᵉ et le 73ᵉ cantonnent sur la rive gauche, tenant les ponts et les abords de la vieille ville.

Au sud de Dinant, les Allemands avaient aussi essayé de franchir la Meuse à Anseremne. Mais ils s'étaient heurtés à nos postes avancés et n'avaient pas insisté.

A midi, nous occupions les abords immédiats de la gare et du pont (1).

On estime que les Allemands eurent au moins 3.000 hommes hors de combat ; on compta 12 canons brisés et 51 caissons abandonnés. Du côté français, sauf un bataillon sévèrement éprouvé, les pertes furent faibles.

(1) *Bureau documentaire belge*, note n° 128. — Maxime Gauchez, p. 71.

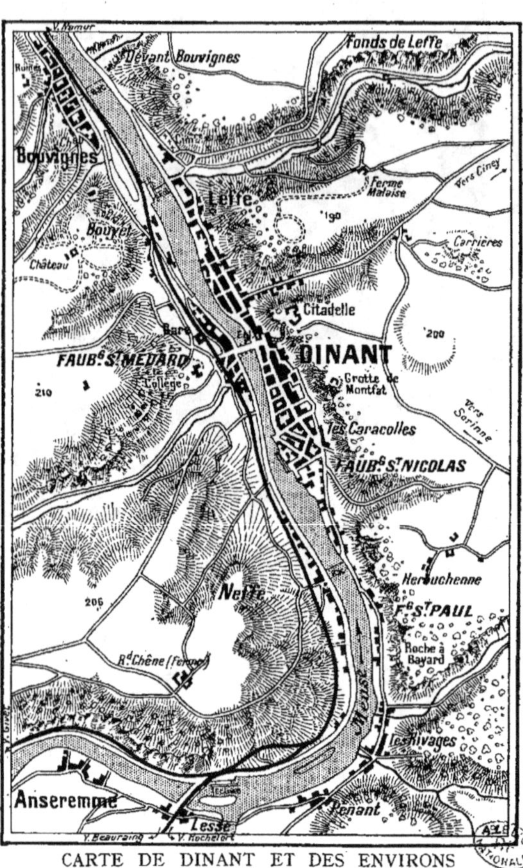

« Il faut insister encore, dit un témoin, sur la supériorité marquée des canons français. Leur feu était d'une magnifique précision et leur portée est énorme. Nous avons acquis la certitude que l'artillerie française démontrera sa supériorité sur l'artillerie allemande, comme ce fut le cas dans la guerre balkanique. »

Après ce beau succès, des précautions furent prises pour que le passage de la Meuse ne fût même plus tenté de ce côté. Dans la ville, des barricades furent élevées et des fils de fer tendus près de l'église et aux approches du pont ; l'hôtel de la Poste et les maisons des quais furent crénelés ; canons et mitrailleuses furent disposés sur les deux rives. Il en fut de même aux ponts secondaires avoisinant Dinant, à Hastières, à Bouvignes, à Houx. Les Allemands s'en tinrent, désormais, à occuper la crête des collines et à lancer parfois vers les faubourgs de la ville des auto-mitrailleuses et des patrouilles facilement repoussées. Ils incendient et mettent à sac les villages, et notamment le village de Houx où trois notables furent pendus.

Le combat de Dinant est tout à l'honneur des troupes françaises qui y prirent part et notamment du Ier corps qui inaugurait ainsi les belles journées où il devait bientôt s'illustrer. Le général Deligny, qui commandait à Dinant, rendit hommage dans des termes émus au colonel Doyen, tué quinze jours après, le Ier septembre : « A la première affaire, le 15 août, il avait eu une magnifique attitude à la tête de deux bataillons du 8e et était entré le premier dans la citadelle de Dinant dont il avait arraché le drapeau allemand arboré par nos ennemis. »

Quant au résultat stratégique, il faut en reconnaître la portée. Il apparaît déjà que la cavalerie allemande, envahissant la Belgique et ouvrant les voies de pénétration aux armées elles-mêmes, cherchait à s'allonger vers l'ouest par les branches d'une première tenaille atteignant Diest au nord et Dinant au sud ; la branche nord se trouvait légèrement ébréchée à Haelen le 12 août, la branche sud fut entamée à Dinant le 15 et dut se reformer au nord de Namur vers Gembloux, enserrant au sud l'armée belge.

Ce fut, en somme, le commencement de la fissure qui, peu à peu, se produisit dans les forces allemandes et qui alla s'agrandissant jusqu'aux batailles de la Marne. Le fait incontestable et dont nous verrons les suites se manifester est reconnu par un auteur allemand : « Ce n'est que le 23 août que la Meuse fut franchie. Si l'état-major de la IIIe armée (armée saxonne Von Hausen) avait pris de meilleures dispositions, le passage de la Meuse aurait pu être effectué bien plus vite. Ce retard a, *sans aucun doute*, contribué aux insuccès de l'armée allemande au commencement de septembre et les forces allemandes marchant sur Paris *ont dû être groupées différemment.* » (1)

(1) Von Kircheisen, *Das Völkerringen*, 1914-15, p. 438.

FIN DU TROISIÈME VOLUME

ERRATA

TABLE DES MATIERES

TABLE DES GRAVURES

TABLE DES GRAVURES

CARTES

G. de Malherbe & Cie, Imprimeurs, 12, Passage des Favorites, Paris.